임동석중국사상100

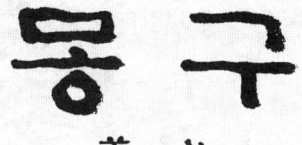
蒙 求

李瀚 撰·徐子光 註 / 林東錫 譯註

> "상아, 물소 뿔, 진주, 옥, 진괴한 이런 물건들은 사람의 이목은 즐겁게 하지만 쓰임에는 적절하지 않다. 그런가 하면 금석이나 초목, 실, 삼베, 오곡, 육재는 쓰임에는 적절하나 이를 사용하면 닳아지고 취하면 고갈된다. 그렇다면 사람의 이목을 즐겁게 하면서 이를 사용하기에도 적절하며, 써도 닳지 아니하고 취하여도 고갈되지 않고, 똑똑한 자나 불초한 자라도 그를 통해 얻는 바가 각기 그 자신의 재능에 따라주고, 어진 사람이나 지혜로운 사람이나 그를 통해 보는 바가 각기 그 자신의 분수에 따라주되 무엇이든지 구하여 얻지 못할 것이 없는 것은 오직 책뿐이로다!"

《소동파전집》(34) 〈이씨산방장서기〉에서 구당(丘堂) 여원구(呂元九) 선생의 글씨

책머리에

　이제껏 많은 중국 고전을 역주해 왔지만 이 《몽구》처럼 유용한 책이 있을까 한다. 물론 책마다 고전의 가치를 충분히 가지고 있지만 우선 중국 고전에 입문하기 위해서는 이 책이 가장 쉽고 흥미를 감소하지 않도록 하는 데 도움이 되는 내용을 엮어 놓고 있다고 여기게 되었다. 이름 그대로 "어리고 몽매한 청년들에게 일러주기 위한 내용"이라 하지만 실제 어른으로서 더 핍절하게 알고 있어야 할 지식과 지혜를 담고 있다. 무려 296개의 주제에 592개의 성어, 581개의 고사는 그동안 피상적으로 듣고 알고, 그러려니 했던 주옥같은 일화와 명구들이 그 구체적인 출전과 명확한 원문 제시로 인해 근거를 가지고 말할 수 있도록 해 주고 있다. 나아가 이 책은 우리나라 조선시대에 이미 번역과 연구서가 있었음에도 근래 일본을 통해 다시 들어와 소개되고 번역된 점은 아쉽기도 하고 우리가 옛사람만 같지 못하지 않을까 안타까움도 자아내고 있다.

　그러나 나는 이 책을 역주하면서 큰 소득을 얻었다. 바로 이제껏 50여 종 넘게 역주한 내용의 정화精華를 언젠가는 초략鈔略하여 고전 입문자를 위해 정리해야겠다고 계획을 세워왔었는데 이미 당대唐代 이한李瀚이라는 사람이 내가 원하던 작업을 그대로 해 놓았음을 그대로 인정하게 되었다는 점이다. 어린 시절 이 책을 읽으면서 그저 재미있는 이야기를 모아 쉽게 기억할 수 있도록 한 유서類書 정도로 여겼는데 막상 구절마다 역주를 하고, 원전을 일일이 찾아 대조해 보았더니 새삼 피상적인 독서가 위험하고 저급한 욕망을 발동시킨다는 것을 알게 되었다. 그리고 나아가 이 역주작업에서 또 얻은 것이 있다면 이번 기회에 사기로부터 《한서》, 《후한서》, 《삼국지》, 《진서》,

《남사》,《북사》까지 구석구석 빠짐없이 들여다볼 강제적 기회가 주어졌음에 대한 기쁨이다. 공구서로서의 정사正史가 아니라 읽어야 할 사서史書로써 내 곁에 더욱 가까워진 것이다. 이에 본《몽구》에 제시된 구절의 원전을 다시 찾아 모두 「참고 및 관련자료」란에 그대로 전재하여 보았더니 앞뒤 생략된 내용이 그대로 드러나고 숨겨진 의미가 훤히 나타나는 것이었다. 고전 역주란 한문 원문의 문장을 얼마나 해독할 수 있는 능력이 있는가에 있지 아니하고 이면에 바탕을 이루고 있는 시공時空의 역사와 지리적 내용을 얼마나 충분히 숙지하고 있느냐에 달려있다고 늘 원칙으로 삼아왔다. 그러한 원칙이 이처럼 검증되는 경우를 만났으니 즐거울 수밖에 없었다.

시대의 변화와 발전에 따라 고전은 그저 연구자의 몫으로 치부되기 시작한 것이 아닌가 안타깝다. 그러나 옛사람들이 왜 그러한 기록을 남겼고 어찌하여 그러한 내용을 금과옥조처럼 되뇌며 긴 역사를 이어왔는가를 생각한다면 지난날과 미래가 균형을 이루어야 한다. 상식과 수양이 없이 옛것은 저버린 채 미래만을 향해 내닫는다면 성공과 성취를 이루었다 해도 허망함에 빠지고 말 것이다. 사람이 일생을 살면서 가치는 물질에만 있지 아니하고 정신세계에도 있으며 그 정신적 가치가 더 중시될 때나 적어도 균형을 이룰 때 비로소 삶의 행복감을 느낄 수 있을 것이다. 그런데 우선 물질에 대한 욕구부터 채운 다음 나중에 정신적 가치를 찾겠다고 미루었다가는 자칫 때를 놓치지 않을까 한다. 옛사람의 지혜를 통해 지금 살아가는 과정마다 그 가치를 찾으며 병행해야 한다. 그러한 도구로써 이 책을 강하게 추천하고 싶다. 부담 없이 낱개의 고사나 일화를 읽어보고 되새기며 마음 다짐을 하는 것도 무용한 시간 낭비는 아닐 것임을 확신한다. 그리고 나아가 더 깊이 그 맛을 느끼고자 한다면 「참고 및 관련자료」란의 원문이나 방증 자료를 섭렵하여 떨어진 이삭을 주워도 그 값은 충분히 얻을 것이라 여긴다.

이《몽구》한 권만 알뜰히 읽어도 중국 고사 반 이상은 저절로 알게 될 것이며 중국 역사 흐름과 각 시대의 가치, 그리고 문물제도와 일상생활 입에 오르내리는 인물들은 줄줄 외울 수 있을 것이다. 나아가 내용을 통해 내 삶을 풍요롭게 하고, 살아 있음에 대한 가치를 확연히 느끼게 될 것이다. 또한 지금처럼 표피의 가치에 집착하던 내가 다시 참 가치의 깊은 연못 속에 아름답게 잠겨 들어감을 고맙게 여기게 될 것이다. 지도자는 지도자대로 소시민은 소시민대로 존재 가치를 아름답게 보며 세상 만물에 대하여 어느 것 하나 소중하지 아니한 것이 없음을 발견하게 될 것임을 확신한다. 나로서는 세상에 태어나 이러한 책을 만나게 된 것을 행복하게 여기고 있다. 인류는 과거나 현재, 미래에도, 영원을 두고 아름다움을 추구하며 살아갈 존재라는 사실에 믿음이 선다.

사포莎浦 임동석林東錫이 부곽재負郭齋에서 적다.

일러두기

1. 이 책은 《몽구집주蒙求集註》(四庫全書본, 子部 11 類書類. 臺灣商務印書館, 인본 1983)와 〈학진토원學津討原〉본 《몽구집주蒙求集註》(臺灣 藝文印書館 인본), 〈기보총서畿輔叢書〉본 《몽구蒙求》(臺灣 藝文印書館 인본)를 일일이 대조하여 완역한 것이다.
2. 그 외 〈속수사고전서續修四庫全書〉본(子部, 類書類. 上海古籍出版社 인본), 그리고 《몽구蒙求》(桂湖村 講. 漢籍國字解全書 第45卷. 인본 1989. 9. 20. 高麗書林, 서울) 및 《몽구蒙求》(田興甫, 補註蒙求國字解, 久保得二先生校訂, 編者 久保天隨. 博文館藏版 大正(1913) 2年 8月 30일 博文館 東京)와 《몽구蒙求》(上中下. 竹内松治 補註. 印本 1975. 4. 景仁文化社. 서울) 등도 낱낱이 대조, 참고하였다.
3. 국내 번역본도 자세히 살펴 참고하였으며 중국어 참고본 《몽구주석蒙求注釋》(顔維材·黎邦元 山西敎育出版社 1991. 6. 中國 山西 太原)도 대조하여 교감하였다.
4. 원 책의 본문 298장에 매 장마다 일련번호를 부여하고 다시 두 개씩의 고사를 ①, ②로 나누어 구분하였으며 한 개의 고사가 한 장으로 이루어진 11개는 구분하지 아니하고 그대로 실었다.
5. 각 장은 원문을 그대로 제목으로 삼았고, 세부 목차는 제목의 뜻을 번역하여 간단히 제시하였다.
6. 집주 부분(실제 본문에 해당)을 빠짐없이 번역하였으며 해석은 가능한 한 직역을 위주로 하였으나 일부 의역한 곳도 있다.
7. 한글 번역을 먼저 싣고 원문을 제시하였으며 원문의 문장 부호는 중국 현대 표점 방법을 따랐다.
8. 주석은 인명, 지명, 사건명, 역사 내용, 주요 어휘 등을 위주로 하되 매 장마다 기왕의 주도 다시 실어 이해에 도움이 되도록 하였다.

9. 매 장마다 「참고 및 관련자료」란을 마련하여 관련 사항이나 출전의 원문을 일일이 찾아 전재하되 역시 표점 처리하여 대조 및 연구에 도움이 되도록 하였다.
10. 부록으로 서발序跋과 관련 자료의 원문을 실어 이 방면의 연구자에게 도움이 되도록 하였다.
11. 이 책을 역주함에 참고한 주요 문헌은 아래와 같다.

❇ 참고문헌

1. 《蒙求集註》(上下) 唐, 李瀚(撰), 宋, 徐子光(註) 四庫全書(文淵閣) 子部 11. 類書類
2. 《蒙求集註》(上下) 唐, 李瀚(撰), 宋, 徐子光(補註) 〈學津討原〉본. 原刻景印 〈百部叢書集成〉(嚴一萍 選輯) 藝文印書館(印本) 臺灣
3. 《蒙求》(上下) 唐, 李瀚(撰) 〈畿輔叢書〉본. 原刻景印 〈百部叢書集成〉(嚴一萍 選輯) 藝文印書館(印本) 臺灣
4. 《蒙求注釋》 顔維材·黎邦元 山西敎育出版社 1991. 6. 中國 山西 太原
5. 《蒙求》(三卷) 唐, 李瀚(撰) 續修四庫全書 子部, 類書類(山西省 應縣 佛宮寺 文物保管所藏 遼刻本 影印: 原書: 版框: 高146mm, 寬260mm) 上海古籍出版社
6. 《蒙求》 桂湖村(講) 漢籍國字解全書 第45卷. 일본 1989. 9. 20. 高麗書林. 서울
7. 《蒙求》 田興甫(補註蒙求國字解, 久保得二先生校訂, 編者 久保天隨) 博文館藏版 大正(1913) 2年 8月 30일 博文館 東京
8. 《蒙求》(上中下) 竹内松治(補註) 印本 1975. 4. 景仁文化社. 서울

9. 《譯註蒙求》柳在泳·崔瑞任(共譯) 이화문화사 2004. 12. 서울
10. 《蒙求》(上下, 原本) 林鍾旭(譯註) 도서출판 보고사. 1995. 11. 서울
11. 《文字蒙求》淸, 王筠 華聯出版社(印本) 1974. 臺灣 臺北
12. 《文字蒙求廣義》陳義 藝文印書館(印本) 1988. 臺灣 臺北
13. 〈十三經注疏〉(藝文印書館本), 〈二十五史〉(鼎文書局 活字本),《史記》,《漢書》,《後漢書》,《三國志》,《晉書》,《南史》,《北史》,《十八史略》,《世說新語》,《晏子春秋》,《新序》,《說苑》,《西京雜記》,《韓詩外傳》,《潛夫論》,《顏氏家訓》,《孔子家語》,《列女傳》,《神仙傳》,《列仙傳》,《高士傳》,《搜神記》,《博物志》,《列子》,《老子》,《莊子》,《六韜》,《詩品》,《戰國策》,《國語》,《幼學瓊林》,《陶淵明集》,《千字文》,《三字經》,《百家姓》,《墨子》,《韓非子》,《呂氏春秋》,《論衡》,《抱朴子》,《新書》,《小學》,《唐宋文擧要》,《古詩源》,《四書集註》,《文選》,《初學記》,《樂府詩集》,《藝文類聚》,《太平御覽》,《太平廣記》,《北堂書鈔》,《資治通鑑》,《百子全書》,《金樓子》,《三才圖會》,《新編諸子集成》,《竹林七賢研究》,《二十五史述要》,《中國歷史紀年表》등. 그 밖의 工具書와 中國通史類 등은 기재를 생략함.

해제

1. 책이름과 내용 및 체제

《주역周易》네 번째 괘인 몽괘蒙卦의 괘사卦辭에 "몽은 형통하다. 내가 동몽에서 구하는 것이 아니라 동몽이 나에게 구한다"(蒙, 亨. 匪我求童蒙, 童蒙求我)라 하였다. 그리고 단사彖辭에는 "내가 동몽에게 구하는 것이 아니라 동몽이 나에게 구한다는 것은 뜻이 응하는 것"(匪我求童蒙, 童蒙求我, 志應也)이라 하였다. 원의는 매우 심오한 의미를 함축하고 있지만 쉽게 풀이하여 "어리고 몽매한 아이들이 지식욕과 기본으로 익혀야 할 덕목 등을 나에게 요구한다"는 뜻쯤으로 보아도 될 것이다.

이에 그들에게 일러 주고 가르치며 깨우쳐 주어야 할 내용물을 교재로 만들어 그 이름을 《몽구蒙求》라 명명한 것이다. 그렇다면 어떻게 내용을 정리하여 아동들에게 알기 쉽고 실천하기 쉽도록 할 것인가 하는 문제에 대해 고민할 수밖에 없을 것이다. 내용물을 그대로 나열하거나 추형雛形의 가짓수만 제공한다고 해서 아무것도 모르는 몽폐蒙蔽 상태의 어린아이가 소화해 낼 수 있는 것은 아니기 때문이다. 교육과정으로 보아도 단계, 순차, 난이도, 심천, 층위는 물론 철학관과 우주관, 역사관을 적절히 배합하고, 그 학습 방법도 염두에 두어야 한다. 이에 중국 전통적인 운韻을 사용하고 외우기 쉽도록 정리하였으며 청각인상을 매끄럽게 하고 기억에 도움이 되도록 압축하여 4언 2구씩 제시하였던 것이다. 중국어는 기본적으로 운이 발달한 언어로써 《시경詩經》이래 4언체의 운대韻對 형식은 아동들에게도 쉽게 입에 외워지게 되어 있다. 그 때문에 동東운, 즉 [ㅎ/ㅎ]을 시작으로 하여 첫 구절이 (1)王戎簡要, 裴楷淸通 (2)孔明臥龍, 呂望非熊

(3)楊震關西, 丁寬易東 (4)謝安高潔, 王導公忠으로 제8자의 끝자인 통通, 웅熊, 동東, 충忠을 압운하였으며, 그 앞에는 각기 인명을 내세워 익히기 쉽도록 한 것이다. 그 다음의 호戶, 호虎, 호虎, 부簿도 역시 [ㅗ/ㅜ]의 우운虞韻으로 이어져 총 4장 8구 32자씩 묶어 전편 298구 모두 4조組씩으로 하여 조구造句한 것이다. 이에 순서대로 운을 분석하여 보면 다음과 같다.

東, 虞, 歐, 泰, 支, 陌, 刪, 齊, 魚, 翰, 陽, 沃, 尤, 語, 先, 宥, 微, 質, 蕭, 皓, 齊, 隊, 元, 職, 靑, 馬, 冬, 眞, 佳, 屑, 侵, 銑, 支, 卦, 虞, 覺, 寒, 紙, 眞, 敬, 麻, 緝, 灰, 紙, 遇, 屋, 庚, 有, 霽, 葉, 虞, 養, 號, 藥, 豪, 寢, 眞, 陌, 支, 哿, 御, 合, 先, 梗, 阮, 月, 江, 紙, 嘯, 藥, 蒸, 潸, 遇, 錫, 先.

이러한 체재는 일찍이 남조南朝 양梁나라 때 주흥사周興嗣의 《천자문千字文》에서 이미 시작되었다. 그리하여 이량李良의 〈천몽구표薦蒙求表〉에도 "근세 주흥사의 《천자문》이 천하에 널리 퍼져 있지만 이 《몽구》에 미칠 수 있겠습니까?"(近代周興嗣撰《千字文》, 亦頒行天下, 豈若《蒙求》哉!) 하였던 것이다.(부록 참조)

그리고 내용에 있어서도 4언 2구가 서로 유사성이 있는 고사나 일화를 하나로 묶음으로써 연상법을 활용하여 쉽게 기억하도록 하였다. 이를테면 "왕융은 간요하고, 배해는 청통하다"라거나, "제갈공명은 누워있는 용이요, 문왕이 사냥 나가 얻을 것은 곰이 아니라 강태공" 등으로 하였다. 따라서 억지로 운을 맞추느라 일부 순통하지 못한 조구도 더러 보인다.

전체를 통계로 보면 본문은 4언 2구(총 8자)씩 298개 묶음으로 모두 2,384자이다. 그중 마지막 2구(297, 298) 16자는 이한 자신의 부언附言으로 고사와 관련이 없다. 또한 285구는 각기 2가지씩으로 고사나 일화를 묶어 짝을 이루었으나 11개(017, 025, 040, 121, 155, 170, 173, 175, 176, 189, 273)는 하나의 내용이면서 8자로 표현하여 실제 고사는 581개이다.

내용의 채록은 대체로 상고시대 고사 몇 개와 주대周代, 선진先秦의 춘추전국을 거쳐 주로 서한西漢과 동한東漢, 삼국三國, 진晉의 역사와 인물, 일화가 주를 이루고 있으며 그 외 남조와 북조의 이야기를 일부 싣고 있다. 따라서 인용된 책은 정사正史 위주이며 이에 따라 《사기史記》, 《한서漢書》, 《후한서後漢書》, 《삼국지三國志》, 《진서晉書》, 《남사南史》, 《북사北史》에서 그 원전을 찾을 수 있다. 그렇다고 해서 그 소재의 채록을 정사에 그친 것은 아니다. 《시詩》, 《서書》, 《예禮》, 《논어論語》, 《맹자孟子》 등 유가儒家의 13경經은 물론, 《열자列子》, 《장자莊子》, 《묵자墨子》, 《한비자韓非子》, 《여씨춘추呂氏春秋》, 《논형論衡》, 《회남자淮南子》, 《안자춘추晏子春秋》와 《국어國語》, 《전국책戰國策》, 그리고 《신서新序》, 《설원說苑》, 《서경잡기西京雜記》, 《한시외전韓詩外傳》, 《신서新書》, 《잠부론潛夫論》, 《세설신어世說新語》, 《공자가어孔子家語》, 《풍속통風俗通》, 《열녀전列女傳》, 《박물지博物志》, 《수신기搜神記》, 《신선전神仙傳》, 《도연명집陶淵明集》, 《열선전列仙傳》, 《고사전高士傳》, 《육도六韜》, 《신어新語》 등 이루 헤아릴 수 없다. 게다가 《초국선현전楚國先賢傳》, 《삼보결록三輔決錄》, 왕은王隱 《진서晉書》, 사승謝承 《후한서後漢書》, 《진한춘추晉漢春秋》, 《진양추晉陽秋》 및 각 《보서譜序》 등 일서와 경사자집經史子集 등에 고루 분포되어 있다.

지금 전하는 《몽구》는 대체로 〈일존총서佚存叢書〉본, 〈기보총서畿輔叢書〉본이 있으며, 〈총서집서초편叢書集成初編〉본은 〈학진토원學津討原〉본을 근거로 배인排印한 것으로, 〈사고전서四庫全書〉본도 이와 같다. 그리고 〈속수사고전서續修四庫全書〉(唐 李翰撰으로 되어 있음)에도 실려 있다.

2. 찬자撰者와 주자註者

《몽구》는 당唐나라 때 이한李瀚이 지었다. 그는 지금 전하는 그대로 298구, 2384자의 본문을 운문 형식으로 짓고 그에 맞게 각 구절마다 주를 붙였다. 따라서 책의 원제목은 사실 《몽구집주蒙求集註》가 맞을 것이다. 그 뒤 송나라 때 이르러 서자광徐子光이 그 주의 오류를 바로잡고 보충하여 《몽구보주蒙求補注》를 낸 것이다. 이한은 그 사적이 제대로 알려져 있지 않다. 다만 동시대 이화李華의 서문과 같은 고을의 요주자사饒州刺史 이량李良이 당 천보天寶 5년(746)에 올린 〈몽구를 추천하는 표문〉(薦蒙求表)을 통해 일부를 엿볼 수 있을 뿐이다. 그 기록에 의하면 이한은 안평(安平. 지금의 河北 饒陽, 당시 饒州의 屬縣) 사람으로 신주信州의 사창참군(司倉參軍. 일부본에는 司馬倉參軍으로 되어 있음)을 지냈으며, 학예에 엄통淹通하고 이식理識에 정미한 인물로써 옛사람의 장적狀跡을 음운별로 묶고 사류별로 대對를 이루어 3천여 언을 지어 구절마다 주를 붙여 만여 가지 일을 정리하여 《몽구》라는 책을 지었는데, 서너 살의 어린아이도 쉽게 외우고 익혀 사람들을 놀라게 하였다고 한다.(부록 참조)

그러나 〈사고전서총목제요四庫全書總目提要〉에는 이한을 진(晉: 오대의 後晉. 936~946)나라 때 인물로 이광예李匡乂의 《자가집資暇集》을 근거로 이광예의 종인宗人이며 이면지李勉之의 친족이라 하였다. 그리고 나아가 《신오대사新五代史》(29) 상유한桑維翰전을 근거로 "처음 이한이 한림학사가 되어 술을 좋아하였으며, 술로 인한 과실이 많아 후진 고조 석경당石敬瑭이 부박浮薄한 인물로 여겼는데 그 사람이 바로 이한이다"(初, 李瀚爲翰林學士, 好飮而多酒過. 晉高祖以爲浮薄, 當卽其人也)라 하였다. 그러나 상유한전의 이 구절은 상유한의 직위인 한림학사 제도의 존폐에 대한 간단한 설명을 곁들이기 위해 이한이라는 자의 행적을 부기한 것에 불과한 것이며 당나라 때 《몽구》를 지은 이한과는 다른 인물이다. 즉 문장의 앞뒤를 보면 "乃出延廣於河南, 拜維翰中書令, 復爲樞密使, 封魏國公, 事無巨細, 一以委之. 數月之間, 百度寖理. 初, 李瀚爲翰林學士, 好飮而多酒過, 高祖以爲浮薄. 天福五年九月, 詔廢翰林學士, 按《唐六典》歸其職於中書舍人, 而端明殿學士·樞密院學士皆廢. 及維翰爲樞密使, 復奏置學士, 而悉用親舊爲之"라 하여 한림학사 제도에 대한 설명이며 이한에 대한 내용은 아니다. 그럼에도 《중국역대인명대사전中國歷代人名大辭典》(上海古籍出版社, 1999)에는 이를 그대로 옮겨 적어 "李瀚: 五代時人, 仕後晉, 官翰林學士, 好飮而多酒過, 石敬瑭以爲浮薄. 有《蒙求集註》"라 하였고, 《간명중국고적사전簡明中國古籍辭典》(吉林文史出版社 1987)에도 "蒙求集註: 宋徐子光注. 二卷. 書前冠以後晉李瀚撰《蒙求》原文, 後以每二句八字爲一節, 分別取正史紀傳, 注出人物故實, 雖入選人物較多, 但所記頗爲精賅. 個別有傳疑失檢之處"라 하여 역시 오류를 범하고 있으며, 나아가 같은 페이지에 "蒙求: 兒童讀物, 唐李瀚撰. 三卷"이라 하여 모순을 일으키고 있다. 이한을 후진의 이한으로 보는 것은 오류이다. 우선 책 출현 당시 서문을 쓴 이화(?~767)와 시대적으로 맞지 않을 뿐 아니라 천표薦表에 나타난 관직 사창참군司倉參軍, 그리고 표를 올린 천보 5년(746)과도 현격하게 차이가 나기 때문이다.

한편 《몽구》의 작자를 이한李翰으로 보는 견해이다. 조공무晁公武의 《군재독서지郡齋讀書志》 주에 의하면 주중부周中孚와 황정감黃廷鑑 등은 이화의 종인宗人 이한李翰이 지은 것이라 하였다. 이 이한은 《구당서舊唐書》(190)

문원전(文苑傳, 下)과 《신당서新唐書》(203) 문예전文藝傳 이화李華의 부록으로 실려 있으며 《전당문全唐文》(430)에도 그 이름이 보인다. 그러나 이름이 비슷할 뿐 전혀 다른 인물이다.

다음으로 서문을 쓴 이화는 당 조주趙州 찬황贊皇 사람으로 자는 하숙遐叔, 현종玄宗 천보(天寶: 742~755) 연간에 감찰어사監察御史를 거쳐 시어사侍御史에 올랐으며 예부禮部와 이부吏部의 원외랑員外郞을 거쳤다. 그리고 뒤에 관직을 버리고 산양山陽에 은거하며 당시 명사 소영지蕭穎之와 교유하며 불교에 심취하였던 인물이다. 그러면서 평소 선비 추천에 힘을 쏟아 명망을 얻고 있었으며, 이때에 안평 사람 이한의 《몽구》를 보고 서문을 써준 것이다. 그의 사적은 《구당서》(190) 문원전과 《신당서》(203) 문예전文藝傳에 실려 있으며 《당시기사唐詩紀事》(21)에도 기록이 보이며 《이하숙문집李遐叔文集》을 남기기도 하였다. 특히 《고문진보古文眞寶》에 실린 〈조고전장문弔古戰場文〉을 통해 우리에게도 널리 알려진 인물이다.

이어서 〈천표薦表〉를 쓴 이량李良은 당 종실의 후예로써 단양공丹楊公에 봉해졌으며 현종 개원(開元: 713~741) 연간에 태자중윤太子中允을 거쳐 천보 연간에 요주자사饒州刺史에 올랐고 그때 이 〈천몽구표薦蒙求表〉(746)를 올린 것이다. 그는 대종代宗 때에는 계주자사桂州刺史에 옮겨가 대력大曆 2년(767) 산료山獠의 반란 때 계주가 함락되자 성을 버리고 도망친 인물이기도 하다.

이한의 《몽구집주》는 송宋나라 때 서자광徐子光이 보충하고 주를 교정하여 오늘에 전하게 되었다. 그러나 서자광의 사적에 대해서는 역시 제대로 알려진 것이 없다. 다만 일부본에 그의 직함을 "광록대부행우산기시랑光祿大夫行右散騎侍郎"이라 하였고, 특히 우리나라 조선朝鮮시대 간본에 《표제서장원보주몽구標題徐狀元補注蒙求》라 하여 그가 진사과에 장원을 하였던 인물임을 일러주는 단서를 제공하고 있을 뿐이다.

서자광은 〈몽구보주서蒙求補注序〉에서 이렇게 말하였다.
"이한의 주는 근본을 궁구함이 적고 사류의 엇갈림이 많으며 오류가 있어 학자들이 불편을 겪게 되었다. 그러나 이것이 어찌 이한 자신이 그러한 오류를 범한 것이겠는가? 아마 후세 계속 전해오는 과정에서 그러한 오류가 답습된 것이 아닌가 한다. 이에 나는 이러한 이한의 용의를 가상히 여겼으나 그 미비함을 안타깝게 여겨 사전史傳을 섭렵하고 백가百家의 책을 방증으로 삼아 본원을 궁구하여 그 꽃을 줍고 그 열매를 맛보게 되었다."(然鮮究本根, 類多舛訛, 賢者病焉. 豈瀚之所載然歟? 抑亦後世傳襲之誤也. 予嘗嘉其用意, 而惜其未備. 於是漁獵史傳, 旁求百家, 穿本探源, 攟華食實. 부록 참조)

그러면서 그 날짜를 "己酉年仲冬辛卯吉日"이라 밝혔으나 안타깝게도 연호年號를 쓰지 않아 구체적으로 어느 해인지 알 수 없게 되고 말았다. 혹 남송南宋 효종孝宗 순희淳熙 16년 기유己酉 즉 1189년이 아닌가 하나 확증을 지을 수는 없다.

3. 《몽구》의 영향과 전래

　당나라 때 《몽구》가 선하先河를 이루자, 뒤이어 같은 몽학蒙學 계열의 책이 쏟아져 나왔다. 아예 책이름도 《몽구》를 그대로 사용하여 역사, 인문, 제도, 문자, 수신, 경서, 교학 등 이루 말할 수 없는 분야별 특징을 그대로 옮겨 담아 아동용으로, 혹은 초보적 학습서로써 구성을 이루어 정리하였던 것이다. 이러한 풍조에 의해 찬집된 수많은 책은 이 《몽구》가 얼마나 이상적인 구성을 이룬 것인지를 나타내는 반증이기도 하다. 이에 이들 서명을 나열해 보면 다음과 같다. 우선 중국 내에서 역대 이래 30여 종이 훨씬 넘게 출현하였다.

元好問(宋) 《十七史蒙求》	王逢源(宋) 《十七史蒙求》
王令 《十七史蒙求》	王涿 《次韻蒙求》
方逢辰(宋) 《名物蒙求》	徐伯益(宋) 《訓女蒙求》
黎獻(宋) 《事類蒙求》	舒津(宋) 《續蒙求》
王舜兪(宋) 《左氏蒙求》	劉班(宋) 《兩漢蒙求》
范鎭(宋) 《本朝蒙求》	程俱(宋) 《南北史蒙求》
程俱(宋) 《班左蒙求》	孫應符(宋) 《家塾蒙求》
孫應符(宋) 《宗室蒙求》	雷壽之(宋) 《漢臣蒙求》
李伉(宋) 《系蒙求》	鄭氏(宋) 《歷代蒙求》
邵笥(宋) 《孝悌蒙求》	吳逢道(宋) 《六言蒙求》
葉子老(宋) 《和李翰蒙求》	柳正夫(宋) 《西漢蒙求》
胡宏(宋) 《叙古蒙求》	釋志明(金) 《禪苑蒙求》
胡炳文(元) 《純正蒙求》	李廷機(明) 《新蒙求》
吳化龍(明) 《左氏蒙求》	羅澤南(淸) 《養正蒙求》

王筠(淸)《文字蒙求》　　　釋靈操《釋氏蒙求》
康基淵《家塾蒙求》

한편 일본에서는 족리足利(1300년대 후반부터 1400년대 초)시대에 이미 한반도를 통해 들어간 이래 유행하기 시작한 것으로 보고 있다. 특히 일본의 《삼대실록三代實錄》 원경元慶 2년(1538) 8월 條에 貞保親王飛香舍가 처음으로 《몽구》를 읽었다는 기사가 있으며, 《부상집扶桑集》에는 都良香이 처음 《몽구》의 시 한 수를 언급한 내용이 있으나 그 이전에 이미 수입된 것으로 보고 있다. 그러다가 덕천德川(1600년대 초반)시대에는 《십팔사략十八史略》, 《소학小學》과 더불어 동몽서童蒙書로써 극성을 이루어 최고의 지위를 누리기도 하였다. 특히 당시 최고 통행본으로는 조선에서 간행된 《표제서장원보주몽구標題徐狀元補注蒙求》였음이 일본의 《몽구국자해蒙求國字解》(桂湖村 講 漢籍國字解全書 第45卷. 인본)에 자세히 실려 있다. 그런데 이 조선 간본은 지금 우리나라에는 전하지 아니하고 도리어 그 책을 가져간 일본에서 강백적岡白駒이 전주箋註를 달아 출간한 《표제서장원몽구교본標題徐狀元蒙求校本》(上中下)이 들어와 소장되어 있다.

좌우간 일본은 덕천시대부터 명치시대에 이르면서 《몽구》에 대한 주석과 연구 및 아류의 찬집이 유행하여 《일본몽구日本蒙求》(恩田仲任), 《석서몽구釋書蒙求》(釋祖寬), 《몽구속소蒙求續紹》(菅亨), 《본조몽구本朝蒙求》(菅亨), 《몽구습유蒙求拾遺》(大江廣保), 《부상몽구扶桑蒙求》(岸鳳), 《예림몽구藝林蒙求》(松田順之), 《상화몽구桑華蒙求》(木下公定), 《화한효자몽구和漢孝子蒙求》(加藤熙), 《자경몽구自警蒙求》(藤澤恒), 《본조수신몽구本朝修身蒙求》(林硏心), 《황조몽구皇朝蒙求》(山下直溫), 《일본몽구속편日本蒙求續編》(堤正勝), 《서수몽구瑞穗蒙求》(田澤抱一),

《유동교훈몽구幼童教訓蒙求》(村井淸), 《동서몽구東西蒙求》(山賀新太郞), 《세계몽구世界蒙求》(平井正等), 《속몽구교본續蒙求校本》(黑神正臣), 《국자몽구國字蒙求》(伊東有鄰) 등이 쏟아져 나왔다.

그런가 하면 우리나라 조선시대에도 미암眉巖 유희춘(柳希春: 1513~1577)이 《속몽구續蒙求》를 지었으며, 이규경(李圭景: 1788~?)은 《십삼경몽구十三經蒙求》를 짓다가 완성하지 못하였다는 기록이 보이고 있다. 그리고 이미 《표제서장원보주몽구標題徐狀元補注蒙求》를 출간하였으며, 홍익주(洪翼周: 純祖~憲宗 때 인물)가 《몽구주해蒙求註解》를 내었던 것이 1책 56장으로 장서각(藏書閣. 1-201)에 소장되어 있다. 이 판본은 주해소인註解小引에 "梧樓漫題"라 하였으며 발문跋文에 "先君子積學累工, 蒐集抄述, 各自成書者多. 蒙求註解其一也. ……手書一冊, ……閱覽焉. ……入于火倖湯, 此篇拾灰燼之餘而……己亥(1839)首次男(洪)祐慶泣識"라 하여 그 아들 홍우경이 화재 속에서 겨우 찾아내었다고 기록되어 있어 지금은 그 원래 모습을 볼 수가 없다.

한편 앞서 말한 대로 《표제서장원보주몽구標題徐狀元補注蒙求》는 일본으로 건너가 일본의 《몽구》 붐을 일으킨 통행본이었으나, 도리어 일본 강백적岡白駒의 전주본箋註本이 역수입되어 국립도서관(國立圖書館: 古 2520-32)에 소장되어 있으니 실로 안타까운 일이다.

4. 《몽구》 원문 ································· 李瀚

이상으로 보아 《몽구》 원래 초기 모습은 지금의 제목에 해당하는 것이 곧 원문이었으며, 일련번호를 부여하여 제시하면 다음과 같다.

《蒙求》(上)

001. 王戎簡要, 裴楷淸通　　002. 孔明臥龍, 呂望非熊
003. 楊震關西, 丁寬易東　　004. 謝安高潔, 王導公忠
005. 匡衡鑿壁, 孫敬閉戶　　006. 郄詵蒼鷹, 甯成乳虎
007. 周嵩狼抗, 梁冀跋扈　　008. 郗超髥參, 王珣短簿
009. 伏波標柱, 博望尋河　　010. 李陵初詩, 田橫悲歌
011. 武仲不休, 士衡患多　　012. 桓譚非讖, 王商止訛
013. 嵇呂命駕, 程孔傾蓋　　014. 劇孟一敵, 周處三害
015. 胡廣補闕, 袁安倚賴　　016. 黃霸政殊, 梁習治最
017. 墨子悲絲, 楊朱泣岐　　018. 朱博烏集, 蕭芝雉隨
019. 杜后生齒, 靈王出髭　　020. 賈誼忌鵩, 莊周畏犧
021. 燕昭築臺, 鄭莊置驛　　022. 瑾靖二妙, 岳湛連璧
023. 郤詵一枝, 戴憑重席　　024. 鄒陽長裾, 王符縫掖
025. 鳴鶴日下, 士龍雲間　　026. 晉宣狼顧, 漢祖龍顏
027. 鮑靚記井, 羊祜識環　　028. 仲容青雲, 叔夜玉山
029. 毛義奉檄, 子路負米　　030. 江革巨孝, 王覽友弟
031. 蕭何定律, 叔孫制禮　　032. 葛豐刺擧, 息躬歷詆
033. 管寧割席, 和嶠專車　　034. 時苗留犢, 羊續懸魚
035. 樊噲排闥, 辛毗引裾　　036. 孫楚漱石, 郝隆曬書

037. 枚臯詣闕, 充國自贊	038. 王衍風鑒, 許劭月旦
039. 賀循儒宗, 孫綽才冠	040. 太叔辯給, 摯仲辭翰
041. 山濤識量, 毛玠公方	042. 袁盎卻坐, 衛瓘撫牀
043. 于公高門, 曹參趣裝	044. 庶女振風, 鄒衍降霜
045. 范冉生塵, 晏嬰脫粟	046. 詰汾興魏, 鼈令王蜀
047. 不疑誣金, 卞和泣玉	048. 檀卿沐猴, 謝尚鴝鵒
049. 太初日月, 季野陽秋	050. 荀陳德星, 李郭仙舟
051. 王忳綉被, 張氏銅鉤	052. 丁公遽戮, 雍齒先侯
053. 陳雷膠漆, 范張雞黍	054. 周侯山嶷, 會稽霞舉
055. 季布一諾, 阮瞻三語	056. 郭文遊山, 袁宏泊渚
057. 黃琬對日, 秦宓論天	058. 孟軻養素, 揚雄草玄
059. 向秀聞笛, 伯牙絕絃	060. 郭槐自屈, 南康猶憐
061. 魯恭馴雉, 宋均去獸	062. 廣客蛇影, 殷師牛鬭
063. 元禮模楷, 季彥領袖	064. 魯褒錢神, 崔烈銅臭
065. 梁竦廟食, 趙溫雄飛	066. 枚乘蒲輪, 鄭均白衣
067. 陵母伏劍, 軻親斷機	068. 齊后破環, 謝女解圍
069. 鑿齒尺牘, 荀勗音律	070. 胡威推縑, 陸績懷橘
071. 羅含吞鳥, 江淹夢筆	072. 李廞清貞, 劉驎高率
073. 蔣詡三逕, 許由一瓢	074. 楊僕移關, 杜預建橋
075. 壽王議鼎, 杜林駁堯	076. 西施捧心, 孫壽折腰
077. 靈輒扶輪, 魏顆結草	078. 逸少傾寫, 平子絕倒
079. 澹臺毀璧, 子罕辭寶	080. 東平爲善, 司馬稱好
081. 公超霧市, 魯般雲梯	082. 田單火牛, 江逌爇雞

083. 蔡裔隕盜, 張遼止啼	084. 陳平多轍, 李廣成蹊
085. 陳遵投轄, 山簡倒載	086. 淵客泣珠, 交甫解佩
087. 龔勝不屈, 孫寶自劾	088. 呂安題鳳, 子猷尋戴
089. 董宣彊項, 翟璜直言	090. 紀昌貫蝨, 養由號猨
091. 馮衍歸里, 張昭塞門	092. 蘇韶鬼靈, 盧充幽婚
093. 震畏四知, 秉去三惑	094. 柳下直道, 叔敖陰德
095. 張湯巧詆, 杜周深刻	096. 三王尹京, 二鮑糾慝
097. 孫康映雪, 車胤聚螢	098. 李充四部, 井春五經
099. 谷永筆札, 顧愷丹青	100. 戴逵破琴, 謝敷應星
101. 阮宣杖頭, 畢卓甕下	102. 文伯羞鱉, 孟宗寄鮓
103. 史丹青蒲, 張湛白馬	104. 隱之感隣, 王脩輟社
105. 阮放八雋, 江彪四凶	106. 華歆忮旨, 陳群蹙容
107. 王濬懸刀, 丁固生松	108. 姜維膽斗, 盧植音鐘
109. 桓溫奇骨, 鄧艾大志	110. 楊脩捷對, 羅友黙記
111. 杜康造酒, 蒼頡制字	112. 樗里智囊, 邊韶經笥
113. 滕公佳城, 王果石崖	114. 買妻恥醮, 澤室犯齋
115. 馬后大練, 孟光荊釵	116. 顏叔秉燭, 宋弘不諧
117. 鄧通銅山, 郭況金穴	118. 秦彭攀轅, 侯霸臥轍
119. 淳于炙輠, 彥國吐屑	120. 太眞玉臺, 武子金埒
121. 巫馬戴星, 宓賤彈琴	122. 郝廉留錢, 雷義送金
123. 逢萌挂冠, 胡昭投簪	124. 王喬雙鳧, 華佗五禽
125. 程邈隸書, 史籀大篆	126. 王承魚盜, 丙吉牛喘
127. 賈琮褰帷, 郭賀露冕	128. 馮媛當熊, 班女辭輦

129. 王充閱市, 董生下帷
130. 平叔傅紛, 弘治凝脂
131. 楊寶黃雀, 毛寶白龜
132. 宿瘤採桑, 漆室憂葵
133. 韋賢滿籯, 夏侯拾芥
134. 阮簡曠達, 袁耽俊邁
135. 蘇武持節, 鄭眾不拜
136. 郭巨將坑, 董永自賣
137. 仲連蹈海, 范蠡泛湖
138. 文寶緝柳, 溫舒截蒲
139. 伯道無兒, 嵇紹不孤
140. 綠珠墜樓, 文君當壚

《蒙求》(下)

141. 伊尹負鼎, 甯戚扣角
142. 趙壹坎壈, 顏駟塞剝
143. 龔遂勸農, 文翁興學
144. 晏御揚揚, 五鹿嶽嶽
145. 蕭朱結綬, 王貢彈冠
146. 龐統展驥, 仇覽棲鸞
147. 諸葛顧廬, 韓信升壇
148. 王裒柏慘, 閔損衣單
149. 蒙恬製筆, 蔡倫造紙
150. 孔伋縕袍, 祭遵布被
151. 周公握髮, 蔡邕倒屣
152. 王敦傾室, 紀瞻出妓
153. 暴勝持斧, 張網埋輪
154. 靈運曲笠, 林宗折巾
155. 屈原澤畔, 漁父江濱
156. 魏勃掃門, 潘岳望塵
157. 京房推律, 翼奉觀性
158. 甘寧奢侈, 陸凱貴盛
159. 干木當義, 於陵辭聘
160. 元凱傳癖, 伯英草聖
161. 馮異大樹, 千秋小車
162. 漂母進食, 孫鍾設瓜
163. 壺公謫天, 薊訓歷家
164. 劉玄刮席, 晉惠聞蟆
165. 伊籍一拜, 酈生長揖
166. 馬安四至, 應璩三入
167. 郭解借交, 朱家脫急
168. 虞延刻期, 盛吉垂泣

169. 豫讓吞炭, 鉏麑觸槐
170. 阮孚蠟屐, 祖約好財
171. 初平起石, 左慈擲杯
172. 武陵桃源, 劉阮天台
173. 王儉墜車, 褚淵落水
174. 季倫錦障, 春申珠履
175. 甄后出拜, 劉楨平視
176. 胡嬪爭樗, 晉武傷指
177. 石慶數馬, 孔光溫樹
178. 翟湯隱操, 許詢勝具
179. 優游滑稽, 落下歷數
180. 曼容自免, 子平畢娶
181. 師曠清耳, 離婁明目
182. 仲文照鏡, 臨江折軸
183. 欒巴噀酒, 偃師舞木
184. 德潤傭書, 君平賣卜
185. 叔寶玉潤, 彥輔冰清
186. 衛后髮鬢, 飛燕體輕
187. 玄石沈湎, 劉伶解酲
188. 趙勝謝躄, 楚莊絕纓
189. 惡來多力, 飛廉善走
190. 趙孟疵面, 田駢天口
191. 張憑理窟, 裴頠談藪
192. 仲宣獨步, 子建八斗
193. 廣漢鉤距, 弘羊心計
194. 衛青拜幕, 去病辭第
195. 酈寄賣友, 紀信詐帝
196. 濟叔不癡, 周兄無慧
197. 虞卿擔簦, 蘇章負笈
198. 南風擲孕, 商受斮涉
199. 廣德從橋, 君章拒獵
200. 應奉五行, 安世三篋
201. 相如題柱, 終軍棄繻
202. 孫晨藁席, 原憲桑樞
203. 端木辭金, 鍾離委珠
204. 季札挂劍, 徐穉置芻
205. 朱雲折檻, 申屠斷鞅
206. 衛玠羊車, 王恭鶴氅
207. 管仲隨馬, 倉舒稱象
208. 丁蘭刻木, 伯瑜泣杖
209. 陳逵豪爽, 田方簡傲
210. 黃向訪主, 陳寔遺盜
211. 龐儉鑿井, 陰方祀竈
212. 韓壽竊香, 王濛市帽
213. 勾踐投醪, 陸抗嘗藥
214. 孔愉放龜, 張顥墮鵲

215. 田預儉素, 李恂清約
216. 義縱攻剽, 周陽暴虐
217. 孟陽擲瓦, 賈氏如皐
218. 顏回簞瓢, 仲蔚蓬蒿
219. 麋竺收資, 桓景登高
220. 雷煥送劍, 呂虔佩刀
221. 老萊斑衣, 黃香扇枕
222. 王祥守柰, 蔡順分椹
223. 淮南食時, 左思十稔
224. 劉惔傾釀, 孝伯痛飲
225. 女媧補天, 長房縮地
226. 季珪士首, 安國國器
227. 陸玩無人, 賈詡非次
228. 何晏神伏, 郭奕心醉
229. 常林帶經, 高鳳漂麥
230. 孟嘉落帽, 庾鼓墮幘
231. 龍逢板出, 張華台坼
232. 董奉活燮, 扁鵲起虢
233. 寇恂借一, 何武去思
234. 韓子孤憤, 梁鴻五噫
235. 蔡琰辯琴, 王粲覆棊
236. 西門投巫, 何謙焚祀
237. 孟嘗還珠, 劉昆反火
238. 姜肱共被, 孔融讓果
239. 端康相代, 亮陟隔坐
240. 趙倫瘤怪, 梁孝牛禍
241. 桓典避馬, 王尊叱馭
242. 鼂錯峭直, 趙禹廉倨
243. 亮遺巾幗, 備失匕箸
244. 張翰適意, 陶潛歸去
245. 魏儲南館, 漢相東閣
246. 楚元置醴, 陳蕃下榻
247. 廣利泉涌, 王霸冰合
248. 孔融坐滿, 鄭崇門雜
249. 張堪折轅, 周鎮漏船
250. 郭伋竹馬, 劉寬蒲鞭
251. 許史侯盛, 韋平相延
252. 雍伯種玉, 黃尋飛錢
253. 王允千里, 黃憲萬頃
254. 虞騑才望, 戴淵峰穎
255. 史魚黜殯, 子囊城郢
256. 戴封積薪, 耿恭拜井
257. 汲黯開倉, 馮煖折券
258. 齊景駟千, 何曾食萬
259. 顧榮錫炙, 田文比飯
260. 稚珪蛙鳴, 彥倫鶴怨

261. 廉頗負荊, 須賈擢髮
262. 孔翊絕書, 申嘉私謁
263. 淵明把菊, 眞長望月
264. 子房取履, 釋之結韈
265. 郭丹約關, 祖逖誓江
266. 賈逵問事, 許愼無雙
267. 婁敬和親, 白起坑降
268. 簫史鳳臺, 宋宗雞窓
269. 王陽囊衣, 馬援薏苡
270. 劉整交質, 五倫十起
271. 張敞畫眉, 謝鯤折齒
272. 盛彥感螶, 姜詩躍鯉
273. 宗資主諾, 成瑨坐嘯
274. 伯成辭耕, 嚴陵去釣
275. 董遇三餘, 譙周獨笑
276. 將閭仰天, 王凌呼廟
277. 二疏散金, 陸賈分橐
278. 慈明八龍, 禰衡一鶚
279. 不占殞車, 子雲投閣
280. 魏舒堂堂, 周舍鄂鄂
281. 無鹽如漆, 姑射若氷
282. 郄子投火, 王思怒蠅
283. 苻朗皂白, 易牙淄澠
284. 周勃織薄, 灌嬰販繒
285. 馬良白眉, 阮籍靑眼
286. 黥布開關, 張良燒棧
287. 陳遺飯感, 陶侃酒限
288. 楚昭萍實, 束晳竹簡
289. 曼倩三冬, 陳思七步
290. 劉寵一錢, 廉范五袴
291. 氾毓字孤, 郗鑒吐哺
292. 荀弟轉酷, 嚴母掃墓
293. 洪喬擲水, 陳泰挂壁
294. 王述忿狷, 荀粲惑溺
295. 宋女愈謹, 敬姜猶績
296. 鮑照篇翰, 陳琳書檄
297: 浩浩萬古, 不可備甄.
298: 芟煩摭華, 爾曹勉旃

欽定四庫全書

蒙求集註卷上

唐 李瀚 撰
宋 徐子光 註

王戎簡要 裴楷清通

晉書王戎字濬沖琅琊臨沂人幼而頴悟神彩秀徹
視日不眩裴楷見而目之曰戎眼爛爛如巖下電阮
籍素與戎父渾為友戎年十五隨渾在郎舎少籍二
十歲籍與之交籍適渾俄頃輒去過視戎良久然後
出謂渾曰濬沖清賞非卿倫也共卿言不如共阿戎
談歷官至司徒 晉裴楷字叔則河東聞喜人明悟
有識量少與戎齊名鍾會薦於文帝辟相國掾及吏
部郎缺帝問會曰裴楷清通王戎簡要皆其選也
於是用楷風神高邁容儀俊爽博渉羣書特精理
義時謂之玉人又稱見叔則如近玉山映照人也轉
中書郎出入官省見者肅然改容武帝登阼探策以
卜世數多少既而得一不悅羣臣失色楷曰臣聞天

得一以清地得一以寧王侯得一以為天下貞帝大
悅累遷中書令侍中

孔明卧龍 呂望非熊

蜀志諸葛亮琅邪陽都人躬耕隴畆好為梁父吟每
自比管仲樂毅時人莫之許惟崔州平徐庶與亮友
善謂為信然時先主屯新野徐庶見之謂曰諸葛孔
明卧龍也將軍豈願見之乎此人可就見不可屈致
宜枉駕顧之先主遂詣亮凡三往乃見因屏人與
語大悅於是情好日密關公張公等不悅先主曰孤
之有孔明猶魚之有水也願勿復言及稱尊位以亮
為丞相漢春秋曰亮家南陽鄧縣襄陽城西號曰
隆中 六韜曰文王將田史編卜曰田于渭陽將
有得焉非龍非彲非虎非羆兆得公侯天遺汝師以
之佐襄施及三王文王乃齋三日田于渭陽卒見太
公坐茅以漁文王勞而問之乃載與歸立為師舊本
作非熊非羆疑流俗承誤後世莫知是正耳按後漢

學津討原본《蒙求集註》(上下) 臺灣 藝文印書館에서 百部叢書集成으로 영인 출간한 것이다.

蒙求卷之上　畿輔叢書
　　　　　　唐安平李瀚撰註

蒙求卷上

王戎簡要
晉王戎字濬沖琅邪人裴楷字叔則時吏部闕文帝問
其人於鍾會會曰裴楷清通王戎簡要皆其選也於是
用楷及武帝登祚探策以卜世數既而得一不悅楷曰
天得一以清地得一以寧王侯得一以爲天下正帝大
悅後累遷中書令

裴楷清通
事見上註

孔明臥龍
蜀志諸葛亮字孔明漢末往襄州刺史徐庶見之謂先
主曰諸葛孔明臥龍也將軍願見之乎先主凡三往乃
見因與計事善之關羽等不悅先主曰孤有孔明猶魚
之得水也後以爲相

呂望非熊
六韜文王將田史編卜曰將大獲焉非龍非彲非虎非
熊兆得公侯天遺汝師以之佐昌施及三王文王乃齋
三日田於渭陽見太公坐石以漁王乃載與俱歸立爲
師補註舊本作非熊非羆疑俗承誤莫知正爾

기보총서본《蒙求》上下 2권으로 되어 있으며 臺灣 藝文印書館에서 百部叢書集成으로
影印 出刊한 것이다.

燕昭築臺　鄭莊置驛
郡洗一枝　璩靖二妙
戴異星席　王符踈擯
馮陽長裾　漢祖龍顏
鮑觀紀非　士龍雲間
毛萇傳槃　羊祜識環
鄺寓判閫　仲容青雲
管寧割席　叔夜玉山
許閒何定　子賤彈琴
樊噲排闥　夜祐制禮　王覽友悌
毛萇詣金　和嶠專車　辛毗引裾
不疑誣金　時苗留犢　息躬歷詆
卞和泣玉　蔔萬自慣　郝隆曬書
范丹日月　孫楚漱石　許詢詞翰
花丹高產　李野陽秋　王衍風鑒
幹公高門　張氏銅鉤　蔣詡三徑
山陵議置　毛玠公方　袁盎卻座
賀偱儒宗　孫綽才名　十娥辭浴
凱寘殿咽　曹恕趑裝　廉女振魏
王悰繡被　蔗辱興魏　郗詵丹桂
李布一諾　諸坊詩律　體令王國
泰初日月　荀陳德星　謝尚鴝鵒
黃琬對日　阮瞻三語　李郭仙舟
向秀聞笛　泰安論天　丁公遽戮
伯牙絕絃　郭槐自屈　周侯山蕪
　　　　　　孟軻養素　雁門文弱
　　　　　　楊雄草元　南郡貓蝶

慕恭鋤雜　元禮模楷　宋均去獸　殷師牛閒
泉課庶指　李李領袖　廣客馳影　崔列劍吳
梁竦廟食　趙溫雄飛　郗均自衣　魯褒錢神
母伏期　　朝親斷機　校梁蒲輪　郄詵丹桂
蠡含毒鳥　江瑛苦節　胡威推絹　崔均鋤立
難詣三迂　荀助音神　楊僕移關　劉聯高隼
書王識鼎　許由一瓢　西施捧心　陸績懷橘
蔣輔扶輪　杜林駮堯　李廣杵骨　謝安解圍
魏顋結草　杜稍建橋
蘆臺毀壁　子罕辭寶　孫壽折要　殷浩書空
東趙霧市　魯般雲梯　田單火牛　司馬稱好
蔡婍撥盟　張遵止帝　陳平多轍　江逸少傾
陳遵投轄　山蘭倒載　厲安迷珠　呂安題鳳
龍蟠不屈　孫寶自劾　交甫解珮　子獻尋戴
董宣強項　住座直言　甘單賈胅　藥由燒椹
馮衍歸里　張招讖門　蘇韶鬼篝　盧充幽婚
震凱四知　廉去三感　柳下直道　叔敖陰德
張湯巧詆　杜周深刻　三王尹京　井春五經
孫康映雪　車胤聚螢　李充四部　謝敷應星
谷永筆札　戴逵破琴
賴凱丹青

《標題徐狀元補注蒙求校本》岡白駒(日) 解題 부분을 참조할 것

補註蒙求國字解卷之一

東湖 田 興甫 註解
平安 松 正楨 刪訂

●王戎簡要　裴楷清通

訓闇 晉書、王戎、字は濬沖、瑯邪臨沂の人、幼にして穎悟、神彩秀徹、日を視て眩がず、裴楷見て、之を目して曰く、戎が眼、爛爛たること、巖下の電の如しと、阮籍、戎より戎が父渾と友たり、戎年十五、渾に隨つて郞舍に在り、籍より少きこと二十歲、籍之と交る、籍、渾に謂いて去る每に、輒ち過ぎて戎を視、其や久うして然る後に出づ、渾に謂つて曰く、濬沖の清賞、卿が倫に非ず、卿と共に言ふは、阿戎と談するに如かずと、官を歷て司徒に至る●晉の裴楷、字は叔則、河東聞喜の人、明悟にして議量あり、少うして戎と名を齊しうす、鍾會、文帝に薦め、相國の掾さる、吏部郞缺くるに及び、帝、鍾會に問ふ、會曰く、裴楷は清通、王戎は簡要、皆其選なりと、こゝに於て楷を用ふ、楷、風神高邁、容儀俊爽、博く群書に涉り、特に理義に精し、時に之を玉人と謂ふ、又稱す、叔則を見れば、玉山に近くが如く、人を照映すと、中書郞に轉じ、官省に出入するに、見る者、肅然として容を改む、武帝、祚に登り、筮を探り、以て世數の多少を卜す、既にして一を得て悅びず、群臣色を失ふ、楷曰く、臣聞く、天は一を得て以て淸く、地は一を得て以て寧く、侯王は一を得て以て天下の貞たりと、帝大に悅ぶ、中書令侍中に累遷す、

●晉書　列傳十三　王戎。字濬沖。瑯邪臨沂人。幼而穎悟。
穎悟八、知惠ノハシ
カクサトキチ云フ
神彩秀徹。
彩神ハ、心バヘ
ノ文彩アルナ

補注蒙求 卷上

王戎簡要　裴楷清通

晉書王戎字濬沖琅邪臨沂人幼而穎悟神彩秀徹視日不眩裴楷見而目之曰戎眼爛爛如嚴下電阮籍素與戎父渾為友戎年十五隨渾在郎舍次會籍少籍二十歲籍與之交籍每適渾去輒適戎良久然後出謂渾曰濬沖清賞非卿倫也共卿言不如其阿戎誠如卿耶缺詞多加之人歷官至司徒
晉裴楷字叔則河東聞喜人明悟有識量少與戎齊名鍾會薦於文帝辟相國掾及吏部郎

帝問鍾會曰裴楷清通王戎簡要皆其選也於是用楷風神高邁容儀俊爽博涉羣書特精理義時謂之玉人又稱見叔則如近玉山照映人也轉中書郎出入官省見者肅然改容武帝登祚探策以卜世數少一不悅楷曰臣聞天得一以清地得一以寧王侯得一以為天下貞帝大悅累遷中書令侍中

孔明臥龍　呂望非熊

蜀志諸葛亮字孔明琅邪陽都人躬耕隴畝好為梁父吟每自比管仲樂毅時人莫之許惟崔州平徐庶與亮友善謂為信然時先生屯新野徐庶見之謂曰諸

ねあやまりうそ多ければ、覽るもの之れをうれへり、豈翰の記載する所古よりしてか、るか、さて亦後世此の書を傳へつぐ際に自然に誤るに至りしか、予は嘗て翰の用意の周到なるを嘉みして其の未だ十分に備はらざるを惜む、是に於てひろく史傳をわたりみ、あまねく百家の書を求めて、根本を推究め、源を探り知り、其のよき所をとり要所を咀嚼して之れを補へり、舊註にて大抵傳記に見ることなき記事にて、其の語淺薄あやまりみだらなるものは就て訂正を加へたり又書籍の中にてま、古き事實の概略を擧げ傳ふ可き者あれば、其の一つ一つ大なるものをとりて附け加へり、此れによりて庶幾くは明なること日や星の天につらなり、美しくかゞやきてみるべきが如きものあらん、名づけて補註と曰ふ、將にこれを以て遺忘を檢索するの用に備へ討論の助となさんとす、加之是れ亦文詞の手本のちかみちたるものに非ずや、時に淳熙十六年己酉十一月辛卯の吉き日に徐子光序す。

卷上

王戎簡要　裴楷淸通

晉書、王戎字濬仲、琅邪臨沂人幼而穎悟、神彩秀徹、視日不眩、裴楷見而

目之曰、戎眼爛爛如巖下電、阮籍素與戎父渾爲友、戎年十五、隨渾在郎舍、少籍二十歲、籍與之交、籍每適渾、輒過視戎、良久然後出謂渾曰、濬仲淸賞、非卿倫也、共卿言不如共阿戎談、歷官至司徒、

【字解】〔琅邪〕郡の名、〔臨沂〕縣の名、〔穎悟〕すぐれてかしこくさとし、〔神彩〕風儀なり、〔秀徹〕すぐとほる如くすぐれて美し、〔眩〕めまひす、〔日之〕見て品評す、〔爛爛〕明に光るさま、〔巖下電〕岩の下の暗き所にひかる電光、特に明に光りて見ゆるよりいふ、〔良久〕稍久し、〔淸賞〕精神風儀淸淨にして尊びあがむべきこと、賞はほめあがむること、〔卿倫〕卿は同輩を呼ぶ語、あなた、倫は輩に同じ、ともがら、〔阿戎〕阿は人を呼ぶとき冠らす語助の字。

【義解】晉書に曰く、王戎は字を濬仲といひ、琅邪郡臨沂縣の人なり、幼にしてすぐれてかしこくさとく、風儀はすきとほるやうにすぐれて美しく、眸子かゞやき淸き故日の光をみてくらまず、裴楷見て之れを品評して曰く、我が眼は非常ならず、明に光りかゞやきて恰も巖下のくらき所に光る電光の如しとほめたり、阮籍は卒素より、戎が父渾と友として親交あ

文字蒙求卷一

以下二卷列字彙以類聚

象形

易曰百官以治萬民以察知文字為記事而作。如今之帳簿而已。有實字無虛字後世之虛字皆借實字為之也字因事造而事由物起牛羊物也牟半則事也艸木物也出毛皿皆事也故班書藝文志曰六書謂象形象事象意象聲轉注假借其次第最先說文及周禮鄭注皆不及也鐘鼎象形字皆畫成其物隨體詰屈李斯變為小篆欲其大小齊同不能無所伸縮遂有不象者矣茲兼禾古文以便初學

日 ☉ 日中有黑影初無定在
卽所謂三足烏者也
月 ☽ 月圓時少闕時多且讓日同形下
雲 ☁ 雲与煙气上騰也
雨 ⻗ 一象天一則再加雨為雲遂成形聲字
細上大倒轉〇字卽是云字
地影詞藻家所謂顑兔桂樹也
故作上下弦時形也中一筆本是
申 ⚡ 電之古文也電光閃爍有長有短字形象之說
文電下云從申虹下云申電也皆可證
而後雨黙則雨形
门則天气下降也陰陽和
气 ⽓ 此雲氣之正字
籀文作㐬小篆作𠃑不復成為象形
經典作乞而訓為求本是假借借用既久遂以氣代气乃餼之古字又作餼氣論語不使勝食氣中庸既稟稱事

清 王筠의《文學蒙求》《蒙求》이후 쏟아져 나온 蒙求類의 一例

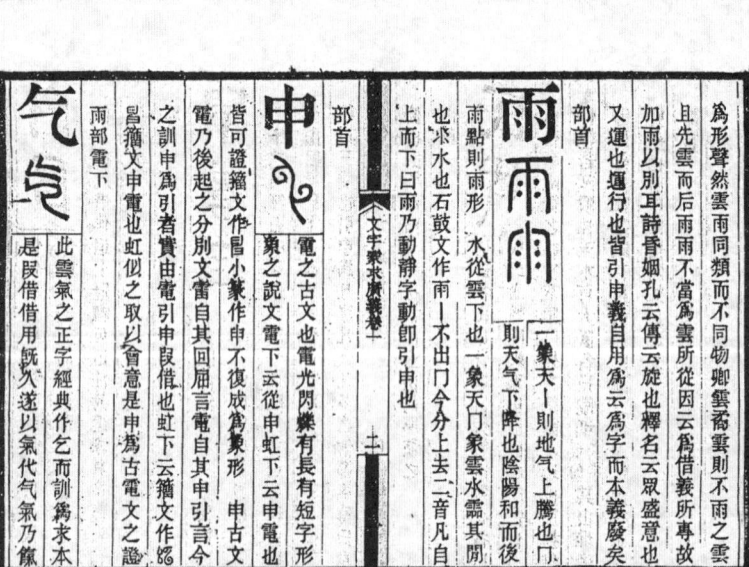

《文學蒙求廣義》王筠의《文學蒙求》를 清代 陳義가 廣義를 붙인 것.
臺灣 藝文印書館 印本(1988)《몽구》류 出刊의 예

차례

◈ 책머리에
◈ 일러두기
◈ 해제
　1. 책이름과 내용 및 체제
　2. 찬자撰者와 주자註者
　3. 《몽구》의 영향과 전래
　4. 《몽구》 원문

蒙求 下

241. 桓典避馬, 王尊叱馭 ······················· 1692
　① 桓典避馬 피해야 할 환전의 총마
　② 王尊叱馭 마부를 질책한 왕존
242. 鼂錯峭直, 趙禹廉倨 ······················· 1696
　① 鼂錯峭直 준엄하고 곧은 조착
　② 趙禹廉倨 청렴하면서도 거만했던 조우
243. 亮遺巾幗, 備失匕箸 ······················· 1702
　① 亮遺巾幗 제갈량이 보낸 여인용 목도리
　② 備失匕箸 밥 먹다 수저를 놓친 유비
244. 張翰適意, 陶潛歸去 ······················· 1709
　① 張翰適意 뜻에 맞추어 훌연히 떠난 장한
　② 陶潛歸去 도연명의 귀거래

245. 魏儲南館, 漢相東閣 ·· 1722
  ① 魏儲南館 남관에서 잔치를 벌인 위문제
  ② 漢相東閣 동쪽 문을 열어놓은 한나라 재상 공손홍

246. 楚元置醴, 陳蕃下榻 ·· 1728
  ① 楚元置醴 초원왕 유교의 스승 예우
  ② 陳蕃下榻 서치를 위해 걸어두었던 자리를 내려놓은 진번

247. 廣利泉涌, 王霸氷合 ·· 1734
  ① 廣利泉涌 칼로 산을 찔러 샘물이 솟도록 한 이광리
  ② 王霸氷合 녹았던 얼음이 다시 붙어 건널 수 있었던 왕패

248. 孔融坐滿, 鄭崇門雜 ·· 1740
  ① 孔融坐滿 자리를 가득 채운 공융의 빈객들
  ② 鄭崇門雜 정숭의 집에 모여드는 온갖 잡객

249. 張堪折轅, 周鎭漏船 ·· 1746
  ① 張堪折轅 장감의 부서진 수레
  ② 周鎭漏船 비가 새는 배에서 살고 있는 주진

250. 郭伋竹馬, 劉寬蒲鞭 ·· 1751
  ① 郭伋竹馬 죽마를 타고 곽급을 환영 나온 아이들
  ② 劉寬蒲鞭 부들 채찍으로 부하를 벌 준 유관

251. 許史侯盛, 韋平相延 ·· 1757
  ① 許史侯盛 허황후와 사량제의 번성한 제후들
  ② 韋平相延 재상 자리를 이어간 위현과 평당의 부자

252. 雍伯種玉, 黃尋飛錢 ·· 1763
  ① 雍伯種玉 옥을 심어 장가를 든 양공옹백
  ② 黃尋飛錢 흩날리는 돈을 주워 부자가 된 황심

253. 王允千里, 黃憲萬頃 ············· 1767
　① 王允千里 천리마와 같은 왕윤
　② 黃憲萬頃 만 이랑 물결과 같은 황헌

254. 虞騵才望, 戴淵峰穎 ············· 1774
　① 虞騵才望 우비의 재능과 성망
　② 戴淵峰穎 산봉우리와 이삭처럼 우뚝하고 빼어난 대연

255. 史魚黜殯, 子囊城郢 ············· 1778
　① 史魚黜殯 자신의 시신을 폐출시킨 사어
　② 子囊城郢 영 땅에 성을 쌓도록 한 자낭

256. 戴封積薪, 耿恭拜井 ············· 1783
　① 戴封積薪 섶을 쌓아 스스로 희생이 되겠다고 나선 대봉
　② 耿恭拜井 물이 나오도록 우물에 절을 한 경공

257. 汲黯開倉, 馮煖折券 ············· 1789
　① 汲黯開倉 곡식 창고를 열어 백성을 구제한 급암
　② 馮煖折券 채권 문서를 찢어버린 풍훤

258. 齊景駟千, 何曾食萬 ············· 1802
　① 齊景駟千 말 사천 마리를 기른 제나라 경공
　② 何曾食萬 음식에 만금을 쓰는 하증

259. 顧榮錫炙, 田文比飯 ············· 1805
　① 顧榮錫炙 하인에게 구운 고기를 내려준 고영
　② 田文比飯 먹는 밥을 비교해 보여준 맹상군 전문

260. 稚珪蛙鳴, 彦倫鶴怨 ············· 1810
　① 稚珪蛙鳴 개구리가 울어도 그대로 두고 사는 공치규
　② 彦倫鶴怨 학의 원망 소리를 노래한 주옹

261. 廉頗負荊, 須賈擢髮 ·············· 1815
　① 廉頗負荊 가시를 짊어지고 인상여에게 사죄한 염파
　② 須賈擢髮 머리카락을 뽑아 속죄하겠다고 사죄한 수가

262. 孔翊絶書, 申嘉私謁 ·············· 1822
　① 孔翊絶書 청탁 편지를 못에 던져버린 공익
　② 申嘉私謁 등통을 사사롭게 불러 처단하려 한 신도가

263. 淵明把菊, 眞長望月 ·············· 1826
　① 淵明把菊 국화꽃을 한 줌 쥔 채 시상에 빠진 도연명
　② 眞長望月 망월과 같은 맑은 모습의 유진장

264. 子房取履, 釋之結韈 ·············· 1833
　① 子房取履 노인의 신발을 주워 올린 장량
　② 釋之結韈 신발 끈을 매어 준 장석지

265. 郭丹約關, 祖逖誓江 ·············· 1841
　① 郭丹約關 함곡관에서 성공을 다짐한 곽단
　② 祖逖誓江 강을 건너며 나라 수복을 맹세한 조적

266. 賈逵問事, 許愼無雙 ·············· 1846
　① 賈逵問事 어떠한 질문에도 막힘이 없는 가규
　② 許愼無雙 천하에 쌍을 이룰 자 없는 허신

267. 婁敬和親, 白起坑降 ·············· 1852
　① 婁敬和親 흉노와 화친을 성사시킨 누경
　② 白起坑降 항복한 군사를 구덩이에 묻은 백기

268. 簫史鳳臺, 宋宗鷄窓 ·············· 1862
　① 簫史鳳臺 봉대에 함께 살다 신선이 된 소사 부부
　② 宋宗鷄窓 창가에 닭을 키운 송처종

269. 王陽囊衣, 馬援薏苡 ································· 1865
　① 王陽囊衣 왕양의 옷보따리
　② 馬援薏苡 마원이 가지고 온 율무

270. 劉整交質, 五倫十起 ································· 1870
　① 劉整交質 조카의 밥값으로 담보를 교환해 간 유정
　② 五倫十起 조카의 병에 자다가 열 번이나 일어난 제오륜

271. 張敞畫眉, 謝鯤折齒 ································· 1879
　① 張敞畫眉 아내의 눈썹을 그려준 장창
　② 謝鯤折齒 이웃집 처녀를 희롱하다가 이가 부러진 사곤

272. 盛彦感蟦, 姜詩躍鯉 ································· 1885
　① 盛彦感蟦 굼벵이로 인한 효성의 감응을 받은 성언
　② 姜詩躍鯉 잉어가 뛰어올라 감응한 강시의 효성

273. 宗資主諾, 成瑨坐嘯 ································· 1890
　　허락을 위주로 하는 종자와 앉아서 휘파람만 부는 성진

274. 伯成辭耕, 嚴陵去釣 ································· 1893
　① 伯成辭耕 천하를 사양하고 밭갈이에 열중한 백성자고
　② 嚴陵去釣 황제의 친구로서 멀리 떠나 낚시에만 마음 쏟은 엄릉

275. 董遇三餘, 譙周獨笑 ································· 1898
　① 董遇三餘 세 가지 여유 시간을 가르친 동우
　② 譙周獨笑 홀로 미소지은 초주

276. 將閭仰天, 王凌呼廟 ································· 1903
　① 將閭仰天 하늘을 우러러 울음을 터뜨린 장려
　② 王凌呼廟 사당을 향해 울부짖은 왕릉

277. 二疏散金, 陸賈分橐 ·································· 1908
  ① 二疏散金 하사금을 모두 흩어 써버린 소광과 소수
  ② 陸賈分橐 천금의 주머니를 아들에게 나누어 준 육가

278. 慈明八龍, 禰衡一鶚 ·································· 1917
  ① 慈明八龍 순자명의 팔룡
  ② 禰衡一鶚 한결같이 악악대는 예형

279. 不占殞車, 子雲投閣 ·································· 1924
  ① 不占殞車 전투 소리에 수레에서 떨어져 죽은 진부점
  ② 子雲投閣 천록각에서 뛰어내린 양웅

280. 魏舒堂堂, 周舍鄂鄂 ·································· 1930
  ① 魏舒堂堂 당당한 위서
  ② 周舍鄂鄂 악악대며 간쟁하던 주사

281. 無鹽如漆, 姑射若氷 ·································· 1935
  ① 無鹽如漆 살결이 검기가 칠흑 같은 무염녀 종리춘
  ② 姑射若氷 얼음같이 흰 피부의 막고야산 신선들

282. 邾子投火, 王思怒蠅 ·································· 1940
  ① 邾子投火 불구덩이에 떨어진 죽은 주자 장공
  ② 王思怒蠅 붓에 달려드는 파리를 두고 화를 낸 왕사

283. 苻朗皁白, 易牙淄澠 ·································· 1943
  ① 苻朗皁白 요리된 오리의 색을 알아내는 부랑
  ② 易牙淄澠 치수와 민수의 물맛을 구별해 내는 역아

284. 周勃織薄, 灌嬰販繒 ·································· 1947
  ① 周勃織薄 박곡 짜는 일을 생업으로 하던 주발
  ② 灌嬰販繒 비단 장수 관영

285. 馬良白眉, 阮籍靑眼 ·· 1953
　① 馬良白眉 마량의 흰 눈썹
　② 阮籍靑眼 완적의 푸른 눈동자

286. 黥布開關, 張良燒棧 ·· 1957
　① 黥布開關 함곡관을 열어 밀고 들어간 경포
　② 張良燒棧 촉의 잔도를 태워버린 장량

287. 陳遺飯感, 陶侃酒限 ·· 1962
　① 陳遺飯感 어머니께 누룽지를 가져다 드린 진유
　② 陶侃酒限 한계를 지어 술을 마신 도간

288. 楚昭萍實, 束晳竹簡 ·· 1967
　① 楚昭萍實 초나라 소왕의 평실
　② 束晳竹簡 죽간을 해독한 속석

289. 曼倩三冬, 陳思七步 ·· 1973
　① 曼倩三冬 겨울 석 달 공부한 동방삭
　② 陳思七步 진사왕 조식의 〈칠보시〉

290. 劉寵一錢, 廉范五袴 ·· 1978
　① 劉寵一錢 부로들이 유총에게 바친 동전 한 닢
　② 廉范五袴 바지 다섯 벌을 입을 수 있게 한 염범

291. 氾毓字孤, 郗鑒吐哺 ·· 1984
　① 氾毓字孤 고아를 아들로 키운 범육
　② 郗鑒吐哺 밥을 얻어 조카들을 키워낸 치감

292. 苟弟轉酷, 嚴母掃墓 ·· 1989
　① 苟弟轉酷 갈수록 더욱 잔혹하게 변해가는 구희의 아우
　② 嚴母掃墓 돌아가 아들이 묻힐 묘지를 청소한 엄연년의 모친

293. 洪喬擲水, 陳泰挂壁 ································· 1994
　① 洪喬擲水 편지를 모두 물에 던지고 떠난 은홍교
　② 陳泰挂壁 뇌물을 모두 벽에 걸어둔 진태

294. 王述忿狷, 荀粲惑溺 ································· 1997
　① 王述忿狷 분함을 참지 못하는 성격의 왕술
　② 荀粲惑溺 아내에게 폭 빠진 순찬

295. 宋女愈謹, 敬姜猶績 ································· 2002
　① 宋女愈謹 더욱 삼감을 다하는 송나라 포녀종
　② 敬姜猶績 베를 짜며 자식을 훈계한 경강

296. 鮑照篇翰, 陳琳書檄 ································· 2007
　① 鮑照篇翰 포조가 보낸 한 장의 편지
　② 陳琳書檄 격문에 뛰어난 진림

297. 浩浩萬古, 不可備甄 ································· 2014
　　끝없이 오랜 세월의 모든 책을 다 갖추어 가려 읽을 수는 없다

298. 芟煩撫華, 爾曹勉旃 ································· 2016
　　번잡한 것은 잘라버리고 꽃다운 것만 주워모았으니
　　너희들은 더욱 힘쓰기 바란다

🏵 부록

1. 《蒙求》序 ·· 趙郡 李華 ················ 2020
2. 薦《蒙求》表 ·· 饒州刺史 李良 ············ 2021
3. 《蒙求補注》序 ···································· 徐子光 ··················· 2022
4. 《蒙求集注》提要 ··············· 四庫全書 子部(11) 類書類 ········· 2023
5. 《蒙求》 ······································ 〈四庫全書總目提要〉············ 2024
6. 《蒙求》·《四庫韻對》辨證說 ······· 朝鮮 李圭景《五洲衍文長箋稿》······ 2025
7. 《補註蒙求國字解》序 ···················· 日 松正楨周之父題 ············ 2027
8. 〈蒙求標疏例言〉 ·························· 日 佐佐木玷題 ················ 2028
9. 〈蒙求箋註例引〉 ···························· 日 岡白駒 ··················· 2029
10. 《蒙求》 ································· 《郡齋讀書志》宋 晁公武 ·········· 2030

蒙求 上

001. 王戎簡要, 裴楷淸通 ·········· 76
　① 王戎簡要 간요한 왕융
　② 裴楷淸通 청통한 배해

002. 孔明臥龍, 呂望非熊 ·········· 82
　① 孔明臥龍 와룡선생 제갈공명
　② 呂望非熊 문왕이 사냥 나가 만난 강태공

003. 楊震關西, 丁寬易東 ·········· 90
　① 楊震關西 관서공자라 불린 양진
　② 丁寬易東 《주역》에 뛰어났던 정관

004. 謝安高潔, 王導公忠 ·········· 94
　① 謝安高潔 고결한 성품의 사안
　② 王導公忠 왕도의 공정함과 충성

005. 匡衡鑿壁, 孫敬閉戶 ·········· 102
　① 匡衡鑿壁 벽을 뚫고 등불을 비춰 공부한 광형
　② 孫敬閉戶 폐호선생 손경

006. 郅都蒼鷹, 甯成乳虎 ·········· 106
　① 郅都蒼鷹 표독한 매 같은 질도
　② 甯成乳虎 젖먹이 딸린 호랑이 같은 영성

007. 周嵩狼抗, 梁冀跋扈 ·········· 111
　① 周嵩狼抗 뻣뻣하기 그지없는 주숭
　② 梁冀跋扈 양기의 발호

008. 郗超髥參, 王珣短簿 ·········· 116
　① 郗超髥參 수염 덥수룩한 참군 치초
　② 王珣短簿 키 작은 주부 왕순

009. 伏波標柱, 博望尋河 ·········· 122
　① 伏波標柱 국경 표시를 세운 복파장군 마원
　② 博望尋河 물길을 찾아낸 박망후 장건

010. 李陵初詩, 田橫悲歌 ································ 129
　① 李陵初詩 오언시를 처음 지은 이릉
　② 田橫悲歌 전횡의 만가

011. 武仲不休, 士衡患多 ································ 138
　① 武仲不休 붓을 멈추지 않은 무중
　② 士衡患多 우환이 많은 육기

012. 桓譚非讖, 王商止訛 ································ 145
　① 桓譚非讖 참언서를 모르는 환담
　② 王商止訛 유언비어를 그치게 한 왕상

013. 嵇呂命駕, 程孔傾蓋 ································ 152
　① 嵇呂命駕 혜강을 만나러 수레를 몰고 간 여안
　② 程孔傾蓋 가던 길 멈추고 환담을 나눈 공자와 정자

014. 劇孟一敵, 周處三害 ································ 156
　① 劇孟一敵 극맹은 나라에 필적할 인물
　② 周處三害 주처로 인한 세 가지 폐해

015. 胡廣補闕, 袁安倚賴 ································ 162
　① 胡廣補闕 궁궐을 지켜낸 호광
　② 袁安倚賴 천하가 의지했던 원안

016. 黃霸政殊, 梁習治最 ································ 167
　① 黃霸政殊 특이한 치적을 이룬 황패
　② 梁習治最 최고의 치적을 이룬 양습

017. 墨子悲絲, 楊朱泣岐 ································ 172
　　염색을 보고 슬퍼한 묵자와 기로에서 울음을 터뜨린 양주

018. 朱博烏集, 蕭芝雉隨 ································ 174
　① 朱博烏集 까마귀가 모여든 주박의 집
　② 蕭芝雉隨 꿩이 따라다닌 소지

019. 杜后生齒, 靈王出髭 ………………………………………… 177
　① 杜后生齒 없던 이가 솟아난 두후
　② 靈王出髭 콧수염이 난 영왕

020. 賈誼忌鵩, 莊周畏犧 ………………………………………… 181
　① 賈誼忌鵩 복조를 두려워한 가의
　② 莊周畏犧 희생이 되기를 거부한 장주

021. 燕昭築臺, 鄭莊置驛 ………………………………………… 187
　① 燕昭築臺 곽외를 위해 누대를 지은 연소왕
　② 鄭莊置驛 역마를 두고 잔치를 벌인 정당시

022. 瓘靖二妙, 岳湛連璧 ………………………………………… 196
　① 瓘靖二妙 글씨에 오묘한 재능을 보인 위관과 삭정 두 사람
　② 岳湛連璧 연벽이라 불린 반악과 하후잠

023. 郤詵一枝, 戴憑重席 ………………………………………… 202
　① 郤詵一枝 계수나무 한 가지에 비유한 극선
　② 戴憑重席 자리를 겹쳐 앉은 대빙

024. 鄒陽長裾, 王符縫掖 ………………………………………… 206
　① 鄒陽長裾 옷깃을 길게 늘어뜨린 추양
　② 王符縫掖 진정한 유학자의 왕부

025. 鳴鶴日下, 士龍雲間 ………………………………………… 212
　햇빛 아래 순명학, 구름 사이 육사룡

026. 晉宣狼顧, 漢祖龍顔 ………………………………………… 217
　① 晉宣狼顧 뒤돌아보는 이리의 관상을 한 사마중달
　② 漢祖龍顔 용안의 관상을 가진 한 고조

027. 鮑靚記井, 羊祜識環 ………………………………………… 222
　① 鮑靚記井 우물에 빠져 죽었던 기억을 되살려낸 포정
　② 羊祜識環 잃어버린 반지를 찾아낸 양호

028. 仲容靑雲, 叔夜玉山 ·· 227
　① 仲容靑雲 청운의 도량을 가진 완함
　② 叔夜玉山 옥산과 같은 혜강
029. 毛義奉檄, 子路負米 ·· 234
　① 毛義奉檄 임명장을 받은 모의의 모습
　② 子路負米 부모를 위해 쌀을 짊어지고 온 자로
030. 江革巨孝, 王覽友弟 ·· 239
　① 江革巨孝 큰 효자 강혁
　② 王覽友弟 아우로서 우애를 다한 왕람
031. 蕭何定律, 叔孫制禮 ·· 244
　① 蕭何定律 법률을 제정한 소하
　② 叔孫制禮 궁중 예법을 제정한 숙손통
032. 葛豐刺擧, 息躬歷詆 ·· 251
　① 葛豐刺擧 풍자와 검거에 뛰어난 제갈풍
　② 息躬歷詆 공경대부를 차례로 꾸짖은 식부궁
033. 管寧割席, 和嶠專車 ·· 255
　① 管寧割席 함께 앉은 자리를 베어버린 관녕
　② 和嶠專車 수레를 독차지한 화교
034. 時苗留犢, 羊續懸魚 ·· 259
　① 時苗留犢 송아지는 남겨놓고 떠난 시묘
　② 羊續懸魚 뇌물로 바쳐온 물고기를 걸어둔 양속
035. 樊噲排闥, 辛毗引裾 ·· 263
　① 樊噲排闥 달문을 밀치고 들어간 번쾌
　② 辛毗引裾 황제의 소매를 잡고 늘어진 신비
036. 孫楚漱石, 郝隆曬書 ·· 271
　① 孫楚漱石 돌로 양치질을 하겠다는 손초
　② 郝隆曬書 뱃속의 책을 말린 학륭

037. 枚皐詣闕, 充國自贊 ·· 274
  ① 枚皐詣闕 궁궐을 찾아온 매고
  ② 充國自贊 자신을 칭찬한 조충국

038. 王衍風鑒, 許劭月旦 ·· 280
  ① 王衍風鑒 풍진 세상 거울과 같은 왕연
  ② 許劭月旦 월단평을 시행한 허소

039. 賀循儒宗, 孫綽才冠 ·· 288
  ① 賀循儒宗 유종으로 추앙받은 하순
  ② 孫綽才冠 손작의 재능이 으뜸

040. 太叔辯給, 摯仲辭翰 ·· 293
  언변은 태숙광, 문장은 지우

041. 山濤識量, 毛玠公方 ·· 295
  ① 山濤識量 산도의 식견과 도량
  ② 毛玠公方 공정함과 방정함을 다한 모개

042. 袁盎卻坐, 衛瓘撫牀 ·· 303
  ① 袁盎卻坐 신부인의 자리를 치워버린 원앙
  ② 衛瓘撫牀 침상을 어루만지며 한탄한 위관

043. 于公高門, 曹參趣裝 ·· 309
  ① 于公高門 대문을 높이 올린 우정국
  ② 曹參趣裝 재상으로 들어갈 것을 미리 안 조참

044. 庶女振風, 鄒衍降霜 ·· 314
  ① 庶女振風 풍속을 진작시킨 서인의 딸
  ② 鄒衍降霜 한여름 서리를 내리게 한 추연

045. 范冉生塵, 晏嬰脫粟 ·· 317
  ① 范冉生塵 시루에 먼지 가득한 범염
  ② 晏嬰脫粟 껍질만 벗긴 곡식으로 밥을 해먹는 재상 안영

046. 詰汾興魏, 鼈令王蜀 ··· 321
    ① 詰汾興魏 위나라를 일으킨 탁발힐분
    ② 鼈令王蜀 촉의 왕이 된 별령
047. 不疑誣金, 卞和泣玉 ··· 325
    ① 不疑誣金 금을 가지고 간 것으로 의심을 받은 직불의
    ② 卞和泣玉 옥돌을 두고 피눈물을 흘린 변화
048. 檀卿沐猴, 謝尙鴝鵒 ··· 330
    ① 檀卿沐猴 물 젖은 원숭이 춤을 춘 단장경
    ② 謝尙鴝鵒 구욕춤을 잘 춘 사상
049. 太初日月, 季野陽秋 ··· 336
    ① 太初日月 해와 달처럼 환한 하후태초
    ② 季野陽秋 포폄이 분명했던 저계야
050. 荀陳德星, 李郭仙舟 ··· 340
    ① 荀陳德星 덕성과 같은 순숙과 진식 두 집안
    ② 李郭仙舟 신선같은 배를 타고 떠난 이응과 곽태
051. 王忳綉被, 張氏銅鉤 ··· 344
    ① 王忳綉被 비단 수놓은 이불을 찾아준 왕돈
    ② 張氏銅鉤 장씨 집안의 구리 허리띠 고리
052. 丁公遽戮, 雍齒先侯 ··· 349
    ① 丁公遽戮 급히 죽음을 당한 정공
    ② 雍齒先侯 먼저 후에 봉해진 옹치
053. 陳雷膠漆, 范張鷄黍 ··· 355
    ① 陳雷膠漆 교칠과 같은 우정의 진중과 뇌의
    ② 范張鷄黍 닭과 기장밥의 우정을 이룬 범식과 장소
054. 周侯山巍, 會稽霞擧 ··· 360
    ① 周侯山巍 깎아지른 절벽 같은 주후
    ② 會稽霞擧 아침노을 피어오르듯 환한 회계왕

055. 季布一諾, 阮瞻三語 ·· 363
　① 季布一諾 천금같은 계포의 한 마디 허락
　② 阮瞻三語 세 글자 말로 벼슬을 얻은 완첨

056. 郭文遊山, 袁宏泊渚 ·· 370
　① 郭文遊山 곽문의 산수 유람
　② 袁宏泊渚 우저에 정박한 원굉

057. 黃琬對日, 秦宓論天 ·· 375
　① 黃琬對日 일식에 대한 황완의 대답
　② 秦宓論天 천리를 논한 진복

058. 孟軻養素, 揚雄草玄 ·· 382
　① 孟軻養素 본바탕을 수양한 맹자
　② 揚雄草玄 《태현경》의 초안을 쓴 양웅

059. 向秀聞笛, 伯牙絶絃 ·· 387
　① 向秀聞笛 젓대소리 슬퍼한 상수
　② 伯牙絶絃 거문고 줄을 끊은 백아

060. 郭槐自屈, 南康猶憐 ·· 392
　① 郭槐自屈 스스로 굴복한 곽괴
　② 南康猶憐 도리어 슬퍼한 남강공주

蒙求 下

061. 魯恭馴雉, 宋均去獸 ········· 476
① 魯恭馴雉 꿩조차 순치한 노공
② 宋均去獸 맹수를 몰아낸 송균

062. 廣客蛇影, 殷師牛鬪 ········· 482
① 廣客蛇影 뱀 그림자를 무서워한 악광의 손님
② 殷師牛鬪 소싸움이 귀에 들리는 은사

063. 元禮模楷, 季彦領袖 ········· 487
① 元禮模楷 천하의 표준이 된 이원례
② 季彦領袖 후진의 영수가 될 배계언

064. 魯褒錢神, 崔烈銅臭 ········· 495
① 魯褒錢神 노포의 〈전신론〉
② 崔烈銅臭 몸에서 구리 냄새가 나는 최열

065. 梁竦廟食, 趙溫雄飛 ········· 501
① 梁竦廟食 사당의 식사를 대접받은 양송
② 趙溫雄飛 웅비를 꿈꾼 조온

066. 枚乘蒲輪, 鄭均白衣 ········· 505
① 枚乘蒲輪 부들로 바퀴를 엮어 편하게 한 수레를 탄 매승
② 鄭均白衣 백의상서 정균

067. 陵母伏劍, 軻親斷機 ········· 509
① 陵母伏劍 칼에 엎어져 죽은 왕릉의 어머니
② 軻親斷機 짜던 베를 잘라버린 맹자의 어머니

068. 齊后破環, 謝女解圍 ········· 515
① 齊后破環 연환을 깨어버린 제나라 왕후
② 謝女解圍 도련님의 포위를 풀어 준 사도온

069. 鑿齒尺牘, 荀勗音律 ········· 521
① 鑿齒尺牘 습착치의 편지 전달
② 荀勗音律 음률에 뛰어난 순욱

070. 胡威推縑, 陸績懷橘 ···································· 528
　① 胡威推縑 비단을 부하에게 나누어 준 호위
　② 陸績懷橘 어머니를 위해 먹던 귤을 품은 육적

071. 羅含吞鳥, 江淹夢筆 ···································· 533
　① 羅含吞鳥 입 안으로 새를 삼킨 나함
　② 江淹夢筆 꿈속에 붓을 빼앗긴 강엄

072. 李廞淸貞, 劉驎高率 ···································· 539
　① 李廞淸貞 맑고 곧은 이흠
　② 劉驎高率 고매하고 솔직한 유린지

073. 蔣詡三逕, 許由一瓢 ···································· 543
　① 蔣詡三逕 오솔길 셋을 만들어 놓은 장후
　② 許由一瓢 허유의 표주박 하나

074. 楊僕移關, 杜預建橋 ···································· 547
　① 楊僕移關 함곡관의 관적을 옮긴 양복
　② 杜預建橋 다리를 건설한 두예

075. 壽王議鼎, 杜林駁堯 ···································· 551
　① 壽王議鼎 오구수왕의 보정에 대한 논의
　② 杜林駁堯 두림의 요임금 제사에 대한 논박

076. 西施捧心, 孫壽折腰 ···································· 557
　① 西施捧心 통증에 가슴을 두드린 서시
　② 孫壽折腰 손수의 절요보라는 기이한 행동

077. 靈輒扶輪, 魏顆結草 ···································· 561
　① 靈輒扶輪 빠진 바퀴를 끌어내어 살려준 영첩
　② 魏顆結草 풀을 묶어 위과의 은혜에 보답한 고사

078. 逸少傾寫, 平子絶倒 ···································· 566
　① 逸少傾寫 대접을 아끼지 않은 왕우군의 아내
　② 平子絶倒 위개의 담론에 절도한 평자

079. 澹臺毁璧, 子罕辭寶 ·· 576
　① 澹臺毁璧 구슬을 부숴 버린 담대멸명
　② 子罕辭寶 보물을 사양한 사성자한
080. 東平爲善, 司馬稱好 ·· 580
　① 東平爲善 선행을 가장 즐겁게 여긴 동평헌왕
　② 司馬稱好 잘했다고 칭찬만 하는 사마휘
081. 公超霧市, 魯般雲梯 ·· 584
　① 公超霧市 안개를 일으키고 시장을 세운 공초
　② 魯般雲梯 구름사다리를 만든 노반
082. 田單火牛, 江逌爇雞 ·· 590
　① 田單火牛 쇠꼬리에 불을 붙여 적을 물리친 전단
　② 江逌爇雞 닭에 불을 붙여 적을 물리친 강유
083. 蔡裔隕盜, 張遼止啼 ·· 596
　① 蔡裔隕盜 채예의 호통에 혼절한 도적
　② 張遼止啼 아이의 울음을 그치게 하는 장료
084. 陳平多轍, 李廣成蹊 ·· 599
　① 陳平多轍 집 앞에 수레바퀴 자국 많은 진평
　② 李廣成蹊 저절로 오솔길을 이룬 이광
085. 陳遵投轄, 山簡倒載 ·· 607
　① 陳遵投轄 수레 할을 뽑아 우물에 던진 진준
　② 山簡倒載 술에 취해 거꾸로 실려 오는 산간
086. 淵客泣珠, 交甫解佩 ·· 612
　① 淵客泣珠 눈물이 구슬이 되는 연객
　② 交甫解佩 정교보에게 구슬을 풀어 준 강비
087. 龔勝不屈, 孫寶自劾 ·· 616
　① 龔勝不屈 왕망에게 굴복하지 않은 공승
　② 孫寶自劾 자신의 잘못을 탄핵한 손보

088. 呂安題鳳, 子猷尋戴 ·· 621
　① 呂安題鳳 여안이 써놓고 간 '봉'이라는 글자
　② 子猷尋戴 눈 속에 대규를 찾아 떠난 왕자유

089. 董宣彊項, 翟璜直言 ·· 626
　① 董宣彊項 목이 뻣뻣한 관리 동선
　② 翟璜直言 적황의 직언

090. 紀昌貫蝨, 養由號猨 ·· 633
　① 紀昌貫蝨 화살로 이를 꿰뚫은 기창
　② 養由號猨 원숭이를 울부짖게 하는 양유기

091. 馮衍歸里, 張昭塞門 ·· 637
　① 馮衍歸里 고향으로 낙향한 풍연
　② 張昭塞門 대문을 흙으로 봉한 장소

092. 蘇韶鬼靈, 盧充幽婚 ·· 643
　① 蘇韶鬼靈 소소가 만난 귀신 영혼
　② 盧充幽婚 노충의 유혼

093. 震畏四知, 秉去三惑 ·· 651
　① 震畏四知 넷이 다 아는 뇌물이라 두려워한 양진
　② 秉去三惑 세 가지 미혹함을 제거한 양병

094. 柳下直道, 叔敖陰德 ·· 655
　① 柳下直道 곧은 도를 실행한 유하혜
　② 叔敖陰德 손숙오의 음덕

095. 張湯巧詆, 杜周深刻 ·· 660
　① 張湯巧詆 법을 교묘하게 악용하는 장탕
　② 杜周深刻 깊고 각박하게 법을 운용하는 두주

096. 三王尹京, 二鮑糾慝 ·· 668
　① 三王尹京 경조윤을 지낸 왕씨 세 사람
　② 二鮑糾慝 간특한 자를 규찰한 포씨 두 사람

097. 孫康映雪, 車胤聚螢 ·· 674
   ① 孫康映雪 눈에 책을 비춰 공부한 손강
   ② 車胤聚螢 반디를 모아 책을 읽은 차윤

098. 李充四部, 井春五經 ·· 677
   ① 李充四部 문서를 넷으로 분류한 이충
   ② 井春五經 오경에 통달한 정대춘

099. 谷永筆札, 顧愷丹靑 ·· 682
   ① 谷永筆札 편지글 재주에 뛰어난 곡영
   ② 顧愷丹靑 고개지의 그림 솜씨

100. 戴逵破琴, 謝敷應星 ·· 688
   ① 戴逵破琴 거문고를 부숴버린 대규
   ② 謝敷應星 별자리의 징험이 나타난 사부

101. 阮宣杖頭, 畢卓甕下 ·· 692
   ① 阮宣杖頭 지팡이에 동전을 달고 술집을 찾아다니는 완선자
   ② 畢卓甕下 술독 아래 쓰러진 필탁

102. 文伯羞鼈, 孟宗寄鮓 ·· 696
   ① 文伯羞鼈 자라 요리를 부끄러워한 공보문백
   ② 孟宗寄鮓 어머니께 젓갈을 부쳐드린 맹종

103. 史丹靑蒲, 張湛白馬 ·· 702
   ① 史丹靑蒲 청포에 엎드려 간언을 한 사단
   ② 張湛白馬 백마선생 장담

104. 隱之感隣, 王脩輟社 ·· 708
   ① 隱之感隣 이웃을 감동시킨 오은지의 효성
   ② 王脩輟社 사일의 행사를 철수하게 한 왕수의 효성

105. 阮放八雋, 江虨四凶 ·· 713
   ① 阮放八雋 팔준이라 불린 완방
   ② 江虨四凶 사흉으로 불린 강기

106. 華歆忤旨, 陳群蹙容 ·· 717
　① 華歆忤旨 조비에게 거역의 뜻을 보인 화흠
　② 陳群蹙容 슬픈 표정을 지은 진군
107. 王濬懸刀, 丁固生松 ·· 722
　① 王濬懸刀 칼 세 자루가 걸린 꿈을 꾼 왕준
　② 丁固生松 소나무 꿈을 꾼 정고
108. 姜維膽斗, 盧植音鐘 ·· 728
　① 姜維膽斗 쓸개가 한 말이나 되는 강유
　② 盧植音鐘 종소리와 같은 목소리를 가진 노식
109. 桓溫奇骨, 鄧艾大志 ·· 732
　① 桓溫奇骨 환온의 기이한 골상
　② 鄧艾大志 등애의 큰 뜻
110. 楊脩捷對, 羅友黙記 ·· 737
　① 楊脩捷對 양수의 민첩한 대답
　② 羅友黙記 기억력이 대단한 나우
111. 杜康造酒, 蒼頡制字 ·· 744
　① 杜康造酒 술을 처음 만든 두강
　② 蒼頡制字 문자를 창제한 창힐
112. 樗里智囊, 邊韶經笥 ·· 748
　① 樗里智囊 꾀주머니 저리자
　② 邊韶經笥 변소의 경서 상자
113. 滕公佳城, 王果石崖 ·· 753
　① 滕公佳城 3천년 전에 정해진 등공의 무덤
　② 王果石崖 왕과를 기다린 절벽 위의 현관
114. 買妻恥醮, 澤室犯齋 ·· 757
　① 買妻恥醮 결혼을 부끄러워한 주매신의 아내
　② 澤室犯齋 재계를 방해한 주택의 아내

115. 馬后大練, 孟光荊釵 ··· 763
  ① 馬后大練 거친 명주포 옷을 입은 명덕마황후
  ② 孟光荊釵 가시나무를 비녀로 삼은 양홍의 처 맹광
116. 顔叔秉燭, 宋弘不諧 ··· 773
  ① 顔叔秉燭 촛불을 밝히고 과부를 거절한 안숙자
  ② 宋弘不諧 황제 누이를 거절한 송홍
117. 鄧通銅山, 郭況金穴 ··· 779
  ① 鄧通銅山 동산의 구리로 동전을 주조한 등통
  ② 郭況金穴 황금 굴을 가진 곽황
118. 秦彭攀轅, 侯霸臥轍 ··· 785
  ① 秦彭攀轅 진팽의 덕정에 수레를 잡고 막은 백성들
  ② 侯霸臥轍 후패의 덕정에 수레 앞에 누운 백성들
119. 淳于炙輠, 彦國吐屑 ··· 790
  ① 淳于炙輠 수레바퀴에 기름을 칠한 듯 지혜가 끝없는 순우곤
  ② 彦國吐屑 톱밥을 토해내듯 언변에 뛰어난 호모언국
120. 太眞玉臺, 武子金埒 ··· 794
  ① 太眞玉臺 온태진이 예물로 보낸 옥경대
  ② 武子金埒 황금으로 말 훈련장을 감싼 왕무자

蒙求 三

121. 巫馬戴星, 宓賤彈琴 ··· 876
    별을 이고 나선 무마기와 거문고나 타며 다스린 복자천
122. 郝廉留錢, 雷義送金 ··· 878
    ① 郝廉留錢 돈을 남기고 가는 학자렴
    ② 雷義送金 모르게 바친 뇌물을 다시 관청에 보낸 뇌의
123. 逢萌挂冠, 胡昭投簪 ··· 881
    ① 逢萌挂冠 관을 벗어 걸어놓고 떠난 봉맹
    ② 胡昭投簪 비녀를 던져 버리고 떠난 호소
124. 王喬雙鳧, 華佗五禽 ··· 886
    ① 王喬雙鳧 오리 두 마리를 데리고 다니는 왕교
    ② 華佗五禽 화타의 오금 체조
125. 程邈隷書, 史籒大篆 ··· 893
    ① 程邈隷書 예서를 만든 정막
    ② 史籒大篆 대전을 만든 사주
126. 王承魚盜, 丙吉牛喘 ··· 898
    ① 王承魚盜 물고기를 훔친 자를 풀어 준 왕승
    ② 丙吉牛喘 헐떡거리는 소를 보고 승상의 업무를 생각한 병길
127. 賈琮褰帷, 郭賀露冕 ··· 907
    ① 賈琮褰帷 수레 휘장을 걷어올린 가종
    ② 郭賀露冕 수레 지붕을 걷어낸 곽하
128. 馮媛當熊, 班女辭輦 ··· 912
    ① 馮媛當熊 달려드는 곰을 막아선 풍소의
    ② 班女辭輦 황제의 수레를 거절한 반첩여
129. 王充閱市, 董生下帷 ··· 919
    ① 王充閱市 시장 책방에서 책을 읽은 왕충
    ② 董生下帷 휘장을 가려 자신을 볼 수 없도록 한 동중서

130. 平叔傅紛, 弘治凝脂 ··· 925
  ① 平叔傅紛 분을 바른 것처럼 얼굴이 흰 하평숙
  ② 弘治凝脂 하얀 굳기름 같은 피부를 가진 두홍치

131. 楊寶黃雀, 毛寶白龜 ··· 929
  ① 楊寶黃雀 참새를 살려준 양보
  ② 毛寶白龜 흰 거북을 살려준 모보

132. 宿瘤採桑, 漆室憂葵 ··· 934
  ① 宿瘤採桑 뽕을 따고 있는 혹이 난 여인
  ② 漆室憂葵 아욱 밭을 망친 것을 두고 근심에 찬 칠실의 여인

133. 韋賢滿籯, 夏侯拾芥 ··· 942
  ① 韋賢滿籯 상자 가득 경서만 남긴 위현
  ② 夏侯拾芥 티끌 같은 작은 의미도 주워담은 하후승

134. 阮簡曠達, 袁耽俊邁 ··· 947
  ① 阮簡曠達 방임광달한 완간
  ② 袁耽俊邁 준수하고 고매한 원탐

135. 蘇武持節, 鄭衆不拜 ··· 951
  ① 蘇武持節 부절을 끝까지 지니고 다닌 소무
  ② 鄭衆不拜 흉노에게 절을 하지 않은 정중

136. 郭巨將坑, 董永自賣 ··· 958
  ① 郭巨將坑 아들을 묻으려 구덩이를 판 곽거
  ② 董永自賣 스스로 고용살이에 나선 동영

137. 仲連蹈海, 范蠡泛湖 ··· 963
  ① 仲連蹈海 바닷가로 사라진 노중련
  ② 范蠡泛湖 오호에 배를 띄워 사라진 범려

138. 文寶緝柳, 溫舒截蒲 ··· 972
  ① 文寶緝柳 버드나무를 엮어 공부한 손문보
  ② 溫舒截蒲 부들을 잘라 글씨 연습을 한 노온서

139. 伯道無兒, 嵇紹不孤 ··· 976
　① 伯道無兒 후사가 끊어지는 아픔을 당한 등백도
　② 嵇紹不孤 고아가 아니라 여긴 혜소
140. 綠珠墜樓, 文君當壚 ··· 983
　① 綠珠墜樓 누각에서 뛰어내린 녹주
　② 文君當壚 목로주점을 차린 사마상여의 아내 탁문군
141. 伊尹負鼎, 甯戚扣角 ··· 991
　① 伊尹負鼎 솥을 짊어지고 탕을 찾은 이윤
　② 甯戚扣角 쇠뿔을 두드리며 환공을 기다린 영척
142. 趙壹坎壈, 顔駟蹇剝 ··· 995
　① 趙壹坎壈 불우한 삶을 이겨낸 조일
　② 顔駟蹇剝 힘든 운명의 안사
143. 龔遂勸農, 文翁興學 ·· 1000
　① 龔遂勸農 농사를 권장한 공수
　② 文翁興學 시골 교육을 진흥시킨 문옹
144. 晏御揚揚, 五鹿嶽嶽 ·· 1006
　① 晏御揚揚 의기양양한 안자의 마부
　② 五鹿嶽嶽 우뚝 솟은 오록충종
145. 蕭朱結綬, 王貢彈冠 ·· 1011
　① 蕭朱結綬 도장 끈을 서로 묶은 소육과 주박
　② 王貢彈冠 관을 털고 벼슬을 기다린 왕길과 공우의 우정
146. 龐統展驥, 仇覽棲鸞 ·· 1015
　① 龐統展驥 천리마의 능력을 전개할 방통
　② 仇覽棲鸞 가시나무에 살 수 없는 난새와 같은 구람
147. 諸葛顧廬, 韓信升壇 ·· 1021
　① 諸葛顧廬 제갈량과 삼고초려
　② 韓信升壇 단을 만들어 한신을 높여 준 유방

148. 王裒柏慘, 閔損衣單 ·· 1029
  ① 王裒柏慘 아버지 죽음을 애통히 여겨 잣나무를 안고 운 왕부
  ② 閔損衣單 갈대꽃 홑겹 옷의 민손

149. 蒙恬製筆, 蔡倫造紙 ·· 1034
  ① 蒙恬製筆 처음 붓을 만든 몽염
  ② 蔡倫造紙 종이를 처음 만든 채륜

150. 孔伋縕袍, 祭遵布被 ·· 1038
  ① 孔伋縕袍 온포를 입고 사는 공급
  ② 祭遵布被 베로 만든 이불뿐인 제준

151. 周公握髮, 蔡邕倒屣 ·· 1042
  ① 周公握髮 머리를 감다가 거머쥐고 선비를 만난 주공
  ② 蔡邕倒屣 나막신을 거꾸로 신고 달려나간 채옹

152. 王敦傾室, 紀瞻出妓 ·· 1048
  ① 王敦傾室 왕실을 기울게 할 왕돈
  ② 紀瞻出妓 기녀들을 모두 풀어 준 기첨

153. 暴勝持斧, 張網埋輪 ·· 1053
  ① 暴勝持斧 부월을 잡고 도적 토벌에 나선 폭승지
  ② 張網埋輪 수레바퀴를 묻어버리고 떠난 장망

154. 靈運曲笠, 林宗折巾 ·· 1057
  ① 靈運曲笠 사령운의 곡병립
  ② 林宗折巾 두건의 한 귀퉁이를 꺾어 쓴 곽림종

155. 屈原澤畔, 漁父江濱 ·· 1064
  못가에 서성이는 굴원과 강가의 어부

156. 魏勃掃門, 潘岳望塵 ·· 1069
  ① 魏勃掃門 매일 아침 조참의 문 앞을 청소한 위발
  ② 潘岳望塵 수레 뒤의 먼지에 대고 절을 한 반악

157. 京房推律, 翼奉觀性 ··· 1074
   ① 京房推律 음률에 얽매어 성을 바꾼 경방
   ② 翼奉觀性 오행의 율로 성품을 관찰한 익봉
158. 甘寧奢侈, 陸凱貴盛 ··· 1080
   ① 甘寧奢侈 지극한 사치에 빠진 감녕
   ② 陸凱貴盛 귀한 신분에 번성한 육개의 집안
159. 干木當義, 於陵辭聘 ··· 1085
   ① 干木當義 예를 표하기에 마땅한 단간목의 의로움
   ② 於陵辭聘 초빙을 사절한 오릉중자
160. 元凱傳癖, 伯英草聖 ··· 1091
   ① 元凱傳癖 원개의 《좌전》에 대한 편벽증
   ② 伯英草聖 초성으로 불린 백영 장지
161. 馮異大樹, 千秋小車 ··· 1098
   ① 馮異大樹 대수장군 풍이
   ② 千秋小車 작은 수레를 타고 궁중을 드나든 차천추
162. 漂母進食, 孫鍾設瓜 ··· 1105
   ① 漂母進食 빨래하는 아줌마의 밥을 얻어먹은 한신
   ② 孫鍾設瓜 남을 위해 참외를 차려놓은 손종
163. 壺公謫天, 薊訓歷家 ··· 1111
   ① 壺公謫天 하늘에서 귀향 온 호공
   ② 薊訓歷家 같은 시간에 집집마다 찾아간 계자훈
164. 劉玄刮席, 晉惠聞蟆 ··· 1122
   ① 劉玄刮席 자리만 긁고 대답을 못하는 갱시제 유현
   ② 晉惠聞蟆 두꺼비 울음소리를 듣고 이상한 질문을 하는 혜제
165. 伊籍一拜, 酈生長揖 ··· 1128
   ① 伊籍一拜 이적의 절 한 번
   ② 酈生長揖 역이기의 긴 읍례

166. 馬安四至, 應璩三入 ··· 1134
　　① 馬安四至 네 번이나 구경의 지위에 오른 사마안
　　② 應璩三入 세 임금의 조정에 들어간 응거
167. 郭解借交, 朱家脫急 ··· 1139
　　① 郭解借交 친구를 대신하는 일에 앞장 선 곽해
　　② 朱家脫急 급한 자를 살려준 주가
168. 虞延刻期, 盛吉垂泣 ··· 1144
　　① 虞延刻期 우연의 약속을 지켜낸 죄수들
　　② 盛吉垂泣 판결문을 쓰면서 눈물을 흘린 성길
169. 豫讓吞炭, 鉏麑觸槐 ··· 1148
　　① 豫讓吞炭 불타는 숯을 삼킨 예양
　　② 鉏麑觸槐 홰나무에 머리를 찧고 죽은 서예
170. 阮孚蠟屐, 祖約好財 ··· 1156
　　　밀랍으로 나막신을 꾸민 완부와 재물을 좋아한 조약
171. 初平起石, 左慈擲杯 ··· 1159
　　① 初平起石 돌이 일어서 양이 되도록 한 황초평
　　② 左慈擲杯 잔을 던져 술을 만들어 내는 좌자
172. 武陵桃源, 劉阮天台 ··· 1172
　　① 武陵桃源 도연명의 무릉도원
　　② 劉阮天台 천태산에 올라 선녀를 만난 유신과 완조
173. 王儉墜車, 褚淵落水 ··· 1180
　　　수레에서 뛰어내린 왕검과 물에 빠진 저연
174. 季倫錦障, 春申珠履 ··· 1185
　　① 季倫錦障 비단으로 보장을 친 석숭
　　② 春申珠履 춘신군의 구슬 신발

175. 甄后出拜, 劉楨平視 ··· 1190
　　　견황후가 나와 인사를 하자 아무렇지도 않게 바라본 유정
176. 胡嬪爭樗, 晉武傷指 ··· 1194
　　　저포놀이로 다투다가 무제의 손가락을 다치게 한 호귀빈
177. 石慶數馬, 孔光溫樹 ··· 1197
　　① 石慶數馬 말을 한 필씩 세어 대답한 석경
　　② 孔光溫樹 공광이 대답한 온실 속의 나무 종류
178. 翟湯隱操, 許詢勝具 ··· 1202
　　① 翟湯隱操 은자로서의 절조를 지킨 적탕
　　② 許詢勝具 산택 유람의 체구를 갖춘 허순
179. 優侜滑稽, 落下歷數 ··· 1207
　　① 優侜滑稽 골계에 뛰어난 우전
　　② 落下歷數 낙하굉의 시간 계산 방법
180. 曼容自免, 子平畢娶 ··· 1212
　　① 曼容自免 스스로 관직에 물러난 만용
　　② 子平畢娶 아들딸 모두 성가시키고 난 상자평

蒙求 중

181. 師曠淸耳, 離婁明目 ·········· 1292
　① 師曠淸耳 음률 변별에 뛰어난 귀를 가진 사광
　② 離婁明目 눈이 밝은 이루

182. 仲文照鏡, 臨江折軸 ·········· 1295
　① 仲文照鏡 자신의 모습을 거울에 비춰 본 은중문
　② 臨江折軸 수레 축이 부러진 임강왕 유영

183. 欒巴噀酒, 偃師舞木 ·········· 1299
　① 欒巴噀酒 술을 뿜어 화재를 소멸시킨 난파
　② 偃師舞木 나무로 만든 인형을 춤추게 한 언사

184. 德潤傭書, 君平賣卜 ·········· 1306
　① 德潤傭書 고용살이로 책을 빌려 공부한 덕윤
　② 君平賣卜 점쳐 주는 일로 생계를 삼은 엄군평

185. 叔寶玉潤, 彥輔氷淸 ·········· 1310
　① 叔寶玉潤 옥에 윤기를 더한 듯한 위개
　② 彥輔氷淸 얼음처럼 맑은 악광

186. 衛后髮鬢, 飛燕體輕 ·········· 1315
　① 衛后髮鬢 위후의 아름다운 머리카락
　② 飛燕體輕 제비처럼 가벼운 몸매의 조비연

187. 玄石沈湎, 劉伶解酲 ·········· 1321
　① 玄石沈湎 술에 취해 천일 뒤에 깨어난 유현석
　② 劉伶解酲 숙취에서 깨어난 유령

188. 趙勝謝躄, 楚莊絶纓 ·········· 1328
　① 趙勝謝躄 절름발이에게 사죄한 평원군 조승
　② 楚莊絶纓 갓끈을 끊도록 한 초장왕

189. 惡來多力, 飛廉善走 ·········· 1333
　　힘센 악래와 잘 달리는 비렴

190. 趙孟疵面, 田騈天口 ································· 1335
　① 趙孟疵面 얼굴에 흉터가 난 조맹
　② 田騈天口 천재적 달변가 전병

191. 張憑理窟, 裴頠談藪 ································· 1337
　① 張憑理窟 이치의 소굴 장빙
　② 裴頠談藪 온갖 담론에 뛰어난 배위

192. 仲宣獨步, 子建八斗 ································· 1342
　① 仲宣獨步 독보적 존재 왕찬
　② 子建八斗 천하 문장 한 섬 중에 여덟 말을 차지한 조자건

193. 廣漢鉤距, 弘羊心計 ································· 1349
　① 廣漢鉤距 사선 심문에 구거법을 사용한 광한
　② 弘羊心計 국가 재정을 마음속으로 헤아린 상홍양

194. 衛靑拜幕, 去病辭第 ································· 1354
　① 衛靑拜幕 막부에서 임명을 받은 위청
　② 去病辭第 저택을 사절한 곽거병

195. 酈寄賣友, 紀信詐帝 ································· 1361
　① 酈寄賣友 친구를 팔아먹은 역기
　② 紀信詐帝 항우를 속여 유방을 살려낸 기신

196. 濟叔不癡, 周兄無慧 ································· 1366
　① 濟叔不癡 백치가 아닌 왕제의 숙부
　② 周兄無慧 지혜가 없는 주자의 형

197. 虞卿擔簦, 蘇章負笈 ································· 1372
　① 虞卿擔簦 우산을 쓰고 유세에 나선 우경
　② 蘇章負笈 책 봇짐을 지고 스승을 찾아 나선 소장

198. 南風擲孕, 商受斮涉 ································· 1374
　① 南風擲孕 임신부에게 창을 던진 가남풍
　② 商受斮涉 아침 물 건넌 자의 다리를 잘라 본 상나라 주왕

199. 廣德從橋, 君章拒獵 ················· 1379
   ① 廣德從橋 다리를 건너야 한다고 원제에게 버틴 설광덕
   ② 君章拒獵 사냥 갔다 돌아오는 임금을 막아버린 질군장

200. 應奉五行, 安世三篋 ················· 1385
   ① 應奉五行 글 다섯 줄을 함께 읽어 내려가는 응봉
   ② 安世三篋 잃어버린 세 광주리 책 내용을 기억해낸 장안세

201. 相如題柱, 終軍棄繻 ················· 1390
   ① 相如題柱 기둥에 맹세의 글을 쓴 사마상여
   ② 終軍棄繻 함곡관 통과의 복전을 버려버린 종군

202. 孫晨藁席, 原憲桑樞 ················· 1397
   ① 孫晨藁席 자리를 짜며 공부한 손신
   ② 原憲桑樞 뽕나무 뿌리로 지도리를 만들어 사는 원헌

203. 端木辭金, 鍾離委珠 ················· 1401
   ① 端木辭金 자신의 황금을 써서 신첩을 환속해 온 단목사
   ② 鍾離委珠 주기를 땅에 버린 종리의

204. 季札挂劍, 徐穉置蒭 ················· 1406
   ① 季札挂劍 서군의 묘에 보검을 걸어놓고 떠난 계찰
   ② 徐穉置蒭 황경의 빈소에 꼴을 놓고 조문한 서치

205. 朱雲折檻, 申屠斷鞅 ················· 1412
   ① 朱雲折檻 궁궐 난간을 부러뜨린 주운
   ② 申屠斷鞅 황제 수레의 말 가슴 끈을 끊은 신도강

206. 衛玠羊車, 王恭鶴氅 ················· 1419
   ① 衛玠羊車 양이 끄는 수레를 타고 다니는 위개
   ② 王恭鶴氅 왕공의 학창구라는 외투

207. 管仲隨馬, 倉舒稱象 ················· 1425
   ① 管仲隨馬 말을 뒤따라 길을 찾아낸 관중
   ② 倉舒稱象 코끼리의 무게를 달아낸 창서

208. 丁蘭刻木, 伯瑜泣杖 ··· 1430
  ① 丁蘭刻木 어머니의 모습을 나무판에 새겨 모신 정란의 효도
  ② 伯瑜泣杖 매를 맞고 우는 이유를 말한 백유
209. 陳逵豪爽, 田方簡傲 ··· 1433
  ① 陳逵豪爽 호방하고 상랑한 진규
  ② 田方簡傲 간오한 전자방
210. 黃向訪主, 陳寔遺盜 ··· 1437
  ① 黃向訪主 주인을 찾아 주은 금을 돌려준 황향
  ② 陳寔遺盜 도둑에게 비단을 선물한 진식
211. 龐儉鑿井, 陰方祀竈 ··· 1441
  ① 龐儉鑿井 우물 파다가 큰 부자 되어 아버지까지 찾게 된 방검
  ② 陰方祀竈 부뚜막신에게 제사를 올린 음자방
212. 韓壽竊香, 王濛市帽 ··· 1446
  ① 韓壽竊香 향을 훔쳐 한수와 사통한 가충의 딸
  ② 王濛市帽 모자를 사러 나선 왕몽
213. 勾踐投醪, 陸抗嘗藥 ··· 1451
  ① 勾踐投醪 얻은 술을 흐르는 물에 부어 병사들에게 마시게 한 구천
  ② 陸抗嘗藥 적이 준 약을 의심 없이 마신 육항
214. 孔愉放龜, 張顥墮鵲 ··· 1458
  ① 孔愉放龜 거북을 놓아준 공유의 도장
  ② 張顥墮鵲 떨어진 까치 속에서 도장을 얻은 장호
215. 田預儉素, 李恂清約 ··· 1463
  ① 田豫儉素 검소한 전예
  ② 李恂清約 청렴하고 검약한 이순
216. 義縱攻剽, 周陽暴虐 ··· 1467
  ① 義縱攻剽 공격과 표략질에 뛰어난 의종
  ② 周陽暴虐 포악하기가 범과 같은 주양유

217. 孟陽擲瓦, 賈氏如皐 ·· 1471
  ① 孟陽擲瓦 못생겼다고 남들이 기왓장을 던지며 놀리던 맹양
  ② 賈氏如皐 언덕에 올라 아내 위해 꿩을 잡은 가대부
218. 顔回簞瓢, 仲蔚蓬蒿 ·· 1475
  ① 顔回簞瓢 안회의 단사표음
  ② 仲蔚蓬蒿 쑥대가 자란 집에 살고 있는 장중울
219. 麋竺收貲, 桓景登高 ·· 1478
  ① 麋竺收貲 집에 불이 날 것을 알고 재물을 챙겨 나온 미축
  ② 桓景登高 재앙을 미리 듣고 높은 곳에 오른 환경
220. 雷煥送劒, 呂虔佩刀 ·· 1483
  ① 雷煥送劒 보검을 장화에게 보낸 뇌환
  ② 呂虔佩刀 여건이 차고 다니던 보배의 칼
221. 老萊斑衣, 黃香扇枕 ·· 1489
  ① 老萊斑衣 일흔에 색동옷을 입고 부모 앞에서 춤을 춘 노래자
  ② 黃香扇枕 베개를 부채질하여 시원하게 해드린 황향의 효도
222. 王祥守柰, 蔡順分椹 ·· 1494
  ① 王祥守柰 능금나무를 지켜낸 왕상
  ② 蔡順分椹 오디를 나누어 익은 것만 어머니께 드린 채순
223. 淮南食時, 左思十稔 ·· 1500
  ① 淮南食時 밥 먹는 짧은 시간에 문장을 완성한 회남왕 유안
  ② 左思十稔 십년 구상 끝에 작품을 완성한 좌사
224. 劉惔傾釀, 孝伯痛飮 ·· 1506
  ① 劉惔傾釀 하충을 부러워하여 술독을 모두 기울일 정도라고 한 유담
  ② 孝伯痛飮 통쾌한 음주를 높이 여긴 왕효백
225. 女媧補天, 長房縮地 ·· 1509
  ① 女媧補天 무너진 하늘을 다시 수리한 여왜
  ② 長房縮地 비장방의 축지법

226. 季珪士首, 安國國器 ·· 1517
　① 季珪士首 명사들의 우두머리 계규 최염
　② 安國國器 나라의 그릇 한안국
227. 陸玩無人, 賈詡非次 ·· 1523
　① 陸玩無人 천하에 사람 없음을 안타까워한 육완
　② 賈詡非次 차선을 택해서는 안 될 인물 가후
228. 何晏神伏, 郭奕心醉 ·· 1528
　① 何晏神伏 왕필의 이론에 신도 항복하였다고 극찬한 하안
　② 郭奕心醉 완함을 보고 마음이 취한 곽혁
229. 常林帶經, 高鳳漂麥 ·· 1533
　① 常林帶經 농사일을 하면서도 경서를 들고 나간 상림
　② 高鳳漂麥 말리던 보리가 폭우에 씻겨가도 모른 채 공부에 빠진 고봉
230. 孟嘉落帽, 庾敱墮幘 ·· 1537
　① 孟嘉落帽 바람에 모자가 날아가도 모른 맹가
　② 庾敱墮幘 술에 취해 모자를 떨어뜨린 유애
231. 龍逢板出, 張華台坼 ·· 1544
　① 龍逢板出 관룡봉이 죽고 땅에서 나온 금판
　② 張華台坼 중태성이 갈라져 벼슬을 그만두었어야 할 장화
232. 董奉活燮, 扁鵲起虢 ·· 1554
　① 董奉活燮 두섭을 살려낸 동봉
　② 扁鵲起虢 괵나라 태자를 살려 일어서도록 해준 편작
233. 寇恂借一, 何武去思 ·· 1563
　① 寇恂借一 백성들이 일 년만 더 꾸어달라고 청원을 한 군수 구순
　② 何武去思 임지를 떠난 뒤 백성들이 그리워한 하무
234. 韓子孤憤, 梁鴻五噫 ·· 1572
　① 韓子孤憤 한비자의 〈고분편〉
　② 梁鴻五噫 다섯 가지를 노래로 탄식한 양홍

235. 蔡琰辯琴, 王粲覆棊 ······ 1579
  ① 蔡琰辯琴 끊어진 거문고 줄을 알아낸 채염
  ② 王粲覆棊 바둑을 정확히 복기한 왕찬의 기억력
236. 西門投巫, 何謙焚祀 ······ 1586
  ① 西門投巫 무당을 하수에 던져 넣은 서문표
  ② 何謙焚祀 사당을 불 질러버린 하겸
237. 孟嘗還珠, 劉昆反火 ······ 1591
  ① 孟嘗還珠 진주를 되돌아오게 한 맹상
  ② 劉昆反火 화재를 물리친 유곤
238. 姜肱共被, 孔融讓果 ······ 1596
  ① 姜肱共被 한 이불을 덮고 잔 강굉 가족
  ② 孔融讓果 배를 형에게 양보한 공융
239. 端康相代, 亮陟隔坐 ······ 1604
  ① 端康相代 대를 이어 재상을 한 위단과 위강
  ② 亮陟隔坐 서로 자리를 떨어져 앉은 기량과 기척 부자
240. 趙倫瘤怪, 梁孝牛禍 ······ 1607
  ① 趙倫瘤怪 조왕 사마륜의 괴이한 종기
  ② 梁孝牛禍 소 꿈으로 재앙을 예고받은 양효왕

몽구 蒙求

(241~298)

241. 桓典避馬, 王尊叱馭

241-① 桓典避馬
피해야 할 환전의 총마

후한後漢의 환전桓典은 자가 공아公雅이며 패군沛郡 용항龍亢 사람으로 태부太傅 환영桓榮의 현손玄孫이다. 시어사侍御史가 되었는데 당시는 환관이 권력을 쥐고 있었다. 그러나 환전이 집정執政하자 그는 그 어떤 자에게도 굴하거나 피하는 바가 없었다. 그는 늘 총마驄馬를 타고 다녔는데, 그러한 모습이 나타나면 경사京師가 모두 두려워 떨면서 이렇게 말하였다.

"갈 길은 가되 멈추기도 하여라. 총마를 타신 어사는 피하여라."

그러나 그는 뒤에 환관의 뜻을 거역하여 7년 동안 직책을 받지 못하였다. 헌제獻帝 때에는 광록훈光祿勳이 되었다.

後漢, 桓典字公雅, 沛郡龍亢人, 太傅榮玄孫. 拜侍御史, 時宦官秉權. 典執政, 無所回避.

常乘驄馬, 京師畏憚, 爲之語曰:「行行且止, 避驄馬御史.」

後以忤宦官, 七年不調. 獻帝時, 爲光祿勳.

【桓典】후한 때 강직했던 행정가. 자는 公雅.《後漢書》桓榮傳에 함께 실려 있음.

【驄馬】청백색의 말.

【獻帝】동한 마지막 황제 劉協. 189~220년 재위함. 曹氏 부자에게 휘둘려 제대로 皇權을 행사하지 못하였으며, 결국 220년 曹丕(魏文帝)에게 제위를 선양하여 漢나라가 종말을 고함.

> 참고 및 관련 자료

1. 《後漢書》桓榮傳(桓典)
典字公雅, 復傳其家業, 以《尚書》敎授潁川, 門徒數百人. 擧孝廉爲郞. 居無幾. 會國相王吉以罪被誅, 故人親戚莫敢至者. 典獨弃官收斂歸葬, 服喪三年, 負土成墳, 爲立祠堂, 盡禮而去. 辟司徒袁隗府, 擧高第, 拜侍御史. 是時宦官秉權, 典執政無所回避. 常乘驄馬, 京師畏憚, 爲之語曰: 「行行且止, 避驄馬御史.」及黃巾賊起滎陽, 典奉使督軍. 賊破, 還, 以悟宦官賞不行. 在御史七年不調, 後出爲郞. 靈帝崩, 大將軍何進秉政, 典與同謀議, 三遷羽林中郞將. 獻帝卽位, 三公奏典前與何進謀誅閹官, 功雖不遂, 忠義炳著. 詔拜家一人爲郞, 賜錢二十萬. 從西入關, 拜御史中丞, 賜爵關內侯. 車駕都許, 遷光祿勳. 建安六年, 卒官.

241-② 王尊叱馭
마부를 질책한 왕존

전한前漢의 왕존王尊은 자가 자공子贛이며 탁군涿郡 고양高陽 사람이다. 어려서 고아가 되어 못가에서 양을 치며 부지런히 학문을 익혀 사서史書에 능통하였으며, 《상서尙書》와 《논어論語》의 대의에도 대략 통하게 되었다. 그러자 탁군태수涿郡太守 서명徐明이 이런 사람이 여항閭巷에 오래 처할 수 없다고 여겨 왕존을 추천하였다. 임금이 그를 불러 미현령郿縣令으로 삼았으며 얼마 뒤 익주자사益州刺史로 오르게 되었다.

이에 앞서 왕양王陽이 그곳 자사가 되어 임지로 부임하러 가다가 공래邛郲의 구절판九折阪이라는 험한 고개에 이르자 이렇게 탄식하였다.

"선조들이 남겨주신 이 몸인데 어찌 이렇게 험한 길을 갈 수 있겠는가?"

그리고 뒤에 병을 이유로 그곳을 떠나고 말았다. 왕존이 자사가 되어 부임하면서 그 고개에 이르자 그곳 안내하는 관리에게 물었다.
"이곳이 왕양이 두려워했던 그 길이 아니냐?"
관리가 말하였다.
"네. 그렇습니다."
왕존은 그 마부에게 소리를 지르며 이렇게 말하였다.
"수레를 몰아라. 왕양은 효자지만 왕존은 충신이 되련다."
그곳에 근무한 지 2년 찾아오는 이들을 품어주고, 멀리 있는 자를 맞아들여, 만이蠻夷들이 그의 위엄과 미더움에 귀의하여 다가왔다. 뒤에 그는 동군태수東郡太守가 되었다. 그런데 하수河水의 물이 넘쳐 호자금제瓠子金隄라는 둑이 잠겨 범람하였다. 왕존은 직접 관리와 백성을 통솔하여 백마白馬를 물에 던지면 자신의 몸으로써 금제를 막겠다고 나섰다. 그러자 물길이 점차 물러서 제자리로 돌아가는 것이었다. 관리와 백성들이 이를 문서로 써서 올리자 천자는 이를 가상히 여겨 그에게 2천 석의 관질官秩을 주고 황금 20근을 하사하였다. 그는 재임 중에 생을 마쳤으며, 관리와 백성들이 그를 기억하였다.
구본舊本에는 존尊자를 잘못하여 준遵자로 적었다.

前漢, 王尊字子贛, 涿郡高陽人. 少孤, 牧羊澤中, 勤學問, 能史書, 略通《尙書》·《論語》大義. 涿郡太守徐明薦尊, 不宜久在閭巷. 上召尊爲郿令, 稍遷益州刺史.

先是王陽爲刺史行部, 至邛郲九折阪, 歎曰:「奉先人遺體奈可歎乘此險?」

後以病去. 及尊爲刺史, 至其阪, 問吏曰:「此非王陽所畏道邪?」
曰:「是」

尊叱其馭曰:「驅之. 王陽爲孝子, 王尊爲忠臣」

居部二歲, 懷來徼外, 蠻夷歸附其威信.

後爲東郡太守, 河水盛溢, 泛浸瓠子金隄. 尊躬率吏民, 投沈白馬, 請以身塡金隄, 而水波稍却廻還. 吏民奏狀, 天子嘉之, 秩中

二千石, 加賜黃金二十斤.

卒官, 吏民紀之.

舊本: 尊誤作遵.

【王尊】 자는 子贛. 益州刺史를 역임함. 《漢書》에 실려 있음.
【閭巷】 시골. 평민이 사는 동네.
【王陽】 王吉을 가리킴. 자는 子陽. 서한 시대 인물로 諫大夫에 오름. 《漢書》 (42)에 전이 있음. 자가 子陽이어서 王陽으로 부른 것. '王陽囊衣'[269] 참조.
【邛郲】 四川 蜀의 成都로 가는 험한 고갯길.
【徼外】 변방 요새. 동북 지역을 '塞', 서남 지역을 '요'라 함.

참고 및 관련 자료

1. 《漢書》 趙尹韓張兩王傳(王尊)

王尊字子贛, 涿郡高陽人也. 少孤, 歸諸父, 使牧羊澤中. 尊竊學問, 能史書. 年十三, 求爲獄小吏. 數歲, 給事太守府, 問詔書行事, 尊無不對. 太守奇之, 除補書佐, 署守屬監獄. 久之, 尊稱病去, 事師郡文學官, 治《尚書》·《論語》, 略通大義. 復召署守屬治獄, 爲郡決曹史. 數歲, 以令擧幽州刺史從事. 而太守察尊廉, 補遼西鹽官長. 數上書言便宜事, 事下丞相御史. 初元中, 擧直言, 遷虢令, 轉守槐里, 兼行美陽令事. 春正月, 美陽女子告假子不孝, 曰:「兒常以我爲妻, 妒笞我.」尊聞之, 遣吏收捕驗問, 辭服. 尊曰:「律無妻母之法, 聖人所不忍問, 此經所謂造獄者也.」尊於是出坐廷上, 取不孝子縣磔著樹, 使騎吏五人張弓射殺之, 吏民驚駭. 久之, 河水盛溢, 泛浸瓠子金隄, 老弱奔走, 恐水大決爲害. 尊躬率吏民, 投沈白馬, 祀水神河伯. 尊親執圭璧, 使巫策祝, 請以身塡金隄, 因止宿, 廬居隄上. 吏民數千萬人爭叩頭救止尊, 尊終不肯去. 及水盛隄壞, 吏民皆奔走, 唯一主簿泣在尊旁, 立不動. 而水波稍卻迴還. 吏民嘉壯尊之勇節, 白馬三老朱英等奏其狀. 下有司考, 皆如言. 於是制詔御史:「東郡河水盛長, 毀壞金隄, 未決三尺, 百姓惶恐奔走. 太守身當水衝, 履咫尺之難, 不避危殆, 以安衆心, 吏民復還就作, 水不爲災, 朕其嘉之. 秩尊中二千石, 加賜黃金二十斤.」 數歲, 卒官, 吏民紀之. 尊子伯亦爲京兆尹, 坐奭弱不勝任免.

2. 《幼學瓊林》(089)

七里灘是嚴光樂地, 九折坂乃王陽畏途.

242. 鼂錯峭直, 趙禹廉倨

242-① 鼂錯峭直
준엄하고 곧은 조착

전한前漢의 조착鼂錯은 영천穎川 사람이다. 그는 장회張恢로부터 신불해申不害와 상앙商鞅의 형명학刑名學을 배우고 문학文學으로써 태상太常의 장고掌故가 되었다. 조착은 사람됨이 준엄하고 깎아지른 듯한 성격에 융통성이 없었다. 효문제孝文帝 때에 현량과賢良科에 천거되어 대책문對策文이 가장 높은 점수를 얻어 중대부中大夫가 되었다. 효경제孝景帝 때에는 어사대부御史大夫에 올라 제후들 중에 죄나 과실을 저지른 자는 그들이 다스리는 군郡을 삭감할 것을 청원하였다. 그리하여 변경된 법령 30장을 선포하자, 제후들이 시끄럽게 들끓어 결국 오초칠국吳楚七國이 모두 반기를 들었는데, 그 명분은 조착을 주벌해야 한다는 것이었다. 황제가 이 일을 원앙袁盎에게 묻자, 원앙은 평소 조착을 좋아하지 않았던 터라 이렇게 대답하였다.

"지금의 계책이란 오직 조착의 목을 베고 일곱 나라를 용서하여 그 옛 토지를 되돌려 주는 것입니다. 그렇게 하면 가히 칼날에 피를 묻히지 아니하고 모든 일을 끝낼 수 있을 것입니다."

황제는 말없이 듣고 있다가 이렇게 말하였다.

"더 생각해 보는 것이 어떻겠소? 나는 한 사람을 아끼기 위하여 천하를 사양할 수는 없소."

뒤에 승상丞相 등도 나서서 탄핵의 글을 올렸다.

"조착은 여러 신하들을 멀리하면서 대역무도한 죄를 저지르고 있으니 허리를 자르는 형벌을 내려야 합니다."

그리하여 중위中尉로 하여금 조착을 불러오도록 하였다. 그는 거짓말을 하고 그를 수레에 싣고 시장으로 향하였다. 조착은 조복朝服을 입은 채로 동시東市에서 참형당하고 말았다.

前漢, 鼂錯, 潁川人. 學申商刑名於張恢, 以文學爲太常掌故, 錯爲人峭直刻深.

孝文時擧賢良, 對策高第, 遷中大夫.

孝景時, 爲御史大夫, 請諸侯之罪過削其支郡. 所更令三十章, 諸侯讙譁, 吳楚七國俱反, 以誅錯爲名.

上問袁盎, 盎素不好錯, 對曰:「方今計, 獨有斬錯赦七國, 復其故地, 則兵可毋血刃而俱罷.」

上黙然曰:「顧誠何如? 吾不愛一人謝天下?」

後丞相等劾奏:「錯欲疏群臣, 大逆無道, 當要斬.」

使中尉召錯, 紿載行市. 錯衣朝衣斬東市.

【鼂錯】전한 때의 인물.《史記》와《漢書》에 전이 있음. '조조'로도 읽음.
【申商】申不害와 商鞅. 모두 法家에 속하는 사상가들.
【刑名】刑名學. 법률학의 일종. 법가의 중요한 사상.
【孝文帝】전한 제3대 황제 文帝 劉恒. 太宗孝文皇帝. 高祖 劉邦의 庶子로써 薄太后의 아들. B.C.179~B.C.157년 재위함. 한나라 초기 文景之治를 이루어 제국의 기틀을 다짐.
【孝景帝】景帝. 西漢 4대 황제. 劉啓. B.C.156~B.C.141년까지 16년간 재위함. 文帝의 아들이며 梁孝王(劉武)의 형. 文景之治를 이루어 한나라 기반을 다짐.
【掌故】法令·儀式, 故實 등을 담당하는 관리.
【請諸侯之罪過削其支郡】《史記》주에 "徐廣曰; 一云, 言景帝曰:「諸侯或連數郡, 非古之制, 非久長策, 不便. 請削之.」"라 함.
【吳楚七國】吳王·膠西王·膠東王·菑川王·濟南王·楚王·趙王 등 일곱 나라가 조착의 시책에 반대하여 난을 일으킴.

【袁盎】자는 絲(?~B.C.148). '爰盎'으로도 표기함. 前漢 文帝 때 인물로 직언을 잘하였으며 太常에 올랐으나 梁孝王의 원한을 사서 피살됨. 《漢書》에 전이 있음.

참고 및 관련 자료

1.《史記》袁盎鼂錯列傳
鼂錯者, 潁川人也. 學申商刑名於軹張恢先所, 與雒陽宋孟及劉禮同師. 以文學爲太常掌故. 錯爲人峭直刻深. 孝文帝時, 天下無治《尙書》者, 獨聞濟南伏生故秦博士, 治《尙書》, 年九十餘, 老不可徵, 乃詔太常使人往受之. 太常遣錯受《尙書》伏生所. 還, 因上便宜事, 以《書》稱說. 詔以爲太子舍人·門大夫·家令. 以其辯得幸太子, 太子家號曰「智囊」. 數上書孝文時, 言削諸侯事, 及法令可更定者. 書數十上, 孝文不聽, 然奇其材, 遷爲中大夫. 當是時, 太子善錯計策, 袁盎諸大功臣多不好錯. 景帝卽位, 以錯爲內史. 錯常數請閒言事, 輒聽, 寵幸傾九卿, 法令多所更定. 丞相申屠嘉心弗便, 力未有以傷. 內史府居太上廟壖中, 門東出, 不便, 錯乃穿兩門南出, 鑿廟壖垣. 丞相嘉聞, 大怒, 欲因此過爲奏請誅錯. 錯聞之, 卽夜請閒, 具爲上言之. 丞相奏事, 因言錯擅鑿廟垣爲門, 請下廷尉誅. 上曰:「此非廟垣, 乃壖中垣, 不致於法.」 丞相謝. 罷朝, 怒謂長史曰:「吾當先斬以聞, 乃先請, 爲兒所賣, 固誤.」 丞相遂發病死. 錯以此愈貴. 遷爲御史大夫, 請諸侯之罪過, 削其地, 收其枝郡. 奏上, 上令公卿列侯宗室集議, 莫敢難, 獨竇嬰爭之, 由此與錯有郤. 錯所更令三十章, 諸侯皆諠譁疾鼂錯. 錯父聞之, 從潁川來, 謂錯曰:「上初卽位, 公爲政用事, 侵削諸侯, 別疏人骨肉, 人口議多怨公者, 何也?」鼂錯曰:「固也. 不如此, 天子不尊, 宗廟不安.」錯父曰:「劉氏安矣, 而鼂氏危矣, 吾去公歸矣!」遂飮藥死, 曰:「吾不忍見禍及吾身.」死十餘日, 吳楚七國果反, 以誅錯爲名. 及竇嬰·袁盎進說, 上令鼂錯衣朝衣斬東市.

2.《漢書》爰盎鼂錯傳
鼂錯, 潁川人也. 學申商刑名於軹張恢生所, 與雒陽宋孟及劉帶同師. 以文學爲太常掌故. 錯爲人峭直刻深. 孝文時, 天下亡治《尙書》者, 獨聞齊有伏生, 故秦博士, 治尙書, 年九十餘, 老不可徵. 乃詔太常, 使人受之. 太常遣錯受《尙書》伏生所, 還, 因上書稱說. 詔以爲太子舍人, 門大夫, 遷博士. 又上書言:「人主所以尊顯功名揚於萬世之後者, 以知術數也. 故人主知所以臨制臣下而治其衆,

則羣臣畏服矣; 知所以聽言受事, 則不欺蔽矣; 知所以安利萬民, 則海內必從矣; 知所以忠孝事上, 則臣子之行備矣: 此四者, 臣竊爲皇太子急之. 人臣之議或曰 皇太子亡以知事爲也. 臣之愚, 誠以爲不然. 竊觀上世之君, 不能奉其宗廟而劫 殺於其臣者, 皆不知術數者也. (皇太子所讀書多矣, 而未深知術數者也.) 皇太 子所讀書多矣, 而未深知術數者, 不問書說也. 夫多誦而不知其說, 所謂勞苦而 不爲功. 臣竊觀皇太子材智高奇, 馭射伎藝過人絶遠, 然於術數未有所守者, 以陛下爲心也. 竊願陛下幸擇聖人之術可用今世者, 以賜皇太子. 因時使太子 陳明於前. 唯陛下裁察.」上善之, 於是拜錯爲太子家令. 以其辯得幸太子, 太子 家號曰「智囊」. 徐·僮之旁吳所未下者可以予吳.』錯不稱陛下德信, 欲疏羣臣 百姓, 又欲以城邑予吳, 亡臣子禮, 大逆無道. 錯當要斬, 父母妻子同産無少長 皆棄市. 臣請論如法.」制曰:「可.」錯殊不知. 乃使中尉召錯, 紿載行市. 錯衣朝 衣斬東市.

3. 《十八史略》(2)

帝爲太子時, 鼂錯爲家令, 得幸, 太子家號爲智囊. 帝卽位, 錯爲内史, 數請閒言事. 輒聽, 寵傾九卿, 法令多所更定. 初孝文時, 吳王濞太子入見, 得侍皇太子飮, 博爭道, 不恭. 皇太子, 引博局提殺之. 濞稱疾不朝, 錯數言吳過可削, 文帝不忍. 及帝卽位, 錯曰:「吳王誘天下亡人, 謀作亂. 今削之亦反, 不削亦反, 削之反亟 禍小, 不削反遲禍大.」上令公卿·列侯·宗室雜議, 莫敢難. 鼂錯又言:「楚·趙 有罪, 削一郡. 膠西有姦, 削六縣.」及削吳會稽·豫章. 書至, 吳王遂反. 膠西· 膠東·菑川·濟南·楚·趙, 皆先有吳約, 至是同反. 齊王先諾後悔.

242-② 趙禹廉倨
청렴하면서도 거만했던 조우

전한前漢의 조우趙禹는 태현斄縣 사람이다. 무제武帝 때 도필리刀筆吏로써 공로를 쌓아 어사御史를 거쳐 중대부中大夫에 올랐다. 장탕張湯과 법령을 논하여 정할 때 〈견지법見知法〉을 만들었다. 이는 관리들이 서로 감시하도록 하는 법이었으며, 이러한 법은 이때부터 시작된 것이다.

그는 사람됨이 청렴하면서도 거만하여 그가 관리가 되고 나서는 그의 관사에 식객食客이 없을 정도였다. 공경公卿이 서로 찾아와 청탁을 하면 조우는 끝내 그에게 보답을 하거나 사례를 하는 일이 없이 오로지 친구나 빈객의 청탁을 끊어버리는 일에만 힘을 쏟았다. 그리하여 한 가지 의지만을 외롭게 실천해 나갈 뿐이었다. 한 때 중도에서 관직을 삭탈당하기도 하였으나, 이윽고 다시 정위廷尉가 되었으며 천수를 누리고 생을 마쳤다.

前漢, 趙禹犛人. 武帝時, 以刀筆吏積勞, 遷御史, 至中大夫. 與張湯論定律令, 作見知. 吏傳相監司以法, 盡自此始.

爲人廉倨, 爲吏以來, 舍無食客. 公卿相造請, 禹終不行報謝, 務在絶知友賓客之請, 孤立行一意而已. 嘗中廢, 已爲廷尉, 以壽卒.

【趙禹】서한 武帝 때의 酷吏. 《漢書》 酷吏傳 실려 있음.
【武帝】西漢 5대 황제 劉徹. 景帝(劉啓)의 아들이며 B.C.140~B.C.87년까지 54년간 재위함. 대내외적으로 학술, 강역, 문학 등 여러 방면에 걸쳐 많은 치적을 남겨 강력한 帝國을 건설함.
【刀筆吏】고대 竹札이나 竹簡을 사용하여 기록하였으며, 틀린 곳은 수시로 칼로 깎아 지웠음. 따라서 문서를 기록하는 낮은 관리를 뜻함.
【張湯】한나라 때의 혹독한 관리. '張湯巧詆'[095] 참조.
【見知】사람의 죄를 알고도 고발하지 않은 죄. 不告知罪와 같음.

참고 및 관련 자료

1. 《史記》 酷吏列傳(趙禹)
趙禹者, 犛人. 以佐史補中都官, 用廉爲令史, 事太尉亞夫. 亞夫爲丞相, 禹爲丞相史, 府中皆稱其廉平. 然亞夫弗任, 曰:「極知禹無害, 然文深, 不可以居大府.」

今上時, 禹以刀筆吏積勞, 稍遷爲御史. 上以爲能, 至太中大夫. 與張湯論定諸律令, 作見知, 吏傳得相監司. 用法益刻, 蓋自此始.

2.《漢書》酷吏傳(趙禹)

趙禹, 斄人也. 以佐史補中都官, 用廉爲令史, 事太尉周亞夫. 亞夫爲丞相, 禹爲丞相史, 府中皆稱其廉平. 然亞夫不任, 曰:「極知禹無害, 然文深, 不可以居大府.」武帝時, 禹以刀筆吏積勞, 遷爲御史. 上以爲能, 至中大夫, 與張湯論定律令, 作見知, 吏傳相監司以法, 盡自此始. 禹爲人廉裾, 爲吏以來, 舍無食客. 公卿相造請, 禹終不行報謝, 務在絕知友賓客之請, 孤立行一意而已. 見法輒取, 亦不覆案求官屬陰罪. 嘗中廢, 已爲廷尉. 始條侯以禹賊深, 及禹爲少府九卿, 酷急. 至晚節, 事益多. 吏務爲嚴峻, 而禹治加緩, 名爲平. 王溫舒等後起, 治峻禹. 禹以老, 徙爲燕相. 數歲, 誖亂有罪, 免歸. 後十餘年, 以壽卒于家.

243. 亮遺巾幗, 備失匕箸

243-① 亮遺巾幗
제갈량이 보낸 여인용 목도리

《진서晉書》에 실려 있다.

제갈량諸葛亮이 군사 10만을 이끌고 미현郿縣의 위수渭水 남쪽 언덕에 보루를 구축하였다. 그러자 위魏나라 천자(天子, 明帝)는 호군장군護軍將軍 진랑秦朗을 파견하여 보병과 기병을 감독하되 선제(宣帝, 司馬仲達)의 지도를 받도록 하였다. 촉蜀의 조정에서는 제갈량이 먼 곳에서 이동해 왔으므로 위나라 군대와 군량이 떨어지기 전에 급히 전투를 벌이는 것이 유리하다고 판단하였지만, 위나라에서는 매번 선제 사마중달에게 지구전으로 신중히 하여 그 변화를 기다릴 것을 명하였다. 제갈량이 자주 도전을 해왔지만 사마중달은 나서지 않았다. 그러자 제갈량이 사마중달에게 아녀자처럼 겁이 많다고 모욕하기 위하여 부인들이 장식용으로 쓰는 목도리를 보냈다. 사마중달은 화를 내며 조정에 표表를 올려 제갈량과 결전을 벌이겠다고 하였지만 명제는 허락하지 아니하였다. 그러면서 위위衛尉 신비辛毘를 보내어 천자의 명령임을 알리는 부절을 꽂아놓고 이를 제지하였다. 이렇게 보루를 맞대고 대치하기를 백여 일, 마침 제갈량이 죽고 말았다.

이에 앞서 제갈량의 사신이 사마중달에게 오자 사마중달이 물었다.

"제갈공께서는 하루에 식사량이 얼마나 되는가?"

사신이 대답하였다.

"쌀 서너 되 정도입니다."

다음으로 행정 업무에 대하여 묻자 사신은 이렇게 답하였다.

"20대 이상의 채찍에 해당하는 죄를 지은 병사는 모두가 스스로 이를 살펴 결재하고 있습니다."

그러자 사마중달이 말하였다.

"그렇게 하고도 능히 오래 살 수 있겠는가?"

그런데 마침내 그의 말처럼 제갈량은 일찍 죽고 만 것이다.

《한진춘추漢晉春秋》에는 이렇게 실려 있다.

촉의 양의楊儀 등이 군사를 정돈하고 퇴각하고자 군대를 출발시켰다. 그러자 그곳 백성들이 사마중달에게 달려와 이 사실을 알렸다. 사마중달이 추격에 나서자, 강유姜維가 양의에게 깃발을 거꾸로 들고 북을 울리며 장차 사마중달을 향해 공격해 가는 것처럼 하도록 하였다. 사마중달은 이를 보고 물러서며 감히 가까이 다가가지 못하였다. 이에 양의는 진영을 다시 결집하고 출발하여 골짜기로 들어선 다음 제갈량의 죽음을 발표하였다. 사마중달이 물러나자 백성들은 이렇게 말하였다.

"죽은 제갈량이 살아 있는 사마중달을 쫓았도다."

어떤 자가 이를 사마중달에게 고하자 중달은 이렇게 말하였다.

"나는 능히 살아 있는 자를 헤아려 계책을 쓴다. 죽은 자에 대해서는 계책을 쓰지 않은 것이다."

《晉書》: 諸葛亮帥衆十餘萬, 壘于郿之渭水南原. 天子遣護軍秦朗, 督步騎二萬, 受宣帝節度. 朝廷以亮遠寇, 利在急戰, 每命帝持重, 以候其變. 亮數挑戰, 帝不出. 因遺帝巾幗婦人之飾, 帝怒, 表請決戰. 天子不許, 乃遣衛尉辛毗, 杖節以制之.

亮復挑戰, 帝將出兵以應之, 毗杖節而立軍門, 帝乃止. 對壘百餘日, 會亮卒.

先是亮使至, 帝問:「諸葛公食可幾米?」

對曰:「三四升.」

次問政事. 曰:「二十罰已上, 皆自省覽.」

帝曰:「其能久乎?」

竟如其言.

《漢晉春秋》曰: 楊儀等整軍而出, 百姓奔告宣王, 王追焉. 姜維令儀反旗鳴鼓若將向宣王者. 王乃退, 不敢偪. 於是儀結陣而出, 入谷然後發喪.

宣王之退, 百姓諺曰:「死諸葛走生仲達.」

或以告王, 王曰:「吾能料生, 不便料死也.」

【諸葛亮】자는 孔明(191~234). 한말 陽都人. 은거하여 스스로 밭을 갈며 자신을 管仲과 樂毅에 비교하여 사람들이 그를 臥龍先生이라 불렀음. 뒤에 蜀漢 劉備의 三顧草廬로 불려가 天下三分之策을 정하고 유비를 도와 荊州와 益州를 차지하여 吳, 蜀, 魏 삼국정립을 이루었음. 유비의 유촉에 의해 그 아들 劉禪을 도와 〈出師表〉를 쓰고 북벌을 시도했으나 五丈原에서 생을 마침. 죽은 뒤 武鄕侯에 봉해졌으며 시호는 忠武. 《三國志》(35)에 전이 있음. '孔明臥龍'[002] 및 '諸葛顧廬'[147] 참조.

【天子】魏 明帝 曹叡(206~239)를 가리킴. 魏文帝(曹丕)와 甄后 사이에 남. 227년 문제를 이어 제위에 올랐음. 재위 13년(227~239). 시호는 明皇帝. 《三國志》(3)에 紀가 있음.

【宣帝】宣武皇帝 司馬懿(179~251). 자는 仲達. 溫縣人. 司馬師와 司馬昭의 아버지이며 司馬炎(西晉의 첫 황제 晉武帝. 265~290 재위)의 할아버지. 曹操가 승상이 되자 그의 掾이 되었다가 능력을 인정받아 尙書를 거쳐 撫軍에 올라 蜀漢을 막음. 뒤에 大將軍 曹爽과 함께 漢나라 정권을 휘둘렀으며 諡號는 文으로 하였다가 다시 宣文이라 하였으며 魏 元帝(陳留王) 때 宣王으로 부름. 司馬炎이 魏나라를 이어받고 황제가 되어 宣帝라 추존하였음. 《晉書》(1)에 紀가 있음. '晉宣狼顧'[026] 참조.

【巾幗】부인들이 착용하는 목도리. 대장부로서 취할 태도가 아니라고 놀린 것임.

【辛毘】字는 佐治(?~324). 陽翟人. 어려서 이미 같은 고을의 陳群, 趙儼, 杜襲과 함께 이름을 날렸으며 袁紹, 袁譚 부자를 따라 曹操에게 출사하여 議郎을 거쳐 丞相長史에 오름. 曹丕가 魏王에 오르자 이에 발탁되어 侍中, 關內侯가 됨. 明帝 때 潁鄕侯에 올라 衛尉의 벼슬을 함. 명제가 크게 토목공사를 벌이려 하자 이를 간하여 저지시킴. 《三國志》(25)에 전이 있음.

'辛毗引裾'[035] 참조.
【二十罰】채찍질하는 형벌로 20회를 채찍으로 때리는 형벌.
【姜維】삼국시대 蜀의 장수. 자는 伯約. 鍾會가 蜀을 평정한 후 姜維와 蜀地를 갖기로 모의하다가 그 부하에게 죽음. '姜維膽斗'[108] 참조.

참고 및 관련 자료

1. 《晉書》(1) 宣帝本紀

二年, 亮又率衆十餘萬出斜谷, 壘于郿之渭水南原. 天子憂之, 遣征蜀護軍秦朗, 督步騎二萬, 受帝節度. 諸將欲住渭北以待之. ……時朝廷以亮僑軍遠寇, 利在急戰, 每命帝持重, 以候其變. 亮數挑戰, 帝不出. 因遺帝巾幗婦人之飾, 帝怒, 表請決戰. 天子不許, 乃遣骨鯁臣衛尉辛毗, 杖節爲軍師以制之. 後亮復來挑戰, 帝將出兵以應之, 毗杖節而立軍門, 帝乃止. ……時百姓爲之諺曰:「死諸葛走生仲達.」帝聞而笑曰:「吾便料生, 不便料死故也.」先是, 亮使至, 帝問曰:「諸葛公起居如何? 食可幾米?」對曰:「三四升.」次問政事. 曰:「二十罰已上, 皆自省覽.」帝旣而告人曰:「諸葛孔明其能久乎?」竟如其言.

2. 《十八史略》(3)

亮還勸農講武, 作木牛流馬, 治邸閣, 息民休士. 三年而後用之, 悉衆十萬, 又由斜谷口伐魏, 進軍渭南. 魏大將軍司馬懿, 引兵拒守. 亮以前者數出, 皆運糧不繼, 使己志不伸, 乃分兵屯田. 耕者雜於渭濱居民之閒, 而百姓安堵, 軍無私焉. 亮數挑懿戰, 懿不出, 乃遺以巾幗婦人之服. 亮使者至懿軍, 懿問其寢食及事煩簡, 而不及戎事, 使者曰:「諸葛公夙興夜寐, 罰二十以上皆親覽, 所噉食不至數升.」懿告人曰:「食少事煩, 其能久乎?」亮病篤. 有大星, 赤而芒, 墜亮營中. 未幾亮卒. 長史楊儀, 整軍還, 百姓奔告懿, 懿追之. 姜維令儀反旗鳴鼓, 若將向懿, 懿不敢逼. 百姓爲之諺曰:「死諸葛, 走生仲達.」懿笑曰:「吾能料生, 不能料死.」亮嘗推演兵法, 作八陣圖. 至是懿案行其營壘, 歎曰:「天下奇材也.」

243-② 備失匕箸
밥 먹다 수저를 놓친 유비

《촉지蜀志》에 실려 있다.

선주先主 유비劉備는 자가 현덕玄德이며 탁군涿郡 탁현涿縣 사람이다. 한漢나라 중산정왕中山靖王 유승劉勝의 후손이다. 어려서 고아가 되어 어머니와 짚신과 자리 짜는 일로 생업을 삼았다. 그의 집 동남쪽 귀퉁이 울타리 가에 뽕나무가 자라고 있었는데 키가 다섯 길 남짓하였다. 그 나무는 멀리서 보면 통통한 것이 마치 작은 수레 덮개 같아 어떤 사람이 의당 귀인이 날 것이라 말하였다.

선주가 어렸을 때 여러 아이들과 그 나무 아래에서 놀면서 이렇게 말하였다.

"내 반드시 깃으로 장식한 이러한 덮개가 있는 수레를 타리라."

선주는 팔이 길어 무릎에 닿을 정도였으며 눈은 스스로 자신의 귀를 볼 수 있었다. 친구 사귀기를 좋아하여 호협豪俠의 젊은이들이 다투어 그에게 의탁하였다. 영제靈帝 말 황건적黃巾起이 일어나자 주군州郡마다 각기 의병을 일으켰다. 선주는 자신의 무리들을 인솔하여 그 도적을 토벌하는 공을 세워 안희安喜의 위尉라는 직책을 받았고, 여러 차례 승진하여 예주목豫州牧에 올랐다. 그리고 조조曹操를 따라 허현許縣으로 돌아오자, 조조는 조용히 이렇게 말하였다.

"지금 천하의 영웅이라면 오직 그대와 내가 있을 뿐이오. 본초本初의 무리는 그 숫자에 넣기에 부족하오."

유비는 바야흐로 식사를 하고 있었는데, 이 소리를 듣고 수저를 놓치고 말았다.

본초는 원소袁紹의 자이다.

《蜀志》: 先主劉備字玄德, 涿郡涿縣人. 漢中山靖王勝之後.

少孤, 與母販履織席爲業. 舍東南角籬上有桑樹生, 高五丈餘. 遙望見童童如小車蓋, 或謂當出貴人.

先主少時, 與諸小兒於樹下戲言:「吾必當乘此羽葆蓋車.」

先主垂手下膝, 顧自見其耳. 好交結豪俠, 年少爭附之.

靈帝末, 黃巾起, 州郡各擧義兵. 先主率其屬, 討賊有功.

除安喜尉, 累遷豫州牧. 從曹公還許.

曹公從容謂曰:「今天下英雄, 惟使君與操耳. 本初之徒不足數也.」

先主方食失匕箸.

本初袁紹字.

【先主劉備】蜀나라를 세운 劉備. 자는 玄德. 昭烈帝. 221~223년 재위하고 그 아들 후주 劉禪이 뒤를 이음.
【中山靖王】前漢 景帝의 아들. 劉崇.
【憧憧】나무의 가지나 잎사귀가 무성하여 그늘이 성한 모양.
【羽葆】五色의 새 깃털을 모아서 만든 깃발.
【靈帝】동한 제12대 황제 劉宏. 158~189년 재위함.
【黃巾】한말의 반란군. 靈帝의 中平 元年(189년)에 鉅鹿의 張角이 병사를 일으켜 스스로 黃天이라고 하고 무리 36만 명에게 머리에 노란 두건을 쓰도록 하였음.
【義兵】난리를 다스려 폭도를 진압하는 병사.
【使君】漢나라 때 州의 長官, 즉 刺史를 일컫는 말. 여기에서는 劉備를 가리킴.
【方食失匕箸】《蜀志》의 주에 《華陽國志》를 인용하여 "于時正當雷震. 備因謂操曰:「聖人云: 迅雷風烈必變, 良育以也. 一震之威乃何至於此也?"라 함.
【袁紹】자는 本初(?~202). 한말 靈帝 때 左軍校尉를 거쳐 司隷에 올랐으며 董卓을 끌어들여 환관을 제거하였으나, 이로 인해 京師에 대란이 일어나자, 의견이 맞지 않아 冀州로 도망갔다가 河北을 점거함. 뒤에 曹操와의 결전에 패하자 분을 품고 죽음. 《三國志》(6) 및 《後漢書》(74)에 전이 있음.

참고 및 관련 자료

1. 《三國志》(32) 先主傳(劉備)

先主姓劉, 諱備, 字玄德, 涿郡涿縣人. 漢景帝子中山靖王勝之後也. 勝子貞, 元狩六年封涿縣陸城亭侯, 坐酎金失侯, 因家焉. 先主祖雄, 父弘, 世仕州郡. 雄擧孝廉, 官至東郡范令. 先主少孤, 與母販履織席爲業. 舍東南角籬上有桑樹生, 高五丈餘. 遙望見童童如小車蓋, 往來者皆怪此樹非凡, 或謂當出貴人. 先主少時, 與宗室諸小兒於樹下戲, 言:「吾必當乘此羽葆蓋車.」叔父子敬謂曰:「汝勿妄語, 滅吾門也!」年十五, 母使行學, 與同宗劉德然·遼西公孫瓚俱事故九江太守同郡盧植. 德然父元起常資給先主, 與德然等. 元起妻曰:「各自一家, 何能常爾邪!」起曰:「吾宗中有此兒, 非常人也.」而瓚深與先主相友. 瓚年長, 先主以兄事之. 先主不甚樂讀書, 喜狗馬·音樂·美衣服. 身長七尺五寸, 垂手下膝, 顧自見其耳. 少語言, 善下人, 喜怒不形於色. 好交結豪俠, 年少爭附之. 中山大商張世平·蘇雙等貲累千金, 販馬周旋於涿郡, 見而異之, 乃多與之金財. 先主由是得用合徒衆. 靈帝末, 黃巾起, 州郡各擧義兵. 先主率其屬從校尉鄒靖討黃巾賊有功. 除安喜尉. ……累遷豫州牧. ……先主未發, 是時曹公從容謂先主曰:「今天下英雄, 惟使君與操耳. 本初之徒不足數也.」先主方食, 失匕箸.

2. 《十八史略》(3)

昭烈皇帝: 諱備, 字玄德, 漢景帝子中山靖王勝之後. 有大志, 少言語, 喜怒不形. 身長七尺五寸, 垂手下膝, 顧自見其耳.

3. 《十八史略》(3)

車騎將軍董承, 稱受密詔, 與劉備誅曹操. 操一日從容謂備曰:「今天下英雄, 唯使君與操耳.」備方食, 失匕筯. 値雷震詭曰:「聖人云:『迅雷風烈必變』, 良有以也.」備旣被遣邀袁術, 因之徐州, 起兵討操. 操擊之. 備先奔冀州, 領兵至汝南. 自汝南奔荊州, 歸劉表.

244. 張翰適意, 陶潛歸去

244-① 張翰適意
뜻에 맞추어 홀연히 떠난 장한

《진서晉書》에 실려 있다.

장한張翰은 자가 계응季鷹이며 오군吳郡 사람이다. 맑은 재주가 있었으며 문장에도 뛰어났다. 멋대로 방임하여 얽매임이 없어 당시 사람들은 그를 강동보병江東步兵이라 불렀다. 이윽고 낙양洛陽으로 들어오자, 제왕齊王 사마경司馬冏이 발탁하여 대사마동조연大司馬東曹掾을 삼아 주었다. 장한은 어느 날 가을바람이 불어오는 것을 보고, 이에 고향 오군의 고채菰菜와 순갱蓴羹, 그리고 농어회鱸魚鱠 생각이 나자 이렇게 말하였다.

"사람이 태어나 가장 귀한 것이란 뜻대로 사는 것이니, 어찌 수천 리 먼 타향에서 떠돌이 벼슬에 얽매여 명예나 작위를 중히 여기랴!"

그리하여 드디어 수레를 준비하도록 명하여 고향으로 돌아가 버렸다.

그런데 잠시 뒤 사마경이 팔왕의 난에 패하고 말았다. 사람들은 모두가 장한은 세상 기미를 아는 자라 여겼다. 그리하여 어떤 자가 물었다.

"그대는 어찌 한 때를 뜻대로 하기 위하여 홀로 몸이 죽은 뒤에 길이 남을 이름은 생각하지 않았소?"

그러자 장한은 이렇게 대답하였다.

"나로 하여금 몸이 죽은 뒤에 이름을 남기도록 하는 것은 살아 있는 지금 이 자리의 술 한 잔만 못하다오!"

당시 사람들은 그의 광달曠達함을 귀하게 여겼다.

《晉書》: 張翰字季鷹, 吳人. 有淸才, 善屬文, 而縱任不拘, 時人號爲「江東步兵」. 旣入洛, 齊王冏辟爲大司馬東曹掾.

翰因見秋風起, 乃思吳中菰菜·蓴羹·鱸魚鱠, 曰:「人生貴得適志, 何能羈宦數千里, 以要名爵乎!」

遂命駕而歸.

俄而冏敗, 人皆謂之見機.

或曰:「卿乃可縱適一時, 獨不爲身後名邪?」

答曰:「使我有身後名, 不如卽時一盃酒!」

時人貴其曠達.

【張翰】 자는 季鷹. 吳郡人. 재주가 있고 문장에 능하였으며 당시 '江東步兵'이라 불렀음. 齊王(司馬冏)의 大司馬東曹掾을 지내다가 장차 큰 변고가 있을 것을 예견하고 고향으로 돌아가기를 결심하여 본장의 '吳江鱸魚'의 고사를 낳은 인물. 《晉書》(92)에 전이 있음.

【江東步兵】 阮步兵 완적을 빗대어 부른 것. 張翰이 吳나라 사람이었으므로 그를 '강동보병'이라 부른 것.

【齊王冏】 司馬冏(?~302). 자는 景治. 齊王에 봉해짐. 晉 宗室 獻王(司馬攸)의 아들. 八王의 난으로 趙王(司馬倫)이 찬위하자 기병하여 司馬倫을 토벌하여 그 공으로 九錫을 하사 받고 大司馬가 됨. 뒤에 교만을 부려 長沙王(司馬乂)에게 피살되었음. 시호는 武閔. 《晉書》(59)에 전이 있음. 장한은 앞일을 예견하고 화가 미칠 것을 알고 고향 오나라로 돌아간 것이며 뒤에 河間王(司馬顒)과 成都王(司馬穎) 등이 병사를 일으켜 사마경은 죽음을 당하였음.

【蓴羹】 순채(蓴菜)라는 水中 채소로 끓인 국. 吳江 지역의 特味.

> 참고 및 관련 자료

1. 《晉書》(92) 文苑傳(張翰)

張翰字季鷹, 吳郡吳人也. 父儼, 吳大鴻臚. 翰有淸才, 善屬文, 而縱任不拘, 時人號爲「江東步兵」. 會稽賀循赴命入洛. …… 齊王冏辟爲大司馬東曹掾. …… 翰因

見秋風起, 乃思吳中菰菜·蓴羹·鱸魚鮨, 曰:「人生貴得適志, 何能羈宦數千里, 以要名爵乎!」遂命駕而歸. 著〈首丘賦〉, 文多不載. 俄而冏敗, 人皆謂之見機. 然府以其輒去, 除吏名. 翰任心自適, 不求當世. 或謂之曰:「卿乃可縱適一時, 獨不爲身後名邪?」答曰:「使我有身後名, 不如卽時一杯酒!」時人貴其曠達. 性至孝, 遭母憂, 哀毀過禮. 年五十七卒. 其文筆數十篇行於世.

2.《世說新語》識鑑篇
張季鷹辟齊王東曹掾, 在洛, 見秋風起, 因思吳中菰菜·蓴羹·鱸魚膾, 曰:「人生貴得適意爾! 何能羈宦數千里以要名爵?」遂命駕便歸. 俄而齊王敗, 時人皆謂爲見機.

3.《世說新語》任誕篇
張季鷹縱任不拘, 時人號爲「江東步兵」. 或謂之曰:「卿乃可縱適一時, 獨不爲身後名邪?」答曰:「使我有身後名, 不如卽時一梧酒!」

244-② 陶潛歸去
도연명의 귀거래

진晉나라 도잠陶潛은 자가 원량元亮이며 심양潯陽 사람으로 대사마大司馬 도간陶侃의 증손이다.

어려서부터 고상한 품격을 지녔으며 학식이 넓었고 문장에도 뛰어났다. 세속을 벗어나 얽매임이 없었으며 진솔한 것에 모든 것을 맡기며 자득하여 향리와 이웃에서 귀한 사람으로 여겼다.

일찍이 〈오류선생전五柳先生傳〉을 지어 자신의 상황에 비유하여 당시 사람들은 그 글을 그의 실록實錄이라 불렀다. 팽택령彭澤令이 되었을 때 그 현縣의 공전公田에 모두 찰기장을 심으면서 이렇게 말하였다.

"나로 하여금 늘 여기서 술로 취하게 하면 족하도다."

처와 자식들이 고집스럽게 식량으로 쓸 메벼를 심기를 청하자 이에 1경頃의 오십 무畝에는 찰기장을 심고 나머지 50무에는 메벼를 심도록 하였다.

평소 간결하고 고귀하여 사사롭게 상관을 모시는 일이 없었다. 군郡에서 도독督郵을 파견하여 현縣을 순찰하러 왔을 때 관리가 이렇게 일러주었다.

"응당 띠를 매고 정장하여 그를 맞아야 합니다."

도잠은 이렇게 탄식하였다.

"내 어찌 다섯 말 봉록의 쌀을 위해 허리를 꺾어 권권拳拳히 향리鄕里의 어린아이를 받들어 모시겠는가?"

그리고 즉시 인수印綬를 풀어 던지고 현을 떠나면서 〈귀거래歸去來〉를 지었다. 뒤에 저작랑著作郞으로 부름을 받았지만 나가지 않았다. 또 생업에도 힘쓰지 않고 술을 만나면 그대로 마셨다. 일찍이 이렇게 심경을 토로한 적이 있다.

"여름날 고요하고 일없을 때 북창北窓 아래에 베개를 높이 베고 누워 맑은 바람이 살살 불어오면 나 스스로 희황羲皇 때의 사람이라 말하리라."

그는 음악에 대해서는 잘 알지 못하였지만 아무런 장식이 없는 거문고를 하나 가지고 있었다. 현휘絃徽도 없어 연주할 수 없는 것이었지만 매번 친구와 술자리를 가질 때면 이를 어루만지면서 노래 화음을 맞추었다. 그리고 이렇게 말하는 것이었다.

"다만 거문고의 운취만 알면 되지 어찌 현 위에 소리를 내겠다고 노고롭게 하겠는가?"

晉, 陶潛字元亮, 潯陽人, 大司馬侃曾孫. 少懷高尚, 博學善屬文. 穎脫不羈, 任眞自得, 爲鄕隣所貴. 嘗著五柳先生傳以自況, 時人謂之實錄.

爲彭澤令, 在縣公田悉令種秫穀曰:「令吾常醉於酒足矣」

妻子固請種秔, 乃使一頃五十畝種秫, 五十畝種秔. 素簡貴不私事上官.

郡遣督郵至縣, 吏白:「應束帶見之」
潛歎曰:「吾豈能爲五斗米折腰, 拳拳事鄉里小人邪?」
卽解印綬去縣, 乃賦〈歸去來〉.
後徵著作郎不就. 又不營生業, 遇酒則飮.
嘗言:「夏月虛間, 高臥北窓之下, 淸風颯至, 自謂羲皇上人」
性不解音, 畜素琴一張, 絃徽不具.
每朋酒之會, 則撫而和之, 曰:「但識琴中趣, 何勞絃上聲?」

【陶潛】陶淵明(365~427) 晉·宋시기의 詩人. 이름은 淵明으로 더 널리 알려져 있으며 일명 潛, 字는 元亮, 私諡는 靖節. 尋陽 柴桑(지금의 江西省 九江市) 출신. 그의 曾祖인 陶侃은 東晉의 開國功臣으로 大司馬 등을 지냈으며 祖父는 太守를 지내기도 했음. 그러나 아버지는 일찍 죽었고 어머니는 東晉 때 名家인 孟嘉의 딸이었음. 도연명은 한 때 州의 祭酒, 鎭軍, 建威參軍을 지냈으나 彭澤令이 되자 80여 일만에 「五斗米」고사를 남긴 채 낙향하여 〈歸去來辭〉를 지음. 그 외에 〈田園詩〉와 〈桃花源記〉, 〈五柳先生傳〉 등을 남겨 중국 최고의 田園詩人으로 추앙됨. 단《詩品》에서는 그의 시를 中品에 넣어 당시 詩風과 차이에서 질박하다는 이유로 낮추고 있음을 알 수 있음. 韓國文學에도 至大한 영향을 미쳤음.《晉書》(94),《宋書》(93),《南史》(75)에 전이 있으며,《陶淵明集》이 전함. '淵明把菊'[263] 참조.

【大司馬侃】陶侃. 자는 士行 혹은 士衡(259~334). 진나라 內亂을 안정시킨 공로로 각 곳의 刺史·侍中·太尉·都督 등을 지냈으며 長沙郡公에 봉해짐.《晉書》(66)에 전이 있음. 陶潛의 증조부. '陶侃酒限'[287] 참조.

【五柳先生傳】도잠의 집 근처에 버드나무가 다섯 그루 있어 자신의 호로 삼은 것이며 이로써 자신의 전기를 지은 것임.

【督郵】군수의 속관으로 군내를 순시하며 감독의 임무를 맡은 관원.

【賦歸去來】〈歸去來辭〉는 辭賦체의 문장. 도연명의 대표 작품으로 널리 애송됨.

【羲皇上人】'羲皇'은 伏羲氏. 중국의 전설적인 三皇 중 하나로 오로지 자연에 순응하여 살던 태평성대를 뜻함.

【絃徽】絃은 거문고의 줄. 徽는 기러기발. 연주할 수 없는 형태만 갖춘 거문고였음을 말함. '素琴'이라고도 함.

> 참고 및 관련 자료

1. 《宋書》(93) 隱逸傳 陶潛 (南朝 梁, 沈約)

陶潛字淵明, 或云淵明字元亮, 潯陽柴桑人也. 曾祖侃, 晉大司馬. 潛少有高趣, 嘗著五柳先生傳以自況, 曰:『先生不知何許人, 不詳姓字, 宅邊有五柳樹, 因以爲號焉. 閑靜少言, 不慕榮利. 好讀書, 不求甚解, 每有會意, 欣然忘食. 性嗜酒, 而家貧不能恒得. 親舊知其如此, 或置酒招之, 造飮輒盡, 期在必醉, 既醉而退, 曾不吝情去留. 環堵蕭然, 不蔽風日, 短褐穿結, 簞瓢屢空, 晏如也. 嘗著文章自娛, 頗示其志, 忘懷得失, 以此自終.』其自序如此, 時人謂之實錄. 親老家貧, 起爲州祭酒, 不堪吏職, 少日, 自解歸. 州召主薄, 不就. 躬耕自資, 遂抱羸疾, 復爲鎭軍, 建威參軍, 謂親朋曰:「聊欲弦歌, 以爲三逕之資, 可乎?」執事者聞之, 以爲彭澤令. 公田悉令吏種秫稻, 妻子固請種秔, 乃使二頃五十畝種秫, 五十畝種秔. 郡遣督郵至, 縣吏白應束帶見之, 潛嘆曰:「我不能爲五斗米折腰向鄕里小人.」即日解印綬去職. 賦〈歸去來〉, 其詞曰:

『歸去來兮, 園田荒蕪, 胡不歸. 旣自以心爲形役, 奚惆悵而獨悲. 悟已往之不諫, 知來者之可追. 實迷塗其未遠, 覺今是而昨非. 舟超遙以輕颺, 風飄飄而吹衣. 問征夫以前路, 恨晨光之希微. 乃瞻衡宇, 載欣載奔. 僮僕歡迎, 稚子候門. 三徑就荒, 松菊猶存. 攜幼入室, 有酒停尊. 引壺觴而自酌, 眄庭柯以怡顔. 倚南窗而寄傲, 審容膝之易安. 園日涉以成趣, 門雖設而常關. 策扶老以流憩, 時矯首而遐觀. 雲無心以出岫, 鳥倦飛而知還. 景翳翳其將入, 撫孤松以盤桓. 歸去來兮, 請息交而絶遊. 世與我以相遺, 復駕言兮焉求. 說親戚之情話, 樂琴書以消憂. 農人告余以上春, 將有事于西疇. 或命巾車, 或棹扁舟. 旣窈窕以窮壑, 亦崎嶇而經丘. 木欣欣以向榮, 泉涓涓而始流. 善萬物之得時, 感吾生之行休. 已矣乎, 寓形宇內復幾時. 奚不委心任去留, 胡爲遑遑欲何之. 富貴非吾願, 帝鄕不可期. 懷良辰以孤往, 或植杖而耘耔. 登東皐以舒嘯, 臨淸流而賦詩. 聊乘化以歸盡, 樂夫天命復奚疑.』義熙末, 徵著作佐郞, 不就. 江州刺史王弘欲識之, 不能致也. 潛嘗往廬山, 弘令潛故人龐通之齎酒具於半道栗里要之, 潛有脚疾, 使一門生二兒轝籃輿, 旣至, 欣然便共飮酌, 俄頃弘至, 亦無忤也. 先是, 顔延之爲劉柳後軍功曹, 在尋陽, 與潛情款. 後爲始安郡, 經過, 日日造潛, 每往必酣飮致醉. 臨去, 留二萬錢與潛, 潛悉送酒家, 稍就取酒. 嘗九月九日無酒, 出宅邊菊叢中坐久, 值弘送酒至, 即便就酌, 醉而後歸. 潛不解音聲, 而畜素琴一張, 無絃, 每有酒適, 輒撫弄以寄其意. 貴賤造之者, 有酒輒設, 潛若先醉, 便語客:「我醉欲眠, 卿可去」

其眞率如此.郡將候潛,值其酒熟,取頭上葛巾漉酒,畢,還復著之.潛弱年薄宦,不潔去就之迹,自以曾祖晉世宰輔,恥復屈臣後代,自高祖王業漸隆,不復肯仕.所著文章,皆題其年月,義熙以前,則書晉氏年號,自永初以來唯云甲子而已.與子書以言其志,并爲訓戒曰:『天地賦命,有往必終,自古賢聖,誰能獨免.子夏言曰:「死生有命,富貴在天.」四友之人,親受音旨,發斯談者,豈非窮達不可妄求,壽夭永無外請故邪.吾年過五十,而窮苦荼毒,以家貧弊,東西遊走.性剛才拙,與物多忤,自量爲己,必貽俗患,俛俛辭世,使汝幼而飢寒耳.常感孺仲賢妻之言,敗絮自擁,何慙兒子.此旣一事矣.但恨隣靡二仲,室無萊婦,抱茲苦心,良獨罔罔.少年來好書,偶愛閑靜,開卷有得,便欣然忘食.見樹木交蔭,時鳥變聲,亦復歡爾有喜.嘗言五六月北窗下臥,遇涼風暫至,自爲是羲皇上人.意淺識陋,日月遂往,緬求在昔,眇然如何!疾患以來,漸就衰損,親舊不遺,每以藥石見救,自恐大分將有限也.恨汝輩稚小,家貧無役,柴水之勞,何時可免,念之在心,若何可言.然雖不同生,當思四海皆弟兄之義.鮑叔,敬仲,分財無猜,歸生,伍舉,班荊道舊,遂能以敗爲成,因喪立功,他人尙爾,況共父之人哉.潁川韓元長,漢末名士,身處卿佐,八十而終,兄弟同居,至于沒齒.濟北氾稚春,晉時操行人也,七世同財,家人無怨色.詩云:「高山仰止,景行行止.」汝其愼哉!吾復何言.』又爲命子詩以貽之曰:『悠悠我祖,爰自陶唐.邈爲虞賓,歷世垂光.御龍勤夏,豕韋翼商.穆穆司徒,厥族以昌.紛紜戰國,漠漠衰周.鳳隱于林,幽人在丘.逸虯撓雲,奔鯨駭流.天集有漢,眷予愍侯.於赫愍侯,運當攀龍.撫劍風邁,顯茲武功.參誓山河,啓土開封.亹亹丞相,允迪前蹤.渾渾長源,蔚蔚洪柯.羣川載導,衆條載羅.時有黙語,運固隆汙.在我中晉,業融長沙.桓桓長沙,伊勳伊德.天子疇我,專征南國.功遂辭歸,臨寵不惑.孰謂斯心,而可近得.肅矣我祖,愼終如始.直方二臺,惠和千里.於皇仁考,淡焉虛止.寄迹風運,冥茲慍喜.嗟余寡陋,瞻望靡及.顧慙華鬢,負景集立.三千之罪,無後其急.我誠念哉,呱聞爾泣.卜云嘉日,占爾良時.名爾曰儼,字爾求思.溫恭朝夕,念茲在茲.尚想孔伋,庶其企而.厲夜生子,遽而求火.凡百有心,奚待于我.旣見其生,實欲其可.人亦有言,斯情無假.日居月諸,漸免于孩.福不虛至,禍亦易來.夙興夜寐,願爾斯才.爾之不才,亦已焉哉!』潛元嘉四年卒,時年六十三.

2.《南史》隱逸傳 陶潛(唐,李延壽)

陶潛字淵明,或云字深明,名元亮.尋陽柴桑人,晉大司馬侃之曾孫也.少有高趣,宅邊有五柳樹,故常著〈五柳先生傳〉云:『先生不知何許人,不詳姓字.閑靜少言,不慕榮利.好讀書,不求甚解,每有會意,欣然忘食.性嗜酒,而家貧不能恆得.

親舊知其如此, 或置酒招之, 造飲輒盡, 其在必醉. 旣醉而退, 曾不吝情去留. 環堵蕭然, 不蔽風日, 杜褐穿結, 簞瓢屢空, 晏如也. 常著文章自娛, 頗示己志, 忘懷得失, 以此自終.』其子序如此. 蓋以自況, 時人謂之實錄.

親老家貧, 其爲州祭酒, 不堪吏職, 少日自解而歸. 州召主薄, 不就, 躬耕自資, 遂抱羸疾. 江州刺史檀道濟往候之, 偃臥瘠餒有日矣, 道濟謂曰:「夫賢者處世, 天下無道則隱, 有道則至. 今子生文明之世, 奈何自苦如此」對曰:「潛也何敢望賢, 志不及也.」道濟饋以粱肉, 麾而去之. 後爲鎭軍, 建威參軍, 謂親朋曰:「聊欲絃歌, 以爲三徑之資, 可乎?」執事者聞之, 以爲彭澤令. 不以家累自隨, 送一力給其子, 書曰:「汝旦夕之費, 自給爲難, 今遣此力, 助汝薪水之勞. 此亦人子也, 可善遇之.」公田悉令吏種秫稻, 妻子固請種秔, 乃使二頃五十畝種秫, 五十畝種秔. 郡遣督郵至縣, 吏白應束帶見之. 潛嘆曰:「我不能爲五斗米切要鄉里小人.」卽日解印綬去職, 賦〈歸去來〉以遂其志, 曰:『歸去來兮, 田園將蕪胡不歸? 旣自以心爲形亦兮, 奚惆悵而獨悲. 悟已往之不諫, 知來者之可追. 實迷塗其未遠, 覺今是而昨非. 舟遙遙以輕颺, 風飄飄而吹衣, 問征夫以前路, 恨晨光之熹微. 乃瞻衡宇, 載欣載奔, 僮僕歡迎, 弱子候門. 三徑就荒, 松菊猶存, 攜幼入室, 有酒盈罇. 引壺觴以自酌, 眄庭柯以怡顏, 倚南牕以寄傲, 審容膝之易安. 園日涉而成趣, 門雖設而常關. 策扶老以流憩, 時矯首而遐觀. 雲無心以出岫, 鳥倦飛而知還. 景翳翳其將入, 撫孤松而盤桓. 歸去來兮, 請息交以絶遊, 世與我相遺, 復駕言兮焉求. 悅親戚之情話, 樂琴書以消憂, 農人告余以春及, 將有事於西疇. 或命巾車, 或棹扁舟, 旣窈窕以窮壑, 亦崎嶇而經丘. 木欣欣而向榮, 泉涓涓而始流, 善萬物之得時, 感吾生之行休. 已矣乎, 寓形宇內復幾時, 曷不委心任去留, 胡爲遑遑欲何之. 富貴非吾願, 帝鄉不可期. 懷良辰以孤往, 或植杖而芸耔. 登東皐以舒嘯, 臨淸流而賦詩. 聊乘化以歸盡, 樂夫天命復奚疑!』義熙末, 徵爲著作佐郞, 不就. 江州刺史王弘欲識之, 不能致也. 潛嘗往廬山, 弘令潛故人龐通之齎酒具於半道栗里要之. 潛有脚疾, 使一門生二兒擧藍轝. 及之, 欣然便共飲酌, 俄頃弘至, 亦無忤也.

先是, 顏延之爲劉柳後軍功曹, 在尋陽與潛情欵. 經過潛, 每往必酣飲致醉. 弘欲要延之一坐, 彌日不得. 延之臨去, 留二萬錢與潛, 潛悉送酒家稍就取酒. 嘗九月九日無酒, 出宅邊菊叢中坐久之. 逢弘送酒至, 卽便就酌, 醉而後歸. 潛不解音聲, 而畜素琴一張. 每有酒適, 輒撫弄以寄其意. 貴賤造之者, 有酒輒設. 潛若先醉, 便語客:「我醉欲眠卿可去」其眞率如此. 郡將候潛, 逢其酒熟, 取頭上葛巾漉酒, 畢, 還復著之. 潛弱年薄宦, 不潔去就之迹. 自以曾祖晉宰輔, 恥復屈臣後代,

自宋武帝王業漸隆, 不復肯仕. 所著文章, 皆題其年月. 義喜以前, 明書晉氏年號, 自永初以來, 唯云甲子而已. 餘子書以言其志, 并爲訓戒曰:『吾年過五十, 吾窮苦荼毒. 性剛才拙, 與物多忤. 自量爲己, 必貽俗患. 僶俛辭事, 使汝幼而飢寒耳. 常感孺仲賢妻之言, 敗絮自擁, 何慙兒子. 此其一事矣. 但恨隣靡二仲, 室無萊婦, 抱茲苦心, 良獨罔罔. 少來好書, 偶愛閑靖, 開卷有得, 便欣然忘食. 見樹木交蔭, 時鳥變聲, 亦復歡爾有喜. 嘗言五六月北窗下臥, 遇涼風暫至, 自謂是羲皇上人. 意淺識陋, 日月遂往, 疾患以來, 漸就衰損. 親舊不遺, 每有藥石見救, 自恐大分將有限也. 汝輩幼小, 家貧無役, 柴水之勞, 何時可免. 念之在心, 若何可言. 然雖不同生, 當思四海皆兄弟之義. 鮑叔, 敬仲, 分在無猜, 歸生, 伍擧, 班荊道舊, 遂能以敗爲成, 因喪立功. 佗人尙爾, 況共父之人哉. 潁川韓元長, 漢末名士, 身處卿佐, 八十而終, 兄弟同居, 至於沒齒. 濟北氾幼春, 晉時操行人也. 七世同財, 家人無怨絕. 詩云「高山景行」, 汝其愼哉!』

又爲命子詩以貽之. 元嘉四年, 將復徵命, 會卒. 世號靖節先生. 其妻翟氏, 志趣亦同, 能安苦節, 夫耕於田, 妻鋤於後云.

3. 《晉書》(94) 隱逸傳 陶潛(唐, 房玄齡)

陶潛字元亮, 大司馬侃之曾孫也. 祖茂, 武昌太守. 潛少懷高尚, 博學善屬文, 穎脫不羈, 任眞自得, 爲鄉鄰之所貴. 嘗著五柳先生傳以自況曰:「先生不知何許人, 不詳姓字, 宅邊有五柳樹, 因以爲號焉. 閑靖少言, 不慕榮利. 好讀書, 不求甚解, 每有會意, 欣然忘食. 性嗜酒, 而家貧不能恒得. 親舊知其如此, 或置酒招之, 造飲必盡, 期在必醉, 旣醉而退, 曾不吝情. 環堵蕭然, 不蔽風日, 短褐穿結, 簞瓢屢空, 晏如也. 嘗著文章自娛, 頗示己志, 忘懷得失, 以此自終.」其自序如此, 時人謂之實錄. 以親老家貧, 起爲州祭酒, 不堪吏職, 少日自解歸. 州召主簿, 不就, 躬耕自資, 遂抱羸疾. 後爲鎮軍, 建威參軍, 謂親朋曰:「聊欲絃歌, 以爲三徑之資可乎?」執事者聞之, 以爲彭澤令. 在縣公田悉令種秫穀, 曰:「令吾常醉於酒足矣.」妻子固請種秔, 乃使一頃五十畝種秫, 五十畝種秔. 素簡貴, 不私事上官. 郡遣督郵至縣, 吏白應束帶見之, 潛歎曰:「吾不能爲五斗米折腰, 拳拳事鄉里小人邪!」義熙二年, 解印去縣, 乃賦〈歸去來〉. 其辭曰:『歸去來兮, 園田荒蕪, 胡不歸. 旣自以心爲形役, 奚惆悵而獨悲. 悟已往之不諫, 知來者之可追. 實迷塗其未遠, 覺今是而昨非. 舟超遙以輕颺, 風飄飄而吹衣. 問征夫以前路, 恨晨光之希微. 乃瞻衡宇, 載欣載奔. 僮僕歡迎, 稚子候門. 三徑就荒, 松菊猶存. 攜幼入室, 有酒停尊. 引壺觴而自酌, 眄庭柯以怡顏. 倚南窗而奇傲, 審容膝之易安. 園日涉而成趣, 門雖設而常關. 策扶老以流憩, 時矯首而遐觀. 雲無心以

出岫, 鳥倦飛而知還. 景翳翳其將入, 撫孤松以盤桓. 歸去來兮, 請息交而絶遊. 世與我以相遺, 服駕言兮焉求. 說親戚之情話, 樂琴書以消憂. 農人告余以上春, 將有事于西疇. 或命巾車, 或棹扁舟. 旣窈窕以窮壑, 亦崎嶇而經丘. 木欣欣以向榮, 泉涓涓而始流. 善萬物之得時, 感吾生之行休. 已矣乎! 寓形宇內復幾時. 曷不委心任去留, 胡爲遑遑欲何之. 富貴非吾願, 帝鄕不可期. 懷良辰以孤往, 或植杖而耘耔. 登東皐以舒嘯, 臨淸流而賦詩. 聊乘化以歸盡, 樂夫天命復奚疑!」頃之, 徵著作郞, 不就. 旣絶州郡覲謁, 其鄕親張野及周旋人羊松齡, 寵遵等或有酒要之, 或要之共至酒坐, 雖不識主人, 亦欣然無忤, 酣醉便反. 未嘗有所造詣, 所之唯至田舍及廬山游觀而已. 刺史王弘以元熙中臨州, 甚欽遲之, 後自造焉. 潛稱疾不見. 旣而語人云:「我性不狎世, 因疾遂閑, 幸非潔志慕聲, 豈敢以王公紆軫爲榮邪! 夫謬以不賢, 此劉公幹所以招謗君子, 其罪不細也.」 弘每令人候之, 密知當往廬山, 乃遣其故人龐通之等齎酒, 先於半道要之. 潛其遇酒, 便人酌野亭, 欣然忘進. 弘乃出與相見, 遂歡宴窮日. 潛無履, 弘顧左右爲之造履. 左右請履度, 潛便於坐申脚令度焉. 弘要之還州, 問其所乘, 答云:「素有脚疾, 向乘藍輿, 亦足自反.」及令一門生二兒共轝之至州, 而言笑賞適, 不覺其有羨於華軒也. 弘後欲見, 輒於林澤間候之. 誌於酒米乏絶, 亦時相贍. 其親朋好事, 或載酒肴而往, 潛亦無所辭焉. 每一醉, 則大適融然. 又不營生業, 家無悉委之兒僕. 未嘗有喜慍之色, 惟遇酒則飮, 時或無酒, 亦雅詠不輟. 嘗言夏月虛閑, 高臥北窓之下, 淸風颯至, 自謂羲皇上人. 聲不解音, 而畜素琴一張, 絃徽不具, 每朋酒之會, 則撫而和之, 曰:「但識琴中趣, 何勞絃上聲!」以宋元嘉中卒, 時年六十三, 所有文集並行於世.

4.《詩品》陶淵明(南朝 梁, 鍾嶸)
宋徵士陶潛詩: 宋徵士陶潛詩, 其源出於應璩, 又協左思風力. 文體省淨, 殆無長語. 篤意眞古, 辭興婉愜. 每觀其文, 想其人德, 世歎其質直. 至如「歡言酌春酒」, 「日暮天無雲」, 風華淸靡, 豈直爲田家語耶? 古今隱逸詩人之宗也.

5.〈陶淵明傳〉(南朝 梁, 蕭統)
陶淵明, 字元亮. 或云潛, 字淵明. 潯陽柴桑人也. 曾祖侃, 晉大司馬. 淵明少有高趣, 博學, 善屬文, 穎脫不群, 任眞自得. 嘗著〈五柳先生傳〉以自況, 曰:「先生不知何許人也, 亦不詳姓字, 宅邊有五柳樹, 因以爲號焉. 閑靜少言, 不慕榮利. 好讀書, 不求甚解, 每有會意, 欣然忘食. 性嗜酒, 而家貧不能恒得. 親舊知其如此, 或置酒招之. 造飮輒盡, 期在必醉. 旣醉而退, 曾不吝情去留. 環堵蕭研, 不蔽風日. 短褐穿結, 簞瓢屢空, 晏如也. 嘗著文章自娛, 頗示己志. 忘懷得失,

以此自終.」時人謂之實錄.

親老家貧, 起爲州祭酒. 不堪吏職, 少日, 自解歸. 州召主簿, 不就. 躬耕自資, 遂抱羸疾. 江州刺史檀道濟往侯之, 偃臥瘠餒有日矣. 道濟謂曰:「賢者處世, 天下無道則隱, 有道則至. 今子生文明之世, 奈何自苦如此?」對曰:「潛也, 何敢望賢? 志不及也.」道濟饋以粱肉, 麾而去之. 後爲鎮軍建威參軍, 謂親朋曰:「聊欲弦歌, 以爲三徑之資, 可乎?」執事者聞之, 以爲彭澤令. 不以家累自隨, 遂一力給其子, 書曰:「汝旦夕之費, 自給爲難, 今遣此力, 助汝薪水之勞. 此亦人子也, 可善遇之.」公田悉令吏種秫, 曰:「吾常得醉於酒, 足矣!」妻子固請種秔, 乃使二頃五十畝種秫, 五十畝種粳. 歲終, 會郡遣督郵至, 縣吏請曰:「應束帶見之.」淵明歎曰:「我豈能爲五斗米折腰向鄉里小兒!」即日解綬去職, 賦〈歸去來〉. 徵著作郎, 不就. 江州刺史王弘, 不能致也. 淵明嘗往廬山, 弘命淵明故人龐通之齎酒具, 於半道栗里之間邀之. 淵明有腳疾, 使一門生二兒舁籃輿. 既至, 欣然便共飲酌. 俄頃, 弘至, 亦無忤也. 先是顏延之爲劉柳後軍功曹, 在潯陽, 與淵明情欵. 後爲始安君, 經過潯陽, 日造淵明飲焉. 每往, 必酣飲致醉. 弘欲邀延之坐, 彌日不得. 延之臨去, 留二萬錢與淵明, 淵明悉遣送酒家, 稍就取酒. 嘗九月九日出宅邊菊叢中, 坐久之, 滿手把菊, 忽值弘送酒之, 即便就酌, 醉而歸. 淵明不解音律, 而蓄無絃琴一張, 每酒適, 輒撫弄, 以寄其意. 貴賤造之者, 有酒輒設, 淵明若先醉, 便於客:「我醉欲眠, 卿可去.」其真率如此. 郡將常侯之, 值其釀熟, 取頭上葛巾漉酒, 漉畢, 還復著之. 時周續之入廬山, 事釋惠遠; 彭城有遺民, 亦遁迹匡山; 淵明又不應徵命, 謂之潯陽三隱. 後刺史檀韶苦請續之出州, 與學士祖企, 謝景夷三人, 共在城北講禮, 可以讎校. 近於馬隊, 是故淵明示其詩, 云:「周生述孔業, 祖謝響然臻. 馬隊非講肆, 校書亦已勤.」其妻翟民, 亦能安勤苦, 與其同志. 自以曾祖晉世宰輔, 恥復屈身後代. 自宋高祖王業漸隆, 不復肯仕. 元嘉四年, 將復徵命, 會卒. 時年六十三. 世號靖節先生. (李公煥, 《箋注陶淵明集》卷十.)

6. 〈陶徵士誄〉(并序. 南朝 宋, 顏延之)

夫璿玉致美, 不爲池隍之寶; 桂椒信芳, 而非園林之實. 豈其深而好遠哉? 蓋云殊性而已. 故無足而至者, 物之籍也; 隨踵而立者, 人之薄也. 若乃巢, 高之抗行, 夷, 皓之峻節, 故已父老. 堯, 禹, 鎦銖周, 漢. 而縣世浸遠, 光靈不屬, 至使菁華隱沒, 芳流歇絕, 不其惜乎! 雖今之作者, 人自爲量, 而首路同塵, 輟塗殊軌者多矣. 豈所以昭末景, 汎餘波! 有徵晉士尋陽陶淵明, 南岳之幽居者也. 弱不好弄, 長實素心. 學非稱師, 文取指達. 在眾不失其寡, 處言愈見其默. 少而貧病,

居無僕妾. 幷臼弗任, 藜菽不給. 母老子幼, 就養勤匱. 遠惟田生致親之議, 追悟毛子捧檄之懷. 初辭州府三命, 後爲彭澤令. 道不偶物, 棄官從好. 遂乃解體世紛, 結志區外, 定迹深棲, 於是乎遠. 灌畦鬻蔬, 爲供魚菽之祭; 纖絇緯蕭, 以充糧粒之費. 心好異書, 性樂酒德, 簡棄煩促, 就成省曠. 殆所謂國爵屛貴, 家人忘貧者與? 有詔徵爲著作郞, 稱疾不到. 春秋若干, 元嘉四年月日, 卒于尋陽縣之某里. 近識悲悼, 遠士傷情. 冥默福應, 嗚呼淑貞! 夫實以誄華, 名有諡高, 苟允德義, 貴賤何筭焉? 若其寬樂令終之美, 好廉克己之操, 有合諡典, 無愆前志. 故詢諸友好, 宜諡曰靖節徵士. 其辭曰: 物尙孤生, 人固介立. 豈伊時遘, 曷云世及? 嗟乎若士! 望古遙集. 韜此洪族, 蔑彼名級. 睦親之行, 至自非敦. 然諾之信, 重於布言. 廉深簡絜, 貞夷粹溫. 和而能峻, 博而不繁. 依世尙同, 詭時則異. 有一於此, 兩非黙置. 豈若夫子, 因心違事? 畏榮好古, 薄身厚志. 世霸虛禮, 州壤追風. 人之秉彝, 不隘不恭. 爵同下士, 祿等上農. 度量難鈞, 進退可限. 子之悟之, 何悟之辯? 賦詩歸來, 高蹈獨善. 亦旣超曠, 無適非心. 晨烟暮藹, 春照秋陰. 陳書輟卷, 置酒絃琴. 居備勤儉, 躬兼貧病. 人否其憂, 子然其命. 隱約就閒, 遷延辭聘. 非直也明, 是惟道性. 孰云與仁? 實疑明智. 謂天蓋高, 胡愆斯義? 履信曷憑? 思順何眞? 年在中身, 疢維痁疾. 視死如歸, 臨凶若吉. 藥劑非嘗, 禱祀非恤. 儻幽告終, 懷和長畢. 嗚呼哀哉! 遭壤以穿, 旋葬而窆. 嗚呼哀哉! 深心追往, 遠情逐化. 自爾介居, 及我多暇. 伊好之洽, 接閻鄰舍. 宵盤晝憩, 非舟非駕. 念昔宴私, 擧觴相誨. 獨正者危, 至方則礙. 哲人卷舒, 布在前載. 取鑒不遠, 吾規子佩. 爾實愀然, 中言而發. 違衆速尤, 迕風善蹶. 身才非實, 榮聲有歇. 叡音永矣, 誰箴余闕? 嗚呼哀哉! 仁焉而終, 智焉而斃. 黔婁旣沒, 展禽亦逝. 其在先生, 同塵往世. 旌此靖節, 加彼康惠. 嗚呼哀哉!

7. 〈蓮士高賢傳〉(佚名)

陶潛字淵明, 晉大司馬侃之曾孫. 少懷高尙, 著〈五柳先生傳〉以自況, 時以爲實錄. 初爲建威參軍, 謂親朋曰: 「聊欲弦歌, 爲三徑之資.」執事者聞之, 以爲彭澤令. 郡遣郵至縣, 吏曰: 「應束帶賢之.」潛嘆曰: 「吾不能爲五斗米折腰, 擧擧事鄕里小兒耶!」解印去縣, 乃賦〈歸去來〉. 及宋受禪, 自以晉世宰輔之后, 職復屈身异代. 居潯陽柴桑, 與周續之, 劉遺民幷不應辟命, 世號「潯陽三隱」嘗言夏月虛閒, 高臥北窓之下, 淸風颯至, 自謂羲皇上人. 性不解音, 畜素琴一張, 弦徽不具, 每朋酒之會, 則撫而叩之, 曰: 「但識琴中趣, 何勞弦上聲.」常往來廬山, 使一門生二兒舁籃輿以行. 遠法師與諸賢及蓮杜, 以書招淵明. 淵明曰: 「若許陰則往.」許之, 遂造焉, 忽攢眉而去.」宋元嘉四年卒. 世號靖節先生. (明程榮《漢魏總書》本)

8.〈五柳先生傳〉

先生不知何許人,亦不詳其姓字.宅邊有五流樹,因以爲號焉.閑靖少言,不慕榮利.好讀書,不求甚解,每有會意,便欣然忘食.性嗜酒,家貧不能常得.親舊知其如此,或置酒而招之,造飲輒盡,期在必醉.既醉而退,曾不吝情去留.環堵蕭然,不蔽風日.短褐穿結,簞瓢屢空,晏如也.常著文章自娛,頗示己志.忘懷得失,以此自終.贊曰:『黔婁之妻有言:『不戚戚於貧賤,不汲汲於富貴.其言茲若人之儔乎?酣觴賦詩,以樂其志.無懷氏之民歟?葛天氏之民歟?』

9.〈歸去來辭〉

「余家貧,耕植不足以自給;幼稚盈室,缾無儲粟,生生所資,未見其術.親故多勸余爲長吏,脫然有懷,求之靡途;會有四方之事,諸侯以惠愛爲德,家叔以余貧苦,遂見用於小邑.於時風波未靜,心憚遠役;彭澤去家百里,公田之利,足以爲酒,故便求之.及小日,眷然有歸歟之情.何則?質性自然,非矯厲所得;飢凍雖切,違己交病.嘗從人事,皆口腹自役.於是悵然慷慨,深愧平生之志.猶望一稔,當斂裳宵逝.尋程氏妹喪于武昌,情在駿奔,自免去職.仲秋至冬,在官八十餘日.因事順心,命篇曰歸去來兮.乙巳歲十一月也.」歸去來兮,田園將蕪胡不歸?既自以心爲形役,奚惆悵而獨悲!悟已往之不諫,知來者之可追.實迷途其未遠,覺今是而昨非.舟遙遙以輕颺,風飄飄而吹衣.問征夫以前路,恨晨光之熹微.乃瞻衡宇,載欣載奔;僮僕歡迎,稚子候門.三逕就荒,松菊猶存;攜幼入室,有酒盈罇.引壺觴以自酌,眄庭柯以怡顏.倚南窗以寄傲,審容膝之易安.園日涉以成趣,門雖設而常關;策扶老以流憩,時矯首而遐觀.雲無心而出岫,鳥倦飛而知還;景翳翳以將入,撫孤松而盤桓.歸去來兮,請息交以絕遊.世與我而相違,復駕言兮焉求?悅親戚之情話,樂琴書以消憂.農人告余以春及,將有事於西疇.或命巾車,或棹孤舟;既窈窕以尋壑,亦崎嶇而經丘.木欣欣以向榮,泉涓涓而始流;善萬物之得時,感吾生之行休.已矣乎,寓形宇內,能復幾時!曷不委心任去留?胡爲乎遑遑欲何之?富貴非吾願,帝鄉不可期.懷良辰以孤往,或植杖而耘耔.登東皋以舒嘯,臨清流而賦詩.聊乘化以歸盡,樂夫天命復奚疑!

10.《十八史略》(4)

晉徵士陶潛卒.潛字淵明,潯陽人,侃之曾孫也.少有高趣,嘗爲彭澤令,八十日郡督郵至,吏曰:「應束帶見之.」潛歎曰:「我豈能爲五斗米,折腰向鄉里小兒?」即日解印綬去.賦歸去來辭,著五柳先生傳.徵不就,自以先世爲晉臣,自宋高祖王業漸隆,不復肯仕.至是終世,號靖節先生.

245. 魏儲南館, 漢相東閣

245-① 魏儲南館
남관에서 잔치를 벌인 위문제

위魏 문제文帝는 휘가 비(丕, 曹丕)이며 자가 자환子桓이다. 태자였을 때 일찍이 원성령元城令 오질吳質에게 편지를 보낸 적이 있었다.

그 내용은 대략 다음과 같다.

"매번 지난날 남피南皮에서 함께 놀 때를 생각하면 진실로 잊을 수가 없습니다. 이미 육경六經의 오묘한 이치를 생각하고 제자백가諸子百家의 사상을 섭렵하고는 그 중간중간에 탄기彈棊놀이를 하다가 박혁博奕으로 끝내기도 하였지요. 고상한 담론으로 마음을 즐기고 애처로운 아쟁 음악으로 귀를 편하게 하였지요. 북쪽 마당에서 말을 달리기도 하였고 남관南館에 무리지어 잔치를 벌이기도 하였고요. 맑은 샘에 참외를 띄워놓고 달게 먹기도 하였고, 찬 얼음에 붉은 오얏을 담가놓고 먹기도 하였으며, 그 밝던 해가 저물면 밝은 달을 이어 함께 수레를 타고 후원에서 놀기도 하였지요. 내 그때를 돌아보니 이러한 즐거움을 언제나 갖기는 어렵다고 말하게 되는구려."

오질은 자가 계중季重이며 제음濟陰 사람이다. 문재文才로써 문제에게 사랑을 받았으며 진위장군振威將軍의 지위에 올랐다.

魏文帝諱丕, 字子桓. 爲太子時, 嘗與元城令吳質書.
其略曰:「每念昔日南皮之遊, 誠不可忘. 旣妙思六經, 逍遙百氏, 彈棊間設, 終以博奕. 高談娛心, 哀箏順耳. 馳騁北場, 旅食南館. 浮甘瓜於淸泉, 沈朱李於寒氷, 皦日旣沒, 繼以朗月, 同乘並載,

以遊後園. 余顧而言, 茲樂難常.」

質字季重, 濟陰人. 以文才爲文帝所善, 官至振威將軍.

【魏文帝】曹丕(187~226). 자는 子桓. 曹操의 둘째 아들. 아버지 曹操가 죽고 魏王을 습봉하여 漢나라 丞相이 됨. 延康 元年(220)에 禪讓을 받아 황제가 되었으며, 연호를 黃初로 바꾸고 국호를 魏나라로, 洛陽을 도읍으로 정함. 재위 7년에 죽었으며 시호는 文皇帝. 문장에도 뛰어나 《典論》을 지었으며 그 중 〈論文〉은 문학 이론과 비평의 유명한 글로 평가받고 있음. 그 외에 〈燕歌行〉은 현존 최초의 7언시로 알려짐. 《三國志》(2)에 紀가 있음.
【吳質】魏 文帝 때의 문인. 〈與元城令吳質書〉는 《文選》(24)에 실려 있음.
【南皮】渤海郡에 있는 縣의 이름.
【彈棊】漢魏 時代 성행하던 博戲의 일종. 漢 成帝 때에 시작되었다고 하며, 육조시대에 성행, 당나라 때에 쇠락함. 바둑알을 흑백으로 나누고 귀천을 정해 12개씩 포진해 놓고 손가락이나 다른 물건으로 튕겨 상대의 바둑알을 밀쳐내고 棋門으로 들어가는 놀이.

참고 및 관련 자료

1. 《三國志》(2) 魏志 文帝紀
文皇帝諱丕, 字子桓, 武帝太子也. 中平四年冬, 生于譙. 建安十六年, 爲五官中郎將, 副丞相. 二十二年, 立爲太子. 太祖崩, 嗣位爲丞相·魏王. 尊王侯曰王太后, 改建安二十五年爲延康元年.

2. 《文選》(42) 曹丕 〈與吳質書〉
二月三日, 丕白: 歲月易得, 別來行復四年. 行, 猶且也. 三年不見, 東山猶嘆其遠, 況乃過之, 思何可支! 雖書疏往返, 未足解其勞結. 昔年疾疫, 親故多離其災, 徐陳應劉, 一時俱逝, 痛可言邪! 昔日遊處, 行則連輿, 止則接席, 何曾須臾相失. 每至觴酌流行, 絲竹並奏, 酒酣耳熱, 仰而賦詩, 當此之時, 忽然不自知樂也. 謂百年己分, 可長共相保. 何圖數年之間, 零落略盡, 言之傷心! 頃撰其遺文, 都爲一集. 觀其姓名, 已爲鬼錄. 追思昔遊, 猶在心目, 而此諸子, 化爲糞壤, 可復道哉! 觀古今文人, 類不護細行, 鮮能以名節自立. 而偉長獨懷文抱質, 恬惔寡欲, 有箕山之志, 可謂彬彬君子者矣. 著中論二十餘篇, 成一家之言, 辭義典雅, 足傳

于後, 此子爲不朽矣. 德璉常斐然有述作之意, 其才學足以著書, 美志不遂, 良可痛惜. 間者歷覽諸子之文, 對之抆淚, 旣痛逝者, 行自念也. 孔璋章表殊健, 微爲繁富. 公幹有逸氣, 但未遒耳; 其五言詩之善者, 妙絶時人. 元瑜書記翩翩, 致足樂也. 仲宣續自善於辭賦, 惜其體弱, 不足起其文, 至於所善, 古人無以遠過. 昔伯牙絶絃於鍾期, 仲尼覆醢於子路, 痛知音之難遇, 傷門人之莫逮. 諸子但爲未及古人, 自一時之儁也. 今之存者, 已不逮矣. 後生可畏, 來者難誣, 然恐吾與足下不及見也. 年行已長大, 所懷萬端. 時有所慮, 至通夜不瞑, 志意何時復類昔日? 已成老翁, 但未白頭耳. 光武言年三十餘, 在兵中十歲, 所更非一, 吾德不及之, 年與之齊矣. 以犬羊之質, 服虎豹之文, 無衆星之明, 假日月之光, 動見瞻觀, 何時易乎? 恐永不復得爲昔日遊也. 少壯眞當努力, 年一過往, 何可攀援! 古人思炳燭夜遊, 良有以也. 頃何以自娛? 頗復有所述造不? 東望於邑, 裁書敍心. 丕白.

3. 《世說新語》巧藝篇

彈棊始自魏宮內, 用妝奩戲; 文帝於此伎特妙, 用手巾角拂之, 無不中. 有客自云能, 帝使爲之; 客箸葛巾角, 低頭拂棊, 妙踰於帝.

4. 《典論》曹丕 自序

戲弄之事, 少所喜, 唯彈棊略盡其妙. 少時嘗爲之賦, 昔京師妙工有二焉: 合鄕侯東方世安·張公子. 常恨不得與之對也.

5. 《博物志》

帝善彈棊, 能用手巾角. 時有一書生, 又能低頭以所冠葛巾角撇棊也.

245-② 漢相東閣
동쪽 문을 열어놓은 한나라 재상 공손홍

전한前漢의 공손홍公孫弘은 치천菑川 설현薛縣 사람이다. 어릴 때 집이 가난하여 바닷가에서 돼지를 기르고 있었다. 나이 마흔 남짓 되어서야 이에 《춘추春秋》의 잡설雜說을 배웠다. 무제武帝가 들어서자, 그때 공손홍의 나이 예순이었으나, 그는 현량과賢良科로써 발탁되어 박사博士가 되었다. 그러다가 사면하고 돌아왔으나 뒤에 다시 현량과와 문학과文學科에 불려 대책문對策文을 써서 천자가 제1등으로 발탁하였다. 황제가 그를 불러 보았더니 용모가 심히 장려하여 박사로 삼았다. 그리하여 금마문金馬門의 대조待詔가 되었다가 점차 승진하여 승상丞相에 오르고 평진후平津侯에 봉해졌다. 그 뒤 그의 그러한 과정을 전례로 삼았는데 이렇게 승상에 오른 것은 바로 공손홍에게서 시작된 것이다. 당시 황제는 바야흐로 많은 사업을 벌려 여러 차례 현량賢良의 인재를 천거하게 되었는데, 공손홍이 스스로 나타나 첫 번째로 거용되었던 것이다. 이처럼 그는 도보로 걸어 다니던 평민 신분에서 몇 년 만에 재상을 거쳐 후侯로 봉해졌던 것이다. 이에 객관客館을 세워 그 동쪽 문인 동합東閤을 열어놓고 똑똑한 이들을 불러들여 이들과 함께 모책을 의논하였다. 공손홍은 식사에도 그저 껍질만 깐 좁쌀밥이었다. 친구나 빈객으로서 그에게 의식衣食을 기대하는 자에게는 봉록을 모두 털어 그에게 공급해 주어 집안에는 남은 재물이라곤 없었다. 그러나 그의 성품은 투기심이 있어 한 때라도 자신과 틈이 벌어졌던 사람에게는 겉으로는 친하게 잘 대해주는 척하지만 뒤에는 반드시 그의 허물에 보복하곤 하였다. 주보언主父偃을 죽이고 동중서董仲舒를 교서膠西로 귀양보낸 일 등도 모두가 공손홍의 권력이 작용한 것이었다.

前漢, 公孫弘, 菑川薛人. 少家貧, 牧豕海上. 年四十餘, 乃學《春秋》雜說.

武帝立, 時弘年六十, 以賢良徵爲博士. 免歸, 後復徵賢良文學對策, 天子擢爲第一. 召見, 容貌甚麗, 拜博士. 待詔金馬門, 稍遷至丞相, 封平津侯.

其後以爲故事, 至丞相封自弘始. 時上方興功業, 婁擧賢良, 弘自見爲擧首. 起徒步, 數年至宰相封侯. 於是起客館, 開東閤, 以延賢人,

與參謀議. 弘身食一肉脫粟飯, 故人賓客仰衣食, 奉祿皆以給之, 家無所餘. 然其性意忌, 諸嘗有隙, 雖陽與善, 後竟報其過. 殺主父偃, 徙董仲舒膠西, 皆弘力也.

【公孫弘】자는 季(B.C.200~B.C.121). 菑川 薛(지금의 山東省 滕縣) 출신. 처음 獄吏였으나 나이 마흔에 《春秋公羊傳》을 공부하여 元光 5년(B.C.130)에 賢良文學科에 올라 博士가 됨. 뒤에 武帝에게 신임을 얻어 元朔 초에 御史大夫에서 丞相에까지 올랐으며 平津侯에 봉해짐. 《史記》와 《漢書》에 傳이 있음.

【武帝】西漢 5대 황제 劉徹. 景帝(劉啓)의 아들이며 B.C.140~B.C.87년까지 54년간 재위함. 대내외적으로 학술, 강역, 문학 등 여러 방면에 걸쳐 많은 치적을 남겨 강력한 帝國을 건설함.

【待詔金馬門】불러서 아직 정식으로 임명되지 않았을 때 금마문에서 하명을 기다렸음.

【東閤】공손홍은 武帝가 인재를 얻어서 사업을 일으키려던 방침을 돕기 위해 동쪽으로 향한 작은 문을 열고 천하의 어진 인사를 초빙하였음.

【脫粟飯】겉겨를 제거한 좁쌀밥. 혹은 玄米밥.

【主父偃】西漢 때 종횡설로 武帝를 설득하여 郞中을 지낸 인물.

【董仲舒】B.C.179~B.C.104. 廣川(지금의 河北 棗强縣) 출신으로 西漢의 哲學者이며 今文經學의 大家. 《春秋公羊傳》에 밝아 博士가 되었으며 江都相과 膠西王相을 지냄. 유학의 장려를 제창하여 武帝에게 발탁되어 漢王朝의 봉건 기틀에 큰 역할을 함. 저서로 《春秋繁露》와 《董子文集》이 있음. 《漢書》 卷56에 傳이 있음. 그의 저술로 《春秋繁露》, 《聞擧》, 《玉杯》, 《淸明》, 《竹林》 등이 있었으나 지금은 《춘추번로》만 전함. 공손홍이 동중서를 시기하여 황제에게 진언하여 그를 膠西王의 승상으로 보내버렸음.

참고 및 관련 자료

1. 《史記》 平津侯主父列傳

丞相公孫弘者, 齊菑川國薛縣人也. 字季. 少時爲薛獄吏, 有罪, 免. 家貧, 牧豕海上. 年四十餘, 乃學《春秋》雜說. 養後母孝謹. 建元元年, 天子初卽位, 招賢

良文學之士. 是時弘年六十, 徵以賢良爲博士. 使匈奴, 還報, 不合上意, 上怒, 以爲不能, 弘迺病免歸. ……汲黯曰:「弘位在三公, 奉祿甚多, 然爲布被, 此詐也.」上問弘. 弘謝曰:「有之. 夫九卿與臣善者無過黯, 然今日庭詰弘, 誠中弘之病. 夫以三公爲布被, 誠飾詐欲以釣名. 且臣聞管仲相齊, 有三歸, 侈擬於君, 桓公以霸, 亦上僭於君. 晏嬰相景公, 食不重肉, 妾不衣絲, 齊國亦治, 此下比於民. 今臣弘位爲御史大夫, 而爲布被, 自九卿以下至於小吏, 無差, 誠如汲黯言. 且無汲黯忠, 陛下安得聞此言.」天子以爲謙讓, 愈益厚之. 卒以弘爲丞相, 封平津侯. ……弘爲人意忌, 外寬內深. 諸嘗與弘有郤者, 雖詳與善, 陰報其禍. 殺主父偃, 徙董仲舒於膠西, 皆弘之力也. 食一肉脫粟之飯. 故人所善賓客, 仰衣食. 弘奉祿皆以給之, 家無所餘. 士亦以此賢之.

2.《漢書》公孫弘卜式兒寬傳

公孫弘, 菑川薛人也. 少時爲獄吏, 有罪, 免. 家貧, 牧豕海上. 年四十餘, 乃學《春秋》雜說. 武帝初卽位, 招賢良文學士, 是時弘年六十; 以賢良徵爲博士. 使匈奴, 還報, 不合意, 上怒, 以爲不能, 弘乃移病免歸. 元光五年, 復徵賢良文學, 菑川國復推上弘. 弘謝曰:「前已嘗西, 用不能罷, 願更選.」國人固推弘, 弘至太常. 上策詔諸儒: 元朔中, 代薛澤爲丞相. 先是, 漢常以列侯爲丞相, 唯弘無爵, 上於是下詔曰:「朕嘉先聖之道, 開廣門路, 宣招四方之士, 蓋古者任]賢而序位, 量能以授官, 勞大者厥祿厚, 德盛者獲爵尊, 故武功以顯重, 而文德以行褒. 其以高成之平津鄉戶六百五十封丞相弘爲平津侯.」其後以爲故事, 至丞相封, 自弘始也. 時上方興功業, 婁舉賢良. 弘自見爲舉首, 起徒步, 數年至宰相封侯, 於是起客館, 開東閣以延賢人, 與參謀議. 弘身食一肉, 脫粟飯, 故人賓客仰衣食, 奉祿皆以給之, 家無所餘. 然其性意忌, 外寬內深. 諸常與弘有隙, 無近遠, 雖陽與善, 後竟報其過. 殺主父偃, 徙董仲舒膠西, 皆弘力也.

3.《十八史略》(2)

五年, 公孫弘爲丞相, 封平津侯. 上方興功業, 弘於是開東閣, 以延賢人. 徵吏民有明當世之務, 習先聖之術者. 縣次續食, 令與計偕. 菑川公孫弘對策曰:「人主和德於上, 百姓和合於下. 故心和則氣和, 氣和則形和, 形和則聲和, 聲和則天地之和應矣.」策奏擢爲第一, 待詔金馬門. 齊人轅固, 年九十餘, 亦以賢良徵. 弘仄目事之, 固曰:「公孫子, 務正學以言, 無曲學以阿世.」

246. 楚元置醴, 陳蕃下榻

246-① 楚元置醴
초원왕 유교의 스승 예우

　　전한前漢의 초楚 원왕元王 유교劉交는 자가 유游이며 고조高祖 유방의 막내 동생이다. 글을 좋아하였고 재능과 기예도 많았다. 일찍이 노魯나라 목행穆生, 백생白生, 신공申公 등과 함께 부구백浮丘伯으로부터 《시詩》를 배웠다. 초왕으로 봉을 받자 목생 등을 중대부中大夫로 삼고, 신공 등은 공경히 예우하였다. 목생은 술을 좋아하지 않았다. 그리하여 매번 술자리를 마련하면 항상 목생을 위해 단술 예醴주를 따로 준비할 정도였다.
　　원왕이 죽고 그 뒤를 이은 손자 유무劉戊가 즉위하고도 계속 예주를 준비하였다. 그런데 뒤에 이 술을 준비하는 것을 잊게 되자 목생은 자리에서 물러나며 이렇게 말하였다.
　　"이제 초나라에서 떠날 때가 되었나보다. 예주를 갖추지 않는 것은 왕의 뜻이 태만해졌다는 것이다. 지금 떠나지 않았다가는 초나라 사람들이 장차 저잣거리에 나를 묶어 끌고 다닐 것이다. 선대왕들이 나를 포함한 세 사람을 예로써 대우한 것은 도가 살아 있었기 때문이다. 그런데 지금 갑자기 사라졌으니 이들은 도를 잊은 사람이다. 도를 잊은 사람과 어찌 오래 함께 처할 수 있겠는가?"
　　그리하여 드디어 병을 핑계로 사직하고 떠나 버렸다.
　　신공과 백공은 홀로 남아 있었다. 왕이 조금씩 포악함에 빠지자, 두 사람이 간언하였지만 결국 듣지 않다가 이들까지 서미胥靡로 삼아 옥에 가두어 버렸다.

前漢, 楚元王交字游, 高祖少弟. 好書多材藝. 嘗與魯穆生·白生·申公, 俱受詩於浮丘伯. 及封楚王, 以穆生等, 爲中大夫, 敬禮申公等. 穆生不嗜酒, 每置酒, 常爲穆生設醴. 及元王薨, 後至孫戊卽位常設. 後忘設焉.

穆生退曰:「可以逝矣. 醴酒不設, 王之意怠. 不去楚人將鉗我於市. 先王之所以禮吾三人者, 爲道之存. 今而忽之, 是忘道之人也. 忘道之人, 胡可與久處?」

遂謝病去.

申公·白公獨留. 王稍淫暴, 二人諫不聽, 胥靡之.

【楚元王】劉交. 漢 高祖 劉邦의 막내 동생으로 楚나라에 봉해짐. 그 후손이 劉向과 劉歆이었음.《漢書》楚元王傳 참조.
【申公】三家詩의 하나인《魯詩》를 전수한 사람. 申培公.
【浮丘伯】荀子의 문하생.
【設醴】'醴'는 甘酒. 누룩을 조금 넣고 쌀을 많이 넣어 하룻밤 숙성시킨 것. 이 고사에서 유래되어 예우가 전보다 소홀해진 것을 '醴酒不設'이라고 함.
【胥靡】죄인이 됨을 뜻함. 성을 쌓는 일 등에 徒役으로 징집된 죄인. 흔히 부열(傅說)을 가리키는 말로도 쓰임.

참고 및 관련 자료

1.《史記》楚元王世家

楚元王劉交者, 高祖之同母少弟也, 字游.

2.《漢書》楚元王傳

楚元王交字游, 高祖同父少弟也. 好書, 多材藝. 少時嘗與魯穆生·白生·申公俱受詩於浮丘伯. 伯者, 孫卿門人也. 及秦焚書, 各別去. 高祖兄弟四人, 長兄伯, 次仲伯蚤卒. 高祖旣爲沛公, 景駒自立爲楚王. 高祖使仲與審食其留侍太上皇, 交與蕭·曹等俱從高祖見景駒, 遇項梁, 共立楚懷王. 因西攻南陽, 入武關, 與秦戰於藍田. 至霸上, 封交爲文信君, 從入蜀漢, 還定三秦, 誅項籍. 卽帝位,

交與盧綰常侍上, 出入臥內, 傳言語諸內事隱謀. 而上從父兄劉賈數別將. 漢六年, 旣廢楚王信, 分其地爲二國, 立賈爲荊王, 交爲楚王, 王薛郡・東海・彭城三十六縣, 先有功也. 後封次兄仲爲代王, 長子肥爲齊王. 初, 高祖微時, 常避事, 時時與賓客過其丘嫂食. 嫂厭叔與客來, 陽爲羹盡, 轑釜, 客以故去. 已而視釜中有羹, 繇是怨嫂. 及立齊・代王, 而伯子獨不得侯. 太上皇以爲言, 高祖曰:「某非敢忘封之也, 爲其母不長者.」七年十月, 封其子信爲羹頡侯. 元王旣至楚, 以穆生・白生・申公爲中大夫. 高后時, 浮丘伯在長安, 元王遺子郢客與申公俱卒業. 文帝時, 聞申公爲詩最精, 以爲博士. 元王好詩, 諸子皆讀詩, 申公始爲詩傳, 號魯詩. 元王亦次之詩傳, 號曰元王詩, 世或有之. 高后時, 以元王子郢客爲宗正, 封上邳侯. 元王立二十三年薨, 太子辟非先卒, 文帝乃以宗正上邳侯郢客嗣, 是爲夷王. 申公爲博士, 失官, 隨郢客歸, 復以爲中大夫. 立四年薨, 子戊嗣. 文帝尊寵元王, 子生, 爵比皇子. 景帝卽位, 以親親封元王寵子五人: 子禮爲平陸侯, 富爲休侯, 歲爲沈猶侯, 執爲宛朐侯, 調爲棘樂侯. 初, 元王敬禮申公等, 穆生不耆酒, 元王每置酒, 常爲穆生設醴. 及王戊卽位, 常設, 後忘設焉. 穆生退曰:「可以逝矣! 醴酒不設, 王之意怠, 不去, 楚人將鉗我於市.」稱疾臥. 申公・白生强起之曰:「獨不念先王之德與? 今王一旦失小禮, 何足至此!」穆生曰:「易稱『知幾其神乎! 幾者動之微, 吉凶之先見者也. 君子見幾而作, 不俟終日.』先王之所以禮吾三人者, 爲道之存故也; 今而忽之, 是忘道也. 忘道之人, 胡可與久處! 豈爲區區之禮哉?」遂謝病去. 申公・白生獨留. 王戊稍淫暴, 二十年, 爲薄太后服私姦, 削東海・薛郡, 乃與吳通謀. 二人諫, 不聽, 胥靡之, 衣之赭衣, 使杵臼雅舂於市. 休侯使人諫王, 王曰:「季父不吾與, 我起, 先取季父矣.」休侯懼, 乃與母太夫人奔京師. 二十一年春, 景帝之三年也, 削書到, 遂應吳王反. 其相張尙・太傅趙夷吾諫, 不聽. 遂殺尙・夷吾, 起兵會吳西攻梁, 破棘壁, 至昌邑南, 與漢將周亞夫戰. 漢絕吳楚糧道, 士饑, 吳王走, 戊自殺, 軍遂降漢. 漢已平吳楚, 景帝乃立宗正平陸侯禮爲楚王, 奉元王後, 是爲文王. 四年薨, 子安王道嗣. 二十二年薨, 子襄王注嗣. 十四年薨, 子節王純嗣. 十六年薨, 子延壽嗣. 宣帝卽位, 延壽以爲廣陵王胥武帝子, 天下有變必得立, 陰欲附倚輔助之, 故爲其後后母弟趙何齊取廣陵王女爲妻. 與何齊謀曰:「我與廣陵王相結, 天下不安, 發兵助之. 使廣陵王立, 何齊尙公主, 列侯可得也.」因使何齊奉書遺廣陵王曰:「願長耳目, 毋後人有天下.」何齊父長年上書告之, 事下有司, 考驗辭服, 延壽自殺. 立三十二年, 國除. 初, 休侯富旣奔京師, 而王戊反, 富等皆坐免侯, 削屬籍. 後聞其數諫戊, 乃更封爲紅侯. 太夫人與竇太后有親, 懲山東之寇, 求留京師, 詔許之. 富子辟彊等四人供養, 仕於朝. 太夫人薨, 賜塋, 葬靈戶. 富傳國至曾孫, 無子, 絕.

246-② 陳蕃下榻
서치를 위해 걸어두었던 자리를 내려놓은 진번

후한後漢의 진번陳蕃은 자가 중거仲舉이며 여남汝南 평여平輿 사람이다. 나이 열다섯에 일찍이 한가하게 방 안에 처하고 있으면서 그 집 뜰과 지붕에는 풀이 무성하였다. 이에 아버지의 친구 설근薛勤이 왔다가 이를 보고 진번에게 이렇게 핀잔을 주었다.

"젊은이는 어찌 청소도 아니한 채 손님을 맞는 것인가?"

그러자 진번은 이렇게 말하였다.

"대장부가 세상에 처하면서 의당 천하를 청소할 일이지 어찌 집안 하나의 일에 매달리겠습니까?"

설근은 그가 세상을 맑게 할 뜻을 지녔음을 알고 심히 기특하게 여겼다.

뒤에 그는 낙안태수樂安太守가 되었다. 당시 이응李膺이 청주자사爲青州刺史로서 위엄 있는 행정을 펴는 것으로 명성을 날리고 있었다. 이리하여 그 산하의 각 성城에서는 그 풍문을 듣고 스스로 자리에서 물러나기에 이르렀지만 진번만은 홀로 청렴한 실적을 쌓아 그대로 남아 있었다.

그 군郡 사람 주구周璆는 자가 맹옥孟玉으로 고결한 선비였다. 몇 차례 군수가 그를 초청하였지만 그는 나타나지 않았다. 그런데 진번이 부를 때면 나타나는 것이었다. 그럴 때면 진번은 그의 자를 부를 뿐 이름을 부르지 않고 특별히 그를 위해 돗자리 하나를 준비하여 두었다가, 그가 떠나면 이를 걸어두어 다른 사람에게는 사용하지 않았다.

뒤에 진번이 예장태수豫章太守가 되었을 때 그는 서치徐穉를 예우하여 공조功曹로 삼았다. 진번은 성격이 모가 나서 빈객을 접견하지 않았으나, 오직 서치가 오면 특별히 돗자리 하나를 준비해 두었다가 그가 떠나면 걸어두었다.

영제靈帝 초에 태부太傅, 녹상서사錄尙書事가 되어 대장군大將軍 두무竇武와 모의하여 궁중 환관들을 주벌할 계획을 세웠지만, 일이 누설되어 도리어 살해당하고 말았다.

後漢, 陳蕃字仲擧, 汝南平輿人. 年十五, 嘗閒處一室, 而庭宇蕪穢.
父友薛勤來候之, 謂蕃曰:「孺子何不洒埽以待賓客?」
蕃曰:「大丈夫處世, 當埽除天下, 安事一室乎?」
勤知其有淸世志, 甚奇之. 後爲樂安太守.
時李膺爲靑州刺史名有威政, 屬城聞風, 皆自引去, 蕃獨以淸績留.
郡人周璆字孟玉高潔之士, 前後郡守招命不至, 唯蕃能致焉, 字而不名, 特爲置一榻, 去則懸之.
後爲豫章太守, 以禮待徐穉爲功曹. 性方峻, 不接賓客, 惟穉來, 特設一榻, 去則懸之.
靈帝初, 爲太傅·錄尙書事, 與大將軍竇武, 謀誅中官, 事泄見害.

【陳蕃】자는 仲擧(?~168). 汝南人. 太傅에 이르렀으며 桓帝때 대장군 竇武와 宦官을 탄핵하다가 해를 입었음.《後漢書》(66)에 傳이 있음.
【薛勤】진번의 친구.
【洒埽】마당에 물을 뿌려 깨끗하게 청소함. 어린아이의 임무로 여겼음.
【李膺】字는 元禮(110~169). 인물 품평에 가장 뛰어났던 사람. 孔融과의 '小時了了', 그리고 본장의 '登龍門' 등의 고사를 남김. 뒤에 당쟁의 얽혀 자결함. 《後漢書》(67)에 전이 있음. '元禮模楷'[063] 및 '李郭仙舟'[050] 참조.
【榻】좁고 긴 걸상. 혹은 짚이나 왕골로 짠 돗자리.
【中官】宦官. 환관인 曹節과 王甫 등이 太后에게 아첨하여 貪虐을 일삼는 일이 많았기 때문에 그와 두무가 환관들의 부정을 규탄하여 상소를 올렸지만 태후는 받아들이지 않았음. 이에 진번은 두무와 함께 환관을 제거하려고 하였지만, 사전에 누설되어 조절 등이 그들을 살해하고 말았음.
【靈帝】동한 제12대 황제 劉宏. 158~189년 재위함.
【竇武】桓帝 때의 大將軍.

> 참고 및 관련 자료

1.《後漢書》陳蕃

陳蕃字仲擧, 汝南平輿人也. 祖河東太守. 蕃年十五, 嘗閒處一室, 而庭宇蕪穢.

父友同郡薛勤候之,謂蕃曰:「孺子何不洒埽以待賓客?」蕃曰:「大丈夫處世,當埽除天下,安事一室乎!」勤知其有清世志,甚奇之.初仕郡,舉孝廉,除郎中.遭母憂,弃官行喪.服闋,刺史周景辟別駕從事,以諫爭不合,投傳而去.後公府辟舉方正,皆不就.太尉李固表薦,徵拜議郎,再遷爲樂安太守.時李膺爲青州刺史,名有威政,屬城聞風,皆自引去,蕃獨以清績留.郡人周璆,高絜之士.前後郡守招命莫肯至,唯蕃能致焉.字而不名,特爲置一榻,去則縣之.璆字孟玉,臨濟人,有美名.民有趙宣葬親而不閉埏隧,因居其中,行服二十餘年,鄉邑稱孝,州郡數禮請之.郡內以薦蕃,蕃與相見,問及妻子,而宣五子皆服中所生.蕃大怒曰:「聖人制禮,賢者俯就,不肖企及.且祭不欲數,以其易黷故也.況乃寢宿冢藏,而孕育其中,誑時惑衆,誣汙鬼神乎?」遂致其罪.大將軍梁冀威震天下,時遣書詣蕃,有所請託,不得通,使者詐求謁,蕃怒,答殺之,坐左轉脩武令.稍遷,拜尚書.時零陵·桂陽山賊爲害,公卿議遣討之,又詔下州郡,一切皆得舉孝廉·茂才.蕃上疏駁之曰:「昔高祖創業,萬邦息肩,撫養百姓,同之赤子.今二郡之民,亦陛下赤子也.致令赤子爲害,豈非所在貪虐,使其然乎?宜嚴勑三府,隱覈牧守令長,其有在政失和,侵暴百姓者,卽便舉奏,更選清賢奉公之人,能班宣法令情在愛惠者,可不勞王師,而羣賊弭息矣.又三署郎吏二千餘人,三府掾屬過限未除,但當擇善而授之,簡惡而去之.豈煩一切之詔,以長請屬之路乎!」以此忤左右,故出爲豫章太守.性方峻,不接賓客,士民亦畏其高.徵爲尚書令,送者不出郭門.及事泄,曹節等矯詔誅武等.蕃時年七十餘,聞難作,將官屬諸生八十餘人,並拔刃突入承明門,攘臂呼曰:「大將軍忠以衛國,黃門反逆,何云竇氏不道邪?」王甫時出,與蕃相迕,適聞其言,而讓蕃曰:「先帝新弃天下,山陵未成,竇武何功,兄弟父子,一門三侯?又多取掖庭宮人,作樂飲讌,旬月之間,貨財億計.大臣若此,是爲道邪?公爲棟梁,枉橈阿黨,復爲求賊!」遂令收蕃.蕃拔劍叱甫,甫兵不敢近,乃益人圍之數十重,遂執蕃送黃門北寺獄.黃門從官騶蹋踧蕃曰:「死老魅!復能損我曹員數,奪我曹稟假不?」卽日害之.徙其家屬於比景,宗族·門生·故吏皆斥免禁錮.蕃友人陳留朱震,時爲銍令,聞而弃官哭之,收葬蕃尸,匿其子逸於甘陵界中.事覺繫獄,合門桎梏.震受考掠,誓死不言,故逸得免.後黃巾賊起,大赦黨人,乃追還逸,官至魯相.

2.《後漢書》徐穉傳

徐穉字孺子,豫章南昌人也.家貧,常自耕稼,非其力不食.恭儉義讓,所居服其德.屢辟公府,不起.時陳蕃爲太守,以禮請署功曹,穉不免之,旣謁而退.蕃在郡不接賓客,唯穉來特設一榻,去則縣之.後舉有道,家拜太原太守,皆不就.

247. 廣利泉涌, 王霸氷合

247-① 廣利泉涌
칼로 산을 찔러 샘물이 솟도록 한 이광리

전한前漢의 이광리李廣利가 속국屬國의 기마병 6천 기騎와 군국郡國의 불량한 소년들 수만 명을 동원하여 서역으로 나아가 이사성貳師城에 이르러 좋은 말을 취하여 왔다. 그 때문에 그를 이사장군貳師將軍이라 부른다.

경공耿恭은 이렇게 말하였다.

"옛날 이사장군이 차고 있던 칼을 빼어 산을 찔렀더니 하늘을 뿜는 샘물이 용솟음쳐 솟구쳐 올랐다."

前漢, 李廣利發屬國六千騎, 及郡國惡少年數萬人, 以往, 至貳師城, 取善馬. 故號貳師將軍.

耿恭曰:「昔貳師拔佩刀刺山, 飛泉涌出」

【李廣利】한 무제 때 북방과 서역을 정벌한 무인. 傾國 또는 傾城으로 불려졌던 漢 武帝 李夫人의 오빠. 뒤에 흉노에게 항복하였음. 《十八史略》(2)에 "三年, 匈奴寇五原·酒泉, 遣李廣利擊之, 廣利降匈奴"라 함.

【貳師】지명. 지금의 키르키즈스탄 지역. 西漢 때 大宛國. 훌륭한 말이 나던 곳. 武帝 太初 元年 (B.C.104)에 李廣利를 貳師征伐將軍으로 삼아 정복한 후 말을 노획하여 돌아옴. 《漢書》 李廣利傳 참조.

【善馬】大宛·烏孫에서 나는 駿馬. 天馬라고도 함. 《史記》 大宛列傳에 "初, ……得烏孫馬, 好, 名曰天馬. 及得大宛汗血馬, 益壯. 更名烏孫馬曰兩極, 名大

宛馬曰天馬云"이라 함.

【耿恭曰】《後漢書》耿恭傳에 실려 있음. '耿恭拜井'[256] 참조.

> 참고 및 관련 자료

1. 《漢書》張騫李廣利傳

李廣利, 女弟李夫人有寵於上, 産昌邑哀王. 太初元年, 以廣利爲貳師將軍, 發屬國六千騎及郡國惡少年數萬人以往, 期至貳師城取善馬, 故號「貳師將軍」. 故浩侯王恢使道軍. 旣西過鹽水, 當道小國各堅城守, 不肯給食, 攻之不能下. 下者得食, 不下者數日則去. 比至郁成, 士財有數千, 皆飢罷. 攻郁成城, 郁成距之, 所殺傷甚衆. 貳師將軍與左右計:「至郁成尙不能擧, 況至其王都乎?」引而還. 往來二歲, 至敦煌, 士不過什一二. 使使上書言:「道遠, 多乏食, 且士卒不患戰而患飢. 人少, 不足以拔宛. 願且罷兵, 益發而復往.」天子聞之, 大怒, 使使遮玉門關, 曰:「軍有敢入, 斬之.」貳師恐, 因留屯敦煌.

2. 《後漢書》耿恭傳

七月, 匈奴復來攻恭, 恭募先登數千人直馳之, 胡騎散走, 匈奴遂於城下擁絶澗水. 恭於城中穿井十五丈不得水, 吏士渴乏, 笮馬糞汁而飲之. 恭仰歎曰:「聞昔貳師將軍拔佩刀刺山, 飛泉涌出; 今漢德神明, 豈有窮哉!」乃整衣服向井再拜, 爲吏士禱. 有頃, 水泉奔出, 衆皆稱萬歲. 乃令吏士揚水以示虜. 虜出不意, 以爲神明, 遂引去.

247-② 王霸氷合
녹았던 얼음이 다시 붙어 건널 수 있었던 왕패

후한後漢의 왕패王霸는 자가 원백元伯이며 영천潁川 영양潁陽 사람이다. 뒤에 광무제光武帝 유수를 따라 공을 세워 조령사曹令史가 되었다.

광무제는 이렇게 말하였다.

"영천에서 나를 따르던 자들은 모두 세상을 떠나고 오직 그대만이 남았소. 힘써 노력해 주시오. 심한 바람이 있어야 질긴 풀의 존재가 드러나는 것이오."

왕랑王郞이 군사를 일으켰을 때 광무제는 계현薊縣에 있다가 이 소식을 듣고 곧바로 남쪽으로 내달았다. 그런데 왕랑의 군사가 뒤에서 공격해 온다는 소문을 듣고 광무제를 따르던 이들이 모두 두려움에 떨었다. 호타하滹沱河에 이르자 척후병이 돌아와 이렇게 알리는 것이었다.

"물이 녹아 흐르고 있어 배가 없이는 건널 수 없습니다."

그리하여 광무제는 왕패로 하여금 가서 상황을 살펴보도록 하였다. 왕패는 많은 사람들이 놀라 겁을 먹고 있음을 알고, 장차 물을 등지고라도 싸워야 할 것이라 여겨 돌아와 짐짓 이렇게 속였다.

"얼음이 두껍게 얼어 건널 수 있습니다."

부대의 관속官屬들이 모두 즐거워하자 광무제는 웃으며 이렇게 말하였다.

"척후병을 의심하였더니 과연 망언을 한 것이로군."

그리하여 앞으로 나가 강물에 이르렀더니 물도 역시 합쳐져 얼어붙어 있는 것이었다. 이에 왕패로 하여금 군사들을 호위하여 건너도록 하였다. 그런데 몇 마리 말이 미처 다 건너지 못하였을 때에 얼음이 녹아 풀어지는 것이었다. 광무제가 말하였다.

"우리 군중을 안심시켜 모두 건널 수 있도록 한 것은 그대의 힘이오."

그리고 관속들에게도 이렇게 말하였다.

"왕패는 일의 흐름을 저울질하여 잘 처리하였으니 아마 하늘이 내린 상서로움일 것이다."

그리고 그를 군정軍正으로 삼았으며 뒤에 그는 상곡태수上谷太守에 올랐다.

後漢, 王霸字元伯, 潁川潁陽人. 從光武爲功曹令史.
光武曰:「潁川從我者皆逝, 而子獨留. 努力, 疾風知勁草.」
及王郎起, 光武在薊, 卽南馳. 聞郎兵在後, 從者皆恐.
至滹沱河, 候吏還白:「河水流澌, 無船不可濟.」
令霸往視. 霸恐驚衆, 欲且前阻水.
還卽詭曰:「氷堅可渡.」
官屬皆喜, 光武笑曰:「候吏果妄語.」
遂前比至河, 河水亦合, 乃令霸護渡, 未畢數騎而氷解.
上謂曰:「安吾衆, 得濟免者, 卿之力也.」
又謂官屬曰:「王霸權以濟事, 殆天瑞也.」
以爲軍正, 後至上谷太守.

【王霸】후한 光武帝 劉秀를 도와 한나라 중흥을 일으킨 인물. 《後漢書》 참조.
【疾風知勁草】사람은 어려운 상황에 처해야 지조가 드러남을 말함. 《論語》 子罕篇의 "歲寒然後, 知松柏之後凋也"와 같은 뜻임.
【王郎】왕랑은 이름이 昌으로 漢 成帝의 아들과 함께 병사를 일으켰음. 薊縣은 왕랑의 판도였으며 그 때문에 광무제가 그곳을 탈출한 것임.
【滹沱河】山西省에서 발원하여 河北省을 거쳐 天津으로 흘러 황해로 들어가는 강.

참고 및 관련 자료

1. 《後漢書》 王霸

王霸字元伯, 潁川潁陽人也. 世好文法, 父爲郡決曹掾, 霸亦少爲獄吏. 常慷慨不樂吏職, 其父奇之, 遣西學長安. 漢兵起, 光武過潁陽, 霸率賓客上謁, 曰:「將軍興義兵, 竊不自知量, 貪慕威德, 願充行伍.」光武曰:「夢想賢士, 共成功業, 豈有二哉!」遂從擊破王尋‧王邑於昆陽, 還休鄕里. 及光武爲司隷校尉, 道過潁陽, 霸請其父, 願從. 父曰:「吾老矣, 不任軍旅, 汝往, 勉之!」霸從至洛陽. 及光武爲大司馬, 以霸爲功曹令史, 從度河北. 賓客從霸者數十人, 稍稍引去. 光武謂霸曰:「潁川從我者皆逝, 而子獨留. 努力! 疾風知勁草.」及王郞起, 光武在薊, 郞移檄購光武. 光武令霸至市中募人, 將以擊郞. 市人皆大笑, 擧手邪揄之, 霸慚愧而還. 光武卽南馳至下曲陽. 傳聞王郞兵在後, 從者皆恐. 及至虖沱河, 候吏還白河水流澌, 無船, 不可濟. 官屬大懼. 光武令霸往視之. 霸恐驚衆, 欲且前, 阻水, 還卽詭曰:「冰堅可度.」官屬皆喜. 光武笑曰:「候吏果妄語也.」遂前. 比至河, 河冰亦合, 乃令霸護度, 未畢數騎而冰解. 光武謂霸曰:「安吾衆得濟免者, 卿之力也.」霸謝曰:「此明公至德, 神靈之祐, 雖武王白魚之應, 無以加此.」光武謂官屬曰:「王霸權以濟事, 殆天瑞也.」以爲軍正, 爵關內侯. 旣至信都, 發兵攻拔邯鄲. 霸追斬王郞, 得其璽綬. 封王鄕侯. 從平河北, 常與臧宮‧傅俊共營, 霸獨善撫士卒, 死者脫衣以斂之, 傷者躬親以養之. 光武卽位, 以霸曉兵愛士, 可獨任, 拜爲偏將軍, 幷將臧宮‧傅俊兵, 而以宮‧俊爲騎都尉. 建武二年, 更封富波侯. 四年秋, 帝幸譙, 使霸與捕虜將軍馬武東討周建於垂惠. 蘇茂將五校兵四千餘人救建, 而先遣精騎遮擊馬武軍糧, 武往救之. 建從城中出兵夾擊武, 武恃霸之援, 戰不甚力, 爲茂‧建所敗. 武軍奔過霸營, 大呼求救. 霸曰:「賊兵盛, 出必兩敗, 努力而已.」乃閉營堅壁. 軍吏皆爭之. 霸曰:「茂兵精銳, 其衆又多, 吾吏士心恐, 而捕虜與吾相恃, 兩軍不一, 此敗道也. 今閉營固守, 示不相援, 賊必乘勝輕進; 捕虜無救, 其戰自倍. 如此, 茂衆疲勞, 吾承其弊, 乃可剋也.」茂‧建果悉出攻武. 合戰良久, 霸軍中壯士路潤等數十人斷髮請戰. 霸知士心銳, 乃開營後, 出精騎襲其背. 茂‧建前後受敵, 驚亂敗走, 霸‧武各歸營. 賊復聚衆挑戰, 霸堅臥不出, 方饗士作倡樂. 茂雨射營中, 中霸前酒樽, 霸安坐不動. 軍吏皆曰:「茂前日已破, 今易擊也.」霸曰:「不然. 蘇茂客兵遠來, 糧食不足, 故數挑戰, 以徼一切之勝. 今閉營休士, 所謂不戰而屈人之兵, 善之善者也」茂‧建旣不得戰, 乃引還營. 其夜, 建兄子誦反, 閉城拒之, 茂‧建遁去, 誦以城降.

五年春,帝使太中大夫持節拜霸爲討虜將軍. 六年,屯田新安. 八年,屯[田]函谷關. 擊滎陽·中牟盜賊,皆平之. 九年,霸與吳漢及橫野大將軍王常·建義大將軍朱祐·破姦將軍侯進等五萬餘人,擊盧芳將賈覽·閔堪於高柳. 匈奴遣騎助芳,漢軍遇雨,戰不利,吳漢還洛陽,令朱祐屯,常山,王常屯涿郡,侯進屯漁陽. 璽書拜霸上谷太守,領屯兵如故,捕擊胡虜,無拘郡界. 明年,霸復與吳漢等四將軍六萬人出高柳擊賈覽,詔霸與漁陽太守陳訢將兵爲諸軍鋒. 匈奴左南將軍將數千騎救覽,霸等連戰於平城下,破之,追出塞,斬首數百級. 霸及諸將還入鴈門,與驃騎大將軍杜茂會攻盧芳將尹由於崞·繁畤,不剋. 十三年,增邑戶,更封向侯. 是時,盧芳與匈奴·烏桓連兵,寇盜尤數,緣邊愁苦. 詔霸將弛刑徒六千餘人,與杜茂治飛狐道,堆石布土,築起亭障,自代至坪城三百餘里. 凡與匈奴·烏桓大小數十百戰,頗識邊事,數上書言宜與匈奴結和親,又陳委輸可從溫水漕,以省陸轉輸之勞,事皆施行. 後南單于·烏桓降服,北邊無事. 霸在上谷二十餘歲. 三十年,定封淮陵侯. 永平二年,以病免,後數月卒.

2.《十八史略》(3)

邯鄲卜者王郎,詐稱成帝子子輿,入邯鄲稱帝. 徇下幽冀,州郡響應. 秀北徇薊,上谷太守耿況子弇,馳至盧奴上謁. 秀曰:「是我北道主人也.」 薊城反應王郎. 秀趣出城,晨夜南馳,至蕪蔞亭,馮異上豆粥. 至饒陽乏食,至下曲陽,聞王郎兵在後. 至滹沱河,候吏還白:「河水流澌,無船不可濟.」 秀使王霸視之,霸恐驚衆,還卽詭曰:「冰堅可渡.」 遂前至河,冰亦合,乃渡,未畢數騎以冰解.

248. 孔融坐滿, 鄭崇門雜

248-① 孔融坐滿
   자리를 가득 채운 공융의 빈객들

후한後漢의 공융孔融은 배움을 좋아하였으며 널리 섭렵하고 많은 것을 읽어 두었다. 북해상北海相이 되자 당시 원소袁紹와 조조曹操가 바야흐로 세력이 한창일 때였는데, 공융은 그 어느 쪽에도 가담하거나 의탁하지 않았다.

그는 자신의 높은 기개를 자부하며 나라의 어려움을 제압하겠다는 뜻을 가지고 있었다. 그러나 재주가 소략疏略하고 뜻이 정밀하지 못하여 그때까지 아무런 성공을 거둔 것이 없었다. 그는 유비劉備가 표를 올려 주어 청주자사青州刺史가 되었으며, 뒤에 소부少府를 거쳐 태중대부太中大夫의 직함을 받았다.

공융의 성격은 관용이 넘치고 시기심은 적었으며 선비를 좋아하였다. 이로써 후진들을 끌어들여 널리 진달시켜 주었다.

그가 퇴직하여 한직閑職으로 물러나자 빈객들이 매일 그 문에 가득 찰 정도였다. 그럴 때면 그는 항상 이렇게 탄식하였다.

"내 집 자리에 항상 손님이 가득하고 술동이에 술이 비지만 않는다면 내 더 이상 걱정할 것이 없도다."

그리고 다른 사람의 선행을 들으면 마치 자신의 일인 양 여겼으며, 남의 말 중에 가히 채록할 만한 것이 있으면 반드시 이를 널리 펴 성취할 수 있도록 해 주었다. 그런가 하면 남의 단점은 면전에게 일러주되 물러나서는 그의 장점을 칭찬해 주었다. 어진 선비를 추천하고 진달시켜 많은 이들이 그의 도움으로 장려를 받고 진출하였다. 어진 사람을 알고 있으면서도 말 하지 않은 경우에는 자신의 과실이라 여겨 해내의 영웅준걸들은 모두가 그를 믿고 감복하였다.

그러나 조조는 이미 그에 대한 미움이 누적되었고, 치려郗慮가 그에게 죄를 만들어 얽어 결국 죽음을 당하고 말았다.

위魏 문제文帝 조비曹丕는 마음속으로 공융의 문사文辭를 좋아하여 매번 이렇게 탄복하였다.

"양웅揚雄이나 반고班固와 같은 무리가 될 만하도다."

後漢, 孔融好學, 博涉多該覽. 爲北海相, 時袁·曹方盛, 而融無所協附. 負其高氣, 志在靖難. 而才疎意廣, 迄無成功. 劉備表領靑州刺史, 後爲少府, 拜太中大夫.

性寬容少忌, 好士, 喜誘益後進. 及退閒職, 賓客日盈門.

常歎曰:「坐上客恒滿, 樽中酒不空, 吾無憂矣.」

聞人之善, 若出諸己, 言有可采, 必演而成之; 面告其短, 而退稱所長. 薦達賢士, 多所獎進. 知而未言, 以爲己過. 海內英俊, 皆信服之.

曹操旣積嫌忌, 而郗慮構成其罪, 遂見害.

魏文帝意好融文辭, 每歎曰:「揚·班儔也.

【孔融】 자는 文擧(153~208). 建安七子 중의 하나. 東漢 魯國人. 孔子의 20세손. 문장에 능하였고 기지가 있었음. 뒤에 曹操의 미움을 받아 가족이 모두 피살됨. 아버지 孔宙는 泰山都尉를 지냄.《後漢書》(70)에 전이 있음.
【袁·曹】 袁紹와 曹操.
【劉備】 삼국시대 蜀나라의 先主. '備失匕箸'[243] 참조.
【魏文帝】 曹丕(187·-220). 자는 子桓. 曹操의 둘째 아들. 아버지 曹操가 죽고 魏王을 습봉하여 漢나라 丞相이 됨. 延康 元年(220)에 禪讓을 받아 황제가 되었으며 연호를 黃初로 바꾸고 국호를 魏나라로, 洛陽을 도읍으로 정함. 재위 7년에 죽었으며 시호는 文皇帝. 문장에도 뛰어나《典論》을 지었으며

그 중 〈論文〉은 문학 이론과 비평의 유명한 글로 평가받고 있음. 그 외에 〈燕歌行〉은 현존 최초의 7언시로 알려짐. 《三國志》(2)에 紀가 있음. '魏儲南館'[245] 참조.

【揚·班】揚雄은 '楊雄'으로도 쓰며 蜀郡 成都 사람(B.C.53~A.D.18). 자는 子雲. 西漢때 賦家, 哲學家. 〈甘泉賦〉, 〈羽獵賦〉 등과 《太玄經》, 《方言》 등의 저술이 있음. 《漢書》 揚雄傳 참조. 班固는 후한 대 사람. 아버지 班彪의 뜻을 이어받아 《後漢書》를 지음. 賦作家로도 널리 알려져 〈兩都賦〉등의 작품이 있음.

참고 및 관련 자료

1. 《後漢書》孔融傳

歲餘, 復拜太中大夫. 性寬容少忌, 好士, 喜誘益後進. 及退閑職, 賓客日盈其門. 常歎曰:「坐上客恆滿, 尊中酒不空, 吾無憂矣.」與蔡邕素善, 邕卒後, 有虎賁士貌類於邕, 融每酒酣, 引與同坐, 曰:「雖無老成人, 且有典刑.」融聞人之善, 若出諸己, 言有可採, 必演而成之, 面告其短, 而退稱所長, 薦達賢士, 多所獎進, 知而未言, 以爲己過, 故海内英俊皆信服之. 魏文帝深好融文辭, 每歎曰:「楊·班儔也.」募天下有上融文章者, 輒賞以金帛. 所著詩·頌·碑文·論議·六言·策文·表·檄·教令·書記凡二十五篇. 文帝以習有欒布之節, 加中散大夫.

248-② 鄭崇門雜
정숭의 집에 모여드는 온갖 잡객

전한前漢의 정숭鄭崇은 자가 자유子游이며 고밀高密 대족大族이었다. 대대로 왕가王家와 혼인관계를 맺고 있었다. 그가 평릉平陵으로 집을 옮기고 나서 애제哀帝가 그를 발탁하여 상서복야尙書僕射로 삼아주자, 그는 자주 왕에게 알현을 요구하며 간쟁諫爭을 하였다. 임금은 처음에는 그의 의견을 듣고 들어 주었지만 매번 뵐 때마다 가죽신을 끌고 오는 그의 모습을 보고 웃으면서 이렇게 말하는 것이었다.

"나는 정상서의 신발 끄는 소리를 알아낼 수 있었던 적이 오래되었다."

임금이 조모 부태후傅太后의 종제 부상傅商을 여창후汝昌侯로 봉하려 하자, 정숭이 반대하여 태후가 크게 노하였다. 다시 동현董賢을 너무 총애하여 도가 지나침을 간언하였다. 이러한 일이 거듭되자 그는 이 때문에 죄를 얻었다. 상서령尙書令 조창趙昌이 당시 아첨을 부리며 정숭을 모함하고자 이렇게 임금에게 상주하였다.

"정숭은 종족들과 내통하고 있습니다. 의심스럽건대 어떤 간계한 일을 꾸미는 것 같으니 죄를 다스리기를 청합니다."

임금에 이 말에 정숭을 불러 문책하였다.

"그대의 문 앞은 시장을 이룬 것 같다는데 어찌 그들로 하여금 나 주상主上에게 다가오는 것을 끊고 막아 금하는가?"

그러자 정숭은 이렇게 대답하였다.

"저의 집 문 앞은 시장 같지만, 저의 마음은 물처럼 맑습니다. 원컨대 사실대로 깊이 조사해 주시기를 바랍니다."

임금은 노하여 정숭을 옥에 내려 끝까지 추궁하도록 하였다. 그리하여 그는 결국 옥에서 사망하고 말았다.

前漢, 鄭崇字子游, 高密大族. 世與王家相嫁娶. 徙平陵, 哀帝擢爲尙書僕射, 數求見諫爭.

上初納用之, 每見曳革履, 上笑曰:「我識鄭尙書, 履聲久之」

上欲封祖母傅太后從弟商, 崇諫, 太后大怒. 又諫董賢貴寵過度, 由是重得罪.

尙書令趙昌佞諂害崇, 奏:「與宗族通, 疑有奸請治」

上責曰:「君門如市人, 何以欲禁切主上?」
對曰:「臣門如市, 臣心如水. 願得考覈.」
上怒, 下崇獄窮治. 竟死獄中.

【鄭崇】자는 子游.《漢書》에 전이 있음.
【哀帝】西漢 제10대 황제. 이름은 劉欣. 元帝(劉奭)의 둘째 아들 劉康의 아들로 제위에 오름. B.C.32~B.C.1년 재위함.
【革履】'革'은 무두질을 하지 않은 가죽. 무두질한 가죽은 '韋'라 함.
【董賢】서한 馮翊 사람으로 자는 聖卿(B.C.23~B.C.1년). 애제 때 황문랑이 되어 미모로 총애를 입음. 哀帝와 기거와 출입을 함께할 정도였으며 낮잠을 잘 때 애제의 옷깃을 베고 자자 차마 깨우지 못하고 그 소매를 끊고 일어섰다 함. 息夫躬이 東平王 劉雲의 誣告의 謀反을 고발한 사건을 동현에게 공을 돌려 萬安侯에 봉하기도 하였음. 元壽 원년에는 大司馬, 衛將軍, 給事中에 올라 尙書의 일을 총괄하기에 이르렀음. 애제가 죽자 王莽이 太后의 조칙을 들어 파관하려 하자 자살함.《漢書》佞幸傳 참조.
【禁切主上】간언을 자주하여 임금의 행동을 막는 것은 몰래 종족과 통하여 임금의 측근들을 막아 그 사이에 모의를 꾸미는 것이 아닌가 하고 의심 하였음을 말함.
【考覈】사실을 있는 대로 낱낱이 파헤쳐 밝혀냄. 일부 판본에는 '考覆'으로 잘못 판각된 것도 있음.

> 참고 및 관련 자료

1.《漢書》蓋諸葛劉鄭孫毋將何傳(鄭崇)
鄭崇字子游, 本高密大族, 世與王家相嫁娶. 祖父以訾徙平陵. 父賓明法令, 爲御史, 事貢公, 名公直. 崇少爲郡文學史, 至丞相大車屬. 弟立與高武侯傅喜同門學, 相友善. 喜爲大司馬, 薦崇, 哀帝擢爲尙書僕射. 數求見諫爭, 上初納用之. 每見曳革履, 上笑曰:「我識鄭尙書履聲.」久之, 上欲封祖母傅太后從弟商, 崇諫曰:「孝成皇帝封親舅五侯, 天爲赤黃晝昏, 日中有黑氣. 今祖母從昆弟二人已侯. 孔鄉侯, 皇后父; 高武侯以三公封, 尙有因緣. 今無故欲復封商, 壞亂制度, 逆天

人心, 非傅氏之福也. 臣聞師曰:『逆陽者厥極弱, 逆陰者厥極凶短折, 犯人者有亂亡之患, 犯神者有疾夭之禍.』故周公著戒曰:『惟王不知艱難, 唯耽樂是從, 時亦罔有克壽.』故衰世之君夭折蚤沒, 此皆犯陰之害也. 臣願以身命當國咎.」崇因持詔書案起. 傅太后大怒曰:「何有爲天子乃反爲一臣所顓制邪!」上遂下詔曰:「朕幼而孤, 皇太后躬自養育, 免于襁褓, 教道以禮, 至於成人, 惠澤茂焉. 『欲報之德, 皥天罔極.』前追號皇太后父爲崇祖侯, 惟念德報未殊, 朕甚惡焉. 侍中光祿大夫商, 皇太太后父同產子, 小自保大, 恩義最親. 其封商爲汝昌侯, 爲崇祖侯後, 更號崇祖侯爲汝昌哀侯.」崇又以董賢貴寵過度諫, 由是重得罪. 數以職事見責, 發疾頸癰, 欲乞骸骨, 不敢. 尙書令趙昌佞諂, 素害崇, 知其見疏, 因奏崇與宗族通, 疑有姦, 請治. 上責崇曰:「君門如市人, 何以欲禁切主上?」崇對曰:「臣門如市, 臣心如水. 願得考覆.」上怒, 下崇獄, 窮治, 死獄中.

249. 張堪折轅, 周鎭漏船

249-① 張堪折轅
장감의 부서진 수레

후한後漢의 장감張堪은 자가 군유君游이며 남양南陽 완현宛縣 사람이다. 나이 열여섯에 장안長安에서 학문을 익혔다. 뜻이 아름답고 행동이 엄격하여 많은 유자儒者들로부터 성동聖童이라 불렸다. 세조(世祖, 光武帝)가 즉위하자 그를 촉군태수蜀郡太守로 삼았다. 그가 다시 어양태수漁陽太守가 되자 간악하고 교활한 이들을 잡아들이고 없앴으며, 상벌이 반드시 그에 맞아 관리와 백성들은 그에게 부림을 받는 것을 즐겁게 여겼다. 흉노匈奴가 일찍이 1만의 기병騎兵으로 어양 땅을 쳐들어오자, 장감은 이를 격파하여 군의 경계 지역이 안정을 얻었다. 이에 호노狐奴 땅에 벼를 심을 논 8천여 경頃을 개척하여 백성들에게 농사를 권장하여 큰 부자가 되도록 해 주었다. 이에 백성들은 이렇게 노래하였다.

"뽕나무에는 쓸데없는 잔가지가 없고	桑無附枝,
보리 이삭은 두 개씩이나 달리네	麥穗兩岐.
장감께서 정치를 펴자	張公爲政,
그 즐거움 어디에 비길 데 없어라."	樂不可支.

이렇게 군을 살피기 8년, 흉노는 감히 변방을 침범하지 못하였다.

황제가 한 번은 여러 군의 계리計吏들을 불러 접견하면서 그간 겪었던 군수들 중에 그 행정과 능력이 어떠했는지를 물었던 적이 있었다. 그때 촉군의 계연計掾이 앞으로 나서며 이렇게 말하였다.

"장감이 지난날 촉군태수로 있었을 때 그의 어짊으로써 아랫사람을 대하였고, 위엄은 능히 간악한 무리를 토벌할 수 있었습니다. 그 전에 공손술公孫述을 깨뜨렸을 때 그곳에는 진귀한 보물이 산처럼 쌓여 있어 한 줌만 집어왔어도 족히 10대 후손까지 부자가 될 수 있었습니다만 장감은 직책을 사직하던 날 부서진 원거轅車를 타고 이불 한 보자기만 싣고 떠났습니다."

황제는 이를 듣고 감탄하였다.

後漢, 張堪字君游, 南陽宛人. 年十六, 受業長安. 志美行厲, 諸儒號曰聖童. 世祖卽位, 拜蜀郡太守. 又爲漁陽太守, 捕擊姦猾, 賞罰必信, 吏民皆樂爲用. 匈奴嘗以萬騎入漁陽, 堪擊破之, 郡界以靜. 乃於狐奴開稻田八千餘頃, 勸民耕種, 以致殷富.

百姓歌曰:『桑無附枝, 麥穗兩岐. 張公爲政, 樂不可支.』

視事八年, 匈奴不敢犯塞. 帝嘗召見諸郡計吏, 問前後守令能否.

蜀計掾進曰:「張堪昔在蜀, 仁以惠下, 威能討姦. 前公孫述破時, 珍寶山積, 捲握之物足富十世. 而堪去職之日, 乘折轅車, 布被囊而已.」

帝聞歎息.

【張堪】東漢의 관리로 漁陽태수였을 때 勸農에 힘쓰며 흉노를 막아 "桑無附枝, 麥穗兩歧"라 노래하였다 함.《後漢書》張堪傳 참조.
【世祖】世祖光武皇帝. 光武帝. 東漢(後漢)의 첫 황제. 劉秀. A.D.25~57년 재위.
【計掾】州郡의 회계를 조정에 보고하는 관리. '연'은 그 관리에 딸린 속관.
【公孫述】자는 子陽. 동한 말 혼란한 틈을 타서 成都에서 기병하였던 인물. 茂陵사람으로 更始 때부터 蜀을 근거지로 칭제하며 국호를 成이라 함. 뒤에 光武帝 劉秀에게 평정됨.

참고 및 관련 자료

1.《後漢書》張堪

張堪字君游, 南陽宛人也, 爲郡族姓. 堪早孤, 讓先父餘財數百萬與兄子. 年十六, 受業長安, 志美行厲, 諸儒號曰「聖童」. 世祖微時, 見堪志操, 常嘉焉. 及卽位, 中郎將來歙薦堪, 召拜郎中, 三遷爲謁者, 使送委輸縑帛, 幷領騎七千匹, 詣大司馬吳漢伐公孫述, 在道追拜蜀郡太守. 時漢軍餘七日糧, 陰具船欲遁去. 堪聞之, 馳往見漢, 說述必敗, 不宜退師之策. 漢從之, 乃示弱挑敵, 述果自出, 戰死城下. 成都旣拔, 堪先入據其城, 撿閱庫藏, 收其珍寶, 悉條列上言, 秋毫無私. 慰撫吏民, 蜀人大悅. 在郡二年, 徵拜騎都尉, 後領票騎將軍杜茂營, 擊破匈奴於高柳, 拜漁陽太守. 捕擊姦猾, 賞罰必信, 吏民皆樂爲用. 匈奴嘗以萬騎入漁陽, 堪率數千騎奔擊, 大破之, 郡界以靜. 乃於狐奴開稻田八千餘頃, 勸民耕種, 以致殷富. 百姓歌曰:「桑無附枝, 麥穗兩岐. 張君爲政, 樂不可支.」視事八年, 匈奴不敢犯塞. 帝嘗召見諸郡計吏, 問其風土及前後守令能否. 蜀郡計掾樊顯進曰:「漁陽太守張堪昔在蜀, 其仁以惠下, 威能討姦. 前公孫述破時, 珍寶山積, 捲握之物, 足富十世, 而堪去職之日, 乘折轅車, 布被囊而已.」帝聞, 良久歎息, 拜顯爲魚復長. 方徵堪, 會病卒, 帝深悼惜之, 下詔褒揚, 賜帛百匹.

2.《幼學瓊林》200

「廉范守蜀郡, 民歌五袴; 張堪守漁陽, 麥穗兩歧.」

249-② 周鎭漏船
비가 새는 배에서 살고 있는 주진

구주舊注에 인용된《세설신어世說新語》에 실려 있다.

주진周鎭이 임천臨川 태수 직을 파하고 돌아올 때 청계淸溪의 냇가에 정박하게 되었다. 이때 승상 왕도王導가 가서 보았더니 마침 한여름 폭우가

쏟아졌는데 주진이 타고 있던 배는 좁고 비까지 줄줄 새어 거의 앉을
자리도 없었다. 왕도는 이렇게 감탄하였다.
 "호위胡威가 청렴하다 한들 어찌 이보다 더하겠는가?"
 그리하여 즉시 계啓를 올려 그를 등용하도록 하였다.
 지금의 《세설신어》에는 이 고사가 실려 있지 않다.

 舊注引《世說》云: 周鎭罷臨川, 泊淸溪渚. 王丞相導往看之. 時夏
暴雨, 船狹小, 又大漏, 殆無坐處.
 王曰:「胡威之淸, 何以過此?」
 卽啓用之.
 今本無載.

【周鎭】자는 康時. 臨川郡守와 吳興太守 등을 역임함.
【淸溪】東晉 때의 수도였던 建康(지금의 南京)의 秦淮河.
【王丞相導】王導(276~339). 자는 茂弘. 어릴 때 자는 阿龍. 王敦의 從弟. 서진
 이 망하자 王敦과 함께 司馬睿를 황제로 추대하여 東晉을 세움. 그 공으로
 丞相이 되었으며 號는 '仲父'라 하였음. 천하의 권세를 잡아 당시 "王與馬,
 共天下"라 하였음. 元帝와 明帝, 成帝를 차례로 즉위시켰음. 아울러 남방
 세족의 도움으로 강남에서의 동진 정권을 안정시킴. 《晉書》(65)에 전이 있음.
 '王導公忠'[004] 참조.
【胡威】일명 胡貔. 자는 伯虎. 혹 伯武. 당시 제일 청렴하였다고 소문났던
 인물. 安豐太守, 徐州刺史 등을 거쳐 靑州刺史 등을 역임하였으며 平春侯에
 봉해짐. 《晉書》(90)에 전이 있음. '胡威推縑'[070] 참조.

참고 및 관련 자료

1. 《世說新語》 德行篇
周鎭罷臨川郡還都, 未及上住, 泊靑溪渚. 王丞相往看之; 時夏月, 暴雨卒至,

舫至狹小,而又大漏,殆無復坐處. 王曰:「胡威之清,何以過此!」即啓用爲吳興郡.

2.《永嘉流人名》

鎭字康時,陳留尉氏人也. 祖父和,故安令. 父震,司空長史.

3.《王丞相別傳》

王導字茂弘,琅邪人. 祖覽,以德行稱. 父裁,侍御史. 導少知名,家世貧約. 恬暢樂道,未嘗以風塵經懷也.

4.《晉陽秋》

胡威字伯虎,淮南人. 父質,以忠清顯. 質爲荊州,威自京師往省之;及告歸,質賜威絹一匹. 威跪曰:「大人清高,於何得此?」質曰:「是吾俸祿之餘,故以爲汝糧耳.」威受而去. 每至客舍,自放驢取樵爨炊,食畢,復隨旅進道. 質帳下都督,陰資裝百餘里要之,因與爲伴,每事相助經營之. 又進少飯,威疑之. 密誘問之,乃知都督也. 因取向所賜絹答謝而遣之. 後以白質,質杖都督一百,除其吏名,父子清慎如此. 及威爲徐州,世祖賜見,與論邊事,及平生;帝歎其父清,因謂威曰:「卿清孰與父?」對曰:「臣清不如也.」帝曰:「何以爲勝汝邪?」對曰:「臣父清畏人知,臣清畏人不知;是以不如遠矣.」

5.《中興書》

鎭清約寡欲,所在有異績.

250. 郭伋竹馬, 劉寬蒲鞭

250-① 郭伋竹馬
죽마를 타고 곽급을 환영 나온 아이들

후한後漢의 곽급郭伋은 자가 세후細侯이다. 어릴 때에 뜻과 행실이 있었다. 왕망王莽 대에 병주목幷州牧이 되었다가 건무建武 연간에 다시 같은 곳의 목사로 부임하게 되었다.

그는 지난날 병주에 있을 때 평소 많은 은덕을 베풀었던 터라 그가 경내에 들어서자 그를 환영하는 백성들이 노인, 어린이를 이끌고 길에 나와 있었다.

그는 가는 곳마다 백성의 질고疾苦를 위문하고 어른과 덕 있는 이들, 영웅과 준걸을 초청하여 궤장几杖의 예를 설치해 조석으로 정치에 참여시켰다.

처음 부임하여 산하 부서를 순시하면서 서하西河의 미직현美稷縣에 이르자 그곳 아이들 수백 명이 각기 죽마竹馬를 타고 길가에서 그를 맞아 환영의 절을 올리는 것이었다.

곽급이 물었다.

"너희들은 어찌 먼 곳에서 이렇게 왔느냐?"

아이들이 대답하였다.

"사군使君께서 오신다는 소리를 듣고 즐거워 이렇게 와서 환영하는 것입니다."

곽급은 고맙다고 하였다. 뒤에 일이 끝나고 돌아갈 때 아이들이 다시 그를 성의 외곽까지 나와 환송하면서 이렇게 묻는 것이었다.

"사군께서는 언제 다시 이곳을 찾아주실 것입니까?"

곽급은 날짜를 계산해 보고 올 날을 일러 주었다. 그런데 그 약속한 날

하루 전에 그 곳에 오게 일정이 잡히고 말았다. 그러자 곽급은 아이들과의 약속을 위배할 수 없다고 여겨 야정野亭에서 하루를 묵은 채 그 기약을 맞추어 고을로 들어갔다.

後漢, 郭伋字細侯. 少有志行. 王莽時爲幷州牧. 建武中復爲牧. 伋前在幷州, 素結恩德, 及後入界, 老幼相攜, 逢迎道路. 所過問民疾苦, 聘求耆德雄俊, 設几杖之禮, 朝夕與參政事. 始至行部, 到西河美稷, 有童兒數百, 各騎竹馬, 於道次迎拜.

伋問:「兒曹何自遠來?」

對曰:「聞使君到喜. 故來奉迎.」

伋辭謝之. 及事訖, 諸兒復送至郭外.

問:「使君何日當還?」

伋計日告之. 旣還先期一日.

伋爲違信於諸兒, 遂止野亭, 須期乃入.

【郭伋】자는 細侯. 후한 때 인물. 幷州太守를 지냈으며 뒤에 다시 그곳을 지나게 되자, 아이들이 죽마를 타고 나와 그를 환영했다 함.《後漢書》에 전이 있음.

【王莽】字는 巨君(B.C.45~23). 漢 元皇后의 조카. 어려서 고아가 되어 독서 끝에 성망을 얻었음. 뒤에 太傅가 되어 安漢公에 봉해졌으며 平帝가 죽은 후 겨우 두 살인 孺子 嬰을 옹립하고 자신은 攝皇帝가 되었다가 初始 元年(A.D.8) 정권을 찬탈, '新'을 세워 '西漢'의 종말을 고함. 그러나 천하의 혼란이 일어나 地皇 4年(23)에 劉玄·赤眉軍·綠林軍에게 살해되고 말았음.《漢書》(99)에 그 傳이 있음.

【建武】東漢 光武帝 劉秀의 첫 연호. A.D.25~55년까지 31년간.

【几杖之禮】'几'는 앉을 때에 몸을 기대는 기구. 노인을 위하여 특별히 자리를 마련하여 예우하는 것을 말함.

【使君】州牧을 높여 부르는 말.

> 참고 및 관련 자료

1.《後漢書》郭伋

郭伋字細侯, 扶風茂陵人也. 高祖父解, 武帝時以任俠聞. 父梵, 爲蜀郡太守. 伋少有志行, 哀平間辟大司空府, 三遷爲漁陽都尉. 王莽時爲上谷大尹, 遷幷州牧. 更始新立, 三輔連被兵寇, 百姓震駭, 强宗右姓各擁衆保營, 莫肯先附. 更始素聞伋名, 徵拜左馮翊, 使鎭撫百姓. 世祖卽位, 拜雍州牧, 再轉爲尙書令, 數納忠諫爭. 建武四年, 出爲中山太守. 明年, 彭寵滅, 轉爲漁陽太守. 漁陽旣離王莽之亂, 重以彭寵之敗, 民多猾惡, 寇賊充斥. 伋到, 示以信賞, 糾戮渠帥, 盜賊銷散. 時匈奴數抄郡界, 邊境苦之. 伋整勒士馬, 設攻守之略, 匈奴畏憚遠迹, 不敢復入塞, 民得安業. 在職五歲, 戶口增倍. 後潁川盜賊羣起, 九年, 徵拜潁川太守. 召見辭謁, 帝勞之曰:「賢能太守, 去帝城不遠, 河潤九里, 冀京師幷蒙福也. 君雖精於追捕, 而山道險陁, 自鬪當一士耳, 深宜愼之.」伋到郡, 招懷山賊陽夏趙宏·襄城召吳等數百人, 皆束手詣伋降, 悉遣歸附農. 因自劾專命, 帝美其策, 不以咎之. 後宏·吳等黨與聞伋威信, 遠自江南, 或從幽·冀, 不期俱降, 駱驛不絶. 十一年, 省朔方刺史屬幷州. 帝以盧芳據北土, 乃調伋爲幷州牧. 過京師謝恩, 帝卽引見, 幷召皇太子諸王宴語終日, 賞賜車馬衣服什物. 伋因言選補衆職, 當簡天下賢俊, 不宜專用南陽人. 帝納之. 伋前在幷州, 素結恩德, 及後入界, 所到縣邑, 老幼相攜, 逢迎道路. 所過問民疾苦, 聘求耆德雄俊, 設几杖之禮, 朝夕與參政事. 始至行部, 到西河美稷, 有童兒數百, 各騎竹馬, 道次迎拜. 伋問「兒曹何自遠來」. 對曰:「聞使君到, 喜, 故來奉迎.」伋辭謝之. 及事訖, 諸兒復送至郭外, 問「使君何日當還」. 伋謂別駕從事, 計日(當)告之. 行部旣還, 先期一日, 伋爲違信於諸兒, 遂止于野亭, 須期乃入. 是時朝廷多擧伋可爲大司空, 帝以幷部尙有盧芳之儆, 且匈奴未安, 欲使久於其事, 故不召. 伋知盧芳夙賊, 難卒以力制, 常嚴烽候, 明購賞, 以結寇心. 芳將隋昱遂謀脅芳降伋, 芳乃亡入匈奴. 伋以老病上書乞骸骨. 二十二年, 徵爲太中大夫, 賜宅一區, 及帷帳錢穀, 以充其家, 伋輒散與宗親九族, 無所遺餘. 明年卒, 時年八十六. 帝親臨弔, 賜冢塋地.

2.《幼學瓊林》

魯恭爲中牟令, 桑下有馴雉之異; 郭伋爲幷州守, 兒童有竹馬之迎.

250-② 劉寬蒲鞭
부들 채찍으로 부하를 벌 준 유관

후한後漢의 유관劉寬은 자가 문요文饒이며 홍농弘農 화음華陰 사람이다. 환제桓帝 때 남양태수南陽太守가 되어 연이어 세 군의 태수를 역임하였다. 그는 온화하고 인자하며 남을 용서하기를 잘하였다. 비록 창졸지간에 일어난 일일지라도 한번도 급히 말을 하거나 그 즉시 표정에 나타낸 적이 없었다. 관리 중에 잘못을 저지르는 자가 있으면 단지 부들 채찍으로 벌을 대신하여 욕됨을 보여 줄 뿐이었다.

영제靈帝 때에 태위太尉가 되었다. 영제는 자못 학문과 기예를 좋아하여 매번 그를 불러들여 경經을 강하도록 하였다. 유관은 항상 앉은 자리에서 술에 취하여 꾸벅꾸벅 졸기가 일쑤였다.

영제가 물었다.

"태위께서는 술에 취하셨소?"

그러자 그는 이렇게 대답하였다.

"저는 감히 취할 수가 없지요. 다만 임무가 중하고 책임이 커서 노심초사함이 마치 취한 듯이 보일 뿐이지요."

영제는 그의 말을 중하게 여겼다.

그의 부인이 그를 화나게 해보고 싶어 시험삼아 조회에 나갈 채비를 하는 것을 엿보았더니 조복을 엄히 갖추기가 끝나가고 있었다. 이에 비녀를 시켜 고기국물을 바치면서 국물을 조복에 엎어 더럽히도록 하였다. 그리고 비녀가 이를 급히 거두자 그는 얼굴색 하나 변하지 않으면서 천천히 이렇게 말하는 것이었다.

"그래, 국물에 네 손을 데었겠구나!"

그의 성품과 도량은 이와 같아 해내에서는 그를 어른이라 칭하였다.

後漢, 劉寬字文饒, 弘農華陰人. 桓帝時, 遷南陽太守, 歷典三郡. 溫仁多恕. 雖在倉卒, 未嘗疾言遽色. 吏人有過, 但用蒲鞭罰之, 示辱而已.

靈帝時爲太尉, 帝頗好學藝, 每引見常令講經. 寬常於坐被酒睡伏.

帝問:「太尉醉邪?」

對曰:「臣不敢醉. 但任重責大, 憂心如醉.」

帝重其言.

夫人欲試寬令恚, 伺當朝會, 裝嚴已訖, 使婢奉肉羹翻汙朝服. 婢遽收之. 神色不異.

乃徐言曰:「羹爛汝手!」

其性度如此. 海內稱爲長者.

【劉寬】후한 때의 인물. 자는 文饒.《後漢書》와《小學》德行篇에 그의 전기가 실려 있음.
【桓帝】東漢 제11대 황제. 劉志. 劉翼의 아들이며 147~167년 재위함.
【靈帝】동한 제12대 황제 劉宏. 158~189년 재위함.
【蒲鞭】부들로 만든 채찍. 상징적으로 벌을 내림을 말함.
【羹爛汝手】《論語》鄕黨篇의 "廐焚. 子退朝, 曰:「傷人乎?」不問馬"와 같음.

참고 및 관련 자료

1.《後漢書》劉寬

劉寬字文饒, 弘農華陰人也. 父崎, 順帝時爲司徒. 寬嘗行, 有人失牛者, 乃就寬車中認之. 寬無所言, 下駕步歸. 有頃, 認者得牛而送還, 叩頭謝曰:「慙負長者, 隨所刑罪.」寬曰:「物有相類, 事容脫誤, 幸勞見歸, 何爲謝之?」州里服其不校. 桓帝時, 大將軍辟, 五遷司徒長史. 時京師地震, 特見詢問. 再遷, 出爲東海相. 延熹八年, 徵拜尙書令, 遷南陽太守. 典歷三郡, 溫仁多恕, 雖在倉卒, 未嘗疾言遽色. 常以爲「齊之以刑, 民免而無恥」. 吏人有過, 但用蒲鞭罰之, 示辱而已,

終不加苦. 事有功善, 推之自下. 災異或見, 引躬克責. 每行縣止息亭傳, 輒引學官祭酒及處士諸生執經對講. 見父老慰以農里之言, 少年勉以孝悌之訓. 人感德興行, 日有所化. 靈帝初, 徵拜太中大夫, 侍講華光殿. 遷侍中, 賜衣一襲. 轉屯騎校尉, 遷宗正, 轉光祿勳. 熹平五年, 代許訓爲太尉. 靈帝頗好學蓺, 每引見寬, 常令講經. 寬嘗於坐被酒睡伏. 帝問:「太尉醉邪?」寬仰對曰:「臣不敢醉, 但任重責大, 憂心如醉.」帝重其言. 寬簡略嗜酒, 不好盥浴, 京師以爲諺. 嘗坐客, 遣蒼頭市酒, 迂久, 大醉而還. 客不堪之, 罵曰:「畜産.」寬須臾遣人視奴, 疑必自殺. 顧左右曰:「此人也, 罵言畜産, 辱孰甚焉! 故吾懼其死也.」夫人欲試寬令恚, 伺當朝會, 裝嚴已訖, 使侍婢奉肉羹, 翻汙朝衣. 婢遽收之, 寬神色不異, 乃徐言曰:「羹爛汝手?」其性度如此. 海內稱爲長者. 後以日食策免. 拜衛尉. 光和二年, 復代段熲爲太尉. 在職三年, 以日變免. 又拜永樂少府, 遷光祿勳. 以先策黃巾逆謀, 以事上聞, 封逯鄉侯六百戶. 中平二年卒, 時年六十六. 贈車騎將軍印綬, 位特進, 諡曰昭烈侯. 子松嗣, 官至宗正.

2.《小學》善行篇「實敬身」

劉寬, 雖居倉卒, 未嘗疾言遽色. 夫人欲試寬令恚, 伺當朝會, 裝嚴已訖, 使侍婢奉肉羹, 翻汙朝服, 婢遽收之. 寬神色不異, 乃徐言曰:「羹爛汝手乎?」其性度如此.

3.《十八史略》(3)

以劉寬爲尙書令. 寬嘗歷典三郡, 多仁恕, 吏民有過, 以蒲鞭罰之.

251. 許史侯盛, 韋平相延

251-① 許史侯盛
허황후와 사량제의 번성한 제후들

전한前漢의 선제宣帝 허황후許皇后는 원제元帝의 어머니이다. 곽광霍光의 부인 현顯에게 독살당하였다. 원제가 태자가 되자, 이에 허황후의 아버지 즉 외조부 허광한許廣漢을 평은후平恩侯에 봉하고, 그 아우 허순許舜을 박망후博望侯에 봉하였으며, 다시 그 아우 허연수許延壽는 낙성후樂成侯에 봉하였다. 이리하여 허씨 집안에 후侯가 된 자가 셋이었다. 허광한이 죽자 시호를 대후戴侯로 하였다. 선제는 허연수를 대사마大司馬, 거기장군車騎將軍으로 삼아 정치를 보필하게 하였다. 그리고 원제가 등극하자 허연수의 둘째 아들 허가許嘉를 평은후로 삼고 뒤에 역시 대사마와 거기장군으로 삼았다. 무제武帝의 아들 위태자衛太子의 사량제史良娣는 선제宣帝의 조모였다. 사량제는 사내아이 류진劉進을 낳아 사황손史皇孫이라 하였다.

무제 말기에 무고巫蠱의 사건이 일어나자 위태자 및 사량제, 그리고 사황손은 모두 궁궐에서 강충의 참소로 죽음을 당하였다. 그러나 사황손에게 아들이 있어 호를 황증손皇曾孫이라 하였다. 이윽고 그가 제위에 올랐으며 이가 곧 선제宣帝이다. 그러나 사량제의 어머니와 형 사공史恭은 이미 죽고 없었으므로, 이에 사공의 아들 사고史高를 낙릉후樂陵侯에 봉하고 그 증손을 장릉후將陵侯에 현손을 평대후平臺侯에 봉하였으며, 사고의 아들 사단史丹이 공덕이 있음을 들어 그를 무양후武陽侯에 봉하였다. 이렇게 하여 후侯가 된 자가 네 사람이었다. 사고는 대사마와 거기장군에 올랐고, 사단은 좌장군左將軍에 올랐다.

前漢, 宣帝許皇后, 元帝母也. 爲霍光夫人顯所毒崩. 及元帝爲太子, 迺封后父廣漢, 爲平恩侯, 其弟舜爲博望侯, 延壽爲樂成侯. 許氏侯者三人. 廣漢薨, 諡戴侯. 宣帝以延壽爲大司馬・車騎將軍輔政.

元帝立, 復封延壽中子嘉爲平恩侯, 後亦爲大司馬・車騎將軍.

武帝衛太子史良娣宣帝祖母也. 良娣生男進, 號史皇孫. 武帝末巫蠱事起. 衛太子及良娣・史皇孫皆遭害. 皇孫有男, 號皇曾孫. 旣登位, 是爲宣帝. 而良娣母及兄恭已死. 乃封恭子高爲樂陵侯, 曾爲將陵侯, 玄爲平臺侯, 及高子丹以功德封武陽侯. 侯者凡四人, 高至大司馬・車騎將軍, 丹左將軍.

【宣帝】西漢 7대 황제. 이름은 劉詢. B.C.73~B.C.49년 재위함. 武帝의 증손자. 衛太子의 손자.
【元帝】서한 제8대 황제. 劉奭. 宣帝 劉詢의 아들이며 B.C.48~B.C.33년 재위함.
【霍光】한나라 宣帝 때의 인물. 字는 子孟. 霍去病의 이복동생. 平陽人. 大司馬, 大將軍이 되어 정치를 보필하다가 昌邑王을 폐하고 宣帝를 세움. 뒤에 博陵侯에 봉해짐.《漢書》에 전이 있음.
【夫人顯】자신의 막내딸을 皇后로 삼으려고 하여 女醫인 淳于衍을 시켜 許皇后를 독살함.
【武帝】西漢 5대 황제 劉徹. 景帝(劉啓)의 아들이며 B.C.140~B.C.87년까지 54년간 재위함. 대내외적으로 학술, 강역, 문학 등 여러 방면에 걸쳐 많은 치적을 남겨 강력한 帝國을 건설함.
【史良娣】戾太子 劉據의 아내. 이들이 史皇孫(劉進)을 낳았으며 류진의 아들이 炳已(詢)로써 뒤에 宣帝가 됨.
【巫蠱事】前漢 武帝의 衛太子는 江充에 의해 황제를 呪殺하는 巫蠱術을 행하고 있다는 무고를 당해 연루자인 史良娣 등과 함께 처형되었음. '丙吉牛喘'[126] 참조.
【高子丹】史丹. '史丹青蒲'[103] 참조.

> 참고 및 관련 자료

1. 《漢書》武五子傳

戾太子據, 元狩元年立爲皇太子, 年七歲矣. 初, 上年二十九乃得太子, 甚喜, 爲立禖, 使東方朔・枚皐作禖祝. 少壯, 詔受《公羊春秋》, 又從瑕丘江公受《穀梁》. 及冠就宮, 上爲立博望苑, 使通賓客, 從其所好, 故多以異端進者. 元鼎四年, 納史良娣, 産子男進, 號曰史皇孫. 武帝末, 衛后寵衰, 江充用事. 充與太子及衛氏有隙, 恐上晏駕後爲太子所誅, 會巫蠱事起, 充因此爲姦. 是時, 上春秋高, 意多所惡, 以爲左右皆爲蠱道祝詛, 窮治其事. 丞相公孫賀父子, 陽石・諸邑公主, 及皇后弟子長平侯衛伉皆坐誅語在《公孫賀》・《江充傳》.

2. 《十八史略》(2)

孝宣皇帝: 初名病己, 後改名詢, 武帝之曾孫也. 初戾太子據納史良娣, 生史皇孫進. 進生病己, 數月遭巫蠱事, 皆繫獄. 望氣者言:「長安獄中有天子氣」武帝遣使, 令盡殺獄中人. 丙吉時治獄, 拒不納, 曰:「佗人無辜尚不可, 況皇曾孫乎?」使者還報, 武帝曰:「天也」及長, 高材好學, 亦喜游俠, 具知閭里姦邪, 吏治得失. 昭帝元鳳中, 泰山有大石自起立, 上林有僵樹復起, 蠹食其葉, 曰:「公孫病己立」及賀廢病己年十八矣. 光等奏:「病己躬節儉, 慈仁愛人, 可以嗣孝昭後」迎入卽位, 旣立, 六年, 霍光卒, 始親政.

3. 《十八史略》(2)

左將軍上官桀子安, 爲霍光壻. 生女, 立爲皇后. 桀與安自以后之祖父, 乃不若光以外祖專制朝事. 桀與光爭權. 時鄂國蓋長公主, 爲所愛丁外人求封侯, 不許, 怨光. 燕王旦自以帝兄, 常怨望. 御史大夫桑弘羊, 爲子弟求官, 不得, 亦怨望. 於是皆與旦通謀, 詐令人爲旦上書, 言:「光出都肄郎羽林, 道上稱蹕. 擅調益莫府校尉, 專權自恣, 疑有非常」候光出沐日奏之, 桀欲從中下其事, 弘羊當與大臣共執退光. 書奏, 帝不肯下. 明旦光聞之, 止畫室中不入, 上問:「大將軍安在?」桀曰:「以燕王告其罪, 不敢入」詔召大將軍, 光入, 免冠頓首謝, 上曰:「將軍之廣明都郎, 屬耳. 調校尉以來, 未能十日. 燕王何以得知之? 且將軍爲非, 不須校尉」是時元鳳元年, 帝年十四. 尙書左右皆驚, 而上書者果亡, 捕之甚急, 桀等懼白上:「小事不足遂」上不聽, 後桀黨有譖光者, 上輒怒曰:「大將軍忠臣, 先帝所屬, 以輔朕身, 敢有毀者坐之」自是無敢復言. 桀等謀令長公主置酒請光, 伏兵挌殺之. 因廢帝而立旦. 安又謀, 誘旦至誅之, 廢帝而立桀. 會有知其謀者, 以聞. 捕桀・安・弘羊等, 幷宗族盡誅之, 蓋主與旦皆自殺.

251-② 韋平相延
재상 자리를 이어간 위현과 평당의 부자

전한前漢의 위현韋賢과 그 아들 위현성韋玄成은 부자 모두 승상이 되었다. 당시 평당平當이라는 사람이 있었는데 자는 자사子思이며 평릉平陵 사람으로서 명경과明經科를 거쳐 박사博士가 되었다. 공경들은 평당을 추천하면서 그의 논리와 의론은 통명하다고 하여 급사중給事中이 되었다. 그는 매번 재이災異가 있을 때마다 문득 경술經術에 결부시켜 득실을 말하곤 하였다. 그의 문장은 전아하며 비록 소망지蕭望之나 광형匡衡에게는 미치지 못하였지만 그가 가리키는 의도는 대략 같았다.

애제哀帝 때에 승상이 되자 애제는 그를 불러 봉후로 삼고자 하였다. 그러자 평당은 병이 심하다는 이유로 부름에 응하지 않았다. 그러자 어떤 사람이 물었다.

"억지로라도 일어나 봉후의 도장을 받는 것이 자손에게 이로운 것이 아닙니까?"

그러자 평당은 이렇게 대답하였다.

"내가 높은 지위에 있어 이미 봉록만 축낸다는 책망을 짊어지고 있소. 일어나 제후의 도장을 받고 나서 돌아와 몸져누웠다가 죽고 만다면 죽은 뒤에 죄를 남기는 것이 되오. 지금 이렇게 일어나지 못하는 것이 바로 자손을 위하는 길이라오."

드디어 사직을 청하였다.

황제는 그에게 소 한 마리와 상존上尊의 대우로 술 열 섬을 하사하였다.

한 달여 만에 그는 삶을 마쳤다. 그의 아들 평안平晏 역시 명경과를 거쳐 대사도大司徒를 역임하였다.

한漢나라가 들어서고 재상까지 오른 집안은 오직 위현 부자와 평당 부자뿐이었다.

前漢, 韋賢及子玄成皆爲丞相. 平當字子思, 平陵人. 以明經爲博士. 公卿薦當, 論議通明, 給事中. 每有災異, 輒傅經術言得失. 文雅雖不及蕭望之·匡衡, 然指意略同.

哀帝時爲丞相, 上召欲封當, 當疾篤不應召.

或謂當:「不可强起受侯印爲子孫邪?」

當曰:「吾居大位, 已負素餐責矣. 起受侯印, 還臥而死, 死有餘罪. 今不起者, 所以爲子孫也」

遂乞骸骨. 上賜養牛一·上尊酒十石.

月餘卒. 子晏以明經, 歷位大司徒. 漢興惟韋平父子至宰相.

【韋賢】자는 長孺. 漢나라 때 인물. 韋玄成의 아버지. '韋賢滿籝'[133] 참조. 《漢書》에 전이 있음.
【玄成】偉玄成. 자는 少翁. 아버지 偉賢과 함께 재상에 오른 인물.
【平當】인명.
【哀帝】西漢 제10대 황제. 이름은 劉欣. 元帝(劉奭)의 둘째 아들 劉康의 아들로 제위에 오름. B.C.32~B.C.1년 재위함.
【蕭望之】元帝 때 師傅가 되어 황제에게 크게 대우를 받았던 인물.
【匡衡】西漢 때 經學家. 東海郡 承(지금의 山東省 蒼山縣 蘭陵鎭) 땅 출신. 元帝 때에 승상을 지냈으며 樂安侯에 봉해짐. 成帝 때 王尊에게 탄핵을 받아 관직을 박탈당함.《漢書》에 傳이 있음. '匡衡鑿壁'[005] 참조.
【素餐】尸位素餐의 줄인 말. 공로나 재능도 없이 높은 관직에 앉아서 봉록을 축낸다는 뜻.
【上尊酒】퇴임한 공신에게 내리는 존경의 대우로 上尊과 中尊, 下尊의 등급이 있었음.

참고 및 관련 자료

1. 《漢書》韋賢傳

韋賢字長孺, 魯國鄒人也. 其先韋孟, 家本彭城, 爲楚元王傅, 傅子夷王及孫王戊. 戊荒淫不遵道, 孟作詩風諫. 後遂去位, 徙家於鄒, 又作一篇. 玄成字少翁, 以父任爲郎, 常侍騎. 少好學, 修父業, 尤謙遜下士.出遇知識步行, 輒下從者, 與載送之, 以爲常. 其接人, 貧賤者益加敬, 繇是名譽日廣. 以明經擢爲諫大夫, 遷大河都尉.

252. 雍伯種玉, 黃尋飛錢

252-① 雍伯種玉
옥을 심어 장가를 든 양공옹백

《수신기搜神記》에 실려 있다.

양공옹백羊公雍伯은 낙양洛陽 사람이다. 돈독한 성품에 효성이 지극하였다. 부모님이 돌아가시자 무종산無終山에 묻은 다음 그곳에 터를 잡아 살고 있었다. 그곳은 산은 높고 물이 없었다. 양공은 물을 길어 언덕 위에 음수대를 설치하여 여행자들에게 누구나 마실 수 있도록 공급하였다. 3년이 지나 어떤 사람이 그 물을 마시러 와서는 물을 다 마시고는 품속에서 돌을 한 되 주면서 이렇게 말하는 것이었다.

"이것을 심으면 옥이 그 속에서 자라날 것이오. 뒤에 좋은 배필을 만나게 될 것이오."

그리고 말을 마치자 사라지는 것이었다.

양공은 이에 그 돌을 심어놓고 몇 해를 수시로 가서 살펴보았더니 옥이 자라고 있었다.

당시 북평北平의 서씨徐氏 집에 딸이 있었는데 많은 사람들이 청혼을 하였지만, 그 아버지는 모두 거절하는 것이었다. 양공이 시험삼아 청혼을 하자 서씨는 농담삼아 이렇게 제안하였다.

"흰 구슬 한 쌍을 가져올 수 있다면 청혼을 허락하리라."

양공은 돌을 심어두었던 곳을 가서 옥 다섯 쌍을 가져다 빙례聘禮의 예물로 삼아 마침내 그 여인을 아내로 맞이하게 되었다.

천자가 이를 기이하게 여겨 그를 대부大夫로 삼고 옥을 길렀던 네 귀퉁이에 큰 돌기둥을 세웠는데, 그 길이는 각각 한 길 정도였다. 그리고 그 중앙의

넓이가 한 경頃이었으며, 이름을 옥전玉田이라 하였다. 지금의 북평 왕씨 王氏가 바로 그의 후손들이다.

《搜神記》: 羊公雍伯洛陽人. 性篤孝, 父母亡, 葬無終山, 遂家焉. 山高無水. 公汲作義漿於坂頭, 以給行者皆飮之.

三年有一人就飮, 飮訖, 出懷中石子一升, 與之云:「種此. 玉當生其中, 後當得好婦.」

言畢不見. 乃種其石, 數歲時時往視, 見玉子生. 北平徐氏有女, 人多求不許.

公試求焉, 徐氏戲云:「得白璧一雙, 來當爲婚.」

公至所種石中, 得玉五雙以聘, 遂以女妻之.

天子異之, 拜爲大夫. 於種玉處四角, 作大石柱, 各一丈, 中央一頃地, 名曰玉田. 今北平王氏卽其後也.

【搜神記】晉나라 干寶가 지은 책. 신괴한 이야기를 모아 엮은 것으로 모두 20편임.

【羊公雍伯】일부 기록에는 '陽公', 楊公 등으로 각기 성씨가 다름. 자도 雍伯, 伯雍 등 서로 다르며, 《水經注》·《太平御覽》 등에는 "楊公伯雍"으로 되어 있고 《藝文類聚》에는 "羊公雍伯"으로 되어 있음.

【無終山】山 이름. 지금의 河北省 玉田縣 서북쪽에 있음.

【玉田】唐 則天武后 때(697) 無終縣을 玉田縣으로 고쳤음.

【王氏】일부 판본에는 '陽氏'로 되어 있음.

참고 및 관련 자료

1. 《搜神記》(11)

楊公伯雍, 雒陽縣人也. 本以儈賣爲業. 性篤孝. 父母亡, 葬無終山, 遂家焉. 山高

八十里,上無水;公汲水,作義漿於坂頭,行者皆飲之.三年,有一人就飲,以一斗石子與之,使至高平好地有石處種之,云:「玉當生其中」楊公未娶,又語云:「汝後當得好婦.」語畢不見.乃種其石.數歲,時時往視,見玉子生石上,人莫知也.有徐氏者,右北平著姓,女甚有行,時人求,多不許.公乃試求徐氏.徐氏笑以爲狂,因戲云:「得白璧一雙來,當聽爲婚.」公至所種玉田中,得白璧五雙,以聘.徐氏大驚,遂以女妻公.天子聞而異之,拜爲大夫.乃於種玉處,四角作大石柱,各一丈,中央一頃地,名曰「玉田」.(至今相傳云,玉田之揭,起於此矣.)

2.《太平廣記》(292)

魏陽雍,河南洛陽人.兄弟六人,以傭賣爲業.公少修孝敬,達于遐邇.父母歿,葬禮畢,長慕追思,不勝心目.乃賣田宅,北徙絶水漿處,大道峻坂下爲居.晨夜輦水,將給行旅.兼補履屬,不受其直.如是累年不懈,天神化爲書生.問曰:「何故不種菜以給?」答曰:「無種.」乃與之數升.公大喜,種之.其本化爲白璧,餘爲錢.書生復曰:「何不求婦?」答曰:「年老,無肯者.」書生曰:「求名家女,必得之.」有徐氏,右北平著姓.女有名行,多求不許.乃試求之,徐氏笑之,以爲狂僻.然聞其好善,戲答媒曰:「得白璧一雙,錢百萬者,與婚.」公卽具送,徐氏大愕,遂以妻之.生十男,皆令德俊異,位至卿相.今右北平諸陽,其後也.(《孝德傳》)

3.《水經注》(14) 鮑丘水

《搜神記》曰:雍伯,洛陽人,至性篤孝.父母終歿,葬之於無終山,山高八十里,而上無水,雍伯置飲焉.有人就飲,與石一斗,令種之,玉生其田.北平徐氏有女,雍伯求之.要以白璧一雙,媒者致命.伯至玉田,求得五雙,徐氏妻之,遂卽家焉.《陽氏譜敍》言:翁伯是周景王之孫,食采陽樊.春秋之末,爰宅無終.因陽樊而易氏焉.愛人博施,天祚王田,其碑文云:「居於縣北六十里翁同之山,後潞徙於西山之下,陽又遷居焉.」受玉田之賜,情不好寶.玉田自去.今猶謂之爲玉田陽,干寶曰:「於種石處,四角作大石柱,各一丈,中央一頃之地.名曰玉田.至今相傳云.玉田之揭,起於此矣.而今不知所在,同于譜敍自去文矣.」

4.《藝文類聚》(83) 玉

《搜神記》曰:羊公雍伯,雒陽人.忄生篤孝.父母亡,葬無終山,遂家焉.山高無水,公汲作義漿於坂頭,行者皆飲之.三年,有一人就飲,以一斗石子與之,云:「玉當生其中.」又語云:「後當得以婦.」言畢不見.乃種其石.數歲,時時往視,見玉子生石,北平徐氏女.甚有行.人多求不許,公乃試求焉.徐氏笑以爲狂,乃戲云:

「得白璧一雙來, 當爲婚」公至所種石中, 得五雙以聘, 徐氏遂以女妻之. 天子異之. 拜爲大夫. 於種玉處, 四角作大石柱, 各一丈, 中央一頃地, 名曰玉田.

5. 기타 참고자료

《初學記》(8).《敦煌石室古籍叢殘唐人類書》(1).《太平寰宇記》(70).《事類賦注》(9).《類說》(7).《紺珠集》(7).《太平御覽》(45·292·479·519·805).《北堂書鈔》(144,《孝子傳》).

252-② 黃尋飛錢
흩날리는 돈을 주워 부자가 된 황심

《유명록幽冥錄》에 실려 있다.

해릉海陵의 황심黃尋은 처음에는 매우 가난하였다. 그런데 어느 날 큰 비바람이 불면서 동전이 흩날려 그의 집에 떨어지는 것이었다. 울타리와 정원에 부딪쳤고 어떤 것은 잘못 다른 곳으로 떨어진 것도 무수히 많았다. 황심은 남은 것들조차 모두 주워 모았다. 이리하여 수천 만금의 큰 부자가 되어 강북江北에 그 이름이 널리 알려졌다.

《幽冥錄》: 海陵黃尋先貧. 因大風雨, 散飛錢, 至其家. 觸籬園, 誤落者無數. 餘處皆拾得, 富至數千萬, 擅名江北.

【幽冥錄】남조 宋나라의 劉義慶이 지었다는 책.《幽明錄》이라고도 함.
【黃尋】인명.
【散飛錢】다른 판본에는 '散錢飛'로 되어 있음.

253. 王允千里, 黃憲萬頃

253-① 王允千里
천리마와 같은 왕윤

후한後漢의 왕윤王允은 자가 자사子師이며 태원太原 기현祁縣 사람이다. 곽림종郭林宗이 그를 보고 기이하게 여겨 이렇게 말하였다.

"왕윤은 천리마와 같아 왕의 보좌가 될 재주를 가지고 있다."

그리하여 드디어 그와 사귐을 트게 되었다.

왕윤은 젊어서 큰 절의를 좋아하였으며, 공을 세우고 말겠다는 의지를 가지고 있었다. 그리하여 항상 경전經傳을 익혀 외우며 조석으로 말 달리고 활 쏘는 연습을 하였다. 그리하여 삼공三公이 동시에 그를 부르자, 사도司徒에 응하여 가장 높은 점수로 시어사侍御史가 되었으며, 헌제獻帝 때에는 사도司徒에 오르게 되었다.

뒤에 동탁董卓에 의해 도읍이 관중關中 장안으로 옮겨가자, 조정의 크고 작은 일은 모두 왕윤에게 맡겨졌다. 왕윤은 그때 사정을 속여 뜻을 굽혀 매번 윗사람의 지시에 부응하였다. 동탁 역시 그의 마음 씀씀이를 미루어 그를 의심하지 않았다. 그 때문에 위란危亂 속에 처한 한나라 왕실을 부축하여 지속시킬 수 있었던 것이며 신하나 황제, 그리고 내외 누구도 그의 힘을 입지 않은 자가 없을 정도였다. 왕윤은 동탁의 역모 의도가 이미 조짐을 나타남을 보고 몰래 사예司隸 황완黃琬등과 모의하여 함께 동탁을 죽일 준비를 하였다. 왕윤은 성격이 강직하고 모가 나며 악을 미워하였다. 처음 동탁의 시랑豺狼 같은 의도에 겁을 내어 자신의 절의를 꺾었지만 의도한 바가 있었던 것이었다.

동탁이 섬멸되기만 하면 더 이상은 환난이 없을 것이며, 지팡이를 바로 짚고 진중함을 지키며 저울질에 따라 움직이는 계획은 따르지 않을 것이라 여겼다. 그러나 많은 아래 사람들이 그의 의도에 많이 따라주지 않아 왕윤은 도리어 동탁의 부장 이각李傕에게 살해되고 말았다.

後漢, 王允字子師, 太原祁人.
郭林宗見而奇之曰:「王生一日千里, 王佐才也.」
遂與定交. 允少好大節, 有志於立功. 常習誦經傳, 朝夕試馳射. 三公並辟, 以司徒高第, 爲侍御史, 獻帝時爲司徒. 及董卓遷都關中, 朝廷大小, 悉委於允. 允矯情屈意, 每相承附. 卓亦推心不疑. 故得扶持王室於危亂之中. 臣主內外莫不倚恃. 允見卓簒逆已兆, 密與司隸黃琬等, 謀共誅之. 允性剛稜疾惡. 初懼卓豺狼, 故折節圖之. 卓旣殲滅, 自謂無復患難. 杖正持重, 不循權宜之計. 群下不甚附之. 反爲卓將李傕所殺.

【王允】후한 때의 인물. 자는 子師. 《後漢書》에 전이 실려 있음.
【郭林宗】郭泰(127~169). 經典에 博通하여 제자가 천여 명에 이르렀으며 당시 학문을 조종으로 추앙받았음. 뒤에 范曄이 《後漢書》를 쓰면서 자신의 아버지(范泰)의 이름을 피휘하여 '郭太'로 표기하였음. 《後漢書》(68)에 전이 있음. 李元禮(李膺)가 극찬하였던 인물. '林宗折巾'[154] 및 '李郭仙舟'[050] 참조.
【獻帝】동한 마지막 황제 劉協. 189~220년 재위함. 曹氏 부자에게 휘둘려 제대로 皇權을 행사하지 못하였으며 결국 220년 曹丕(魏 文帝)에게 제위를 선양하여 漢나라가 종말을 고함.
【董卓】東漢 말 隴西 臨洮 출신으로 자는 仲潁. 어릴 때 羌族과 어울려 凉州의 실력자가 되었으며 靈帝 때 東中郞將이 되어 盧植을 대신하여 黃巾賊을 물리치기도 함. 少帝 때 군사를 이끌고 洛陽에 입성, 소제를 폐하고 獻帝를 옹립한 다음 정권을 농단함. 이에 袁紹 등이 동탁을 성토하여 군사를 일으키자 낙양 궁궐을 불태우고 헌제를 협박, 長安으로 수도를 옮겼으나 王允의 모략에 빠져 자신의 부장 呂布에게 살해되었음.
【黃琬】동한 말 인물. 자는 子琰. 黃瓊의 아들. 동탁을 죽이려다 실패하여

이각에게 죽음을 당함.《後漢書》에 전이 있음. '黃琬對曰'[057] 참조.
【李傕】董卓의 부하 장수.

> 참고 및 관련 자료

1.《後漢書》王允

王允字子師, 太原祁人也. 世仕州郡爲冠蓋. 同郡郭林宗嘗見允而奇之, 曰:「王生一日千里, 王佐才也.」遂與定交. 年十九, 爲郡吏. 時小黃門晉陽趙津貪橫放恣, 爲一縣巨患, 允討捕殺之. 而津兄弟諸事宦官, 因緣譖訴, 桓帝震怒, 徵太守劉瓆, 遂下獄死. 允送喪還平原, 終畢三年, 然後歸家. 復還仕, 郡人有路佛者, 少無名行, 而太守王球召以補吏, 允犯顔固爭, 球怒, 收允欲殺之. 刺史鄧盛聞而馳傳辟爲別駕從事. 允由是知名, 而路佛以之廢棄. 允少好大節. 有志於立功, 常習誦經傳, 朝夕試馳射. 三公並辟, 以司徒高第爲侍御史. 中平元年, 黃巾賊起, 特選拜豫州刺史. 辟荀爽·孔融等爲從事, 上除禁黨. 討擊黃巾別帥, 大破之, 與左中郎將皇甫嵩·右中郎將朱儁等受降數十萬. 於賊中得中常侍張讓賓客書疏, 與黃巾交通, 允具發其姦, 以狀聞. 靈帝責怒讓, 讓叩頭陳謝, 竟不能罪之. 而讓懷協忿怨, 以事中允. 明年, 遂傳下獄.

會赦, 還復刺史. 旬日間, 復以它罪被捕. 司徒楊賜以允素高, 不欲使更楚辱, 乃遣客謝之曰:「君以張讓之事, 故一月再徵. 凶慝難量, 幸爲深計.」又諸從事好氣決者, 共流涕奉藥而進之. 允厲聲曰:「吾爲人臣, 獲罪於君, 當伏大辟以謝天下, 豈有乳藥求死乎!」投杯而起, 出就檻車. 旣至廷尉, 左右皆促其事, 朝臣莫不歎息. 大將軍何進·太尉袁隗·司徒楊賜共上疏請之曰:「夫內視反聽, 則忠臣竭誠; 寬賢矜能, 則義士厲節. 是以孝文納馮唐之說, 晉悼宥魏絳之罪. 允以特選受命, 誅逆撫順, 曾未期月, 州境澄淸. 方欲列其庸勳, 請加爵賞, 而以奉事不當, 當肆大戮. 責輕罰重, 有虧衆望. 臣等備位宰相, 不敢寢黙. 誠以允宜蒙三槐之聽, 以昭忠貞之心.」書奏, 得以減死論. 是冬大赦, 而允獨不在宥, 三公咸復爲言. 至明年, 乃得解釋. 是時宦者橫暴, 睚眦觸死. 允懼不免, 乃變易名姓, 轉側河內·陳留閒. 及帝崩, 乃奔喪京師. 時大將軍何進欲誅宦官, 召允與謀事, 請爲從事中郎, 轉河南尹. 獻帝卽位, 拜太僕, 再遷守尙書令. 初平元年, 代楊彪爲司徒, 守尙書令如故. 及董卓遷都關中, 允悉收斂蘭臺·石室圖書秘緯要者以從. 旣至長安, 皆分別條上. 又集漢朝舊事所當施用者, 一皆奏之. 經籍具存, 允有力焉. 時董卓尙留洛陽, 朝政大小, 悉委之於允. 允矯情屈意, 每相承附,

卓亦推心, 不生乖疑, 故得扶持王室於危亂之中, 臣主內外, 莫不倚恃焉. 允見卓禍毒方深, 篡逆已兆, 密與司隸校尉黃琬·尙書鄭公業等謀共誅之. 乃上護羌校尉楊瓚行左將軍事, 執金吾士孫瑞爲南陽太守, 並將兵出武關道, 以討袁術爲名, 實欲分路征卓, 而後拔天子還洛陽. 卓疑而留之, 允乃引內瑞爲僕射, 瓚爲尙書. 二年, 卓還長安, 錄入關之功, 封允爲溫侯, 食邑五千戶. 固讓不受. 士孫瑞說允曰:「夫執謙守約, 存乎其時. 公與董太師並位俱封, 而獨崇高節, 豈和光之道邪?」允納其言, 乃受二千戶. 三年春, 連雨六十餘日, 允與士孫瑞·楊瓚登臺請霽, 復結前謀. 瑞曰:「自歲末以來, 太陽不照, 霖雨積時, 月犯執法, 彗孛仍見, 晝陰夜陽, 霧氣交侵, 此期應促盡, 內發者勝. 幾不可後, 公其圖之.」允然其言, 乃潛結卓將呂布, 使爲內應. 會卓入賀, 呂布因刺殺之. 語在《卓傳》. 允初議赦卓部典, 呂布亦數勸之. 旣而疑曰:「此輩無罪, 從其主耳. 今若名爲惡逆而特赦之, 適足使其自疑, 非所以安之之道也.」呂布又欲以卓財物班賜公卿·將校, 允又不從. 而素輕布, 以劍客遇之. 布亦負其功勞, 多自誇伐, 旣失意望, 漸不相平. 允性剛稜疾惡, 初懼董卓豺狼, 故折節圖之. 卓旣殲滅, 自謂無復患難, 及在際會, 每乏溫潤之色, 杖正持重, 不徇權宜之計, 是以羣下不甚附之. 董卓將校及在位者多涼州人, 允議罷其軍. 或說, 允曰:「涼州人素憚袁氏而畏關東. 今若一旦解兵(關東), 則必人人自危. 可以皇甫義眞爲將軍, 就領其衆, 因使留陝以安撫之, 而徐與關東通謀, 以觀其變.」允曰:「不然. 關東擧義兵者, 皆吾徒耳. 今若距險屯陝, 雖安涼州, 而疑關東之心, 甚不可也.」時百姓訛言, 當悉誅涼州人, 遂轉相恐動. 其在關中者, 皆擁兵自守. 更相謂曰:「丁彥思·蔡伯喈但以董公親厚, 並尙從坐. 今旣不赦我曹, 而欲解兵, 今日解兵, 明日當復爲魚肉矣.」卓部曲將李傕·郭汜等先將兵在關東, 因不自安, 遂合謀爲亂, 攻圍長安. 城陷, 呂布奔走. 布駐馬靑瑣門外, 招允曰:「公可以去乎?」允曰:「若蒙社稷之靈, 上安國家, 吾之願也. 如其不獲, 則奉身以死之. 朝廷幼少, 恃我而已, 臨難苟免, 吾不忍也. 努力謝關東諸公, 勤以國家爲念.」初, 允以同郡宋翼爲左馮翊, 王宏爲右扶風. 是時三輔民庶熾盛, 兵穀富實, 李傕等欲卽殺允, 懼二郡爲患, 乃先徵翼·宏. 宏遣使謂翼曰:「郭汜·李傕以我二人在外, 故未危王公. 今日就徵, 明日俱族. 計將安出?」翼曰:「雖禍福難量, 然王命所不得避也.」宏曰:「義兵鼎沸, 在於董卓, 況其黨與乎! 若擧兵共討君側惡人, 山東必應之, 此轉禍爲福之計也.」翼不從. 宏不能獨立, 遂俱就徵, 下廷尉. 傕乃收允及翼·宏, 幷殺之. 允時年五十六. 長子侍中蓋·次子景·定及宗族十餘人皆見誅害, 唯兄子晨·陵得脫歸鄉里. 天子感慟, 百姓喪氣, 莫敢收允尸者, 唯故吏平陵令趙戩弃官營喪.

253-② 黃憲萬頃
만 이랑 물결과 같은 황헌

후한後漢의 황헌黃憲은 자가 숙도叔度이며 여남汝南 신양愼陽 사람이다. 대대로 빈천하여 아버지는 소의 병을 치료하는 수의사였다. 진번陳蕃과 주거周擧가 일찍이 이렇게 말한 적이 있다.

"잠시나 한 달만 황헌을 만나지 않으면 비루하고 인색한 마음이 다시 싹이 튼다."

진번이 삼공三公의 지위에 오르자 이렇게 탄식하였다.

"황헌이 만약 지금 살아 있다면 내 어찌 감히 그보다 먼저 인수印綬를 찰 수 있었겠는가!"

곽림종郭林宗이 젊어서 여남에 놀러간 적이 있었는데 먼저 원굉袁閎의 집을 들러서는 하룻밤도 머물지 않은 채 물러났지만 황헌과는 며칠을 머물러 지낸 다음 돌아오는 것이었다. 어떤 이가 그 이유를 묻자 곽림종은 이렇게 말하였다.

"봉고(奉高, 원굉)의 그릇됨은 비유하건대 넘쳐나는 물과 같아 비록 맑기는 하지만 쉽게 퍼 올려 깊이를 잴 수 있다. 그러나 숙도(황헌)는 드넓기가 천 이랑의 못과 같다. 이를 맑게 하고자 해도 맑게 할 수가 없고 탁하게 뒤섞어도 탁해지지 않아 그 양을 알 수 없다."

뒤에 관직에 불려 추천되었지만 나가지 않았다. 봉고는 원굉의 자이다.

《세설신어世說新語》에는 천千을 만萬이라 표기하였으며, 효淆자는 요撓로 적어 이와 약간 다르다.

後漢, 黃憲字叔度, 汝南愼陽人. 世貧賤, 父爲牛醫.
陳蕃·周擧嘗相謂曰:「時月之間, 不見黃生, 則鄙吝之萌復存于心」
及蕃爲三公, 歎曰:「叔度若在, 吾不敢先佩印綬!」

郭林宗少遊汝南, 先過袁閎, 不宿而退, 從憲累日方還.

或問之, 林宗曰:「奉高之器譬諸氾濫, 雖淸而易挹. 叔度汪汪若千頃陂. 澄之不淸, 淆之不濁, 不可量也.」

後擧辟無所就. 奉高閎字.

《世說》, 千作萬, 淆作撓, 與此小異.

【黃憲】자는 叔度(75~122). 《後漢書》(53)에 전이 있음. 덕과 수양이 높아 당시 많은 이들이 흠모하였으며 荀淑은 그를 '顔子'라 예찬하였음.

【陳蕃】자는 仲擧(?~168). 汝南人. 太傅에 이르렀으며 桓帝 때 대장군 竇武와 宦官을 탄핵하다가 해를 입었음. 《後漢書》(66)에 傳이 있음. 字는 仲擧. '陳蕃下榻'[246] 참조.

【周擧】후한 때의 저명한 문사. 《世說新語》에는 周乘(子居)로 되어 있음. 周乘은 西陽太守, 泰山太守 등을 지냈으며, 천품이 고결하여 黃憲이나 陳寔 같은 이가 아니면 사귀지 않았다고 함.

【郭林宗】郭泰(127~169). 經典에 博通하여 제자가 천여 명에 이르렀으며 당시 학문을 조종으로 추앙받았음. 뒤에 范曄이 《後漢書》를 쓰면서 자신의 아버지(范泰)의 이름을 피휘하여 '郭太'로 표기하였음. 《後漢書》(68)에 전이 있음. '林宗折巾'[154] 참조.

【袁閎】袁奉高. 袁閬. 자는 奉高. 동한 때 愼陽 사람으로 후진을 추천하기를 즐겨하였다 함. 黃憲과 陳蕃 등이 모두 그에 의해 추천을 받음. 本傳의 주에 "袁閎字奉高 閬字夏甫"라고 되어 있고, '閎'은 '閬'의 誤字.

【氾濫】궤람(氿濫)의 오기. 샘물이 솟아나는 모습.

> 참고 및 관련 자료

1. 《後漢書》黃憲

黃憲字叔度, 汝南愼陽人也. 世貧賤, 父爲牛醫. 潁川荀淑至愼陽, 遇憲於逆旅, 時年十四, 淑竦然異之, 揖與語, 移日不能去. 謂憲曰:「子, 吾之師表也.」旣而前至袁(閎)[閬]所, 未及勞問, 逆曰:「子國有顔子, 寧識之乎?」(閎)[閬]曰:「見吾叔

度邪?」是時,同郡戴良才高倨慠,而見憲未嘗不正容,及歸,罔然若有失也. 其母問曰:「汝復從牛醫兒來邪?」對曰:「良不見叔度,不自以爲不及;既覩其人,則瞻之在前,忽焉在後,固難得而測矣.」同郡陳蕃・周擧常相謂曰:「時月之閒不見黃生,則鄙吝之萌復存乎心.」及蕃爲三公,臨朝歎曰:「叔度若在,吾不敢先佩印綬矣.」太守王龔在郡,禮進賢達,多所降致,卒不能屈憲. 郭林宗少游汝南,先過袁(閎)[閬],不宿而退;進往從憲,累日方還. 或以問林宗. 林宗曰:「奉高之器,譬諸(汎)[氿]濫,雖清而易挹. 叔度汪汪若千頃陂,澄之不清,淆之不濁,不可量也.」憲初舉孝廉,又辟公府,友人勸其仕,憲亦不拒之,暫到京師而還,竟無所就. 年四十八終,天下號曰「徵君」. 論: 黃憲言論風旨,無所傳聞,然士君子見之者,靡不服深遠,去玭吝. 將以道周性全,無德而稱乎? 余曾祖穆侯以爲憲隤然其處順,淵乎其似道,淺深莫臻其分,清濁未議其方. 若及門於孔氏,其殆庶乎! 故嘗著論云.

2.《世說新語》德行篇

郭林宗至汝南造袁奉高,車不停軌,鸞不輟軛;詣黃叔度,乃彌日信宿. 人問其故? 林宗曰:「叔度汪汪,如萬頃之陂;澄之不清,擾之不濁,其器深廣,難測量也.」

3.《世說新語》德行篇

周子居常云:「吾時月不見黃叔度,則鄙吝之心已復生矣.」

4.《典略》黃憲

黃憲字叔度,汝南慎陽人. 時論者咸云「顏子復生」. 而族出孤鄙,父爲牛醫. 潁川荀季和執憲手曰:「足下,吾師範也.」後見袁奉高曰:「鄉國有顏子,寧知之乎?」奉高曰:「卿見吾叔度邪?」戴良少所服下,見憲則自降薄,悵然若有所失. 母問:「汝何不樂乎? 復從牛醫兒所來邪?」良曰:「瞻之在前,忽焉在後」,所謂良之師也.」

5.《十八史略》(3)

汝南太守王龔,好才愛士,以袁閬爲功曹. 引進黃憲・陳蕃等,憲父爲牛醫. 憲年十四,潁川苟淑遇於逆旅,竦然異之,曰:「子吾之師表也.」見閬曰:「子國有顏子」閬曰:「見吾叔度邪?」戴良才高,每見憲歸,惘然若自失,其母曰:「汝復從牛醫兒來邪?」陳蕃等相謂曰:「時月之閒,不見黃生,鄙吝之萌,復存乎心矣.」太原郭泰,過閬不宿,從憲累日,曰:「奉高之器,譬之氿濫,雖清而易把;叔度汪汪,若千頃陂. 澄之不清,撓之不濁,不可量也.」憲初舉孝廉,又辟公府,人勸其仕. 暫到京師,卽還. 年四十八而終.

254. 虞騑才望, 戴淵峰穎

254-① 虞騑才望
우비의 재능과 성망

《진서晉書》에 실려 있다.
우비虞騑는 자가 사행思行이며 회계會稽 여요餘姚 사람으로 오흥태수吳興太守를 역임하였다.
왕도王導가 일찍이 이렇게 말하였다.
"공유孔愉는 삼공이 될 재능이 있으나 삼공의 덕망은 갖추지 못하였다. 그런가 하면 정담丁潭은 삼공의 덕망은 갖추었으나 삼공의 재능은 갖추지 못하였다. 이 재능과 덕망 두 가지를 겸비한 자라면 바로 그대가 아니겠는가!"
관직은 제대로 영달하지 못한 채 죽고 말아 당시 사람들이 애석하게 여겼다.
구본舊本에는 재才자를 잘못하여 체體자로 표기하였다.

《晉書》: 虞騑字思行, 會稽餘姚人. 歷吳興太守.
王導嘗謂曰:「孔愉有公才, 而無公望; 丁潭有公望, 而無公才. 兼之者其在卿乎!」
官未達而喪, 時人惜之.
舊本: 才誤作體.

【虞騑】 자는 思行. 吳興太守를 거쳐 金紫光祿大夫를 지냄.

【丁潭】 자는 世康. 元帝 때 駙馬都尉, 尙書祠部郞 등을 거쳐 廣武將軍, 東陽太守를 지냈으며 成帝 때 光祿大夫에 오름.《晉書》(78)에 전이 있음.

【王導】 자는 茂弘(276~339). 어릴 때 자는 阿龍. 王敦의 從弟. 서진이 망하자 王敦과 함께 司馬睿를 황제로 추대하여 東晉을 세움. 그 공으로 丞相이 되었으며 號를 '仲父'라 하였음. 천하의 권세를 잡아 당시 "王與馬, 共天下"라 하였음. 元帝와 明帝, 成帝를 차례로 즉위시켰음. 아울러 남방 세족의 도움으로 강남에서의 동진 정권을 안정시킴.《晉書》(65)에 전이 있음. '王導公忠'[004] 참조.

【孔愉】 자는 敬康(268~342). 車騎將軍을 추증 받음. 그의 막내아들이 孔安國이었음. 會稽內史 등을 지냈으나 말년에 侯山에 은거함. 시호는 貞.《晉書》(78)에 전이 있음. '孔愉放龜'[214] 참조.

참고 및 관련 자료

1.《晉書》(76) 虞潭傳

騑字思行, 潭之兄子也. 雖機幹不及於潭, 然而素行過之. 與譙國桓彝俱爲吏部郞, 情好甚篤. 彝遣溫拜騑, 騑使子谷拜彝. 歷吳興太守·金紫光祿大夫. 王導嘗謂騑曰:「孔愉有公才, 而無公望; 丁潭有公望, 而無公才. 兼之者, 其在卿乎!」 官未達而喪, 時人惜之.

2.《世說新語》品藻篇

會稽虞騑, 元皇時與桓宣武同使, 其人有才理勝望. 王丞相嘗謂騑曰:「孔愉有公才而無公望, 丁潭有公望而無公才, 兼之者其在卿乎?」騑未達而喪.

3.《虞光祿傳》

騑字思行, 會稽餘姚人; 虞飜曾孫, 右光祿潭兄子也. 雖機幹不及潭, 而至行過之. 歷吏部郞·吳興守, 徵爲金紫光祿大夫卒.

254-② 戴淵峰穎
산봉우리와 이삭처럼 우뚝하고 빼어난 대연

《세설신어世說新語》에 실려 있다.
대연戴淵은 자가 약사若思이다. 젊어서 유협의 무리들과 어울렸으며 일찍이 강회江淮 지역에서 남을 공격하고 빼앗는 강도짓을 하였다. 육기陸機가 휴가를 얻어 고향으로 갔다가 낙양洛陽으로 오는 길에 배에 실은 물건들이 심히 풍성하였다. 대연이 강가에서 호상胡牀에 걸터앉아 좌우 부하들이 육기의 짐을 빼앗는 것을 지휘하고 있었는데 모두가 절도가 있고 적절하였다. 대연이 이처럼 신기한 모습에 봉우리에 뛰어난 이삭 같아 비록 비루한 짓을 하고 있기는 하였지만 그 신기한 기운은 더욱 기이하였다. 육기가 배에서 이를 보고는 멀리서 이렇게 말하였다.
"그대의 재능은 이와 같은데 그럼에도 다시 남의 물건을 겁탈하는 짓을 하는가?"
대연은 눈물을 흘리며 칼을 내던지고 육기에게 귀탁하였다. 그는 말소리가 날카로워 보통 사람과는 달랐다. 육기는 그를 더욱 중시하여 편하게 그와 사귀게 되었다.

《世說》: 戴淵字若思. 少遊俠, 嘗在江淮間攻掠. 陸機赴假還洛, 輜重甚盛. 淵在岸上, 據胡牀, 指揮左右, 皆得其宜. 淵旣神姿峰穎, 雖處鄙事, 神氣尤異.
機於船上, 遙謂之曰:「卿才如此, 亦復作劫邪?」
淵泣涕, 投劍而歸. 辭屬非常, 機彌重之, 便與定交.

【戴淵】자는 若思. 元帝 때 征西將軍. 뒤에 兗州·豫州 등 六州刺史를 지냄.
【江淮間】長江과 淮水 사이.
【陸機】자는 士衡(261~303). 吳郡人. 조부 陸遜과 아버지 陸抗은 모두 吳나라 將相을 지냈으며 西晉이 吳나라를 멸하자 10년 동안 문을 잠그고 공부하여 동생 陸雲과 함께 洛陽으로 들어가 고관과 사귀어 '二十四友'에 그 이름이 오름. 太子洗馬를 거쳐 著作郞, 平原內史를 지냈으며 八王의 난에 成都王(司馬穎)이 長沙王(司馬乂)을 토벌하는 일에 참여함. 뒤에 河北大都督을 지냈으나 전투에 패하여 孟玖, 盧志 등의 참훼를 입어 동생과 함께 피살됨. 당시 대문장가로 〈文賦〉는 중국문학 비평사에 유명한 글로 평가받음.《晉書》(54)에 전이 있음. 〈登樓賦〉 등 유명한 작품을 남김. '士衡患多'[011] 참조.
【胡牀】交牀·繩牀. 걸터앉는 큰 의자. 북쪽 이민족이 사용하던 것이 유래되어 이름이 지어짐.

참고 및 관련 자료

1.《世說新語》自新篇
戴淵少時, 遊俠不治行檢, 常在江·淮間攻掠商旅. 陸機赴假還洛, 輜重甚盛, 淵使少年掠劫; 淵在岸上, 據胡牀, 指麾左右, 皆得其宜. 淵旣風姿峯穎, 雖處鄙事, 神氣猶異. 機於船屋上遙謂之曰:「卿才如此, 亦復作劫邪?」淵便泣涕, 投劍歸機, 辭厲非常, 機彌重之; 定交, 作箋薦焉. 過江, 仕至征西將軍.

2.《晉書》虞預
機薦淵於趙王倫曰:「蓋聞繁弱登御, 然後高埔之功顯; 孤竹在肆, 然後降神之曲成. 伏見處士戴淵, 砥節立行, 有井渫之潔, 安窮樂志, 無風塵之慕. 誠東南之遺寶, 朝廷之貴璞也! 若得寄跡康衢, 必能結軌驥騄; 耀質廊廟, 必能垂光瑜璠. 夫枯岸之民, 果於輸珠; 潤山之客, 列於貢玉. 蓋明暗呈形, 則庸識所甄也.」倫卽辟淵.

255. 史魚黜殯, 子囊城郢

255-① 史魚黜殯
자신의 시신을 폐출시킨 사어

《공자가어孔子家語》에 실려 있다.

위衛 나라 대부大夫 거백옥蘧伯玉은 어질었지만 영공靈公이 그를 등용하지 않았다. 그런가 하면 미자하彌子瑕는 불초한 인물임에도 도리어 그를 신임하고 있었다. 사어史魚가 자주 이 문제를 간언하였지만 영공은 들은 체도 하지 않는 것이었다.

사어는 임종 때 아들에게 이렇게 유언하였다.

"내 조정에 있으면서 거백옥을 진달시키지 못하였고, 미자하를 퇴출시키지 못하였다. 이는 임금을 바르게 해 드리지 못한 것이다. 살아서 능히 임금을 바르게 해 드리지 못하였으니, 죽어서 예로써 장례를 받을 수 없다. 내가 죽거든 너는 내 시신을 창문 아래 안치하여라. 그것으로써 나에 대한 예우는 끝나는 것이다."

그 아들이 아버지 말씀대로 하였다. 영공이 조문을 와서 괴이히 여겨 묻자 그 아들은 아버지의 말씀을 임금에게 그대로 알렸다.

영공은 깜짝 놀라 얼굴빛을 잃은 채 이렇게 말하였다.

"이는 과인의 과오로다. 사어는 살아 있을 때에는 항상 어진 이를 추천하였고, 불초한 자를 물리쳤는데 죽어서도 시신으로써 이렇게 간언을 하니, 가히 지극한 충정이라 할 수 있도다."

그리하여 빈소를 객위客位에 차리게 하고 거백옥을 상경上卿으로 삼고 미자하를 멀리 퇴출시켰다.

공자孔子가 듣고 이렇게 말하였다.

"옛날 아무리 엄하게 간언한 자라 해도 죽으면 그것으로 끝을 맺었다.

그리하여 사어처럼 죽으면서까지 그 시신으로써 간언한 자는 있지 않았다. 사어는 충성이 그 임금을 감동시킨 자이니 가히 곧다 하지 않으랴!"

《家語》曰: 衛大夫蘧伯玉之賢, 靈公不用. 彌子瑕不肖, 反任之.
史魚驟諫不從. 將卒, 命其子曰:「吾在朝不能進蘧伯玉退彌子瑕. 是不能正君也. 生不能正君, 死無以成禮. 我死, 汝置屍牖下, 於我畢矣.」
其子從之. 靈公弔焉, 怪而問之, 其子以其父言告公.
公愕然失容曰:「是寡人之過也. 史魚生時恒欲進賢而退不肖. 及其死, 又以屍諫, 可謂至忠矣.」
命之殯於客位, 進蘧伯玉爲上卿, 退彌子瑕遠之.
孔子聞之曰:「古之烈諫者, 死則已矣. 未有若史魚死而屍諫, 忠感其君者也. 可不謂直乎!」

【蘧伯玉】《論語》衛靈公篇에 "君子哉蘧伯玉, 邦有道則仕, 邦無道則可卷而懷之"라 하여 공자로부터 칭송 받은 현인.
【靈公】춘추시대 衛나라 군주. B.C.543~B.C.493년까지 42년간 재위함.
【彌子瑕】위나라 영공을 섬기던 佞臣. 愛憎之變의 고사를 남긴 인물.《韓非子》참조.
【史魚】'史'는 姓. 이름은 鰌(鱃). 字는 子魚. 衛나라 대부.
【可不謂直乎】《論語》衛靈公篇에 "子曰: 直哉史魚"라 함.

참고 및 관련 자료

1.《孔子家語》困誓篇
衛蘧伯玉賢而靈公不用, 彌子瑕不肖反任之, 史魚驟諫而不從. 史魚病將卒, 命其子曰:「吾在衛朝, 不能進蘧伯玉退彌子瑕, 是吾爲臣不能正君也. 生而不能

正君, 則死無以成禮. 我死, 汝置屍牖下, 於我畢矣.」其子從之, 靈公弔焉, 怪而問焉, 其子以其父言告公, 公愕然失容曰:「是寡人之過也.」於是命之殯於客位, 進蘧伯玉而用之, 退彌子瑕而遠之. 孔子聞之:「古之列諫之者, 死則已矣, 未有若史魚死而屍諫, 忠感其君者也, 不可謂直乎?」

2. 《韓詩外傳》(7)

昔者, 衛大夫史魚病且死, 謂其子曰:「我數言蘧伯玉之賢, 而不能進; 彌子瑕不肖, 而不能退. 爲人臣, 生不能進賢而退不肖, 死不當喪治正堂, 殯我於室, 足矣.」衛君問其故, 子以父言聞. 君造然召蘧伯玉而貴之, 而退彌子瑕, 徒殯於正堂, 成禮而後去. 生以身諫, 死以尸諫, 可謂直矣. 詩曰:『靖共爾位, 好是正直.』

3. 《新序》雜事(一)

衛靈公之時, 蘧伯玉賢而不用, 彌子瑕不肖而任事. 衛大夫史鰌患之, 數以諫靈公而不聽. 史鰌病且死, 謂其子曰:「我卽死, 治喪於北堂. 吾不能進蘧伯玉而退彌子瑕, 是不能正君也, 生不能正君者, 死不當成禮, 置尸於北堂, 於我足矣.」史鰌死, 靈公往弔, 見喪在北堂, 問其故? 其子以父言對靈公. 靈公蹴然易容, 寤然失位曰:「夫子生則欲進賢而退不肖, 死且不懈, 又以屍諫, 可謂忠而不衰矣.」於是乃召蘧伯玉, 而進之以爲卿, 退彌子瑕. 徙喪正堂, 成禮而後返, 衛國以治. 史鰌, 字子魚, 論語所謂「直哉! 史魚」者也.

255-② 子囊城郢
영 땅에 성을 쌓도록 한 자낭

《좌씨전左氏傳》에 실려 있다.

초楚나라 자낭子囊이 죽음에 임박하여 그 아들 자경子庚에게 이렇게 유언을 남겼다.

"반드시 영郢의 축성을 완성하라."

군자가 이를 두고 이렇게 평하였다.

"자낭은 충신이다. 임금이 죽었을 때 임금에게 좋은 시호를 정할 것을 잊지 않았고, 자신의 임종에 사직을 보위할 것을 잊지 않았으니 불충이라 할 수 있겠는가?"

당초 초 공왕共王이 병이 들자 대부大夫 자낭에게 이렇게 고하였다.

"내는 덕이 없으니 만약 대부들의 도움으로 머리와 목을 보존하여 땅에 묻힐 수 있다면 내 시호를 '령靈'이나 '려厲'로 하라."

그리고 죽자 자낭이 이렇게 말하였다.

"임금의 명령에 '공共'자를 쓰도록 하였소. 청컨대 시호를 '공'으로 합시다."

초나라에서는 도읍을 영 땅으로 옮겨 아직 성곽이 없었다. 축성 공사가 아직 완성하지 못한 상태였는데 자낭이 이를 마치고자 하였으나 그럴 겨를이 없어 그 때문에 유언을 남겨 그 뜻을 표현한 것이었다.

《左氏傳》: 楚子囊將死, 遺言謂子庚:「必城郢.」

君子謂:「子囊忠, 君薨不忘增其名, 將死不忘衛社稷, 可不謂忠乎?」

初楚共王疾, 告大夫曰:「不穀不德, 若以大夫之靈, 獲保首領以沒於地, 請爲靈若厲.」

及卒, 子囊曰:「君命以共. 請諡之共.」

楚徙都郢, 未有城郭. 築城未訖, 子囊欲訖未暇, 故遺言見意.

【子囊】 楚나라의 令尹. '영윤'은 초나라에 있었던 관직 이름.
【郢】 지명. 楚나라의 도읍이었던 곳.
【靈・厲・共】〈諡號法〉에 "亂而不損曰靈", "殺戮無辜曰厲", "旣過能改曰恭"이라 하였으며 '恭'은 '共'과 같음.

참고 및 관련 자료

1.《左傳》襄公 14년

楚子囊還自伐吳, 卒. 將死, 遺言謂子庚,「必城郢!」君子謂,「子囊忠. 君薨, 不忘增其名; 將死, 不忘衛社稷, 可不謂忠乎? 忠, 民之望也. 詩曰:『行歸于周, 萬民所望.』忠也.」

2.《左傳》襄公 13년

秋, 楚共王卒. 子囊謀諡. 大夫曰:「君有命矣.」子囊曰:「君命以共, 若之何毀之? 赫赫楚國, 而君臨之, 撫有蠻夷, 奄征南海, 以屬諸夏, 而知其過, 可不謂共乎? 請諡之'共'.」大夫從之.

3.《國語》楚語(上)

恭王有疾, 召大夫曰:「不穀不德, 失先君之業, 覆楚國之師, 不穀之罪也. 若得保其首領以歿, 唯是春秋所以從先君者, 請爲『靈』若『厲』.」大夫許諾. 王卒, 及葬, 子囊議諡. 大夫曰:「王有命矣.」子囊曰:「不可. 夫事君者, 先其善不從其過. 赫赫楚國, 而君臨之, 撫征南海, 訓及諸夏, 其寵大矣. 有是寵也, 而知其過, 可不謂『恭』乎? 若先君善, 則請爲『恭』.」大夫從之.

256. 戴封積薪, 耿恭拜井

256-① 戴封積薪
섶을 쌓아 스스로 희생이 되겠다고 나선 대봉

후한後漢의 대봉戴封은 자가 평중平仲이며 제북濟北 강현剛縣 사람이다. 현량방정과賢良方正科에 천거되어 대책對策의 시험에 장원으로 의랑議郎으로 발탁되었으며 벼슬을 옮겨 서화령西華令이 되었다. 당시 여남汝南과 영천潁川에 메뚜기 재앙이 들었지만 유독 그가 다스리는 서화현까지는 들어오지 않았다. 그때 독우督郵가 각 관할 현을 순시하다가 그 현에 들어서자 갑자기 메뚜기 떼가 큰 무리를 이루어 날아드는 것이었다. 그러자 그가 떠나자 메뚜기 떼 역시 씻은 듯이 사라져 버렸다. 그 고을에서는 이를 괴이하게 여겼다.

그 해에는 큰 가뭄이 들어 대봉이 비를 내려줄 것을 기도하였지만 소득이 없었다. 이에 그는 섶을 쌓아놓고 그 위에 올라가 앉아 스스로를 태우게 되었다. 불길이 막 일어나자 큰비가 폭우가 되어 쏟아져 원근 각지 사람들이 모두 탄복하였다. 뒤에 그가 중산상中山相이 되어 여러 관할 현의 죄수 4백여 명의 사형을 집행하게 되었다. 대봉은 이를 애처롭게 여겨 모두 집으로 돌려보낸 다음 날짜를 정하여 되돌아오도록 하였는데, 누구 하나 위반한 자가 없었다. 그는 관직이 태상太常에 이르렀다.

後漢, 戴封字平仲, 濟北剛人. 擧賢良方正, 對策第一, 擢拜議郎. 遷西華令. 汝·潁有蝗災, 獨不入界. 時督郵行縣, 蝗忽大至. 及去蝗亦頓除, 一境奇之.

其年大旱, 封禱請無獲. 乃積薪坐其上, 以自焚, 火起而大雨暴至, 遠近歎服. 遷中山相, 諸縣囚四百餘人當行刑, 封哀之, 皆遣歸家. 與剋期日, 皆無違者. 官至太常.

【戴封】후한 때 인물로 자는 平仲.《後漢書》獨行傳에 실려 있음.
【蝗災】메뚜기로 인한 재해.
【剋】굳게 약속함. 약속을 저버리지 않음.

참고 및 관련 자료

1. 《後漢書》獨行傳(戴封)
戴封字平仲, 濟北剛人也. 年十五, 詣太學, 師事鄭令東海申君. 申君卒, 送喪到東海, 道當經其家. 父母以封當還, 豫爲娶妻. 封暫過拜親, 不宿而去. 還京師卒業. 時同學石敬平溫病卒, 封養視殯斂, 以所齎糧市小棺, 送喪到家. 家更斂, 見敬平行時書物皆在棺中, 乃大異之. 封後遇賊, 財物悉被略奪, 唯餘縑七匹, 賊不知處, 封乃追以與之, 曰:「知諸君乏, 故送相遺.」賊驚曰:「此賢人也.」盡還其器物. 後舉孝廉, 光祿主事, 遭伯父喪去官. 詔書求賢良方正直言之士, 有至行能消災伏異者, 公卿郡守各舉一人. 郡及大司農舉封, 公車徵, 陛見, 對策第一, 擢拜議郎. 遷西華令. 時汝·潁有蝗災, 獨不入西華界. 時督郵行縣, 蝗忽大至, 督郵其日卽去, 蝗亦頓除, 一境奇之. 其年大旱, 封禱請無獲. 乃積薪坐其上以自焚, 火起而大雨暴至, 遠近歎服. 遷中山相, 諸縣囚四百餘人, 辭狀已定, 當行刑. 封哀之, 皆遣歸家. 與剋期日, 皆無違者. 詔書策善焉. 永元十二年, 徵拜太常, 卒官.

256-② 耿恭拜井
물이 나오도록 우물에 절을 한 경공

후한後漢의 경공耿恭은 자가 백종伯宗이며 부풍扶風 무릉茂陵 사람이다. 어려서부터 강개慷慨하고 큰 지략이 많았으며, 장수가 될 재질을 갖추고 있었다.

영평永平 말에 그는 무기교위戊己校尉가 되어 금포성金蒲城을 지키게 되었다. 흉노匈奴가 성을 공격하자 경공은 성에 올라 맞붙어 전투를 벌이면서 화살에 독을 발라 흉노에게 이렇게 전하도록 하였다.

"우리 한漢나라의 화살은 신령하다. 맞아 상처만 나도 반드시 이상한 일이 벌어질 것이다."

그리고 강노强弩를 발사하였다. 그 화살에 맞은 자가 상처를 들여다보았더니 모두 부글부글 끓어오르는 것이었다. 흉노는 서로 이렇게 말하였다.

"한나라의 무기는 신기하구나. 정말로 두렵다."

그리하여 드디어 공격을 풀고 물러났다.

경공은 소륵성疏勒城이 곁에 석간수石澗水가 있어 가히 견고하게 지킬 수 있다고 여겨 병사들을 이끌고 그곳을 근거지로 삼았다. 흉노가 다시 경공의 부대를 공격해 오자 경공은 먼저 성에 오를 자 천 명을 모집하여 곧바로 흉노를 치고 나가 흉노의 기마병들이 흩어져 달아나고 말았다. 그러자 흉노는 그 석간수를 막아 끊어 버렸다. 경공은 성 안에 열다섯 길 깊이의 샘을 팠지만 물을 얻을 수 없었다. 군리軍吏와 병사들이 목이 말라 견딜 수 없는 지경에 이르자, 말똥을 짜서 즙을 내어 마실 정도였다. 경공은 하늘을 우러러 이렇게 탄식하였다.

"듣기로 옛날 이사장군貳師將軍 이광리李廣利는 차고 있던 칼을 뽑아 산을 찌르자 하늘로 치솟는 샘물이 솟아올랐다고 한다. 지금 한나라의 덕이 신명한데 어찌 이렇게 궁지에 몰릴 수 있단 말인가!"

그리고 옷깃을 여미고 우물을 향하여 절을 하였다. 잠깐 뒤 샘물이 솟아올라 뿜어져 나왔다. 이에 군리와 병사들로 하여금 물을 퍼서 이를 흉노에게 보여 주도록 하자 흉노들은 신명스럽다 여기며 드디어 병사를 끌고 퇴각해 버렸다.

뒤에 흉노가 다시 경공을 공격하자, 경공이 퇴각시켜 쫓아 버렸다. 이렇게 몇 달이 지나자 그만 식량이 바닥나고 다시 궁지에 몰리게 되었다. 이에 갑옷과 큰 활을 장작으로 태우고 활줄과 가죽을 씹어먹으며 견뎠다. 그때 경공은 병사들과 정성을 다해 죽음을 함께하여 그 때문에 누구 하나 두 마음을 먹는 자가 없었다. 흉노의 포위에 더 이상 그들을 항복시키지 못하자, 관총關寵이 조정에 글을 올려 구원을 청하였다. 당시 숙종肅宗은 사도司徒 포욱鮑昱이 제의를 받아들여 군대를 파견하여 경공을 맞아오도록 하고, 그가 돌아오자 다시 경공의 절의는 소무蘇武를 넘어선 것이니 의당 작위와 상을 받아야 한다고 상주上奏하여 드디어 그를 기도위騎都尉로 임명하게 되었다.

後漢, 耿恭字伯宗, 扶風茂陵人. 少慷慨多大略, 有將帥才.
永平末爲戊己校尉, 屯金蒲城. 匈奴攻城, 恭乘城搏戰, 以毒藥傅矢.
傳語匈奴曰:「漢家箭神. 其中瘡者必有異.」
因發强弩射之, 虜中矢者, 視創皆沸.
匈奴相謂曰:「漢兵神, 眞可畏也.」
遂解去. 恭以疏勒城傍有澗水可固, 引兵據之. 匈奴復攻恭, 恭募先登數千人, 直馳之, 胡騎散走, 遂擁絶澗水.
恭於城中穿井十五丈, 不得水. 吏士渴乏, 笮馬糞汁而飮之.
恭仰歎曰:「聞昔貳師將軍, 拔佩刀刺山, 飛泉涌出. 今漢德神明, 豈有窮哉!」
乃整衣向井拜禱, 有頃水泉奔出. 乃令吏士揚水以示虜. 虜以爲神明, 遂引去.
後復攻恭, 恭擊走之, 數月食盡窮困, 乃煮鎧弩, 食其筋革. 恭與士推誠同死生, 故皆無二心. 虜圍之不能下, 關寵上書求救.
時肅宗用司徒鮑昱議, 遣軍迎恭, 歸復奏恭節過蘇武, 宜蒙爵賞, 遂拜騎都尉.

【耿恭】후한 때 인물로 자는 伯宗.《後漢書》耿弇傳에 함께 실려 있음.
【永平】동한 明帝 劉莊 때의 연호. 58~75년까지 18년간.
【戊己校尉】漢나라 元帝 때 설치된 武職. 西域에 주둔한 武官. 五行說에 '戊己'는 중앙이기 때문에 서역의 중앙에 있으면서 사방의 여러 이민족 나라를 鎭撫한다는 뜻에서 이름이 붙여진 것임.
【金蒲城】西域 車師國에 있는 성 이름.
【疏勒】新彊 위구르 지역에 있는 나라 이름.
【貳師將軍】李廣利를 가리킴. '廣利泉涌'[247] 참조.
【關寵】謁者로 耿恭과 함께 서역으로 간 사람.
【肅宗】章帝 劉炟. 후한의 제3대 황제. 明帝 劉莊의 아들. 76~88년까지 재위함.
【蘇武】漢나라 杜陵人. 字는 子卿. 平陵侯 蘇建의 아들. 武帝 때 匈奴에 사신으로 가서 19년을 견디고 돌아옴.《漢書》蘇武傳 참조.

참고 및 관련 자료

1.《後漢書》耿弇傳 耿恭

恭字伯宗, 國弟廣之子也. 少孤. 慷慨多大略, 有將帥才. 永平十七年冬, 騎都尉劉張出擊車師, 請恭爲司馬, 與奉車都尉竇固及從弟駙馬都尉秉破降之. 始置西域都護·戊己校尉, 乃以恭爲戊己校尉, 屯後王部金蒲城, 謁者關寵爲戊己校尉, 屯前王柳中城, 屯各置數百人. 恭至部, 移檄烏孫, 示漢威德, 大昆彌已下皆歡喜, 遣使獻名馬, 及奉宣帝時所賜公主博具, 願遣子入侍. 恭乃發使齎金帛, 迎其侍子. 明年三月, 北單于遣左鹿蠡王二萬騎擊車師. 恭遣司馬將兵三百人救之, 道逢匈奴騎多, 皆爲所歿. 匈奴遂破殺後王安得, 而攻金蒲城. 恭乘城搏戰, 以毒藥傅矢. 傳語匈奴曰:「漢家箭神, 其中瘡者必有異.」因發彊弩射之. 虜中矢者, 視創皆沸, 遂大驚. 會天暴風雨, 隨雨擊之, 殺傷甚衆. 匈奴震怖, 相謂曰:「漢兵神, 眞可畏也!」遂解去. 恭以疏勒城傍有澗水可固, 五月, 乃引兵據之. 七月, 匈奴復來攻恭, 恭募先登數千人直馳之, 胡騎散走, 匈奴遂於城下擁絶澗水. 恭於城中穿井十五丈不得水, 吏士渴乏, 笮馬糞汁而飲之. 恭仰歎曰:「聞昔貳師將軍拔佩刀刺山, 飛泉涌出; 今漢德神明, 豈有窮哉!」乃整衣服向井再拜, 爲吏士禱. 有頃, 水泉奔出, 衆皆稱萬歲. 乃令吏士揚水以示虜. 虜出不意, 以爲神明, 遂引去. 時焉耆·龜兹攻歿都護陳睦, 北虜亦圍關寵於柳中. 會顯宗崩,

救兵不至, 車師復畔, 與匈奴共攻恭. 恭厲士衆擊走之. 後王夫人先世漢人, 常私以虜情告恭, 又給以糧餉. 數月, 食盡窮困, 乃煮鎧弩, 食其筋革. 恭與士推誠同死生, 故皆無二心, 而稍稍死亡, 餘數十人. 單于知恭已困, 欲必降之. 復遣使招恭曰:「若降者, 當封爲白屋王, 妻以女子.」恭乃誘其使上城, 手擊殺之, 炙諸城上. 虜官屬望見, 號哭而去. 單于大怒, 更益兵圍恭, 不能下. 初, 關寵上書求救, 時肅宗新卽位, 乃詔公卿會議. 司空第五倫以爲不宜救. 司徒鮑昱議曰:「今使人於危難之地, 急而棄之, 外則縱蠻夷之暴, 內則傷死難之臣. 誠令權時後無邊事可也, 匈奴如復犯塞爲寇, 陛下將何以使將? 又二部兵人裁各數十, 匈奴圍之, 歷旬不下, 其寡弱盡力之效也. 可令敦煌·酒泉太守各將精騎二千, 多其幡幟, 倍道兼行, 以赴其急. 匈奴疲極之兵, 必不敢當, 四十日間, 足還入塞.」帝然之. 乃遣征西將軍耿秉屯酒泉, 行太守事; 遣秦彭與謁者王蒙·皇甫援發張掖·酒泉·敦煌三郡及鄯善兵, 合七千餘人, 建初元年正月, 會柳中擊車師, 攻交河城, 斬首三千八百級, 獲生口三千餘人, 駝驢馬牛羊三萬七千頭. 北虜驚走, 車師復降. 會關寵已歿, 蒙等聞之, 便欲引兵還. 先是恭遣軍吏范羌至敦煌迎兵士寒服, 羌因隨王蒙軍俱出塞. 羌固請迎恭, 諸將不敢前, 乃分兵二千人與羌, 從山北迎恭, 遇大雪丈餘, 軍僅能至. 城中夜聞兵馬聲, 以爲虜來, 大驚. 羌乃遙呼曰:「我范羌也. 漢遣軍迎校尉耳.」城中皆稱萬歲. 開門, 共相持涕泣. 明日, 遂相隨俱歸. 虜兵追之, 且戰且行. 吏士素飢困, 發疏勒時尙有二十六人, 隨路死沒, 三月至玉門, 唯餘十三人. 衣屨穿決, 形容枯槁. 中郞將鄭衆爲恭已下洗沐易衣冠. 上疏曰:「耿恭以單兵固守孤城, 當匈奴之衝, 對數萬之衆, 連月踰年, 心力困盡. 鑿山爲井, 煮弩爲糧, 出於萬死無一生之望. 前後殺傷醜虜數千百計, 卒全忠勇, 不爲大漢恥. 恭之節義, 古今未有. 宜蒙顯爵, 以厲將帥.」及恭至雒陽, 鮑昱奏恭節過蘇武, 宜蒙爵賞. 於是拜爲騎都尉, 以恭司馬石修爲雒陽市丞, 張封爲雍營司馬, 軍吏范羌爲共丞, 餘九人皆補羽林. 恭母先卒, 及還, 追行喪制, 有詔使五官中郞將齎牛酒釋服. 明年, 遷長水校尉. 其秋, 金城·隴西羌反. 恭上疏言方略, 詔召入問狀. 乃遣恭將五校士三千人, 副車騎將軍馬防討西羌. 恭屯枹罕, 數與羌接戰. 明年秋, 燒當羌降, 防還京師, 恭留擊諸未服者, 首虜千餘人, 獲牛羊四萬餘頭, 勒姐·燒何羌等十三種數萬人, 皆詣恭降. 初, 恭出隴西, 上言「故安豐侯竇融昔在西州, 甚得羌胡腹心. 今大鴻臚固, 卽其子孫. 前擊白山, 功冠三軍. 宜奉大使, 鎭撫涼部. 今車騎將軍防屯軍漢陽, 以爲威重.」由是大忤於防. 及防還, 監營謁者李譚承旨奏恭不憂軍事, 被詔怨望. 坐徵下獄, 免官歸本郡, 卒於家.

257. 汲黯開倉, 馮煖折券

257-① 汲黯開倉
곡식 창고를 열어 백성을 구제한 급암

전한前漢의 급암汲黯은 자가 장유長孺이며 복양濮陽 사람으로 그 선조 중에 고대 위衛나라 임금으로부터 총애를 받은 자가 있었다. 이렇게 하여 급암에게 10대가 흐르도록 대대로 경대부卿大夫를 역임하였다. 효경제孝景帝 때 그는 태자세마太子洗馬가 되어 너무 엄격하여 남으로부터 꺼림을 받았다.

무제武帝가 즉위하여 급암은 알자謁者가 되었다. 그때 하내河內에 화재가 발생하여 집 천여 채가 불타고 말았다. 무제가 급암으로 하여금 가서 살펴보도록 하였다. 급암은 돌아와 이렇게 보고하였다.

"집 안 사람이 실화하여 이웃집으로 번진 것으로 우려할 바는 아닙니다. 그러나 하내에 가난한 이들로서 수재와 한발까지 만난 이들이 만여 가나 됩니다. 그들은 혹 부자가 서로 잡아먹는 일까지 벌어지고 있습니다. 저는 부절을 가지고 간 김에 하내의 곡식 창고를 열어 그 빈민들을 구제하고 왔습니다. 청컨대 지금 부절을 가지고 돌아와서 엎드려 황제의 지시를 거짓으로 한 것에 대하여 죄를 받겠습니다."

황제는 그가 어질다고 여겨 석방해 주었다. 뒤에 그는 주작도위主爵都尉가 되어 구경九卿의 반열에 오르게 되었다. 그의 다스림은 무위無爲를 중시하며 큰 틀만 다룰 뿐 자질구레한 문서나 법률 따위에는 얽매이지 않았다. 그의 성품은 오만하고 예를 차림이 적어 용서할 수 없는 허물은 면전에서 꺾어 버렸다. 그는 자주 황제에게 직간을 퍼부어 오랫동안 지위를 누릴 수는 없었다.

무제는 이렇게 말하였다.

"옛날 말한 사직社稷 신하란 바로 급암 같은 이가 그에 가까울 것이다."
대장군大將軍 위청衛青이 시중侍中일 때 무제는 화장실에 걸터앉은 채 그를 만났고, 승상 공손홍公孫弘의 경우 무제가 편안히 쉴 때 만났는데 때로는 황제가 관을 쓰지 않은 채 만나기도 하였다. 그러나 급암을 만날 때면 무제는 관을 쓰지 않고는 그를 만나지 않을 정도였다.

前漢, 汲黯字長孺, 濮陽人. 其先有寵於古之衛君. 至黯十世, 世爲卿大夫. 孝景時爲太子洗馬, 以嚴見憚.

武帝卽位, 黯爲謁者. 河內失火, 燒千餘家, 上使往視之.

還報曰:「家人失火, 屋比延燒, 不足憂. 河內貧人, 傷水旱萬餘家, 或父子相食. 臣謹以便宜持節, 發河內倉粟, 以賑貧民. 請歸節伏矯制罪.」

上賢而釋之.

後爲主爵都尉, 列於九卿. 治務無爲, 引大體不拘文法. 性倨少禮, 面折不能容人之過. 以數直諫, 不得久居位.

武帝曰:「古有社稷臣, 如黯近之矣.」

大將軍靑侍中, 上踞厠視之. 丞相弘宴見上, 或時不冠. 至黯不冠不見也.

【汲黯】자는 長孺(?~B.C.112). 西漢 濮陽人으로 景帝 때 太子洗馬를 거쳐 武帝 때 謁者가 됨. 東海太守 때 선정을 베풀었으며 九卿에 오름. 무제가 '社稷之臣'이라 칭할 정도로 신임을 받았으며 淮陽太守에 올랐다가 그 직위에서 생을 마침. 《史記》(120)와 《漢書》(50)에 傳이 있음.

【孝景】孝景帝. 西漢 4대 황제 景帝. 劉啓. B.C.156~B.C.141년까지 16년간 재위함. 文帝의 아들이며 梁孝王(劉武)의 형. 文景之治를 이루어 한나라 기반을 다짐.

【武帝】西漢 5대 황제 劉徹. 景帝(劉啓)의 아들이며 B.C.140~B.C.87년까지 54년간 재위함. 대내외적으로 학술, 강역, 문학 등 여러 방면에 걸쳐 많은 치적을 남겨 강력한 帝國을 건설함.

【大將軍靑】衛靑을 가리킴. '衛靑拜幕'[194] 참조. 자는 仲卿(?~B.C.106). 河東 平陽 출신으로 衛皇后의 아우이며 이름난 장군. 漢 武帝에게 重用되어 大將軍에 올랐으며 長平侯에 봉해짐. 元朔 2년(B.C.127) 흉노를 정벌하고 다시 元狩 4년(B.C.119) 霍去病과 함께 흉노의 주력부대를 격파함. 그의 아들 衛伉, 衛不疑, 衛登도 공을 세워 이름을 날림. 《史記》와 《漢書》에 모두 전이 있음.

【公孫弘】자는 季(B.C.200~B.C.121). 菑川 薛(지금의 山東省 滕縣) 출신. 처음 獄吏였으나 나이 마흔에 《春秋公羊傳》을 공부하여 元光 5년(B.C.130)에 賢良文學科에 올라 博士가 됨. 뒤에 武帝에게 신임을 얻어 元朔 초에 御史大夫에서 丞相에까지 올랐으며 平津侯에 봉해짐. 《史記》와 《漢書》에 傳이 있음. '漢相東閣'[245] 참조.

【宴見】'宴'은 '安'과 같으며 편히 쉬고 있을 때.

참고 및 관련 자료

1. 《史記》 汲鄭列傳

汲黯字長孺, 濮陽人也. 其先有寵於古之衛君. 至黯七世, 世爲卿大夫. 黯以父任, 孝景時爲太子洗馬, 以莊見憚. 孝景帝崩, 太子卽位, 黯爲謁者. 東越相攻, 上使黯往視之. 不至, 至吳而還, 報曰:「越人相攻, 固其俗然, 不足以辱天子之使.」 河內失火, 延燒千餘家, 上使黯往視之. 還報曰:「家人失火, 屋比延燒, 不足憂也. 臣過河南, 河南貧人傷水旱萬餘家, 或父子相食, 臣謹以便宜, 持節發河南倉粟以振貧民. 臣請歸節, 伏矯制之罪.」 上賢而釋之, 遷爲滎陽令. 黯恥爲令, 病歸田里. 上聞, 乃召拜爲中大夫. 以數切諫, 不得久留內, 遷爲東海太守. 黯學黃老之言, 治官理民, 好淸靜, 擇丞史而任之. 其治, 責大指而已, 不苛小. 黯多病, 臥閨閤內不出. 歲餘, 東海大治. 稱之. 上聞, 召以爲主爵都尉, 列於九卿. 治務在無爲而已, 弘大體, 不拘文法. 黯爲人性倨, 少禮, 面折, 不能容人之過. 合己者善待之, 不合己者不能忍見, 士亦以此不附焉. 然好學, 游俠, 任氣節, 內行脩絜, 好直諫, 數犯主之顏色, 常慕傅相‧袁盎之爲人也. 善灌夫‧鄭當時及宗正

劉弃. 亦以數直諫, 不得久居位. 當是時, 太后弟武安侯蚡爲丞相, 中二千石來拜謁, 蚡不爲禮. 然黯見蚡未嘗拜, 常揖之. 天子方招文學儒者, 上曰吾欲云云, 黯對曰:「陛下內多欲而外施仁義, 柰何欲效唐虞之治乎!」上黙然, 怒, 變色而罷朝. 公卿皆爲黯懼. 上退, 謂左右曰:「甚矣, 汲黯之戇也!」羣臣或數黯, 黯曰:「天子置公卿輔弼之臣, 寧令從諛承意, 陷主於不義乎? 且已在其位, 縱愛身, 柰辱朝廷何!」黯多病, 病且滿三月, 上常賜告者數, 終不愈. 最後病, 莊助爲請告. 上曰:「汲黯何如人哉?」助曰:「使黯任職居官, 無以踰人. 然至其輔少主, 守城深堅, 招之不來, 麾之不去, 雖自謂賁育亦不能奪之矣.」上曰:「然. 古有社稷之臣, 至如黯, 近之矣.」大將軍青侍中, 上踞廁而視之. 丞相弘燕見, 上或時不冠. 至如黯見, 上不冠不見也. 上嘗坐武帳中, 黯前奏事, 上不冠, 望見黯, 避帳中, 使人可其奏. 其見敬禮如此. 張湯方以更定律令爲廷尉, 黯數質責湯於上前, 曰:「公爲正卿, 上不能襃先帝之功業, 下不能抑天下之邪心, 安國富民, 使囹圄空虛, 二者無一焉. 非苦就行, 放析就功, 何乃取高皇帝約束紛更之爲? 公以此無種矣.」黯時與湯論議, 湯辯常在文深小苛, 黯伉厲守高不能屈, 忿發罵曰:「天下謂刀筆吏不可以爲公卿, 果然. 必湯也, 令天下重足而立, 側目而視矣!」是時, 漢方征匈奴, 招懷四夷. 黯務少事, 乘上間, 常言與胡和親, 無起兵. 上方向儒術, 尊公孫弘. 及事益多, 吏民巧弄. 上分別文法, 湯等數奏決讞以幸. 而黯常毀儒, 面觸弘等徒懷詐飾智以阿人主取容, 而刀筆吏專深文巧詆, 陷人於罪, 使不得反其真, 以勝爲功. 上愈益貴弘·湯, 弘·湯深心疾黯, 唯天子亦不說也, 欲誅之以事. 弘爲丞相, 乃言上曰:「右內史界部中多貴人宗室, 難治, 非素重臣不能任, 請徙黯爲右內史.」爲右內史數歲, 官事不廢. 大將軍青既益尊, 姊爲皇后, 然黯與亢禮. 人或說黯曰:「自天子欲羣臣下大將軍, 大將軍尊重益貴, 君不可以不拜.」黯曰:「夫以大將軍有揖客, 反不重邪?」大將軍聞, 愈賢黯, 數請問國家朝廷所疑, 遇黯過於平生. 淮南王謀反, 憚黯, 曰:「好直諫, 守節死義, 難惑以非. 至如說丞相弘, 如發蒙振落耳.」天子既數征匈奴有功, 黯之言益不用. 始黯列爲九卿, 而公孫弘·張湯爲小吏. 及弘·湯稍益貴, 與黯同位, 黯又非毀弘·湯等. 已而弘至丞相, 封爲侯; 湯至御史大夫; 故黯時丞相史皆與黯同列, 或尊用過之. 黯褊心, 不能無少望, 見上, 前言曰:「陛下用羣臣如積薪耳, 後來者居上.」上黙然. 有間黯罷, 上曰:「人果不可以無學, 觀黯之言也日益甚.」居無何, 匈奴渾邪王率眾來降, 漢發車二萬乘. 縣官無錢, 從民貰馬. 民或匿馬, 馬不具. 上怒, 欲斬長安令. 黯曰:「長安令無罪, 獨斬黯, 民乃肯出馬. 且匈奴畔其主而降漢, 漢徐以縣次傳之, 何至令天下騷動, 罷獘中國而以事夷狄之人乎!」上黙然. 及渾

邪至, 賈人與市者, 坐當死者五百餘人. 黯請閒, 見高門, 曰:「夫匈奴攻當路塞, 絕和親, 中國興兵誅之, 死傷者不可勝計, 而費以巨萬百數. 臣愚以爲陛下得胡人, 皆以爲奴婢以賜從軍死事者家; 所鹵獲, 因予之, 以謝天下之苦, 塞百姓之心. 今縱不能, 渾邪率數萬之衆來降, 虛府庫賞賜, 發良民侍養, 譬若奉驕子. 愚民安知市買長安中物而文吏繩以爲闌出財物于邊關乎? 陛下縱不能得匈奴之資以謝天下, 又以微文殺無知者五百餘人, 是所謂『庇其葉而傷其枝』者也, 臣竊爲陛下不取也.」上默然, 不許, 曰:「吾久不聞汲黯之言, 今又復妄發矣.」後數月, 黯坐小法, 會赦免官. 於是黯隱於田園. 居數年, 會更五銖錢, 民多盜鑄錢, 楚地尤甚. 上以爲淮陽, 楚地之郊, 乃召拜黯爲淮陽太守. 黯伏謝不受印, 詔數彊予, 然後奉詔. 詔召見黯, 黯爲上泣曰:「臣自以爲塡溝壑, 不復見陛下, 不意陛下復收用之. 臣常有狗馬病, 力不能任郡事, 臣願爲中郎, 出入禁闥, 補過拾遺, 臣之願也.」上曰:「君薄淮陽邪? 吾今召君矣. 顧淮陽吏民不相得, 吾徒得君之重, 臥而治之.」黯既辭行, 過大行李息, 曰:「黯弃居郡, 不得與朝廷議也. 然御史大夫張湯智足以拒諫, 詐足以飾非, 務巧佞之語, 辯數之辭, 非肯正爲天下言, 專阿主意. 主意所不欲, 因而毀之; 主意所欲, 因而譽之. 好興事, 舞文法, 內懷詐以御主心, 外挾賊吏以爲威重. 公列九卿, 不早言之, 公與之俱受其僇矣.」息畏湯, 終不敢言. 黯居郡如故治, 淮陽政清. 後張湯果敗, 上聞黯與息言, 抵息罪. 令黯以諸侯相秩居淮陽. 七歲而卒. 卒後, 上以黯故, 官其弟汲仁至九卿, 子汲偃至諸侯相. 黯姑姊子司馬安亦少與黯爲太子洗馬. 安文深巧善宦, 官四至九卿, 以河南太守卒. 昆弟以安故, 同時至二千石者十人. 濮陽段宏始事蓋侯信, 信任宏, 宏亦再至九卿. 然衛人仕者皆嚴憚汲黯, 出其下.

2. 《漢書》張馮汲鄭傳

汲黯字長孺, 濮陽人也. 其先有寵於古之衛君也. 至黯十世, 世爲卿大夫. 以父任, 孝景時爲太子洗馬, 以嚴見憚. 武帝卽位, 黯爲謁者. 東粵相攻, 上使黯往視之. 至吳而還, 報曰:「家人失火, 屋比延燒, 不足憂. 臣過河內, 河內貧人傷水旱萬餘家, 或父子相食, 臣謹以便宜, 持節發河內倉粟以振貧民. 請歸節, 伏矯制罪.」上賢而釋之, 遷爲滎陽令. 黯恥爲令, 稱疾歸田里. 上聞, 乃召爲中大夫. 以數切諫, 不得久留內, 遷爲東海太守. 黯學黃老言, 治官民, 好清靜, 擇丞史任之, 責大指而已, 不細苛. 黯多病, 臥閤內不出. 歲餘, 東海大治, 稱之. 上聞, 召爲主爵都尉, 列於九卿. 治務在無爲而已, 引大體, 不拘文法. 爲人性倨, 少禮, 面折, 不能容人之過. 合己者善待之, 不合者弗能忍見, 士亦以此不附焉. 然好游俠, 任氣節, 行修絜. 其諫, 犯主之顏色. 常慕傅伯·爰盎之爲人. 善灌夫·鄭當時及宗正劉

棄疾. 亦以數直諫, 不得久居位. 是時, 太后弟武安侯田蚡爲丞相, 中二千石拜謁, 蚡弗爲禮. 黯見蚡, 未嘗拜, 揖之. 上方招文學儒者, 上曰吾欲云云, 黯對曰:「陛下內多欲而外施仁義, 奈何欲效唐虞之治乎!」上怒, 變色而罷朝. 公卿皆爲黯懼. 上退, 謂人曰:「甚矣, 汲黯之戇也!」羣臣或數黯, 黯曰:「天子置公卿輔弼之臣, 寧令從諛承意, 陷主於不誼虖? 且已在其位, 縱愛身, 奈辱朝廷何!」黯多病, 病且滿三月, 上常賜告者數, 終不瘉. 最後, 嚴助爲請告. 上曰:「汲黯何如人也?」曰:「使黯任職居官, 亡以瘉人, 然至其輔少主守成, 雖自謂賁育弗能奪也.」上曰:「然. 古有社稷之臣, 至如汲黯, 近之矣.」大將軍青侍中, 上踞廁視之. 丞相弘宴見, 上或時不冠. 至如見黯, 不冠不見也, 上嘗坐武帳, 黯前奏事, 上不冠, 望見黯, 避帷中, 使人可其奏. 其見敬禮如此. 張湯以更定律令爲廷尉, 黯質責湯於上前, 曰:「公爲正卿, 上不能褒先帝之功業, 下不能化天下之邪心, 安國富民, 使囹圄空虛, 何空取高皇帝約束紛更之爲? 而公以此無種矣!」黯時與湯論議, 湯辯常在文深小苛, 黯憤發, 罵曰:「天下謂刀筆吏不可(謂)[爲]公卿, 果然. 必湯也, 令天下重足而立, 仄目而視矣!」是時, 漢方征匈奴, 招懷四夷. 黯務少事, 間常言與胡和親, 毋起兵. 上方鄉儒術. 尊公孫弘, 及事益多, 吏民巧. 上分別文法, 湯等數奏決讞以幸. 而黯常毀儒, 面觸弘等徒懷詐飾智以阿人主取容, 而刀筆之吏專深文巧詆, 陷人於罔, 以自爲功. 上愈益貴弘・湯・弘・湯心疾黯, 雖上亦不說也, 欲誅之以事. 弘爲丞相, 乃言上曰:「右內史界部中多貴人宗室, 難治, 非素重臣弗能任, 請徙黯爲右內史.」數歲, 官事不廢. 大將軍青旣益尊, 姊爲皇后, 然黯與亢禮. 或說黯曰:「自天子欲令羣臣下大將軍, 大將軍尊貴, 誠重, 君不可以不拜.」黯曰:「夫以大將軍有揖客, 反不重耶?」大將軍聞, 愈賢黯, 數請問以朝廷所疑, 遇黯加於平日. 淮南王謀反, 憚黯, 曰:「黯好直諫, 守節死義; 至說公孫弘等, 如發蒙耳.」上旣數征匈奴有功, 黯言益不用. 始黯列九卿矣, 而公孫弘・張湯爲小吏. 及弘・湯稍貴, 與黯同位, 黯又非毀弘・湯. 已而弘至丞相封侯, 湯御史大夫, 黯時丞史皆與同列, 或尊用過之. 黯褊心, 不能無少望, 見上, 言曰:「陛下用羣臣如積薪耳. 後來者居上.」黯罷, 上曰:「人果不可以無學, 觀汲黯之言, 日益甚矣.」居無何, 匈奴渾邪王帥衆來降, 漢發車二萬乘. 縣官亡錢, 從民貰馬. 民或匿馬, 馬不具. 上怒, 欲斬長安令. 黯曰:「長安令亡罪, 獨斬臣黯, 民乃肯出馬. 且匈奴畔其主而降漢, 徐以縣次傳之, 何至令天下騷動, 罷中國, 甘心夷狄之人乎!」上默然. 後渾邪至, 賈人與市者, 坐當死五百餘人. 黯入, 請間, 見高門, 曰:「夫匈奴攻當路塞, 絕和親, 中國舉兵誅之, 死傷不可勝計, 而費以鉅萬百數. 臣愚以爲陛下得胡人, 皆以爲奴婢, 賜從軍死

者家; 鹵獲, 因與之, 以謝天下, 塞百姓之心. 今縱不能, 渾邪帥數萬之衆來, 虛府庫賞賜, 發良民侍養, 若奉驕子. 愚民安知市買長安中而文吏繩以爲闌出財物如邊關乎? 陛下縱不能得匈奴之贏以謝天下, 又以微文殺無知者五百餘人, 臣竊爲陛下弗取也.」上弗許, 曰:「吾久不聞汲黯之言, 今又復妄發矣.」後數月, 黯坐小法, 會赦, 免官. 於是黯隱於田園者數年. 會更立五銖錢, 民多盜鑄錢者, 楚地尤甚. 上以爲淮陽, 楚地之郊也, 召黯拜爲淮陽太守. 黯伏謝不受印綬, 詔數強予, 然後奉詔. 召上殿, 黯泣曰:「臣自以爲塡溝壑, 不復見陛下, 不意陛下復收之. 臣常有狗馬之心, 今病, 力不能任郡事. 臣願爲中郎, 出入禁闥, 補過拾遺, 臣之願也.」上曰:「君薄淮陽邪? 吾今召君矣. 顧淮陽吏民不相得, 吾徒得君重, 臥而治之.」黯既辭, 過大行李息, 曰:「黯棄逐居郡, 不得與朝廷議矣. 然御史大夫湯智足以距諫, 詐足以飾非, 非肯正爲天下言, 專阿主意. 主意所不欲, 因而毀之; 主意所欲, 因而譽之. 好興事, 舞文法, 內懷詐以御主心, 外挾賊吏以爲重. 公列九卿不早言之何? 公與之俱受其戮矣!」息畏湯, 終不敢言. 黯居郡如其故治, 淮陽政淸. 後張湯敗, 上聞黯與息言, 抵息罪. 令黯以諸侯相秩居淮陽. 居淮陽十歲而卒. 卒後, 上以黯故, 官其弟仁至九卿, 子偃至諸侯相. 黯姊子司馬安亦少與黯爲太子洗馬. 安文深巧善宦, 四至九卿, 以河南太守卒. 昆弟以安故, 同時至二千石十人. 濮陽段宏始事蓋侯信, 信任宏, 官亦再至九卿. 然衛人仕者皆嚴憚汲黯, 出其下.

3.《十八史略》(2)

汲黯獨以嚴見憚, 數切諫不得留內, 爲東海守. 好淸淨, 臥閣內不出, 而郡中大治. 入爲九卿. 上方招文學, 嘗曰:「吾欲云云.」黯曰:「陛下內多欲, 而外施仁義, 奈何欲效唐虞之治乎?」上怒罷朝, 曰:「甚矣! 黯之戇也.」他日又曰:「古有社稷臣, 黯近之矣.」淮南王安謀反, 曰:「漢廷大臣, 獨汲黯好直諫, 守節死義, 如丞相弘等, 說之如發蒙耳.」黯嘗拜淮陽守, 曰:「臣病, 不能任郡事. 願爲郎中, 出入禁闥, 補過拾遺.」上曰:「君薄淮陽邪? 吾今召君矣. 顧淮陽吏民不相得, 徒得君之重, 臥而治之.」至淮陽, 十歲竟卒. 黯甚爲上所重. 大將軍衛靑雖貴, 上或踞廁見之, 如黯不冠不見也.

257-② 馮煖折券
채권 문서를 찢어버린 풍훤

《전국책戰國策》에 실려 있다.
제齊나라 사람으로 풍훤馮煖이라는 자가 있었다. 집이 가난하여 스스로 생계를 이어갈 수 없어 사람을 맹상군孟嘗君에게 보내어 자신을 받아줄 것을 부탁해 보도록 하였다.
"원컨대 그대의 문하에 식객이 되고자 합니다."
맹상군이 이를 받아 주었다. 맹상군 좌우는 그에게 식사를 초식만 갖추어 주었다. 얼마 지나지 않아 풍훤은 기둥에 기대어 차고 있던 장협長鋏이라는 칼을 두드리며 이렇게 노래를 불렀다.
"장협아, 돌아가자! 여기에는 생선 한 점 없구나."
맹상군이 이를 듣고 그를 하객下客으로 대우해 주었다. 그런데 다시 얼마쯤 지나자 그는 장협을 두드리며 이렇게 노래하는 것이었다.
"장협아, 돌아가자! 여기에는 타고 다닐 수레도 없구나."
맹상군은 그에게 수레를 마련하여 문하의 식객 중 거객車客에 맞추어 주었다. 뒤에 다시 그는 장협을 두드리며 이렇게 노래하는 것이었다.
"장협아, 돌아가자! 여기서는 집안을 먹여 살릴 수가 없구나."
맹상군이 그의 집에 노모가 계시는지를 묻고는 사람을 그의 집으로 보내어 먹을 것을 공급하며 궁핍함이 없도록 해 주었다.
뒤에 맹상군이 회람을 내놓고 물었다.
"문하의 식객 중에 누가 능히 나를 위해 설薛 땅의 빚을 받아올 수 있는가?"
풍훤이 서명하였다.
"제가 해낼 수 있습니다!"
풍훤이 떠날 차비를 차리고 채권 문서를 수레에 실은 채 출발하면서 맹상군에게 인사를 하였다.

"빚을 모두 환수하면 무엇을 사서 돌아올까요?"

맹상군이 말하였다.

"그대 보기에 우리 집에 부족한 것이면 아무것이나 좋소."

풍훤이 설 땅에 가자 빚을 갚아야 할 여러 백성을 불러모았다. 그리고 채권과 모두 맞추어 본 다음 이를 당사자에게 주고는 자신이 가지고 온 문서는 모두 불태워 버렸다. 백성들은 모두 '만세'를 외쳤다.

제나라로 돌아와 맹상군을 뵙자 풍훤은 이렇게 말하였다.

"제가 몰래 생각하기로 그대의 궁중에는 진귀한 보물이 가득 쌓여 있으며 개와 말은 바깥 외양간까지 들어차 있고 미인들은 집 아래 가득 줄을 서서 있습니다. 그런데 부족한 것이란 오직 '의義'라는 한 가지뿐이었습니다. 이에 저 홀로 생각하여 그대를 위하여 '의'를 사 가지고 왔습니다. 그대의 명령을 어겨 채권 문서를 여러 백성들에게 돌려주고 제가 가지고 간 문서는 모두 불태웠습니다. 이것이 제가 그대를 위하여 사 가지고 온 '의'라는 것입니다."

뒤에 맹상군이 쫓겨나 설 땅으로 망명하게 되었을 때 백성들은 노인을 부축하고 어린이를 손잡고 모두 길에 나와 그를 맞이하였다. 맹상군은 풍훤을 돌아보며 이렇게 말하였다.

"선생께서 나를 위해 사 오셨다는 '의'라는 것을 바로 지금 이렇게 보게 되는구려."

《戰國策》曰: 齊人有馮煖者. 貧乏不能自存.

使人屬孟嘗君曰:「願寄食門下」

君受之. 左右食以草具.

居有頃, 倚柱彈其劒歌曰:「長鋏歸來乎! 食無魚」

君聞食之比門下客.

有頃復彈鋏歌曰:「長鋏歸來乎! 出無車」

君爲之駕, 比門下之車客.

後復彈鋏歌曰:「長鋏歸來乎! 無以爲家.」

君問煖有老母, 使人給其食, 用無使乏.

後君出記, 問:「門下客, 誰能爲文, 收債於薛者?」

煖署曰:「能!」

煖治裝, 載券契而行.

辭曰:「債畢收, 以何市而反?」

君曰:「視吾家所寡有者.」

煖之薛, 召諸民當償者. 悉來合券, 以債賜民, 因燒其券. 民稱『萬歲』.

反齊見君曰:「臣竊計君宮中積珍寶, 狗馬實外廐, 美人充下陳. 所寡有者『義』耳. 竊爲君市『義』, 矯命以債賜諸民, 因燒其券. 乃臣所以爲君市義也.」

後君就國於薛, 民扶老携幼, 迎道中.

君顧謂煖曰:「先生所以爲文市義, 乃今見之.」

【戰國策】 한나라 劉向이 편집한 전국시대 책사들의 일화와 책략, 언론 등을 모은 것.

【馮煖】《史記》에는 '馮驩'으로, 《戰國策》에는 '馮諼'으로 되어 있으며 '煖'은 '훤'으로 읽음.

【孟嘗君】田文. 靖郭君 田嬰의 아들이며 戰國時代 齊나라 실력자. 戰國四公子의 하나. 《史記》孟嘗君列傳 참조. '田文比飯'[259] 참조.

【長鋏】 자루가 긴 칼. 풍훤이 차고 다니던 칼 이름.

【收責】 '책'은 '債'. 채무·부채. 맹상군의 영지 薛 땅 백성들에게 빌려 주었던 채무를 갚도록 함.

참고 및 관련 자료

1.《戰國策》齊策(4)

齊人有馮諼者, 貧乏不能自存, 使人屬孟嘗君, 願寄食門下. 孟嘗君曰:「客何好?」曰:「客無好也.」曰:「客何能?」曰:「客無能也.」孟嘗君笑而受之曰:「諾.」左右以君賤之也, 食以草具. 居有頃, 倚柱彈其劍, 歌曰:「長鋏歸來乎! 食無魚.」左右以告. 孟嘗君曰:「食之, 比門下之客.」居有頃, 復彈其鋏, 歌曰:「長鋏歸來乎! 出無車.」左右皆笑之, 以告. 孟嘗君曰:「爲之駕, 比門下之車客.」於是乘其車, 揭其劍, 過其友, 曰:「孟嘗君客我.」後有頃, 復彈其劍鋏, 歌曰:「長鋏歸來乎! 無以爲家.」左右皆惡之, 以爲貪而不知足. 孟嘗君問:「馮公有親乎?」對曰:「有老母.」孟嘗君使人給其食用, 無使乏. 於是馮諼不復歌. 後孟嘗君出記, 問門下諸客:「誰習計會, 能爲文收責於薛者乎?」馮諼署曰:「能.」孟嘗君怪之, 曰:「此誰也?」左右曰:「乃歌夫長鋏歸來者也.」孟嘗君笑曰:「客果有能也, 吾負之, 未嘗見也.」請而見之, 謝曰:「文倦於事, 憒於憂, 而性懧愚, 沈於國家之事, 開罪於先生. 先生不羞, 乃有意欲爲收責於薛乎?」馮諼曰:「願之.」於是約車治裝, 載券契而行, 辭曰:「責畢收, 以何市而反?」孟嘗君曰:「視吾家所寡有者.」驅而之薛, 使吏召諸民當償者, 悉來合券. 券徧合, 起, 矯命以責賜諸民, 因燒其券, 民稱「萬歲」. 長驅到齊, 晨而求見. 孟嘗君怪其疾也, 衣冠而見之, 曰:「責畢收乎? 來何疾也!」曰:「收畢矣.」「以何市而反?」馮諼曰:「君云:『視吾家所寡有者.』臣竊計, 君宮中積珍寶, 狗馬實外廐, 美人充下陳. 君家所寡有者以義耳. 竊以爲君市義.」孟嘗君曰:「市義奈何?」曰:「今君有區區之薛, 不拊愛子其民, 因而賈利之. 臣竊矯君命, 以責賜諸民, 因燒其券, 民稱『萬歲』. 乃臣所以爲君市義也.」孟嘗君不說, 曰:「諾, 先生休矣!」後期年, 齊王謂孟嘗君曰:「寡人不敢以先王之臣爲臣.」孟嘗君就國於薛, 未至百里, 民扶老攜幼, 迎君道中. 孟嘗君顧謂馮諼:「先生所爲文市義者, 乃今日見之.」馮諼曰:「狡兔有三窟, 僅得免其死耳. 今君有一窟, 未得高枕而臥也. 請爲君復鑿二窟.」孟嘗君予車五十乘, 金五百斤, 西遊於梁, 謂惠王曰:「齊放其大臣孟嘗君於諸侯, 諸侯先迎之者, 富而兵强.」於是, 梁王虛上位, 以故相爲上將軍, 遣使者, 黃金千斤, 車百乘, 往聘孟嘗君. 馮諼先驅誡孟嘗君曰:「千金, 重幣也; 百乘, 顯使也. 齊其聞之矣.」梁使三反, 孟嘗君固辭不往也. 齊王聞之, 君臣恐懼, 遣太傅賫黃金千斤, 文車二駟, 服劍一, 封書謝孟嘗君曰:「寡人不祥, 被於宗廟之祟, 沈於諂諛之臣, 開罪於君, 寡人不足爲也. 願君顧先王之宗廟, 姑反國統萬人乎?」

馮諼誡孟嘗君曰:「願請先王之祭器, 立宗廟於薛」廟成, 還報孟嘗君曰:「三窟已就, 君姑高枕爲樂矣」孟嘗君爲相數十年, 無纖介之禍者, 馮諼之計也.

2.《史記》孟嘗君列傳

初, 馮驩聞孟嘗君好客, 躡蹻而見之. 孟嘗君曰:「先生遠辱, 何以敎文也?」馮驩曰:「聞君好士, 以貧身歸於君」孟嘗君置傳舍十日, 孟嘗君問傳舍長曰:「客何所爲?」答曰:「馮先生甚貧, 猶有一劍耳, 又蒯緱. 彈其劍而歌曰:『長鋏歸來乎, 食無魚』」孟嘗君遷之幸舍, 食有魚矣. 五日, 又問傳舍長. 答曰:「客復彈劍而歌曰:『長鋏歸來乎, 出無輿』」孟嘗君遷之代舍, 出入乘輿車矣. 五日, 孟嘗君復問傳舍長. 舍長答曰:「先生又嘗彈劍而歌曰:『長鋏歸來乎, 無以爲家』」孟嘗君不悅. 居朞年, 馮驩無所言. 孟嘗君時相齊, 封萬戶於薛. 其食客三千人, 邑入不足以奉客, 使人出錢於薛. 歲餘不入, 貸錢者多不能與其息, 客奉將不給. 孟嘗君憂之, 問左右:「何人可使收債於薛者?」傳舍長曰:「代舍客馮公形容狀貌甚辯, 長者, 無他伎能, 宜可令收債」孟嘗君乃進馮驩而請之曰:「賓客不知文不肖, 幸臨文者三千餘人, 邑入不足以奉賓客, 故出息錢於薛. 薛歲不入, 民頗不與其息. 今客食恐不給, 願先生責之」馮驩曰:「諾」辭行, 至薛, 召取孟嘗君錢者皆會, 得息錢十萬. 迺多釀酒, 買肥牛, 召諸取錢者, 能與息者皆來, 不能與息者亦來, 皆持取錢之券書合之. 齊爲會, 日殺牛置酒. 酒酣, 乃持券如前合之, 能與息者, 與爲期; 貧不能與息者, 取其券而燒之. 曰:「孟嘗君所以貸錢者, 爲民之無者以爲本業也; 所以求息者, 爲無以奉客也. 今富給者以要期, 貧窮者燔券書以捐之. 諸君彊飮食. 有君如此, 豈可負哉!」坐者皆起, 再拜. 孟嘗君聞馮驩燒券書, 怒而使使召驩. 驩至, 孟嘗君曰:「文食客三千人, 故貸錢於薛. 文奉邑少, 而民尙多不以時與其息, 客食恐不足, 故請先生收責之. 聞先生得錢, 卽以多具牛酒而燒券書, 何?」馮驩曰:「然. 不多具牛酒卽不能畢會, 無以知其有餘不足. 有餘者, 爲要期. 不足者, 雖守而責之十年, 息愈多, 急, 卽以逃亡自捐之. 若急, 終無以償, 上則爲君好利不愛士民, 下則有離上抵負之名, 非所以厲士民彰君聲也. 焚無用虛債之券, 捐不可得之虛計, 令薛民親君而彰君之善聲也, 君有何疑焉!」孟嘗君乃拊手而謝之. 齊王惑於秦・楚之毁, 以爲孟嘗君名高其主而擅齊國之權, 遂廢孟嘗君. 諸客見孟嘗君廢, 皆去. 馮驩曰:「借臣車一乘, 可以入秦者, 必令君重於國而奉邑益廣, 可乎?」孟嘗君乃約車幣而遣之. 馮驩乃西說秦王曰:「天下之游士馮軾結靷西入秦者, 無不欲彊秦而弱齊; 馮軾結靷東入齊者, 無不欲彊齊而弱秦. 此雄雌之國也, 勢不兩立爲雄, 雄者得天下矣」秦王跽而問之曰:「何以使秦無爲雌而可?」馮驩曰:「王亦知齊之廢孟嘗君乎?」

秦王曰:「聞之.」馮驩曰:「使齊重於天下者, 孟嘗君也. 今齊王以毀廢之, 其心怨, 必背齊; 背齊入秦, 則齊國之情, 人事之誠, 盡委之秦, 齊地可得也, 豈直爲雄也! 君急使使載幣陰迎孟嘗君, 不可失時也. 如有齊覺悟, 復用孟嘗君, 則雌雄之所在未可知也.」秦王大悅, 迺遣車十乘黃金百鎰以迎孟嘗君. 馮驩辭以先行, 至齊, 說齊王曰:「天下之游士馮軾結靷東入齊者, 無不欲彊齊而弱秦者; 馮軾結靷西入秦者, 無不欲彊秦而弱齊者. 夫秦齊雄雌之國, 秦彊則齊弱矣, 此勢不兩雄. 今臣竊聞〈秦〉遣使車十乘載黃金百鎰以迎孟嘗君. 孟嘗君不西則已, 西入相秦則天下歸之, 秦爲雄而齊爲雌, 雌則臨淄·卽墨危矣. 王何不先秦使之未到, 復孟嘗君, 而益與之邑以謝之? 孟嘗君必喜而受之. 秦雖彊國, 豈可以請人相而迎之哉! 折秦之謀, 而絶其霸彊之略.」齊王曰:「善.」乃使人至境候秦使. 秦使車適入齊境, 使還馳告之, 王召孟嘗君而復其相位, 而與其故邑之地, 又益以千戶. 秦之使者聞孟嘗君復相齊, 還車而去矣.

3.《十八史略》(1)

襄王旣立, 而孟嘗君中立爲諸侯, 無所屬, 王畏之與連和. 初馮驩, 聞孟嘗君好客而來見, 置傳舍, 十日, 彈劍作歌曰:「長鋏歸來乎! 食無魚.」遷之幸舍, 食有魚矣. 又歌曰:「長鋏歸來乎! 出無輿.」遷之代舍, 出有輿矣. 又歌曰:「長鋏歸來乎! 無以爲家.」孟嘗君不悅. 時邑入不足以奉客, 使人出錢於薛, 貸者多不能與息. 孟嘗君乃進驩請責之, 驩往, 不能與者, 取其券燒之. 孟嘗君怒, 驩曰:「令薛民親君.」孟嘗君竟爲薛公, 終於薛.

258. 齊景駟千, 何曾食萬

258-① 齊景駟千
말 사천 마리를 기른 제나라 경공

《논어論語》에 실려 있다.
　제齊 경공景公은 말 사천 마리나 있었지만 그가 죽는 날 백성들은 그를 덕이 있는 임금이라 칭하지는 않았다.

《論語》曰: 齊景公有馬千駟. 死之日, 民無德而稱.

【景公】춘추시대 齊나라 임금. B.C.547~B.C.490년까지 58년간 재위함. 晏子의 도움을 받았음. 말을 매우 좋아하여 많은 일화를 남김. 이름은 杵臼. 莊公의 이복동생.
【無德而稱】皇侃의 〈義疏〉, 朱子의 〈集注〉 등에는 '無得'으로 보아야 한다고 하였음.

> 참고 및 관련 자료

1. 《論語》季氏篇
齊景公有馬千駟, 死之日, 民無德而稱焉. 伯夷叔齊餓于首陽之下, 民到于今稱之. 其斯之謂與!

258-② 何曾食萬
음식에 만금을 쓰는 하증

《진서晉書》에 실려 있다.

하증何曾은 자가 영효穎孝이며 진류陳留 양하陽夏 사람이다. 젊어서 학문을 좋아하여 널리 배웠다. 위魏나라에 벼슬하여 사도司徒가 되었으며 무제武帝가 천자의 지위에 오르자 태위太尉로 발탁하였다. 하증은 성품이 지극히 효성스러웠고 집안이 아주 정숙整肅하였다. 어려서부터 어른으로 성장하면서 음악이나 첩을 두는 일은 전혀 좋아하지 않았다.

나이가 들어도 아내와 함께 할 때는 의관을 바르게 하고 마치 손님을 대하듯이 마주하였다. 그러나 성격이 사치와 호방함을 즐겨 화려하게 꾸미기에 힘을 쏟았다. 이를테면 휘장이나 수레, 의복을 화려하고 아름답게 꾸미며 주방의 음식맛에 대해서는 왕자王者를 넘어설 정도였다.

매번 조회에 태관太官이 마련한 음식을 먹지 않는 것을 보면 황제가 곧바로 하증이 먹는 음식을 가져다 그에게 줄 것을 명령할 정도였다. 찐 떡을 올려도 그 위에 십十의 문양이 갈라져 있지 아니하면 먹지 않았다. 그는 이처럼 먹는 것에 대하여 하루에 만 전을 쓰면서도 이렇게 음식 투정을 하는 것이었다.

"젓가락이 갈 곳이 없구나!"

참다못한 유의劉毅 등이 자주 그를 탄핵하여 이렇게 상주하였다.

"하증의 사치는 도를 넘어서고 있습니다."

그러나 황제는 그를 중신으로 여겼기 때문에 단 한 마디 문책도 하지 않았다.

《晉書》: 何曾字穎孝, 陳留陽夏人. 少好學博聞, 仕魏爲司徒. 武帝踐祚, 拜太尉. 曾性至孝, 閨門整肅, 自少及長, 無聲樂嬖幸之好.

年老與妻相見, 皆正衣冠, 相待如賓. 然性奢豪, 務在華侈. 帷帳車服, 窮極綺麗, 廚膳滋味, 過於王者. 每朝見不食太官所設, 帝輒命取其食. 蒸餠上不坼作十字不食, 食日萬錢.

猶曰:「無下箸處!」

劉毅等數劾奏:「曾侈忲無度」

帝以其重臣, 一無所問.

【何曾】魏晉 때 사람으로 자는 穎孝. 일부 판본에는 자를 穎考라 하였으나 《晉書》에는 '穎孝'로 되어 있음. 음식으로 이름이 났던 인물. 《晉書》에 전이 있음.
【武帝】여기서는 晉 武帝를 가리킴. 司馬炎. 西晉의 개국군주. 司馬昭의 長子. 자는 安世. 咸熙 2年(265)에 魏나라로부터 禪讓의 형식으로 나라를 이어받아 晉나라를 세우고 洛陽을 도읍으로 함. 재위 26년(265~290). 묘호는 世祖. 《晉書》(3)에 紀가 있음.
【蒸餠】찐 떡. 혹 만두의 일종이라 함.
【下箸】'저'는 젓가락. 음식에 대하여 불만을 나타낸 것임.
【劉毅】晉 武帝 때의 관리 대신.

참고 및 관련 자료

1. 《晉書》(33) 何曾傳
何曾字穎孝, 陳留陽夏人也. 父夔, 魏太僕·陽武亭侯. 曾少襲爵, 好學博聞, 與同郡袁侃齊名. 魏明帝初爲平原侯, 曾爲文學. 及卽位, 累遷散騎侍郎·汲郡典農中郎將·給事黃門侍郎. ……武帝襲王位, 以曾爲晉丞相, 加侍中. 與裴秀·王沈等勸進. 踐祚, 拜太尉, 進爵爲公, 食邑千八百戶. ……曾性至孝, 閨門整肅, 自少及長, 無聲樂嬖幸之好. 年老之後, 與妻相見, 皆正衣冠, 相待如賓. ……然性奢豪, 務在華侈. 帷帳車服, 窮極綺麗, 廚膳滋味, 過於王者. 每燕見, 不食太官所設, 帝輒命取其食. 蒸餠上不坼作十字不食. 食日萬錢. 猶曰:「無下箸處!」人以小紙爲書者, 敕記室勿報. 劉毅等數劾奏:「曾侈忲無度」帝以其重臣, 一無所問.

259. 顧榮錫炙, 田文比飯

259-① 顧榮錫炙
하인에게 구운 고기를 내려준 고영

《진서晉書》에 실려 있다.

고영顧榮은 자가 언선彦先이며 오吳나라 사람으로 약관弱冠의 나이에 황문시랑黃門侍郞이 되었다. 오나라가 진晉나라에게 평정되자 그는 육기陸機, 육운陸運 형제와 함께 낙양洛陽으로 들어갔는데 호를 삼준三俊이라 하였다. 정위정廷尉正을 거쳐 조왕趙王 사마륜司馬倫이 제위를 찬탈하고 사마륜의 아들 사마건司馬虔이 대장군이 되자 그들은 고영을 장사長史로 삼았다.

당초 고영이 동료들과 잔치를 하며 술을 마시고 있었을 때 구운 고기를 들고 오는 자가 있었는데 용모도 평범하지 않았다. 그가 구운 고기를 먹고 싶어하는 눈치를 알아차린 고영은 자신의 몫을 잘라 그에게 주었다. 앉았던 이들이 그 까닭을 묻자 고영은 이렇게 말하였다.

"종일 고기를 구우면서 어찌 그 맛을 보지 않을 수 있겠는가!"

사마륜이 패하자 고영도 그에 연루되어 체포되었고 장차 사형이 내려질 참이었다. 그때 구운 고기를 얻어먹었던 자가 독솔督率이 되어 있었는데 고영을 구제하여 죄를 면하게 되었다.

원제元帝 때에 그는 상기상시散騎常侍의 벼슬로 삶을 마쳤다.

《晉書》: 顧榮字彦先, 吳人. 弱冠爲黃門侍郞.
吳平, 與二陸同入洛, 號三俊. 歷廷尉正.
及趙王倫簒位, 倫子虔爲大將軍, 以榮爲長史.

初榮與同寮宴飮, 見執炙者, 容貌不凡, 有欲炙之色. 榮割炙啗之.
坐者問其故, 榮曰:「豈有終日執之, 而不知其味!」
及倫敗, 榮被執, 將誅. 而執炙者爲督率, 救之, 得免.
元帝時, 終散騎常侍.

【錫炙】'錫'은 '賜'와 같음. 윗사람이 아랫사람에게 내려줌. 구운 고기를 내려
주었음을 말함.
【顧榮】字는 彦先. 三國시대부터 晉나라 때 인물. 吳郡 사람. 吳나라가 평정
되자 陸機, 陸雲 형제와 낙양으로 들어가 흔히 '三俊'이라 불렸음. 뒤에 다시
남으로 내려와 남쪽 인재를 적극 추천한 것으로도 유명함.《晉書》(68)에
전이 있음.
【二陸】陸機와 陸雲 형제. 晉나라 太康 시대의 대표적인 문인 형제. '士衡
患多'[011] 참조.
【司馬倫】宣帝 桓夫人 소생으로 趙王에 봉해진 司馬倫. 자는 子彝. 벼슬이
相國에 이름. 宣帝의 아홉째 아들. 惠帝 때 모반을 기도하였던 일은 '嵇紹
不孤'[139] 및 '趙倫瘤怪'[240] 참조. 혜제를 내쫓고 제위에 오르고자 했던
사건으로 많은 사람들이 난을 피하여 강남으로 피신하여 이주하였음.
【督率】모반을 한 사람을 죽인 뒤 그 시체를 검시하는 관리.
【元帝】晉 元帝. 司馬睿. 316년 西晉이 망하자 建康(南京)에 東晉을 세움. 동진의
첫 황제. 재위 6년(317~323).《晉書》(6)에 紀가 있음. 묘호는 中宗. 일찍이
琅邪王을 지냈었음.
【太牢】소·양·돼지의 세 가지 희생물을 바치는 최고의 祭祀.

참고 및 관련 자료

1.《晉書》(68) 顧榮傳
顧榮字彦先, 吳國吳人也. 爲南土著姓. 祖雍, 吳丞相. 父穆, 宜都太守. 榮機神
朗悟, 弱冠仕吳, 爲黃門侍郞. ……會趙王倫誅淮南王允, 收允僚屬付廷尉, 皆欲
誅之, 榮平心處當, 多所全宥. 及倫簒位, 倫子虔爲大將軍, 以榮爲長史. 初, 榮與

同寮宴飲, 見執炙者, 貌狀不凡, 有欲炙之色. 榮割炙啗之. 坐者問其故, 榮曰: 「豈有終日執之, 而不知其味!」 及倫敗, 榮被執, 將誅. 而執炙者爲督率, 遂救之, 得免.

2.《世說新語》德行篇
顧榮在洛陽, 嘗應人請, 覺行炙人有欲炙之色, 因輟己施焉. 同坐嗤之. 榮曰: 「豈有終日執之, 而不知其味者乎?」 後遭亂渡江, 每經危急, 常有一人左右己; 問其所以, 乃受炙人也.

3.《文士傳》
榮字彦先, 吳郡人. 其先越王勾踐之支庶. 封於顧邑, 子孫遂氏焉. 世爲吳著姓. 大父雍, 吳承相. 父穆, 宜都太守. 榮少朗俊機警, 風穎標徹, 歷廷尉正. 曾在省與同僚共飲, 見行炙者有異於常僕, 乃割炙以啖之. 後趙王倫簒位, 其子爲中領軍, 逼用榮爲長史. 及倫誅, 榮亦被執. 凡受戮等輩十有餘人. 或有救榮者, 問其故. 曰:「某省中受炙臣也.」 榮乃悟而嘆曰:「一餐之惠, 恩今不忘, 古人豈虛言哉!」

259-② 田文比飯
먹는 밥을 비교해 보여준 맹상군 전문

《사기史記》에 실려 있다.

맹상군孟嘗君 전문田文은 제齊 위왕威王의 손자이며 그의 아버지 전영田嬰이 제나라 재상으로 죽자, 전문이 그 뒤를 이어 설薛 땅의 만호萬戶에 봉해졌다. 빈객을 불러모아 도망자나 죄를 지은 자들도 모두 그에게 의탁하였다. 그 때문에 천하의 선비들이 그리로 쏠려 식객이 수천 명이었으며,

맹상군은 그들 신분이나 출신의 귀천을 따지지 아니하고 자신과 평등하게 대우해 주었다. 마침 식객들을 대접하고 있을 때 밤에 어떤 사람이 앞에 앉은 사람이 불을 가리는 바람에 자신의 밥그릇을 잘 보지 못한 채 자신과 식사가 맹상군과 동등하지 않다고 여겨 화를 내며 먹던 밥을 뿌리치고 떠나겠다고 하며 나가 버렸다. 맹상군은 일어나 자신의 밥을 가지고 비교해 보였더니 조금도 차이가 없는 것이었다. 그는 그만 부끄러움을 느껴 자살하고 말았다. 선비들이 이 일로 인하여 더욱 많이 모여들었다. 전문이 제 민왕湣王의 재상이 되었다. 그러나 민왕은 그를 미워하여 제거하고자 하였다. 이에 전문이 위魏나라로 가자, 위 소왕昭王이 그를 재상으로 삼았다. 제나라에 양왕襄王이 들어서자 맹상군은 제후들 사이에 중립을 지키며 어떤 세력에도 소속되지 않았다. 그러자 양왕은 두려워 그와 화친을 맺어 연합하였다.

죽은 뒤 시호를 '맹상군'이라 하였다.

《史記》: 孟嘗君田文, 齊威王孫. 父嬰爲齊相卒, 文代立, 封萬戶於薛. 招致賓客, 及亡人有罪者皆歸之. 以故傾天下之士, 食客數千人, 無貴賤, 一與文等.

會待客食, 夜有一人蔽火光, 客怒以己飯不等, 輟食辭去. 文起自持其飯, 比之不異, 客慙自剄, 士以此多歸之.

文相齊湣王, 湣王欲去之, 乃如魏, 魏昭王以爲相.

齊襄王立, 而孟嘗君中立爲諸侯無所屬. 襄王與連和, 卒諡『孟嘗君』.

【孟嘗君】田文. '孟嘗君'은 시호. 戰國四公子의 하나로 식객이 삼천이었음. 秦나라에 들어가 昭王에게 갇혔을 때 '狗盜鷄鳴'로 살아남. '馮煖折券'[257] 참조.

【田嬰】孟嘗君 田文의 아버지이며 靖郭君에 봉해졌었음.《史記》孟嘗君列傳 참조.

【湣王】전국시대 齊나라 군주. 閔王으로도 표기함. 淖齒의 난을 입어 죽음을 당함. B.C.300~B.C.284년까지 17년간 재위하였으며 襄王이 뒤를 이음.
【昭王】전국시대 魏나라 군주. B.C.295~B.C.277년까지 19년간 재위함.
【襄王】제나라 齊나라 군주. 이름은 法章. 閔王의 아들. 齊나라가 패했을 때 신분을 숨기고 莒의 대부집 하인으로 들어가 그의 딸과 정을 통하여 왕위에 복귀한 다음 그녀를 왕후로 삼았음. B.C.283~B.C.265년까지 19년간 재위함. '齊后破環'[068] 참조.

참고 및 관련 자료

1. 《史記》孟嘗君列傳

孟嘗君在薛, 招致諸侯賓客及亡人有罪者, 皆歸孟嘗君. 孟嘗君舍業厚遇之, 以故傾天下之士. 食客數千人, 無貴賤一與文等. 孟嘗君待客坐語, 而屏風後常有侍史, 主記君所與客語, 問親戚居處. 客去, 孟嘗君已使使存問, 獻遺其親戚. 孟嘗君曾待客夜食, 有一人蔽火光. 客怒, 以飯不等, 輟食辭去. 孟嘗君起, 自持其飯比之. 客慙, 自剄. 士以此多歸孟嘗君. 孟嘗君客無所擇, 皆善遇之. 人人各自以爲孟嘗君親己.

260. 稚珪蛙鳴, 彦倫鶴怨

260-① 稚珪蛙鳴
개구리가 울어도 그대로 두고 사는 공치규

《남사南史》에 실려 있다.
공규孔珪는 자가 덕장德璋이며 회계會稽 산음山陰 사람이다. 제齊나라 명제明帝 때 남군태수南郡太守가 되었다. 공규는 풍류와 운치가 있으며 맑고 소탈하여 문장을 잘 읊었다. 그리고 술은 7, 8말을 마실 정도였고 세상일에는 즐거움을 찾지 않았다. 그의 집에는 산수의 모습을 꾸며 안궤案几에 기대어 홀로 술을 마셨으며 곁에 세상 잡사는 모두 제거하였다. 대문 뜰 안에 잡초가 무성해도 이를 깎지 않았으며 그 속에서 개구리가 울도록 내버려 둘 정도였다. 어떤 이가 물었다.
"진번陳蕃처럼 사시려 하시는 것입니까?"
그러자 공규는 이렇게 대답하였다.
"내 이로써 두 부部의 고취鼓吹 연주로 삼는 것이오. 어찌 꼭 진번의 천하를 맑게 함을 본받으려는 것이겠소?"
왕안王晏이 일찍이 그를 찾아와 고취를 연주하며 기다리다가 개구리들 울음소리를 듣고는 이렇게 말하였다.
"이는 사람의 귀를 못살게 구는 소리일 뿐입니다."
그러자 공규는 이렇게 대꾸하였다.
"내가 듣는 그대의 고취소리는 이 소리만 못하오!"
왕안은 부끄러운 기색을 보였다.
공규는 벼슬이 산기상시散騎常侍에 이르렀다.
구본舊本에는 공규를 공치규孔稚圭라 하였다.

《南史》: 孔珪字德璋, 會稽山陰人.

齊明帝時, 爲南郡太守. 珪風韻淸疎好文詠, 飮酒七八斗, 不樂世務, 居宅盛營山水, 憑几獨酌, 傍無雜事. 門庭之內, 草萊不翦, 中有蛙鳴.

或問之曰:「欲爲陳蕃乎?」

珪曰:「我以此當兩部鼓吹, 何必效蕃?」

王晏嘗鳴鼓吹候之, 聞群蛙鳴曰:「此殊聒人耳」

珪曰:「我聽鼓吹, 殆不及此!」

晏有慙色. 仕至散騎常侍.

舊本: 作稚圭.

【孔珪】孔稚珪. 자는 德璋. 南朝 齊나라 明帝 때 인물. 《南史》(49)에 전이 있음.
【明帝】南朝 齊나라 제5대 황제. 이름은 蕭鸞. 494~498년 재위함. 廢帝 東昏侯 蕭寶卷과 和帝 蕭寶融의 아버지.
【陳蕃】자는 仲擧(?~168). 漢나라 때 인물. 汝南人. 太傅에 이르렀으며 桓帝때 대장군 竇武와 宦官을 탄핵하다가 해를 입었음. 《後漢書》(66)에 傳이 있음. '陳蕃下榻'[246] 참조.
【兩部鼓吹】'兩部'는 음악을 연주하는 左部와 右部의 음악. 천자가 공적이 있는 제후에게 하사하는 음악은 대부분 一部이고 兩部를 쓰는 것은 특별한 경우임.
【王晏】陶潛에게 술을 바친 江州刺史 王弘의 손자.

참고 및 관련 자료

1. 《南史》(49) 孔珪傳
孔珪字德璋, 會稽山陰人也. 祖道隆, 爲侍中. ……建武初, 爲平西長史·南軍太守. 珪以魏連歲南伐, 百姓死傷, 乃上表陳通和之策, 帝不從. 徵侍中, 不行, 留本任. 珪風韻淸疎, 好文詠, 飮酒七八斗. 與外兄張融情趣相得, 又與琅邪王思遠·廬江

何點·點弟胤並款交, 不樂世務. 居宅盛營山水, 憑几獨酌, 傍無雜事. 門庭之內, 草萊不翦. 中有蛙鳴, 或問之曰:「欲爲陳蕃乎?」珪笑答曰:「我以此當兩部鼓吹, 何必效蕃?」王晏嘗鳴鼓吹候之, 聞群蛙鳴, 曰:「此殊聒人耳.」珪曰:「我聽鼓吹, 殆不及此.」晏甚有慚色.

260-② 彥倫鶴怨
학의 원망 소리를 노래한 주옹

《남사南史》에 실려 있다.

주옹周顒은 자가 언륜彥倫이며 송宋나라 원휘元徽 연간에 섬령剡令을 지내었다. 음성과 변론이 고왔으며 불교의 이론에 밝아 《삼종론三宗論》을 저술하여 공空과 가假의 뜻을 설명하였다. 제齊나라로 들어서서 그는 국자박사겸저작랑國子博士兼著作郎의 직위로 삶을 마쳤다. 태학太學의 여러 생도들은 그의 풍모를 사모하여 다투어 그의 화려한 변론 방법을 본받았다. 처음 그는 《사성절운四聲切韻》이라는 책을 지어 당시 유행하기도 하였다. 당초 그는 종산鍾山에 은거하고 있다가 뒤에 세상으로 나와 현령縣令이 되었다. 이에 공치규孔稚珪가 종산초당鍾山草堂을 지나다가 〈북산이문北山移文〉이라는 글을 지었는데 그 글에는 이렇게 말하였다.

"혜초로 만든 휘장은 비어 밤 학만 원망스레 우는구나.
 은자가 떠나고 나니 새벽 원숭이 놀라도다."

《南史》: 周顒字彥倫. 宋元徽中, 爲剡令. 音辭辯麗, 長於佛理, 著《三宗論》, 言空假義.

入齊, 終國子博士兼著作郞.
太學諸生慕其風, 爭事華辯. 始著《四聲切韻》, 行於時.
初隱鍾山, 及出爲縣令, 孔稚珪過鍾山草堂, 作〈北山移文〉.
其詞有曰:「蕙帳空兮夜鶴怨, 山人去兮曉猿驚.」

【周顒】자는 彦倫. 남조 宋나라 때의 인물. 晉나라 周顗의 7세손. 불교에 관심이 많았음.《南齊書》에 전이 있음.
【元徽】南朝 宋나라 後廢帝 劉昱의 연호. 473~476년까지 4년간.
【空假】불교 용어인 空·假·中 三諦 중의 '空'과 '假'. '空'은 理의 본체로서 空虛한 것을 말함. '假'는 因緣에 따라서 나타나는 諸法의 존재.
【入齊】남조 宋나라 마지막 임금 順帝(劉準)의 뒤를 이어 蕭道成이 479년 제위를 물려받아 나라 이름을 齊라 하였음. 이가 齊 高祖임. 479~482년 재위함.
【四聲切韻】音韻·音聲에 관해 저술한 책. 중국어의 성조와 관련된 四聲은 불경을 한역하는 과정에서 인도의 梵語學의 자극을 받아 연구되었으며 뒤에 沈約이 이를 정리한 것이《四聲譜》임.
【鍾山】南京의 외곽에 있으며 紫金山·聖遊山, 北山이라고도 함.
【北山移文】《文選》(43)과《古文眞寶》(後集)에 실려 있음. '移文'은 '廻文' 혹은 '觸文'이라고도 함.
【蕙帳】'혜'는 향기가 있는 풀. 산사람은 자신의 草堂에 이 풀을 심어 장막으로 이용하였음.

참고 및 관련 자료

1.《南齊書》(41) 周顒傳
周顒字彦倫, 汝南安城人. 晉左光祿大夫顗七世孫也. 宋明帝頗好言理, 以顒有辭義, 引入殿內, 親近宿直. 帝所爲慘毒之事, 顒不敢顯諫, 輒誦經中因緣罪福事, 帝亦爲之小止.

2.《文選》(43) 孔德璋(稚圭)〈北山移文〉
鍾山之英, 草堂之靈, 馳煙驛路, 勒移山庭. 夫以耿介拔俗之標, 蕭洒出塵之想, 度白雪以方潔, 干靑雲而直上, 吾方知之矣. 若其亭亭物表, 皎皎霞外, 芥千金

而不晞, 屨萬乘其如脫, 聞鳳吹於洛浦, 值薪歌於延瀨, 固亦有焉. 豈期始終參差, 蒼黃反覆, 淚翟子之悲, 慟朱公之哭. 乍廻迹以心染, 或先貞而後黷, 何其謬哉. 嗚呼, 尙生不存, 仲氏旣往, 山阿寂寥, 千載誰賞. 世有周子, 雋屬之士. 旣文旣博, 亦玄亦史. 然而學遁東魯, 習隱南郭, 竊吹草堂, 濫巾北岳, 誘我松桂, 欺我雲壑, 雖假容於江皐, 乃纓情於好爵. 其始至也, 將欲排巢父, 拉許由, 傲百世, 蔑王侯, 風情張日, 霜氣橫秋, 或歎幽人長往, 或怨王孫不游, 談空空於釋部, 覈玄玄於道流, 務光何足比, 涓子不能儔. 及其鳴騶入谷, 鶴書赴隴, 形馳魄散, 志變神動. 爾乃眉軒席次, 袂聳筵上, 焚芰製而製荷衣, 抗塵容而走俗狀, 風雲悽其帶憤, 石泉咽而下愴, 望林巒而有失, 顧草木而如喪. 至其紐金章, 綰黑綬, 跨屬城之雄, 冠百里之首, 張英風於海甸, 馳妙譽於浙右, 道帙長擯, 法筵久埋. 敲扑諠囂, 犯其慮, 牒訴倥偬裝其懷, 琴歌旣斷, 酒賦無續, 常綢繆於結課, 每紛綸於折獄. 籠張趙於往圖, 架卓魯於前錄, 希蹤三輔豪, 馳聲九州牧, 使其高霞孤映, 明月獨擧, 靑松落陰, 白雲誰侶. 磵戶摧絶無與歸, 石逕荒涼徒延竚. 至於還飇入幕, 寫霧出楹, 蕙帳空兮夜鶴怨, 山人去兮曉猿驚. 昔聞投簪逸海岸, 今見解蘭縛塵纓. 於是南獄獻嘲, 北隴騰笑, 列壑爭譏, 攢峰竦誚, 慨遊子之我欺, 悲無人以赴弔. 故其林慙無盡, 澗愧不歇, 秋桂遣風, 春蘿擺月, 騁西山之逸議, 馳東皐之素謁, 今乃促裝下邑, 浪栧上京, 雖情投於魏闕, 或假步於山扃. 豈可使芳杜厚顔, 薜荔無恥, 碧嶺再辱, 丹崖重淬, 塵遊躅於蕙路, 污淥池以洗耳. 宜扃岫幌掩雲關, 斂輕霧藏鳴湍, 截來轅於谷口, 杜妄轡於郊端. 於是叢條瞋膽, 疊穎怒魄, 或飛柯以折輪, 乍低枝而掃迹, 請廻俗士駕. 爲君謝逋客.

261. 廉頗負荊, 須賈擢髮

261-① 廉頗負荊
가시를 짊어지고 인상여에게 사죄한 염파

《사기史記》에 실려 있다.

염파廉頗가 조趙나라 장수였을 때 인상여藺相如가 상경上卿이 되어 그 지위가 염파보다 높았다. 그러자 염파가 이렇게 불만을 터뜨렸다.

"나는 장수가 되어 성을 공격하고 들에서 싸운 큰 공을 세웠다. 그런데 인상여는 겨우 그까짓 입과 혀만 놀린 공로로 나보다 윗자리에 앉아 있다. 게다가 그는 신분이 천한 사람이었다. 내 그런 자의 아랫사람이 되는 것은 수치이다."

그리고 이렇게 선언하였다.

"내 그를 만나면 반드시 모욕을 주리라."

인상여는 이를 듣고 조회에 나가려 하지 않았다. 매번 조회 때가 되면 늘 병을 핑계로 그와 자리를 다투지 않고자 하였다. 이윽고 외출하였다가 멀리 염파가 보이자 얼른 수레를 돌려 숨어 버렸다. 그러자 인상여의 사인舍人이 이렇게 간언하였다.

"염파가 악언을 퍼뜨리고 다니는데 그대께서는 그를 두려워하여 숨어서 벌벌 떨고 계십니다. 보통 사람일지라도 오히려 부끄럽게 여길 일인데 하물며 장상將相의 신분이신 귀하께서 이것이 말이나 됩니까?"

이에 상여는 이렇게 물었다.

"그대가 보기에 염파와 진秦나라 왕은 어떠한가?"

그가 대답하였다.

"염파가 진나라 왕만 못하지요."

상여는 이렇게 설명하였다.

"무릇 진나라 왕과 같은 위엄 앞에서도 나는 그의 조정에 오직 염장군 하나만을 두려워하겠는가! 생각해 보면 그 강한 진나라가 감히 우리 조나라에게 군사의 힘으로 압박하지 못하고 있는 것은 오직 우리 두 사람이 있기 때문일 뿐이다. 지금 두 마리 호랑이가 싸운다면 그 형세로 보아 둘 모두 살아남을 수가 없을 것이다. 내가 이렇게 하는 것은 나라의 급함을 앞세우고 사사로운 원한은 뒤로하는 것이다."

염파가 이를 듣고 육단肉袒하여 가시를 짊어지고 그의 문에 이르러 이렇게 사죄하였다.

"비천한 사람이 장군의 관대함이 이러한 줄은 몰랐습니다."

그리하여 마침내 상여와 기쁨을 나누었으며 문경지교刎頸之交가 되었다.

《史記》: 廉頗爲趙將, 藺相如拜上卿, 位在頗右.

頗曰:「我爲將, 有攻城野戰之大功. 而相如徒以口舌爲勞, 位居我上, 又素賤人, 吾羞爲之下」

宣言曰:「我見必辱之」

相如聞不肯與會, 每朝時, 常稱病, 不欲與頗爭列. 已而出望見頗, 引車避匿.

舍人諫曰:「廉君宣惡言, 而君畏匿恐懼. 庸人尙羞之, 況於將相乎?」

相如曰:「公之視頗, 孰與秦王」

曰:「不若也」

相如曰:「夫以秦王之威, 而相如廷叱之, 辱其群臣. 吾雖駑, 獨畏廉將軍哉! 顧念强秦不敢加兵於趙者, 徒以吾兩人在也. 今兩虎共鬪, 勢不俱生. 吾所以爲此者, 先國家之急, 而後私讎也」

頗聞之, 肉袒負荊, 至門謝罪曰:「鄙賤之人, 不知將軍寬之至此」

卒相與驩, 爲刎頸之交.

【廉頗】 전국시대 趙나라 장수.《史記》廉頗藺相如列傳 참조.
【藺相如】 전국시대 조나라 遊說客이며 대신. 두 사람 사이의 刎頸之交의 고사를 낳음.
【賤人】 인상여는 원래 조나라 환관인 繆賢의 舍人이었음.
【肉袒】 윗옷을 벗고 상체를 드러내는 것으로 깊은 사죄를 의미함.
【負荊】 가시나무를 지고 이것으로 채찍을 맞으며 사죄하겠다는 뜻을 나타냄.

참고 및 관련 자료

1.《史記》廉頗藺相如列傳
既罷歸國, 以相如功大, 拜爲上卿, 位在廉頗之右. 廉頗曰:「我爲趙將, 有攻城野戰之大功, 而藺相如徒以口舌爲勞, 而位居我上, 且相如素賤人, 吾羞, 不忍爲之下.」宣言曰:「我見相如, 必辱之.」相如聞, 不肯與會. 相如每朝時, 常稱病, 不欲與廉頗爭列. 已而相如出, 望見廉頗, 相如引車避匿. 於是舍人相與諫曰:「臣所以去親戚而事君者, 徒慕君之高義也. 今君與廉頗同列, 廉君宣惡言而君畏匿之, 恐懼殊甚, 且庸人尙羞之, 況於將相乎! 臣等不肖, 請辭去.」藺相如固止之, 曰:「公之視廉將軍孰與秦王?」曰:「不若也.」相如曰:「夫以秦王之威, 而相如廷叱之, 辱其羣臣, 相如雖駑, 獨畏廉將軍哉? 顧吾念之, 彊秦之所以不敢加兵於趙者, 徒以吾兩人在也. 今兩虎共鬪, 其勢不俱生. 吾所以爲此者, 以先國家之急而後私讎也.」廉頗聞之, 肉袒負荊, 因賓客至藺相如門謝罪. 曰:「鄙賤之人, 不知將軍寬之至此也.」卒相與驩, 爲刎頸之交.

2.《十八史略》(1)
趙王歸, 以相如爲上卿, 在廉頗右, 頗曰:「我爲趙將, 有攻城野戰之功. 相如素賤人, 徒以口舌居我上. 吾羞爲之下, 我見相如必辱之.」相如聞之, 每朝常稱病, 不欲與爭列. 出望見, 輒引車避匿, 其舍人皆以爲恥, 相如曰:「夫以秦之威, 相如廷叱之, 辱其羣臣, 相如雖駑, 獨畏廉將軍哉! 顧念强秦不敢加兵於趙者, 徒以吾兩人在也. 今兩虎共鬪, 其勢不俱生. 吾所以爲此者, 先國家之急, 而後私讐也.」頗聞之, 肉袒負荊, 詣門謝罪, 遂爲刎頸之交.

261-② 須賈擢髮
머리카락을 뽑아 속죄하겠다고 사죄한 수가

《사기史記》에 실려 있다.

범저(范雎, 范雎)는 자가 숙叔이며 위魏나라 사람이다. 제후들에게 유세하다가 위왕魏王을 섬기고자 하였다.

집은 가난하고 아무런 자금도 없어 이에 우선 위나라 중대부 수가須賈를 섬겼다. 수가가 제齊나라에 사신으로 가게 되자 범저가 수종하였다. 그런데 제齊 양왕襄王이 범저의 말솜씨가 뛰어남을 듣고 사람을 시켜 그에게 금과 소와 술을 하사하였다. 수가는 노하여 범저가 위나라의 비밀 사항을 제나라에 일러주었기 때문일 것이라 여겨 귀국하자 위제魏齊에게 보고하였다. 위제는 노하여 사인舍人으로 하여금 범저를 태질하여 치도록 하였다. 범저가 죽은 척하자 즉시 이를 대나무 발에 둘둘 말아 화장실에 갖다 버렸다. 빈객들은 술에 취하여 그에게 돌아가면서 오줌을 누었다. 마침 위제가 취하자 범저는 화장실지기에게 말하여 도망해 숨을 수 있었다. 그는 이름을 장록張祿으로 바꾸고 밤에 진秦나라에서 와 있던 알자謁者 왕계王稽를 만났다. 왕계는 범저가 똑똑함을 알고 수레에 태워 진나라로 들어가 소왕昭王에게 유세하였다. 소왕은 그를 객경客卿으로 삼았으며 뒤에 재상에까지 올랐으며 응후應侯에 봉해졌다.

뒤에 수가가 진나라에 사신으로 오게 되자, 범저는 몰래 그를 미행하여 밤에 다 낡은 옷을 입고 걸어서 수가를 만났다. 수가가 깜짝 놀라 물었다.

"그대는 범숙이 아닌가? 별 탈 없는가?"

그리고 머물게 하여 함께 술을 마시며 불쌍히 여겨 그에게 제포綈袍 한 벌을 벗어 주었다. 범저는 큰 수레에 네 필 말을 수가에게 보내어 그로 하여금 재상의 관부에 들어오도록 하였다. 그리고 자신이 먼저 관부에 들어가 있었다.

수가가 한참을 기다려도 범저가 보이지 않자 문지기에게 물었다.

"범숙이 아직 나오지 않으니 어찌 된 일인가?"

문지기가 말하였다.

"범숙이라는 사람은 없습니다. 우리 재상 장록이란 분이십니다."

수가는 크게 놀라 육단肉袒을 하고 무릎을 기면서 이렇게 사죄하였다.

"저는 생각지 못하였습니다. 그대께서 스스로 이토록 청운靑雲의 높은 자리에 올라앉아 계실 줄은. 저는 감히 다시는 천하의 책을 읽을 수 없을 것이며 천하의 일에 참여할 수 없을 것입니다. 저는 솥에 삶겨 죽을죄를 범하였습니다. 청컨대 저를 멀리 호맥胡貉의 먼 땅으로 보내어 격리시켜 주십시오. 오직 생사를 그대에게 맡기겠습니다. 저의 머리를 모두 뽑아 속죄한다 해도 오히려 모자랄 것입니다."

그러자 범저는 이렇게 말하였다.

"네가 지은 죄는 세 가지일 뿐이다. 그러나 죽이지 아니하고 살려주는 이유는 그대 나와의 옛날 정을 그리워하여 나를 불쌍히 여겨 제포를 벗어 주었기 때문이다. 그 때문에 그대를 풀어주는 것이다!"

《史記》: 范睢字叔, 魏人. 游說諸侯, 欲事魏王. 家貧無以自資, 乃先事魏中大夫須賈. 賈使齊睢從. 齊襄王聞睢辯口, 乃使人賜金及牛酒, 賈怒以爲睢持魏國陰事告齊. 卽歸以告魏齊, 魏齊怒使舍人笞擊睢, 睢佯死. 卽卷以簀置廁中. 賓客醉更溺之, 會齊醉, 睢告守者, 得出亡伏匿. 更名姓曰張祿, 夜見秦謁者王稽, 稽知睢賢, 載入秦, 言於昭王. 王拜爲客卿, 遂爲相, 封應侯.

賈後使秦, 睢微行, 夜敝衣步見賈.

賈驚曰:「范叔無恙乎?」

留與坐飮食, 取綈袍賜之. 睢取大車駟馬爲賈御入相府, 乃先入.

賈待良久, 問門下曰:「范叔不出何也?」

門下曰:「無范叔, 乃吾相張君也.」

賈大驚, 乃肉袒膝行, 謝罪曰:「賈不意, 君能自致於青雲之上. 賈不

敢復讀天下之書, 與天下之事. 賈有湯鑊之罪, 請自屛於胡貉之地, 唯君死生之. 擢賈之髮, 以贖罪, 尙未足.」

雎曰:「汝罪有三耳. 然所以得無死者, 以綈袍戀戀有故人之意. 故釋公!」

【范雎】'范雎'(범저)를 흔히 '范雎'(범수)라 읽으나 이는 오류임.《戰國策》考證에《史記》와《韓非子》를 인용하여 '范且'라 하였고, 淸나라 王先愼의《韓非子緝解》에 "范且는 范雎라 하였음. '范雎'를 '范雎'로 읽기 시작한 것은《通鑑》의 周 赧王 四十五年後 胡三省의 注에 "范雎의 雎는 音이 雖이다"라 하여 이때부터 '范雎'로 읽기 시작하였던 것임. 그러나 淸나라 錢大昕의《通鑑》注辨正에 "武梁祠 畵像에 范且의 且는 雎와 같으며, 〈雎〉字 왼쪽의 部는 '且'이며 '目'이 아니다. 그러므로 '雎'는 심한 誤謬이다"라 하였음.
【昭王】전국시대 秦나라 군주. B.C.306~B.C.251년까지 56년간 재위함.
【湯鑊】'확'은 다리가 없는 큰솥으로 죄인을 삶아 죽일 때 사용함.
【胡貉】'貉'은 '貊'과 같음.
【汝罪有三】위나라의 황제에게 고하여 고자질을 한 것·화장실에 버려 욕을 보인 것·취하여 소변을 본 것 등 세 가지 모욕을 말함.

> 참고 및 관련 자료

1.《史記》范雎蔡澤列傳
范雎者, 魏人也, 字叔. 游說諸侯, 欲事魏王, 家貧無以自資, 乃先事魏中大夫須賈. ……須賈魏秦昭王使於齊, 范雎從. 留數月, 未得報. 齊襄王聞雎辯口, 乃使人賜雎金十斤及牛酒, 雎辭謝不敢受. 須賈知之, 大怒, 以爲雎持魏國陰事告齊, 故得此饋, 令雎受其牛酒, 還其金. 旣歸, 心怒雎, 以告魏相. 魏相, 魏之諸公子, 曰魏齊. 魏齊大怒, 使舍人笞擊雎, 折脅摺齒. 雎詳死, 卽卷以簀, 置廁中. 賓客飮者醉, 更溺雎, 故僇辱以懲後, 令無妄言者. 雎從簀中謂守者曰:「公能出我, 我必厚謝公.」守者乃請出弃簀中死人. 魏齊醉, 曰:「可矣.」范雎得出. 後魏齊悔, 復召求之. 魏人鄭安平聞之, 乃遂操范雎亡, 伏匿, 更名姓曰張祿. ……秦封范雎以應, 號爲應侯. 當是時, 秦昭王四十一年也. 范雎旣相秦, 秦號曰張祿, 而魏不知, 以爲范雎已死久矣. 魏聞秦且東伐韓·魏, 魏使須賈於秦. 范雎聞之, 爲微行, 敝衣閒步之邸,

見須賈. 須賈見之而驚曰:「范叔固無恙乎!」范雎曰:「然」須賈笑曰:「范叔有說於秦邪?」曰:「不也. 雎前日得過於魏相, 故亡逃至此, 安敢說乎!」須賈曰:「今叔何事?」范雎曰:「臣爲人庸賃」須賈意哀之, 留與坐飲食, 曰:「范叔一寒如此哉!」乃取其一綈袍以賜之. 須賈因問曰:「秦相張君, 公知之乎? 吾聞幸於王, 天下之事皆決於相君. 今吾事之去留在張君. 孺子豈有客習於相君者哉?」范雎曰:「主人翁習知之. 唯雎亦得謁, 雎請爲見君於張君」須賈曰:「吾馬病, 車軸折, 非大車駟馬, 吾固不出」范雎曰:「願爲君借大車駟馬於主人翁」范雎歸取大車駟馬, 爲須賈御之, 入秦相府. 府中望見, 有識者皆避匿. 須賈怪之. 至相舍門, 謂須賈曰:「待我, 我爲君先入通於相君」須賈待門下, 持車良久, 問門下曰:「范叔不出, 何也?」門下曰:「無范叔」須賈曰:「鄉者與我載而入者」門下曰:「乃吾相張君也」須賈大驚, 自知見賣, 乃肉袒膝行, 因門下人謝罪. 於是范雎盛帷帳, 侍者甚眾, 見之. 須賈頓首言死罪, 曰:「賈不意君能自致於青雲之上, 賈不敢復讀天下之書, 不敢復與天下之事. 賈有湯鑊之罪, 請自屏於胡貉之地, 唯君死生之!」范雎曰:「汝罪有幾?」曰:「擢賈之髮以續賈之罪, 尚未足」范雎曰:「汝罪有三耳. 昔者, 楚昭王時而申包胥爲楚卻吳軍, 楚王封之以荊五千戶, 包胥辭不受, 爲丘墓之寄於荊也. 今雎之先人丘墓亦在魏, 公前以雎爲有外心於齊而惡雎於魏齊, 公之罪一也. 當魏齊辱我於廁中, 公不止, 罪二也. 更醉而溺我, 公其何忍乎? 罪三矣. 然公之所以得無死者, 以綈袍戀戀, 有故人之意, 故釋公」乃謝罷. 入言之昭王, 罷歸須賈. 須賈辭於范雎, 范雎大供具, 盡請諸侯使, 與坐堂上, 食飲甚設. 而坐須賈於堂下, 置莝豆其前, 令兩黥徒夾而馬食之. 數曰:「爲我告魏王, 急持魏齊頭來! 不然者, 我且屠大梁」須賈歸, 以告魏齊. 魏齊恐, 亡走趙, 匿平原君所.

2. 《十八史略》(1)

弟昭襄王稷立. 有魏人范雎者, 嘗從須賈使齊, 齊王聞其辯口, 乃賜之金及牛酒, 賈疑雎以國陰事告齊, 歸告魏相魏齊, 魏齊怒笞擊雎, 折脅拉齒. 雎佯死, 卷以簀置廁中, 使醉客更溺之, 以懲後. 雎告守者得出, 更姓名曰張祿. 秦使者王稽至魏, 潛載與歸, 薦于昭襄王以爲客卿, 教以遠交近攻之策. 時穰侯魏冉用事, 雎說王廢之, 而代爲丞相, 號應侯. 魏使須賈聘秦, 雎敝衣閒步, 往見之. 賈驚曰:「范叔固無恙乎?」留坐飲食, 曰:「范叔一寒如此哉!」取一綈袍贈之. 遂爲賈御至相府, 曰:「我爲君先入通于相君」賈見其久不出問門下, 門下曰:「無范叔, 鄉者吾相張君也」賈知見欺, 乃膝行入謝罪, 雎坐責讓之曰:「爾所以得不死者, 以綈袍戀戀, 尚有故人之意爾」乃大供具, 請諸侯賓客, 置莝豆其前, 而馬食之. 使歸告魏王曰:「速斬魏齊頭來, 不然且屠大梁」賈歸告魏齊, 魏齊出走而死. 雎既得志于秦, 一飯之德必償, 睚眦之怨必報.

262. 孔翊絶書, 申嘉私謁

262-① 孔翊絶書
청탁 편지를 못에 던져버린 공익

《진선현전晉先賢傳》에 실려 있다.
　공익孔翊은 자가 원성元性으로 낙양령洛陽令이 되었을 때 뜰에 물을 가두어 놓고 청탁해 오는 글이 들어오면 이를 모두 그 물 속에 던져 버리고 하나도 펴 보지 않았다.

《晉先賢傳》: 孔翊字元性. 爲洛陽令, 置水於庭, 得求囑書, 皆投水中, 一無所發.

【晉先賢傳】 진나라 선현들의 일화와 전기를 모은 책.
【孔翊】 晉나라 때 인물. 자는 元性. 洛陽令을 역임함.
【置水於庭】 정원에 물을 채워둠.

262-② 申嘉私謁
등통을 사사롭게 불러 처단하려 한 신도가

전한前漢의 신도가申屠嘉는 양梁나라 사람이다. 재능과 힘이 뛰어나 쇠뇌를 잡아당길 정도였으며, 고조高祖 유방을 따라 초楚나라를 격퇴하였다.

효문제孝文帝 때에 점차 승진하여 승상丞相에 올랐다. 사람됨이 청렴하고 곧아 그의 문에는 어떤 사사로운 접견도 받아주지 않았다. 당시 등통鄧通이 한창 임금으로부터 총애를 입어 황제 곁에 머물면서 예를 무시하고 마구 행동하였다. 그러자 신도가는 이렇게 상주하였다.

"폐하께서 아래의 많은 신하들을 중에 누구를 총애하시면 그 자는 부귀해집니다. 그러나 조정에서 지켜야 할 예는 엄정하게 하지 않을 수 없습니다."

그리고 조회가 파하자 자신의 부府에 앉아 격문을 써서 등통을 소환하여 승상부丞相府로 오도록 하였다. 그리고 만약 오지 않을 경우 등통을 참수할 참이었다. 등통이 겁을 먹고 들어가 황제에게 고하자 황제는 이렇게 말하였다.

"너는 오라는 대로 승상부로 가거라. 내 지금 사람을 보내어 너를 나 있는 곳으로 오도록 소환할 것이다."

등통이 승상부에 이르러 관을 벗고 맨발로 머리를 조아리며 신도가에게 빌었다. 그러자 신도가는 이렇게 꾸짖었다.

"무릇 조정이라는 곳은 고황제高皇帝로부터 이어온 조정이다. 그런데 너 등통은 시신侍臣으로서 어전에서 마구 희롱을 일삼고 있으니 불경죄가 크니 마땅히 참수할 것이다!"

등통은 머리를 조아리며 피를 흘렸지만 풀어주지 않았다. 임금은 승상이 이미 등통을 곤액에 몰아넣고 있음을 헤아려 사신으로 하여금 부절을 들고 가서 등통을 소환하도록 하고 대신 승상에게 이렇게 사과하였다.

"이는 곁에서 나를 즐겁게 해 주는 신하라오."
이에 할 수 없이 그를 풀어 주었다.

前漢, 申屠嘉梁人. 以材官蹶張, 從高祖擊楚. 孝文時稍遷至丞相. 爲人廉直, 門不受私謁. 時鄧通方愛幸, 居上旁, 有怠慢之禮.

嘉奏曰:「陛下幸愛群臣, 則富貴之. 至於朝廷之禮, 不可以不肅.」

罷朝坐府中, 爲檄召通, 詣丞相府, 不來且斬通.

通恐入言上, 上曰:「汝第往. 吾今使人召若.」

通至, 免冠徒跣, 頓首謝嘉.

嘉責曰:「夫朝廷者高皇帝之朝廷也. 通小臣戲殿上, 大不敬. 當斬!」

通頓首出血不解.

上度丞相已困通, 使使持節召通而謝丞相:「是吾弄臣也.」

乃釋之.

【申屠嘉】鄧通의 아부를 탄핵한 인물.
【材官】재능이나 힘을 뜻함.
【孝文帝】전한 제3대 황제 文帝 劉恒. 太宗孝文皇帝. 高祖 劉邦의 庶子로서 薄太后의 아들. B.C.179~B.C.157년 재위함. 한나라 초기 文景之治를 이루어 제국의 기틀을 다짐.
【高帝·高皇帝】모두 漢 高祖 劉邦을 가리킴. 자는 季. 沛郡 豐邑 출신으로 秦나라 말 義兵을 일으켜 項羽와 결전 끝에 漢 帝國을 설립함. 太祖高皇帝. 漢 帝國을 세운 임금. B.C.202~B.C.195년 재위.《史記》高祖本紀 참조.
【鄧通】西漢 文帝 때의 寵臣. 蜀郡 銅山을 하사 받아 銅錢을 마음대로 주조하였음. 景帝가 즉위하여 그를 면직시키고 재물을 몰수함.《西京雜記》(3) 및《漢書》佞幸傳 참조. '鄧通銅山'[117] 참조.
【弄臣】환관이나 배우와 같은 함께 놀아주는 일을 하는 신하.

> 참고 및 관련 자료

1. 《漢書》張周趙任申屠傳

申屠嘉, 梁人也. 以材官蹶張從高帝擊項籍, 遷爲隊率. 從擊黥布, 爲都尉. 孝惠時, 爲淮陽守. 孝文元年, 擧故以二千石從高祖者, 悉以爲關內侯, 食邑二十四人, 而嘉食邑五百戶. 十六年, 遷爲御史大夫. 張蒼免相, 文帝以皇后弟竇廣國賢有行, 欲相之, 曰: 「恐天下以吾私廣國.」 久念不可, 而高帝時大臣餘見無可者, 乃以御史大夫嘉爲丞相, 因故邑封爲故安侯. 嘉爲人廉直, 門不受私謁. 是時太中大夫鄧通方愛幸, 賞賜累鉅萬. 文帝常燕飮通家, 其(見)寵如是. 是時嘉入朝, 而通居上旁, 有怠慢之禮. 嘉奏事畢, 因言曰: 「陛下幸愛羣臣則富貴之, 至於朝廷之禮, 不可以不肅!」 上曰: 「君勿言, 吾私之.」 罷朝坐府中, 嘉爲檄召通詣丞相府, 不來, 且斬通. 通恐, 入言上. 上曰: 「汝弟往, 吾今使人召若.」 通至(詣)丞相府, 免冠, 徒跣, 頓首謝嘉. 嘉坐自如, 弗爲禮, 責曰: 「夫朝廷者, 高皇帝之朝廷也, 通小臣, 戲殿上, 大不敬, 當斬. 史今行斬之!」 通頓首, 首盡出血, 不解. 上度丞相已困通, 使使持節召通, 而謝丞相: 「此吾弄臣, 君釋之.」 鄧通旣至, 爲上泣曰: 「丞相幾殺臣.」 嘉爲丞相五歲, 文帝崩, 孝景卽位. 二年, 鼂錯爲內史, 貴幸用事, 諸法令多所請變更, 議以適罰侵削諸侯. 而丞相嘉自絀, 所言不用, 疾錯. 錯爲內史, 門東出, 不便, 更穿一門, 南出. 南出者, 太上皇廟壖垣也. 嘉聞錯穿宗廟垣, 爲奏請誅錯. 客有語錯, 錯恐, 夜入宮上謁, 自歸上. 至朝, 嘉請誅內史錯. 上曰: 「錯所穿非眞廟垣, 乃外壖垣, 故冗官居其中, 且又我使爲之, 錯無罪.」 罷朝, 嘉謂長史曰: 「吾悔不先斬錯乃請之, 爲錯所賣.」 至舍, 因歐血而死. 諡曰節侯. 傳子至孫臾, 有罪, 國除. 自嘉死後, 開封侯陶靑·桃侯劉舍及武帝時柏至侯許昌·平棘侯薛澤·武彊侯莊靑翟·商陵侯趙周, 皆以列侯繼踵, 齗齗廉謹, 爲丞相備員而已, 無所能發明功名著於世者. 贊曰: 張蒼文好律曆, 爲漢名相, 而專遵用秦之《顓頊曆》, 何哉? 周昌, 木强人也. 任敖以舊德用. 申屠嘉可謂剛毅守節, 然無術學, 殆與蕭·曹·陳平異矣.

2. 《西京雜記》(3)

文帝時, 鄧通得賜蜀銅山, 聽得鑄錢, 文字肉好, 皆與天子錢同, 故富侔人主. 時吳王亦有銅山鑄錢, 故有吳錢, 微重, 文字肉好, 與漢錢不異.

263. 淵明把菊, 眞長望月

263-① 淵明把菊
　　　국화꽃을 한 줌 쥔 채 시상에 빠진 도연명

《남사南史》에 실려 있다.
　도잠陶潛은 자가 연명淵明이다. 혹은 자가 심명深明이며 이름이 원량元亮이라고도 한다. 강주자사江州刺史 왕홍王弘이 그와 알고 지내기를 원했지만 그를 부를 수 없었다. 도잠이 한 번은 여산廬山에 갈 일이 생겼다. 그러자 왕홍은 몰래 도잠의 친구 방통지龐通之로 하여금 술을 갖추어 길에서 도잠을 만나도록 하였다. 도잠은 다릿병이 있어 문하생 한 사람과 두 아이로 하여금 남여籃轝에 자신을 태워 가고 있었다. 그리하여 방통지가 기다리는 곳에 이르자 흔연히 함께 술을 마셨다.
　이에 앞서 안연지顔延之가 심양潯陽에 있을 때 도잠과 마음을 열고 사귀고 있었다. 뒤에 안연지가 시안군始安郡 군수가 되어 부임하는 길에 도잠이 있는 곳을 들르게 되었다. 그는 떠나면서 돈 2만 전을 남겨 도잠에게 주었다. 도잠은 이를 술집으로 보내어 맡겨놓고 조금씩 술로 바꾸어 먹었다. 그러다가 9월 9일 중양절에 술이 떨어지자, 집 둘레 국화꽃 떨기 속에 앉아있었다. 한참 뒤에 왕홍이 보낸 술이 오자 그 자리에서 술을 마시고 취한 뒤에야 돌아왔다.
　군郡에서 도잠을 살피면서 술을 주었는데 그 술이 익을 때를 기다렸다가 머리의 갈건葛巾을 벗어 그것으로 술을 걸러 다 거른 다음에는 다시 머리에 썼다. 호를 정절선생靖節先生이라 하였다. 그의 처는 적씨翟氏였는데 지취志趣가 역시 같아 능히 고통스러운 절조를 편안히 여기며 살았다. 남편이 앞에서 밭을 갈면 그 아내가 뒤를 따르며 호미질을 하였다.
　혹은 이렇게 말하고 있다.

9월 9일 술이 떨어지자 울타리가 국화꽃 떨기에 앉아 국화를 따서 한 줌 쥐고 앉았다. 한참 뒤에 흰옷을 입은 사람이 다가오고 있음이 멀리 보였다. 바로 태수太守 왕홍이 술을 보낸 것이다. 이를 취하도록 마시고 돌아갔다.

《南史》: 陶潛字淵明. 或云字深明, 名元亮, 江州刺史王弘欲識之不能致. 潛嘗往廬山, 弘令潛故人龐通之齎酒具, 於半道要之. 潛有脚疾, 使一門生二兒擧籃轝. 及至, 欣然共飮.

先是顔延之在潯陽, 與潛情款. 後爲始安郡, 徑過潛, 臨去留二萬錢與潛. 潛悉送酒家, 稍就取酒. 嘗九月九日無酒, 出宅邊菊叢中坐. 久之逢弘送酒至, 卽便就酌, 醉而後歸.

郡將候潛, 逢其酒熟, 取頭上葛巾, 漉酒畢還復著之. 卒號靖節先生.

其妻翟氏, 志趣亦同, 能安苦節. 夫耕於前, 妻鉏於後.

一云: 九月九日無酒, 坐籬邊叢中. 摘菊盈把而坐. 久之望見白衣人至. 太守王弘送酒也. 飮醉而歸.

【陶潛】陶淵明(365~427) 晉·宋시기의 詩人. 이름은 淵明으로 더 널리 알려져 있으며 일명 潛, 字는 元亮, 私諡는 靖節. 尋陽 柴桑(지금의 江西省 九江市) 출신. 그의 曾祖인 陶侃은 東晉의 開國功臣으로 大司馬 등을 지냈으며 祖父는 太守를 지내기도 했음. 그러나 아버지는 일찍 죽었고 어머니는 東晉 때 名家인 孟嘉의 딸이었음. 도연명은 한 때 州의 祭酒, 鎭軍, 建威參軍을 지냈으나 彭澤令이 되자 80여 일만에「五斗米」고사를 남긴 채 낙향하여 〈歸去來辭〉를 지음. 그 외에 〈田園詩〉와 〈桃花源記〉, 〈五柳先生傳〉 등을 남겨 중국 최고의 田園詩人으로 추앙됨. 단《詩品》에서는 그의 시를 中品에 넣어 당시 詩風과 차이에서 질박하다는 이유로 낮추고 있음을 알 수 있음. 韓國文學에도 至大한 영향을 미쳤음.《晉書》(94),《宋書》(93),《南史》(75)에 전이 있으며,《陶淵明集》이 전함. '陶潛歸去'[244] 참조.

【籃舉】 '舉'는 '輿'와 같음. 대나무로 만든 수레.
【顔延之】 남조 宋나라의 시인. 謝靈運과 이름을 나란히 함께 함.
【九月九日無酒】 중양절에 국화주를 마셔 제액의 습속을 지키는 것.《搜神記》
(2)에 "九月, 佩茱萸, 食蓬餌, 飮菊花酒, 令人長命. 菊花舒時, 幷採莖葉, 雜黍米釀之, 至來年九月九日始熟, 就飮焉. 故謂之菊花酒"라 함. '桓景登高'[219] 참조.
【葛巾】 마른 칡의 섬유로 만든 두건.
【一云】 이로부터 끝까지의 구절은〈四庫全書〉본에는 실려 있지 않음.

> 참고 및 관련 자료

1.《南史》隱逸傳 陶潛(唐, 李延壽)

陶潛字淵明, 或云字深明, 名元亮. 尋陽柴桑人, 晉大司馬侃之曾孫也. 少有高趣, 宅邊有五柳樹, 故常著〈五柳先生傳〉云:『先生不知何許人, 不詳姓字. 閑靜少言, 不慕榮利. 好讀書, 不求甚解, 每有會意, 欣然忘食. 性嗜酒, 而家貧不能恒得. 親舊知其如此, 或置酒招之, 造飮輒盡, 其在必醉. 旣醉而退, 曾不吝情去留. 環堵蕭然, 不蔽風日, 杜褐穿結, 簞瓢屢空, 晏如也. 常著文章自娛, 頗示己志, 忘懷得失, 以此自終.』其子序如此. 蓋以自況, 時人謂之實錄. 親老家貧, 其爲州祭酒, 不堪吏職, 少日自解而歸. 州召主薄, 不就, 躬耕自資, 遂抱羸疾. 江州刺史檀道濟往候之, 偃臥瘠餒有日矣, 道濟謂曰:「夫賢者處世, 天下無道則隱, 有道則至. 今子生文明之世, 奈何自苦如此.」對曰:「潛也何敢望賢, 志不及也.」道濟饋以梁肉, 麾而去之. 後爲鎭軍, 建威參軍, 謂親朋曰:「聊欲絃歌, 以爲三徑之資, 可乎?」執事者聞之, 以爲彭澤令. 不以家累自隨, 送一力給其子, 書曰: 「汝旦夕之費, 自給爲難, 今遣此力, 助汝薪水之勞. 此亦人子也, 可善遇之.」公田悉令吏種秫稻, 妻子固請種秔, 乃使二頃五十畝種秫, 五十畝種秔. 郡遣督郵至縣, 吏白應束帶見之. 潛嘆曰:「我不能爲五斗米切要鄕里小人.」卽日解印綬去職, 賦〈歸去來〉以遂其志, 曰:『歸去來兮, 田園將蕪胡不歸? 旣自以心爲形亦兮, 奚惆悵而獨悲. 悟已往之不諫, 知來者之可追. 實迷塗其未遠, 覺今是而昨非. 舟遙遙以輕颺, 風飄飄而吹衣, 問征夫以前路, 恨晨光之熹微. 乃瞻衡宇, 載欣載奔, 僮僕歡迎, 弱子候門. 三徑就荒, 松菊猶存, 攜幼入室, 有酒盈罇. 引壺觴以自酌, 眄庭柯以怡顔, 倚南牕而寄傲, 審容膝之易安. 園日涉而成趣, 門雖

設而常關. 策扶老以流憩, 時矯首而遐觀. 雲無心以出岫, 鳥倦飛而知還. 景翳翳其將入, 撫孤松而盤桓. 歸去來兮, 請息交以絶遊, 世與我相遺, 復駕言兮焉求. 悅親戚之情話, 樂琴書以消憂, 農人告余以春及, 將有事於西疇. 或命巾車, 或棹扁舟, 既窈窕以窮壑, 亦崎嶇而經丘. 木欣欣而向榮, 泉涓涓而始流, 善萬物之得時, 感吾生之行休. 已矣乎, 寓形宇内復幾時, 曷不委心任去留, 胡爲遑遑欲何之. 富貴非吾願, 帝鄉不可期. 懷良辰以孤往, 或植杖而芸耔. 登東皋以舒嘯, 臨清流而賦詩. 聊乘化以歸盡, 樂夫天命復奚疑!』義熙末, 徵爲著作佐郎, 不就. 江州刺史王弘欲識之, 不能致也. 潛嘗往廬山, 弘令潛故人龐通之齎酒具於半道栗里要之. 潛有脚疾, 使一門生二兒舉藍輿. 及之, 欣然便共飲酌, 俄頃弘至, 亦無忤也. 先是, 顏延之爲劉柳後軍功曹, 在尋陽與潛情欸. 經過潛, 每往必酣飲致醉. 弘欲要延之一坐, 彌日不得. 延之臨去, 留二萬錢與潛, 潛悉送酒家稍就取酒. 嘗九月九日無酒, 出宅邊菊叢中坐久之. 逢弘送酒至, 卽便就酌, 醉而後歸. 潛不解音聲, 而畜素琴一張. 每有酒適, 輒撫弄以寄其意. 貴賤造之者, 有酒輒設. 潛若先醉, 便語客:「我醉欲眠卿可去」其眞率如此. 郡將候潛, 逢其酒熟, 取頭上葛巾漉酒, 畢, 還復著之. 潛弱年薄宦, 不潔去就之迹. 自以曾祖晉宰輔, 恥復屈臣後代, 自宋武帝王業漸隆, 不復肯仕. 所著文章, 皆題其年月. 義熙以前, 明書晉氏年號, 自永初以來, 唯云甲子而已. 餘子書以言其志, 幷爲訓戒曰:『吾年過五十, 吾窮苦荼毒. 性剛才拙, 與物多忤. 自量爲己, 必貽俗患. 僶俛辭事, 使汝幼而飢寒耳. 常感孺仲賢妻之言, 敗絮自擁, 何慙兒子. 此其一事矣. 但恨鄰靡二仲, 室無萊婦, 抱茲苦心, 良獨罔罔. 少來好書, 偶愛閑靖, 開卷有得, 便欣然忘食. 見樹木交蔭, 時鳥變聲, 亦復歡爾有喜. 嘗言五六月北窗下臥, 遇涼風暫至, 自謂是羲皇上人. 意淺識陋, 日月遂往, 疾患以來, 漸就衰損. 親舊不遺, 每有藥石見救, 自恐大分將有限也. 汝輩幼小, 家貧無役, 柴水之勞, 何時可免. 念之在心, 若何可言. 然雖不同生, 當思四海皆兄弟之義. 鮑叔, 敬仲, 分在無猜, 歸生, 伍舉, 班荊道舊, 遂能以敗爲成, 因喪立功. 佗人尚爾, 況共父之人哉. 潁川韓元長, 漢末名士, 身處卿佐, 八十而終, 兄弟同居, 至於沒齒. 濟北氾幼春, 晉時操行人也. 七世同財, 家人無怨絶. 詩云「高山景行」, 汝其愼哉!』又爲命子詩以貽之. 元嘉四年, 將復徵命, 會卒. 世號靖節先生. 其妻翟氏, 志趣亦同, 能安苦節, 夫耕於田, 妻鋤於後云.

2. 《晉書》(94), 《宋書》(93)의 陶淵明傳 참조.

263-② 眞長望月
망월과 같은 맑은 모습의 유진장

《진서晉書》에 실려 있다.

유담劉惔은 자가 진장眞長이며 패국沛國 상현相縣 사람이다. 젊어서 맑고 원대한 기상에 표준이 기이하였다. 어머니와 함께 경구京口에 우거하였는데, 집이 가난하여 짚신삼는 일로 생업을 삼아 어머니를 봉양하였다. 비록 필문누항篳門陋巷의 험한 생활이었지만 편안한 모습이었다. 왕도王導가 그의 그릇됨을 깊이 알아주었고, 그 뒤 점차 이름이 알려지게 되었다. 유담은 언어와 논리에 뛰어났다. 간문제簡文帝가 회계왕으로 있을 때, 그의 재상이 되어 유담은 왕몽王濛과 함께 그의 이야기 빈객으로써 왕몽과 함께 상객 대우를 받았다. 벼슬을 거쳐 단양윤丹陽尹이 되어 그 행정이 맑고 정리되었으며, 그의 문에는 잡스러운 빈객이란 없었다.

환온桓溫이 일찍이 이렇게 물은 적이 있었다.

"회계왕會稽王의 담론은 더욱 발전하였던가요?"

그러자 유담은 이렇게 말하였다.

"지극히 진보하였습니다. 그러나 여전히 이류급에 해당하지요."

환온이 물었다.

"그렇다면 일류급은 누구란 말이오?"

유담이 말하였다.

"역시 아직도 저 같은 무리들이지요!"

그의 스스로 표준을 두어 자부하기가 이와 같았던 것이다.

구주舊注에는 이렇게 되어 있다.

유담이 밤에 간문제와 함께 앉았는데, 슬픈 모습을 하며 이렇게 탄식하는 것이었다.

"맑은 바람, 밝은 달. 이러한 날에 현도玄度와 함께할 수 없는 것이 한스럽군요!"

현도는 고사高士 허순許詢을 말한다.

《晉書》: 劉惔字眞長, 沛國相人. 少淸遠, 有標奇, 與母寓居京口, 家貧, 織芒屩以爲養, 雖篳門陋巷, 晏如也. 王導深器之, 後稍知名. 惔雅善言理, 簡文作相, 惔與王濛並爲談客, 俱蒙上賓禮. 累遷丹陽尹, 爲政淸整, 門無雜賓.

桓溫嘗問:「會稽王談更進邪?」

惔曰:「極進. 然故第二流耳」

溫曰:「第一復誰?」

曰:「故在我輩!」

其高自標置如此.

舊注云: 惔夜在簡文座.

愀然歎曰:「淸風朗月, 恨無玄度!」

玄度高士許詢也.

【劉惔】字는 眞長. 劉宏의 손자로 沛國 相 땅 출신. 明帝(323~326 재위)의 廬陵長公主에게 장가들어 駙馬가 됨. 司從左長史, 侍中, 丹陽尹 등을 지냄. 36세에 죽어 孫綽이 "居官無官官之事, 處事無事事之心"이라 誄文을 지어 명언이라 하였음.《晉書》(75)에 전이 있음. '劉惔傾釀'[224] 참조.

【芒屩】'망'은 풀의 끝. '교'는 짚신.

【王導】자는 茂弘(276~339). 어릴 때 자는 阿龍. 王敦의 從弟. 서진이 망하자 王敦과 함께 司馬睿를 황제로 추대하여 東晉을 세움. 그 공으로 丞相이 되었으며 號를 '仲父'라 하였음. 천하의 권세를 잡아 당시 "王與馬, 共天下"라 하였음. 元帝와 明帝, 成帝를 차례로 즉위시켰음. 아울러 남방 세족의 도움으로 강남에서의 동진 정권을 안정시킴.《晉書》(65)에 전이 있음. '王導公忠'[004] 참조.

【簡文帝】晉나라 제8대 황제 司馬昱. 字는 道萬. 中宗의 少子. 穆帝가 어려서 撫軍으로 보필, 뒤에 桓溫이 海西公을 폐하고 이를 세워 皇帝에 오름. 재위 2년(371~372). 흔히 '晉簡文', '簡文', '簡文帝', '簡文皇帝', '相王', '撫軍', '會稽王' 등으로 칭함. 《晉書》(9)에 紀가 있음.

【王濛】자는 仲祖(309?~347?). 《晉書》(93)에 전이 있음. '王濛市帽'[212] 참조.

【桓溫】자는 元子(312~373). 明帝의 사위. 荊州刺史를 지냈으며, 蜀을 정벌하고 前秦을 쳐부숨. 簡文帝를 세우고 자신이 다시 왕위를 빼앗고자 하였음. 시호는 武侯. 그의 아들 桓玄이 드디어 제위를 찬탈하여 楚나라를 세운 다음 아버지 환온을 宣武皇帝로 추존함. 《晉書》(98)에 전이 있음. '桓溫奇骨'[109] 참조.

【許詢】자는 玄度. 許允의 현손으로 어릴 때 이름은 阿訥. 神童이라 불렸음. 高陽人. 벼슬에 뜻이 없어 孫綽, 郗愔, 王羲之, 謝安, 支遁 등과 會稽에서 산수를 유람하며 黃老에 관심을 보였음. 일찍 죽음. 司徒掾 벼슬을 지냈음. '眞長望月'[263] 및 '許詢勝具'[178] 참조.

참고 및 관련 자료

1. 《晉書》(75) 劉惔傳

劉惔字眞長, 沛國相人也. 祖宏, 字終嘏, 光祿勳. 宏兄粹, 字純嘏, 侍中. 宏弟潢, 字沖嘏, 吏部尙書. 並有名中朝. 時人語曰:「洛中雅雅有三嘏.」……惔少淸遠, 有標奇, 與母任氏寓居京口, 家貧, 織芒屩以爲養, 雖篳門陋巷, 晏如也. 人未之識, 惟王導深器之, 後稍知名, 論者比之袁羊. 惔喜, 還告其母, 其母, 聰明婦人也, 謂之曰:「此非汝比, 勿受之.」又有方之范汪者. 惔復喜, 母又不聽. 及惔年德轉升, 論者遂比之王粲. 尙明帝女廬陵公主. 以惔雅善理言, 簡文帝作相, 與王濛並爲談客, 俱蒙上賓禮. ……累遷丹陽尹, 爲政淸整, 門無雜賓. ……桓溫嘗問惔:「會稽王談更進邪?」惔曰:「極進. 然故第二流耳.」溫曰:「第一復誰?」曰:「故在我輩!」其高自標置如此.

2. 《世說新語》言語篇

劉尹云:「淸風朗月, 輒思玄度.」

3. 《世說新語》品藻篇

世論溫太眞, 是過江第二流之高者; 時名輩共說人物, 第一將盡之間. 溫常失色.

264. 子房取履, 釋之結襪

264-① 子房取履
노인의 신발을 주워 올린 장량

전한前漢의 장량張良은 자가 자방子房이며 그 선조는 한韓나라 사람이었다. 그가 일찍이 하비下邳의 흙다리 위에서 놀 때 어떤 노인이 나타났는데 옷차림은 허름하였다. 그가 장량이 있는 곳에 이르더니 곧바로 자신의 신발을 흙다리 아래로 떨어뜨리더니 이렇게 말하는 것이었다.

"어린 녀석아, 내려가 내 신발 좀 가져오너라!"

장량은 놀라 그를 두드려 주고자 하였지만 그가 늙었다고 여겨 억지로 참고 내려가 신을 가져다가 무릎 꿇고 건네 주었다.

그러자 노인은 발로 이를 받아 신고는 웃으며 자리를 떠나다가 다시 돌아와 이렇게 말하는 것이었다.

"어린 녀석이 가히 가르칠 만하구나. 닷새 뒤 해가 막 밝아올 때 나와 여기에서 만나자."

장량이 무릎 꿇은 채 말하였다.

"네."

그날이 되어 가 보았더니 그 노인이 먼저 와 있는 것이었다. 노인은 노하여 이렇게 말하였다.

"노인과 약속을 해 놓고 늦게 나타나다니 어찌 된 것이냐? 돌아가거라. 닷새 뒤에 일찍 만나기로 하자."

닷새가 지나 닭이 울 때 갔더니 이번에도 노인이 먼저 와 있었다.

노인은 다시 이렇게 화를 내었다.

"가거라! 닷새 뒤에 더 일찍 오너라."

닷새 뒤에 장량은 한밤중에 갔다. 잠시 후 노인도 나타났다. 그제야 노인은 기꺼워하며 이렇게 말하였다.

"마땅히 그렇게 해야지."

그러고는 한 묶음의 책을 주면서 말하였다.

"이를 읽으며 왕자王者의 스승이 될 수 있다. 10년 뒤 너는 일어설 것이며, 13년 뒤에 어린 너는 제북濟北 곡성산穀城山 아래에서 나를 보게 될 것이다. 그곳에 누런 돌이 있을 것이니 그것이 바로 나다."

그러고는 사라져 보이지 않았다.

아침이 되어 그 책을 보았더니 《태공병법太公兵法》이었다. 장량은 기이하게 여기고 항상 이 책을 외우고 익혔다.

뒤에 장량은 고제高帝 유방을 따라 제북을 지나게 되었는데, 과연 그곳에 누런 돌이 있었다. 이에 그 돌을 가져다가 보물로 여겨 제사를 모셨으며 장량이 죽은 뒤 함께 묻었다.

당초 장량은 자주 병법으로 고조를 설득하여 항상 그가 내놓은 책략을 이용하였으며, 다른 사람의 건의는 고조가 하나도 살펴보지도 않는 것이었다. 장량은 고조는 하늘이 내린 사람이라 여겨 끝까지 고조를 따르며 떠나지 않았다.

장량은 병이 많아 군사를 거느려본 적은 없었으며, 항상 모책을 짜는 신하 역할만 다할 뿐이었다. 그리하여 공신功臣들을 책봉할 때, 장량은 전투로써 공을 세운 적이 없었으므로 고조는 이렇게 말하였다.

"군대 막사 안에서 전략을 운용하여 천 리 밖의 전투를 승리로 이끈 것은 자방 장량의 공이었다."

그리하여 그를 유후留侯로 봉하였다.

前漢, 張良字子房, 其先韓人. 嘗遊下邳圯上, 有一老父, 衣褐, 至良所.

直墮其履圯下, 謂曰:「孺子下取履!」

良愕然欲毆之, 爲其老, 迺彊忍, 下取履, 因跪進. 父以足受之, 笑去.

復還曰:「孺子可教矣. 後五日平明, 與我期此.」
良跪曰:「諾.」
及往父已先在, 怒曰:「與老人期, 後何也? 去. 後五日蚤會.」
五日鷄鳴往, 父又先在, 復怒曰:「去! 後五日蚤來.」
五日良夜半往. 有頃父亦來, 喜曰:「當如是.」
出一編書曰:「讀是則爲王者師. 後十年興. 十三年孺子見我濟北穀城山下. 黃石卽我已.」
遂去不見.
旦日觀其書, 迺《太公兵法》. 良異之, 常誦習.
後從高帝過濟北, 果得黃石, 取而寶祠之, 良死幷葬焉.
初良數以兵法, 說高祖, 常用其策. 爲他人言, 皆不省. 良以爲天授, 遂從不去.
良多病, 未嘗特將兵, 常爲畫策臣.
及封功臣, 良未嘗有戰鬪功, 帝曰:「運籌帷幄中, 決勝千里外, 子房功也.」
迺封爲留侯.

【張良】漢興三傑의 하나. 자는 子房. 원래 韓나라 출신으로 韓나라가 秦始皇에게 망하자, 복수를 결심하고 始皇을 博浪沙에서 저격, 실패로 끝나자 下邳로 도망갔다가 黃石公을 만났고, 다시 劉邦에게 합류하여 項羽를 멸하였음. 留侯에 봉해짐.《史記》留侯世家 참조. 병서《黃石公書》를 남김.
【下邳】縣 이름. 지금의 江蘇省 睢寧縣.
【圯下】楚나라 方言으로 '橋'를 '圯'라 함.
【穀城山】黃山이라고도 함.
【太公兵法】병법서《六韜》는 太公이 지었다고 전해지며,《三略》은 黃石公이 장량에게 전수한 것이라 함.
【高帝】한 고조 유방.

> 참고 및 관련 자료

1. 《**史記**》 留侯世家

留侯張良者, 其先韓人也. 大父開地, 相韓昭侯·宣惠王·襄哀王. 父平, 相釐王·悼惠王. 悼惠王二十三年, 平卒. 卒二十歲, 秦滅韓. 良年少, 未宦事韓. 韓破, 良家僮三百人, 弟死不葬, 悉以家財求客刺秦王, 爲韓報仇, 以大父·父五世相韓故. 良嘗學禮淮陽. 東見倉海君. 得力士, 爲鐵椎重百二十斤. 秦皇帝東游, 良與客狙擊秦皇帝博浪沙中, 誤中副車. 秦皇帝大怒, 大索天下, 求賊甚急, 爲張良故也. 良乃更名姓, 亡匿下邳. 良嘗閒從容步游下邳圯上, 有一老父, 衣褐, 至良所, 直墮其履圯下, 顧謂良曰:「孺子, 下取履!」良鄂然, 欲毆之. 爲其老, 彊忍, 下取履. 父曰:「履我!」良業爲取履, 因長跪履之. 父以足受, 笑而去. 良殊大驚, 隨目之. 父去里所, 復還, 曰:「孺子可教矣. 後五日平明, 與我會此.」良因怪之, 跪曰:「諾.」五日平明, 良往. 父已先在, 怒曰:「與老人期, 後, 何也?」去, 曰:「後五日早會.」五日雞鳴, 良往. 父又先在, 復怒曰:「後, 何也?」去, 曰:「後五日復早來.」五日, 良夜未半往. 有頃, 父亦來, 喜曰:「當如是.」出一編書, 曰:「讀此則爲王者師矣. 後十年興. 十三年孺子見我濟北, 穀城山下黃石卽我矣.」遂去, 無他言, 不復見. 旦日視其書, 乃太公兵法也. 良因異之, 常習誦讀之.

2. 《**漢書**》 張良傳

張良字子房, 其先韓人也. 大父開地, 相韓昭侯·宣惠王·襄哀王. 父平, 相釐王·悼惠王. 悼惠王二十三年, 平卒. 卒二十歲, 秦滅韓. 良(年)少, 未宦事韓. 韓破, 良家僮三百人, 弟死不葬, 悉以家財求客刺秦王, 爲韓報仇, 以五世相韓故. 良嘗學禮淮陽, 東見倉海君, 得力士, 爲鐵椎重百二十斤. 秦皇帝東游, 至博狼沙中, 良與客狙擊秦皇帝, 誤中副車. 秦皇帝大怒, 大索天下, 求賊急甚. 良乃更名姓, 亡匿下邳. 良嘗閒從容步游下邳圯上, 有一老父, 衣褐, 至良所, 直墮其履圯下, 顧謂良曰:「孺子下取履!」良愕然, 欲毆之. 爲其老, 乃彊忍, 下取履, 因跪進. 父以足受之, 笑去. 良殊大驚. 父去里所, 復還, 曰:「孺子可教矣. 後五日平明, 與我期此.」良因怪(之), 跪曰:「諾.」五日平明, 良往. 父已先在, 怒曰:「與老人期, 後, 何也? 去, 後五日蚤會.」五日, 雞鳴往. 父又先在, 復怒曰:「後, 何也? 去, 後五日復蚤來.」五日, 良夜半往. 有頃, 父亦來, 喜曰:「當如是.」出一編書, 曰:「讀是則爲王者師. 後十年興. 十三年, 孺子見我. 濟北穀城山下黃石卽我已.」遂去不見. 旦日視其書, 乃太公兵法. 良因異之, 常習[讀]誦.

3.《十八史略》(2)

留侯張良, 謝病辟穀, 曰:「家世相韓, 韓滅爲韓報讐. 今以三寸舌爲帝者師, 封萬戶侯, 此布衣之極, 願棄人間事, 從赤松子遊耳.」良少時, 於下邳圯上, 遇老人墮履圯下, 謂良, 曰:「孺子, 下取履.」良欲毆之, 憫其老, 乃下取履. 老人以足受之, 曰:「孺子可敎, 後五日, 與我期於此.」良與期往, 老人已先在, 怒曰:「與長者期, 後何也?」復約五日, 及往, 老人又先在, 怒復約五日, 良半夜往, 老人至, 乃喜, 授以一編書, 曰:「讀此可爲帝者師, 異日見濟北穀城山下黃石, 卽我也.」旦視之, 乃太公兵法. 良異之, 晝夜習讀. 旣佐上定天下, 封功臣, 使良自擇齊三萬戶, 良曰:「臣始與陛下遇於留, 此天以臣授陛下, 封留足矣.」後經穀城, 果得黃石焉, 奉祠之.

264-② 釋之結韈
신발 끈을 매어 준 장석지

　　전한前漢의 장석지張釋之는 자가 계야季野이며 남양南陽 도양堵陽 사람이다. 재산을 헌납하고 기랑騎郞이 되어 문제文帝를 섬겼다. 10년이 지나도록 제대로 승진을 하지 못하여, 알려졌던 이름이 거의 사라졌다가 뒤에 정위廷尉에 올랐다. 그는 의론이 공평함을 견지하여 천하에 그를 칭찬하게 되었다. 당시 왕생王生이라는 자가 있어 황로술黃老術의 이론에 뛰어났다. 그가 일찍이 불려가 궁중에 거하게 되었는데 공경公卿들이 모두 모인 자리에서 왕생은 가장 나이가 많은 노인으로서 이렇게 말하는 것이었다.
　　"내 가죽 버선이 벗겨졌다."

그러고는 장석지를 돌아보며 말하였다.
"내 가죽 버선을 신겨 묶어라."
장석지는 무릎을 꿇고 버선을 신겨 매어 주었다.
어떤 이가 왕생을 꾸짖었다.
"어찌 조정에서 유독 장정위에게 그러한 모욕을 줄 수 있소?"
그러자 왕생은 이렇게 설명하였다.
"나는 늙고 또한 천한 신분이오. 내 스스로 헤아려 보니 나는 끝내 장정위에게 보탬이 될 일이란 해 줄 수 있는 것이 없다. 장정위는 천하의 명신이다. 내 애오라지 그로 하여금 내 버선을 매게 함으로써, 그가 욕됨을 참고 노인을 공경하는 인물임을 중시하도록 한 것이다."
여러 공경들이 듣고 왕생을 어질다 여겼고 장석지의 사람됨을 중히 여겼다.

前漢, 張釋之字季野, 南陽堵陽人. 以貲爲騎郞, 事文帝. 十年不得調, 亡所知名. 後拜廷尉. 持議平 天下稱之. 王生者善爲黃老言. 嘗召居廷中, 公卿盡會立.

王生老人, 曰:「吾韤解.」

顧謂釋之:「爲我結韤.」

釋之跪而結之.

或讓王生:「獨奈何廷辱張廷尉?」

王生曰:「吾老且賤. 自度終亡益於張廷尉. 廷尉天下名臣. 吾聊使結韤, 欲以重之.」

諸公聞之, 賢王生而重釋之.

【張釋之】 한나라 때의 인물. 자는 季野. 文帝 때 騎郞이 됨.《史記》및《漢書》에 전이 있음.

【文帝】孝文帝. 전한 제3대 황제 劉恒. 太宗孝文皇帝. 高祖 劉邦의 庶子로써 薄太后의 아들. B.C.179~B.C.157년 재위함. 한나라 초기 文景之治를 이루어 제국의 기틀을 다짐.
【讓】힐책하고 꾸짖음.

참고 및 관련 자료

1. 《史記》張釋之馮唐列傳

張廷尉釋之者, 堵陽人也, 字季. 有兄仲同居. 以訾爲騎郞, 事孝文帝, 十歲不得調, 無所知名. 釋之曰:「久宦減仲之産, 不遂.」欲自免歸. 中郞將袁盎知其賢, 惜其去, 乃請徙釋之補謁者. 釋之旣朝畢, 因前言便宜事. 文帝曰:「卑之, 毋甚高論, 令今可施行也.」於是釋之言秦漢之間事, 秦所以失而漢所以興者久之. 文帝稱善, 乃拜釋之爲謁者僕射. ……王生者, 善爲黃老言, 處士也. 嘗召居廷中, 三公九卿盡會立, 王生老人, 曰「吾襪解」, 顧謂張廷尉:「爲我結襪!」釋之跪而結之. 旣已, 人或謂王生曰:「獨柰何廷辱張廷尉, 使跪結襪?」王生曰:「吾老且賤, 自度終無益於張廷尉. 張廷尉方今天下名臣, 吾故聊辱廷尉, 使跪結襪, 欲以重之.」諸公聞之, 賢王生而重張廷尉.

2. 《漢書》張馮汲鄭傳

張釋之字季, 南陽堵陽人也. 與兄仲同居, 以訾爲騎郞, 事文帝, 十年不得調, 亡所知名. 釋之曰:「久宦減仲之産, 不遂.」欲免歸. 中郞將爰盎知其賢, 惜其去, 乃請徙釋之補謁者. 釋之旣朝畢, 因前言便宜事. 文帝曰:「卑之, 毋甚高論, 令今可行也.」於是釋之言秦漢之間事, 秦所以失, 漢所以興者. 文帝稱善, 拜釋之爲謁者僕射. 從行, 上登虎圈, 問上林尉禽獸簿, 十餘問, 尉左右視, 盡不能對. 虎圈嗇夫從旁代尉對上所問禽獸簿甚悉, 欲以觀其能口對嚮應亡窮者. 文帝曰:「吏不當如此邪? 尉亡賴!」詔釋之拜嗇夫爲上林令. 釋之前曰:「陛下以絳侯周勃何如人也?」上曰:「長者.」又復問:「東陽侯張相如何如人也?」上復曰:「長者.」釋之曰:「夫絳侯‧東陽侯稱爲長者, 此兩人言事曾不能出口, 豈效此嗇夫喋喋利口捷給哉! 且秦以任刀筆之吏, 爭以亟疾苛察相高, 其敝徒文具, 亡惻隱之實. 以故不聞其過, 陵夷至於二世, 天下土崩. 今陛下以嗇夫口辯而超遷之, 臣恐天下隨風靡, 爭口辯, 亡其實. 且下之化上, 疾於景嚮, 舉錯不可不察也.」文帝曰:「善.」乃止不拜嗇夫. 就車, 召釋之驂乘, 徐行, 行問釋之秦之敝. 具以質言. 至宮,

上拜釋之爲公車令. 頃之, 太子與梁王共車入朝, 不下司馬門, 於是釋之追止太子·梁王毋入殿門. 遂劾不下公門不敬, 奏之. 薄太后聞之, 文帝免冠謝曰:「教兒子不謹.」薄太后使使承詔赦太子·梁王, 然後得入. 文帝繇是奇釋之, 拜爲中大夫. 頃之, 至中郎將. 從行至霸陵, 上居外臨廁. 時愼夫人從, 上指視愼夫人新豐道, 曰:「此走邯鄲道也.」使愼夫人鼓瑟, 上自倚瑟而歌, 意悽愴悲懷, 顧謂羣臣曰:「嗟乎! 以北山石爲槨, 用紵絮斮陳漆其間, 豈可動哉!」左右皆曰:「善.」釋之前曰:「使其中有可欲, 雖錮南山猶有隙; 使其中亡可欲, 雖亡石槨, 又何戚焉?」文帝稱善. 其後, 拜釋之爲廷尉. 頃之, 上行出中渭橋, 有一人從橋下走, 乘輿馬驚. 於是使騎捕之, 屬廷尉. 釋之治問. 曰:「縣人來, 聞蹕, 匿橋下. 久, 以爲行過, 既出, 見車騎, 卽走耳.」釋之奏當:「此人犯蹕, 當罰金.」上怒曰:「此人親驚吾馬, 馬賴和柔, 令它馬, 固不敗傷我乎? 而廷尉乃當之罰金!」釋之曰:「法者天子所與天下公共也. 今法如是, 更重之, 是法不信於民也. 且方其時, 上使使誅之則已. 今已下廷尉, 廷尉, 天下之平也, 壹傾, 天下用法皆爲之輕重, 民安所錯其手足? 唯陛下察之.」上良久曰:「廷尉當是也.」其後人有盜高廟座前玉環, 得, 文帝怒, 下廷尉治. 案盜宗廟服御物者爲奏, 當棄市. 上大怒曰:「人亡道, 乃盜先帝器! 吾屬廷尉者, 欲致之族, 而君以法奏之, 非吾所以共承宗廟意也.」釋之免冠頓首謝曰:「法如是足也. 且罪等, 然以逆順爲基. 今盜宗廟器而族之, 有如萬分一, 假令愚民取長陵一抔土, 陛下且何以加其法虖?」文帝與太后言之, 乃許廷尉當. 是時, 中尉條侯周亞夫與梁相山都侯王恬(咸)[啓]見釋之持議平, 乃結爲親友. 張廷尉繇此天下稱之. 文帝崩, 景帝立, 釋之恐, 稱疾. 欲免去, 懼大誅至; 欲見, 則未知何如. 用王生計, 卒見謝, 景帝不過也. 王生者, 善爲黃老言, 處士. 嘗召居廷中, 公卿盡會立, 王生老人, 曰「吾韈解」, 顧謂釋之:「爲我結韈!」釋之跪而結之. 既已, 人或讓王生:「獨奈何廷辱張廷尉如此?」王生曰:「吾老且賤, 自度終亡益於張廷尉. 廷尉方天下名臣, 吾故聊使結韈, 欲以重之.」諸公聞之, 賢王生而重釋之. 釋之事景帝歲餘, 爲淮南相, 猶尚以前過也. 年老病卒. 其子摯, 字長公, 官至大夫, 免. 以不能取容當世, 故終身不仕.

265. 郭丹約關, 祖逖誓江

265-① 郭丹約關
함곡관에서 성공을 다짐한 곽단

후한後漢의 곽단郭丹은 자가 소경少卿이며 남양南陽 양현穰縣 사람이다. 어려서 고아가 되어 효도하고 순종하였다. 계모가 그를 불쌍히 여겨, 자신이 가지고 온 의복과 장식을 팔아 집안을 꾸려나가고 있었다. 그는 뒤에 스승을 따라 장안長安으로 가서 공부하겠노라 하면서, 부符를 사서 함곡관函谷關으로 들어가게 지나게 되었을 때 이렇게 개연히 탄식하였다.

"나 곽단은 사신의 수레를 타지 않고는 결코 이 함곡관을 다시 넘어오지 않겠노라!"

이윽고 수도에 이르자, 항상 도강都講이 되어 학업에 열심을 다하자 여러 유생들이 함께 그를 존중하며 공경하였다. 뒤에 갱시제更始帝가 그를 불러 간의대부諫議大夫로 삼았다. 그가 황제의 부절符節을 들고 사신이 되어, 그는 고향 남양으로 돌아와 항복한 무리들을 모아 안심시켜 과연 그 뜻을 이루게 된 것이었다.

건무建武 연간에 과거에 높은 점수로 등제하여 벼슬을 옮겨 사도司徒에 올랐다. 그는 조정에서 청렴하고 정직하며 공정하게 일을 처리하였으며, 후패侯霸, 두림杜林, 장담張湛, 곽급郭伋 등과 이름을 나란히 하며 서로 친하게 지내었다.

後漢, 郭丹字少卿, 南陽穰人. 幼孤孝順. 後母哀憐之, 爲鬻衣裝貲産業. 後從師長安, 買符入函谷關.

乃慨然歎曰:「丹不乘使者車, 終不出關!」

旣至京師, 常爲都講. 諸儒咸敬重之.

後更始徵爲諫議大夫. 持節, 使歸南陽, 安集受降. 果如其志.
建武中, 辟擧高第, 累轉司徒. 在朝廉直公正, 與侯霸·杜林·
張湛·郭伋齊名相善.

【郭丹】 한나라 말기의 인물. 자는 少卿.《後漢書》에 전이 있음.
【買符】 함곡관에서 割符를 한 일은 '終軍棄綏'[201] 참조.
【都講】 옛날 강의제도에서 스승 다음의 도제. 수강생의 대표자. 혹은 조교.
【更始帝】 劉玄. 후한 말 혼란기에 일어섰던 劉氏의 일족으로 자는 聖公. 光武帝 劉秀의 족형. 平林軍에 가담하자 그들이 그를 更始將軍으로 부르며 뒤에 그를 옹립하여 更始帝로 추대함. 그러나 지극히 나약하여 나라를 세우지 못한 채 赤眉兵에게 長安에서 죽음을 당하고 말았음.《後漢書》에 전이 있음.
【建武】 東漢 光武帝 劉秀의 첫 연호. A.D.25~55년까지 31년간.
【侯霸】 후한 때의 인물. 淮平太尹으로써 덕정을 베풀었으며 光武帝 때 大司徒에 오름.《後漢書》에 전이 있음. '侯霸臥轍'[118] 참조.
【杜林】 후한 때의 유명한 儒學者. 자는 伯山. 侍御史를 거쳐 大司空에 이름.《漢書》에 전이 있음. '張湛白馬'[103] 참조.
【郭伋】 자는 細侯. 후한 때 인물. 幷州太守를 지냈으며, 뒤에 다시 그곳을 지나게 되자 아이들이 죽마를 타고 나와 그를 환영했다 함.《後漢書》에 전이 있음. '郭伋竹馬'[250] 참조.

참고 및 관련 자료

1.《後漢書》郭丹

郭丹字少卿, 南陽穰人也. 父稚, 成帝時爲廬江太守, 有淸名. 丹七歲而孤, 小心孝順, 後母哀憐之, 爲鬻衣裝, 買産業. 後從師長安, 買符入函谷關, 乃慨然歎曰:「丹不乘使者車, 終不出關.」既至京師, 常爲都講, 諸儒咸敬重之. 大司馬嚴尤請丹, 辭病不就. 王莽又徵之, 遂與諸生逃於北地. 更始二年, 三公擧丹賢能, 徵爲諫議大夫, 持節使歸南陽, 安集受降. 丹自去家十有二年, 果乘高車出關, 如其志焉. 更始敗, 諸將悉歸光武, 並獲封爵; 丹獨保平氏不下, 爲更始發喪, 衰絰盡哀. 建武二年, 遂潛逃去, 敝衣間行, 涉歷險阻, 求謁更始妻子, 奉還節傳, 因歸鄕里.

太守杜詩請爲功曹, 丹薦鄕人長者自代而去. 詩乃歎曰:「昔明王興化, 卿士讓位, 今功曹推賢, 可謂至德. 勑以丹事編署黃堂, 以爲後法.」十三年, 大司馬吳漢辟舉高第, 再遷幷州牧, 有淸平稱. 轉使匈奴中郞將, 遷左馮翊. 永平三年, 代李訢爲司徒. 在朝廉直公正, 與侯霸·杜林·張湛·郭伋齊名相善. 明年, 坐考隴西太守鄧融事無所據, 策免. 五年, 卒於家, 時年八十七. 以河南尹范遷有淸行, 代爲司徒.

265-② 祖逖誓江
강을 건너며 나라 수복을 맹세한 조적

《진서晉書》에 실려 있다.

조적祖逖은 자가 사치士稚이며 범양范陽 준현遒縣 사람이다. 많은 책을 널리 읽어 고금을 두루 섭렵하였다. 수도에 난이 일어나자, 그곳을 피하여 회사淮泗 지역으로 갔다. 원제元帝가 그를 군자좨주軍諮祭酒로 삼았다. 조적은 사직이 무너진 것을 보고 항상 이를 다시 복구시킬 뜻을 품고 있었다. 그가 분위장군奮威將軍, 예주자사豫州刺史가 되자, 본래 북쪽에 살다가 남쪽으로 내려온 부곡部曲 백여 가를 강 건너 북쪽에 이주시켰다. 강 중앙에 이르자 그는 노를 두드리며 이렇게 맹세하였다.

"나 조적은 중원中原을 깨끗이 하여 사직을 회복시키지 못한다면 한번 흘러가 되돌아오지 못하는 이 대강처럼 되리라."

그때의 얼굴 모습이 장렬하여 많은 이들이 강개하고 탄복하였다. 이들을 회음淮陰에 둔류屯留시키고 나자, 병기를 주조하여 2천여 명을 모은 뒤에 중원으로 진격하였다. 조적은 남을 아껴주고 병사들에게 겸손히 하여 비록 사귐이 뜸한 관계나 천한 노예일지라도 누구에게나 은혜와 예로서 대우하였다. 이로 말미암아 황하黃河의 남쪽은 모두 진晉나라 영토로 되찾게 되었다. 그로부터 얼마 뒤 그가 세상을 떠나자 예주의 선비와 여인들은 자신의 아버지나 어머니를 잃은 듯이 애통해하였다. 그리하여 초국譙國과 양국梁國의 백성들이 그를 위해 사당을 세웠고, 나라에서는 거기장군車騎將軍을 추증하여 책봉하였다.

왕돈王敦은 오랫동안 역란을 꿈꾸고 있었지만, 조적이 두려워 감히 실행에 옮기지 못하고 있다가, 조적이 죽자 비로소 제 뜻을 마음대로 할 수 있었다.

《晉書》: 祖逖字士稚, 范陽遵人. 博覽書記, 該涉古今. 京師亂, 避地淮泗.

元帝以爲軍諮祭酒. 逖以社稷傾覆, 常懷振復之志. 遷奮威將軍·豫州刺史. 仍將本流徙部曲百餘家渡江, 中流擊楫而誓曰:「祖逖不能淸中原而復濟者, 有如大江」

辭色壯烈, 衆皆慨歎. 屯于淮陰起, 冶鑄兵器, 得二千餘人而後進. 逖愛人下士, 雖素交賤隷, 皆恩禮遇之. 由是黃河以南盡爲晉土.

未幾病卒, 豫州士女若喪考妣. 譙梁百姓爲之立祠. 冊贈車騎將軍. 王敦久懷逆亂, 畏逖不敢發. 至是始得肆意焉.

【祖逖】 자는 士稚(266~321). 中原 수복에 의지를 보였던 인물. 車騎將軍을 추증받음. '聞雞起舞'의 고사를 남김. 《晉書》(62)에 전이 있음.
【淮泗】 淮水와 泗水 유역.
【元帝】 晉 元帝. 司馬睿. 316년 西晉이 망하자 建康(南京)에 東晉을 세움. 재위 6년(317~323). 《晉書》(6)에 紀가 있음. 묘호는 中宗. 일찍이 낭야왕(琅邪王)을 지냈었음.
【中原】 洛陽을 중심으로 한 지역. 황하 중류지역. 문명이 발달한 지역으로 자랑스럽게 일컫는 지역 이름.
【素交】 《晉書》에는 '疏交'로 되어 있음. 별로 사귐이 없던 관계를 뜻함.
【考妣】 '고'는 돌아가신 아버지, '비'는 돌아가신 어머니.

【王敦】자는 處仲(266~324). 어릴 때는 阿黑이라 부름. 王舍의 아우이며 王導의 종제로 八王之亂 때 공을 세워 散騎常侍, 侍中, 靑州刺史, 鎭東大將軍 등을 지냄. 西晉이 망하자 司馬睿를 옹립하여 황제로 삼음. 뒤에 明帝 때 난을 일으켰다가 軍中에서 죽음.《晉書》(98)에 전이 있음. '王敦傾室'[152] 참조.

참고 및 관련 자료

1.《晉書》(62) 祖逖傳

祖逖字士稚, 范陽遒人也. ……逖少孤, 兄弟六人. 兄該·納等並開爽有才幹. 逖性豁蕩, 不修儀儉, 年十四五猶未知書, 弟兄每憂之. 然輕財好俠, 慷慨有節尙, 每至田舍, 輒稱兄意, 散穀帛以賙貧乏, 鄕黨宗族以是重之. 後乃博覽書記, 該涉古今. ……及京師大亂, 逖率親黨數百家避地淮泗, 以所乘車馬載同行老疾, 躬自徒步, 藥物衣糧與衆共之, 又多權略, 是以少長咸宗之, 推逖爲行主. 達泗口, 元帝逆用爲徐州刺史, 尋徵軍諮祭酒, 居丹徒之京口. 逖以社稷傾覆, 常懷振復之志. ……帝乃以逖爲奮威將軍·豫州刺史, 給千人廩, 布三千匹, 不給鎧仗, 使自招募. 仍將本流徙部曲百餘家渡江, 中流擊楫而誓曰:「祖逖不能淸中原而復濟者, 有如大江.」辭色壯烈, 衆皆慨歎. 屯于淮陰, 起冶鑄兵器, 得二千餘人而後進. ……逖愛人下士, 雖疏交賤隸, 皆恩禮遇之. 由是黃河以南盡爲晉土. ……未成, 而逖病甚. 先時, 華譚·庾闡問術人戴洋, 洋曰:「祖豫州九月當死.」初有妖星見於豫州之分, 歷陽陳訓又謂人曰:「今年西北大將將死.」逖亦見星, 曰:「爲我矣! 方平河北, 以天欲殺我, 此乃不祐國也.」俄卒於雍丘, 時年五十六. 豫州士女若喪考妣. 譙梁百姓爲之立祠. 冊贈車騎將軍. 王敦久懷逆亂, 畏逖不敢發. 至是始得肆意焉.

2.《十八史略》(4)

洛陽祖逖少有大志, 嘗與劉琨同寢, 中夜聞雞聲, 蹴琨起曰:「此非惡聲也.」因起舞. 及是南渡, 請兵於睿. 睿素無北伐之志, 以逖爲豫州刺史, 與兵千人, 不給鎧仗. 逖渡江, 中流擊楫而誓曰:「祖逖不能淸中原, 而復濟者, 有如此江.」晉豫州刺史祖逖卒. 初逖取譙城, 進屯雍丘, 後趙鎭戍, 歸逖者甚衆. 逖與將士同甘苦, 勸課農桑, 撫納新附. 帝以戴淵爲將軍, 來督諸軍事. 逖以己剪荊棘收河南地, 而淵雍容一旦來統之, 意甚怏怏. 又聞王敦與朝廷構隙, 將有內難, 知大功不遂, 感激發病卒. 豫州士女若喪父母.

266. 賈逵問事, 許愼無雙

266-① 賈逵問事
어떠한 질문에도 막힘이 없는 가규

후한後漢의 가규賈逵는 자가 경백景伯이며 부풍扶風 평릉平陵 사람이다. 약관의 나이에 능히 《좌씨전左氏傳》과 오경五經의 본문을 줄줄 외울 정도였다. 그리하여 대하후大夏侯의 《상서尚書》를 교수하였고, 오가五家의 《곡량전穀梁傳》에 대한 이론을 겸통하였다. 어린아이일 때부터 항상 태학太學에 머물러 세속의 인간사에 대하여는 아는 것이 없었다. 키는 8척 2촌이었는데, 여러 선비들은 그를 두고 이렇게 말하였다.

"일을 질문하면 막힘이 없는 키다리 가규로다!"

성격은 즐겁게 가졌으며 지혜와 사려가 많았고, 남달리 빼어나 큰 절도를 가지고 있었다.

특히 《좌씨전》, 《국어國語》에 명통하여 이 두 책의 《해고解詁》를 지어 영평永平 연간에 황제에게 바쳤다. 그리하여 낭郎 벼슬이 되어 반고班固와 함께 비부祕府의 문서를 교감하며 좌우의 질문에 응하였다. 뒤에 시중侍中에 올라 기도위騎都尉를 겸하여 통솔하였다. 그가 지은 《경전의고經傳義詁》 및 어려운 문제를 풀이하여 논한 글 등 백여 만 언言은 학자들이 으뜸으로 삼았으며, 후세 사람들은 그를 통유通儒라 불렀다.

後漢, 賈逵字景伯, 扶風平陵人. 弱冠能誦《左氏傳》及五經本文. 以大夏侯《尙書》敎授, 兼通五家《穀梁》之說. 自爲兒童, 常在太學, 不通人間事.

身長八尺二寸, 諸儒爲之語曰:「問事不休賈長頭!」

性愷悌, 多智思, 俶儻有大節. 尤明《左氏傳》·《國語》, 爲之《解詁》, 永平中獻之. 拜爲郞, 與班固並校秘書, 應對左右.

後爲侍中, 領騎都尉. 所著《經傳義詁》, 及論難百餘萬言, 學者宗之. 後世稱爲『通儒』.

【賈逵】字는 景伯. 한말의 학자이며 행정가. 魏나라에 이르러 정치에 참여하기도 하였음. 운하를 만들어 水利를 도모하고, 吳나라에 대하여 방비를 엄하게 한 인물. 그의 아들 賈充의 딸은 晉 惠帝의 皇后가 되었음.
【五經】儒家의 경전. 漢나라 때는 《易》,《詩》,《書》,《禮》,《春秋》를 오경으로 삼았음.
【大夏侯】前漢 夏侯勝. 夏侯建을 '小夏侯', 하후승을 '大夏侯'라 불렀음. 한나라 때 경학 연구에 뛰어났음.
【尙書】《書經》의 옛 이름.
【五家】《穀梁傳》을 풀이하고 주석한 다섯 명의 학자. 尹更始, 劉向, 周慶, 丁姓, 王彦 등을 가리킴.
【穀梁】《春秋穀梁傳》.《春秋》를 해석한 古注의 하나로《左氏傳》과《公羊傳》과 더불어 春秋三傳 중 하나임.
【長頭】키가 큰 사람. 賈逵의 신장이 8척 2촌이었기 때문에 '賈長頭'라 불렀음.
【國語】춘추시대의 周·魯·齊·晉·鄭·楚·吳·越 여덟 나라의 事蹟을 나라별로 기록한 책, 21권. 周나라의 左丘明이 지었다 전해짐.
【解詁·義詁】'고(詁)'는 古語의 뜻을 풀이한 것.
【永平】동한 明帝 劉莊 때의 연호. 58~75년까지 18년간.
【班固】자는 孟堅(32~92). 漢나라 抹風 安陵(지금의 陝西省 咸陽市) 출신. 아버지 班彪가《漢書》를 완성하지 못한 채 죽자 明帝가 반고를 蘭臺令史에서 蘭臺郞·典校秘書로 삼아《漢書》를 완성토록 명함. 그는 다시 章帝 建初 4년(79)에《白虎通德論》을 완성했으며, 작품으로는 〈兩都賦〉, 〈幽通賦〉, 〈答賓戲〉, 〈典引〉, 〈封燕然山銘〉 등이 있음. 和帝 永元 元年(89)에는 竇憲의 中護軍이 되어 흉노를 토벌하러 나서기도 하였음. 그 뒤 宦官의 모함을 입어 옥사함.《後漢書》(40)에 傳이 있음.
【經傳】'經'은 經書. 즉 五經. '傳'은 그 註解書. 〈春秋三傳〉 및《韓詩外傳》 등.

> 참고 및 관련 자료

1. 《後漢書》 賈逵

賈逵字景伯, 扶風平陵人也. 九世祖誼, 文帝時爲梁王太傅. 曾祖父光, 爲常山太守, 宣帝時以吏二千石自洛陽徙焉. 父徽, 從劉歆受《左氏春秋》, 兼習《國語》·《周官》, 又受《古文尙書》於塗惲, 學《毛詩》於謝曼卿, 作《左氏條例》二十一篇. 逵悉傳父業, 弱冠能誦《左氏傳》及《五經》本文, 以《大夏侯尙書》敎授, 雖爲古學, 兼通五家《穀梁》之說. 自爲兒童, 常在太學, 不通人閒事. 身長八尺二寸, 諸儒爲之語曰:「問事不休賈長頭.」性愷悌, 多智思, 儵儻有大節. 尤明《左氏傳》·《國語》, 爲之《解詁》五十一篇, 永平中, 上疏獻之. 顯宗重其書, 寫藏祕館. 時有神雀集宮殿官府, 冠羽有五采色, 帝異之, 以問臨邑侯劉復, 復不能對, 薦逵博物多識, 帝乃召見逵, 問之. 對曰:「昔武王終父之業, 鸑鷟在岐, 宣帝威懷戎狄, 神雀仍集, 此胡降之徵也.」帝勅蘭臺給筆札, 使作《神雀頌》, 拜爲郎, 與班固並校祕書, 應對左右. 肅宗立, 降意儒術, 特好《古文尙書》·《左氏傳》. 建初元年, 詔逵入講北宮白虎觀·南宮雲臺. 帝善逵說, 使發出《左氏傳》大義長於二傳者. 逵於是具條奏之曰:「臣謹摘出《左氏》三十事尤著明者, 斯皆君臣之正義, 父子之紀綱. 其餘同《公羊》者什有七八, 或文簡小異, 無害大體. 至如祭仲·紀季·伍子胥·叔術之屬,《左氏》義深於君父,《公羊》多任於權變, 其相殊絶, 固以甚遠, 而冤抑積久, 莫肯分明. 臣以永平中上言《左氏》與圖讖合者, 先帝不遺芻蕘, 省納臣言, 寫其傳詁, 藏之祕書. 建平中, 侍中劉歆欲立《左氏》, 不先暴論大義, 而輕移太常, 恃其義長, 觝挫諸儒, 諸儒內懷不服, 相與排之. 孝哀皇帝重逆衆心, 故出歆爲河內太守. 從是攻擊《左氏》, 遂爲重讎. 至光武皇帝, 奮獨見之明, 興立《左氏》·《穀梁》, 會二家先師不曉圖讖, 故令中道而廢. 凡所以存先王之道者, 要在安上理民也. 今《左氏》崇君父, 卑臣子, 彊幹弱枝, 勸善戒惡, 至明至切, 至直至順. 且三代異物, 損益隨時, 故先帝博觀異家, 各有所採.《易》有施·孟, 復立《梁丘》,《尙書》歐陽, 復有大小夏侯, 今三傳之異亦猶是也. 又《五經》家皆無以證圖讖明劉氏爲堯後者, 而《左氏》獨有明文.《五經》家皆言顓頊代黃帝, 而堯不得爲火德.《左氏》以爲少昊代黃帝, 卽圖讖所謂帝宣也. 如令堯不得爲火, 則漢不得爲赤. 其所發明, 補益實多. 陛下通天然之明, 建大聖之本, 改元正歷, 垂萬世則, 是以麟鳳百數, 嘉瑞雜遝. 猶朝夕恪勤, 遊情《六蓺》, 硏機綜微, 靡不審覈. 若復留意廢學, 以廣聖見, 庶幾無所遺失矣.」書奏, 帝嘉之, 賜布五百匹, 衣一襲, 令逵自選《公羊嚴》·《顏》諸生高才者二十人, 敎以《左氏》, 與簡紙經傳各

一通. 逵母常有疾, 帝欲加賜, 以校書例多, 特以錢二十萬, 使潁陽侯馬防與之. 謂防曰:「賈逵母病, 此子無人事於外, 屢空則從孤竹之子於首陽山矣. 逵數爲帝言《古文尚書》與經傳《爾雅》詁訓相應, 詔令撰《歐陽》·《大小夏侯》《尚書古文》同異. 逵集爲三卷, 帝善之. 復令撰《齊》·《魯》·《韓詩》與《毛氏》異同. 幷作《周官解故》, 遷逵爲衛士令. 八年, 乃詔諸儒各選高才生, 受《左氏》·《穀梁春秋》·《古文尚書》·《毛詩》, 由是四經遂行於世. 皆拜逵所選弟子及門生爲千乘王國郎, 朝夕受業黃門署, 學者皆欣欣羨慕焉. 和帝卽位, 永元三年, 以逵爲左中郎將. 八年, 復爲侍中, 領騎都尉. 內備帷幄, 兼領祕書近署, 甚見信用. 逵薦東萊司馬均·陳國汝郁, 帝卽徵之, 並蒙優禮. 均字少賓, 安貧好學, 隱居教授, 不應辟命. 信誠行乎州里, 鄉人有所計爭, 輒令祝少賓, 不直者終無敢言. 位至侍中, 以老病乞身, 帝賜以大夫祿, 歸鄉里. 郁字叔異, 性仁孝, 及親歿, 遂隱處山澤. 後累遷爲魯相, 以德教化, 百姓稱之, 流人歸者八九千戶. 逵所著經傳義詁及論難百餘萬言, 又作詩·頌·誄·書·連珠·酒令凡九篇, 學者宗之, 後世稱爲通儒. 然不修小節, 當世以此頗譏焉, 故不至大官. 永元十三年卒, 時年七十二. 朝廷愍惜, 除兩子爲太子舍人. 論曰:「鄭·賈之學, 行乎數百年中, 遂爲諸儒宗, 亦徒有以焉爾. 桓譚以不善讖流亡, 鄭興以遜辭僅免, 賈逵能附會文致, 最差貴顯. 世主以此論學, 悲矣哉!」

266-② 許愼無雙
천하에 쌍을 이룰 자 없는 허신

후한後漢의 허신許愼은 자가 숙중叔重이며 여남汝南 소릉召陵 사람이다. 성품이 순독淳篤하고 경적經籍에 박학하여 마융馬融이 그를 공경하였다. 당시 사람들은 이에 "오경五經에 있어서 허숙중과 쌍을 이룰 자가 없다"라고 하였다.

군군郡의 공조功曹 벼슬을 역임하였으며 효렴孝廉으로 천거되기도 하였다. 다시 교장浟長으로 승진하였으며 집에서 생을 마쳤다.

당초 허신은 오경의 학설에 대한 장부臧否가 각기 다름을 바로잡고자 《오경이의五經異義》라는 책을 찬술하였으며, 다시 《설문해자說文解字》도 지었는데 모두 세상에 전해지고 있다.

後漢, 許愼字叔重, 汝南召陵人. 性淳篤, 博學經籍, 馬融敬之.
時人爲之語曰:「五經無雙許叔重」
爲郡功曹, 擧孝廉. 再遷除浟長, 卒于家.
初愼以五經傳說臧否不同, 撰爲《五經異義》, 又作《說文解字》. 皆傳於世.

【許愼】자는 叔重. 한나라 때의 고문 경학가이며 문자 학자.《五經異義》(不傳) 및《說文解字》를 지음.
【馬融】자는 季長(79~166). 한나라 때 학자. 扶風인. 박학다식하여 제자 수천을 거느렸음. 盧植, 鄭玄 등이 모두 그의 제자임. 저서로《三傳異同說》이 있고《孝經》,《論語》,《詩》,《易》,《三禮》,《列女傳》,《老子》,《淮南子》,《離騷》등에 주를 달았음.《後漢書》(90)에 전이 있음. '盧植音鐘'[108] 참조.
【五經】《易》,《詩》,《書》,《春秋》,《禮》의 儒家 경전. 당시 今文(隸書)으로 베껴 쓴 今文經과 孔壁에서 나온 古文經의 차이를 두고 활발하게 쟁론이 벌어졌음.
【臧否】칭찬과 폄훼. 즉 품평·평가의 뜻.
【五經異義】당시 今文經典과 古文經典에 대한 각 학자들의 상이한 이론을 정리한 것으로써 지금은 전하지 않음.
【說文解字】30권. 字解書. 小篆을 근거로 六書, 즉 象形·指事·形聲·會意·轉注·假借로서 문자를 풀이함. 小學(文字學)의 가장 중요한 연구서임.

참고 및 관련 자료

1. 《後漢書》儒林傳 許愼

許愼字叔重, 汝南召陵人也. 性淳篤, 博學經籍, 馬融常推敬之. 時人爲之語曰: 「五經無雙許叔重.」 爲郡功曹, 擧孝廉. 再遷除洨長, 卒于家. 初愼以五經傳說臧否不同, 於是撰爲《五經異義》, 又作《說文解字》. 皆傳於世.

267. 婁敬和親, 白起坑降

267-① 婁敬和親
흉노와 화친을 성사시킨 누경

전한前漢의 고조高祖 유방劉邦이 낙양洛陽까지 와 있을 때 누경婁敬이 이렇게 설득하였다.

"폐하께서 낙양洛陽을 도읍으로 삼으면서 어찌 옛 주周나라처럼 융성해지기를 바라십니까! 그러나 천하를 얻은 방법이 주나라와 다르니, 제 생각으로는 그를 닮고자 하실 필요가 없다고 여깁니다. 게다가 진秦나라 땅은 산으로 둘러싸이고 강이 띠를 이루어, 네 곳이 막힌 견고한 곳이며, 백만의 무리를 구비하고 있습니다. 진나라가 남겨준 바탕은 심히 아름답고 기름진 땅이니, 이를 두고 천부天府라 일컫는 것입니다. 폐하께서 관중關中으로 들어가 그곳을 도읍으로 정하시면, 산동山東이 비록 난을 일으킨다 해도 그곳 진나라 옛 땅은 안전을 취한 채 소유할 수 있습니다. 이 역시 천하의 머리를 쥐고 그 등을 두드리는 형상입니다."

이리하여 그날 즉시 고조는 수레를 몰아 서도西都 관중으로 향하여 그곳을 도읍으로 정하고 누경에게 유씨劉氏성을 하사하였으며, 낭중郎中으로 발탁하고 호를 봉춘군奉春君으로 하여 건신후建信侯에 봉하였다.

이 당시 흉노의 모돈선우冒頓單于의 군사가 강하여 말을 탄 채 활을 당기는 40만 기병이 자주 북쪽 변방을 괴롭혔다. 고조는 이를 근심거리로 여겨 누경에게 물었다. 누경은 이렇게 대책을 말하였다.

"폐하께서 장공주長公主를 선우에게 주어, 그의 아내로 삼도록 하고 후한 예물을 함께 보내십시오. 그렇게 되면 저들은 틀림없이 알씨閼氏의 정비로 삼을 것이며, 아들을 낳으면 그들의 태자가 될 것임에 틀림없습니다. 그런 다음 말을 잘하는 이로 하여금 그들에게 예절이 어떤 것인지를 가르쳐 깨우쳐 개화시키는 것입니다. 모돈이 살아 있으면 진실로 사위가 되는 것이요, 그가 죽으면 외손자가 선우가 되는 것입니다. 외손이 감히 외할아버지에게 예에 어긋나게 대항한다는 것을 들어보신 적이 있으십니까?"

고조가 장공주를 보내려 하자, 여후呂后가 눈물을 흘렸다.

"저에게는 오직 딸이라고는 하나뿐인데 어찌 이를 흉노에게 버릴 수 있겠습니까?"

이에 민간의 자녀를 구하여 이를 공주로 삼은 다음 선우의 처로 보내주면서 누경을 사신으로 보내어 그들과 화친和親의 맹약을 체결하도록 하였다.

前漢, 高祖在洛陽, 婁敬說曰:「陛下都洛陽, 豈欲與周比隆哉! 然取天下與周異, 臣竊以爲不侔矣. 且秦地被山帶河, 四塞以爲固, 卒然有急, 百萬之衆可具. 因秦之故資, 甚美膏腴之地, 此所謂天府. 陛下入關而都之, 山東雖亂, 秦故地可全而有. 此亦扼天下之亢而拊其背也.」

卽日駕西都關中, 賜敬姓劉氏, 拜郞中, 號奉春君, 封建信侯.

是時冒頓單于兵强, 控弦四十萬騎, 數苦北邊.

上患之, 問敬, 敬曰:「陛下誠能以適長公主妻單于, 厚奉遺之, 彼必以爲閼氏, 生子必爲太子. 使辨士風諭以禮節. 冒頓在, 固爲子壻, 死外孫爲單于. 豈聞外孫敢與大父抗禮哉?」

上欲遣長公主. 呂后泣曰:「妾唯一女, 奈何棄之匈奴?」

乃取家人子爲公主, 妻單于, 使敬往結和親約.

【高祖】漢 高祖 劉邦. 자는 季. 沛郡 豐邑 출신으로 秦나라 말 義兵을 일으켜 項羽와 결전 끝에 漢 帝國을 설립함. 太祖高皇帝. 漢 帝國을 세운 임금. B.C.202~B.C.195년 재위.《史記》高祖本紀 참조.

【婁敬】漢 高祖 劉邦으로 하여금 長安을 도읍으로 정하도록 유세하여 劉氏성을 하사받아 그 뒤로는 이름을 劉敬이라 함. 《史記》에는 '劉敬'으로 되어 있음.
【天府】'부'는 '聚.' 萬物이 모이는 곳.
【山東】華山의 동쪽. 관동을 제외한 중국 동쪽 지역을 말함.
【冒頓】흉노족의 우두머리 이름.
【單于】흉노어로 '王'이라는 뜻.
【長公主】天子의 姉妹나 公主를 존중하여 일컫는 칭호.
【關氏】흉노어로 '皇后'라는 뜻. 선우의 아내.
【呂后】漢 高祖 劉邦의 아내이며 皇后. 장공주의 어머니.

참고 및 관련 자료

1. 《史記列傳》劉敬叔孫通列傳

劉敬者, 齊人也. 漢五年, 戍隴西, 過洛陽, 高帝在焉. 婁敬脫輓輅, 衣其羊裘, 見齊人虞將軍曰:「臣願見上言便事.」虞將軍欲與之鮮衣, 婁敬曰:「臣衣帛, 衣帛見; 衣褐, 衣褐見: 終不敢易衣.」於是虞將軍入言上. 上召入見, 賜食. 已而問婁敬, 婁敬說曰:「陛下都洛陽, 豈欲與周室比隆哉?」上曰:「然.」婁敬曰:「陛下取天下與周室異. 周之先自后稷, 堯封之邰, 積德累善十有餘世. 公劉避桀居豳. 太王以狄伐故, 去豳, 杖馬箠居岐, 國人爭隨之. 及文王爲西伯, 斷虞芮之訟, 始受命, 呂望·伯夷自海濱來歸之. 武王伐紂, 不期而會孟津之上八百諸侯, 皆曰紂可伐矣, 遂滅殷. 成王卽位, 周公之屬傳相焉, 迺營成周洛邑, 以此爲天下之中也, 諸侯四方納貢職, 道里均矣, 有德則易以王. 無德則易以亡. 凡居此者, 欲令周務以德致人, 不欲依阻險, 令後世驕奢以虐民也. 及周之盛時, 天下和洽, 四夷鄕風, 慕義懷德, 附離而並事天子, 不屯一卒, 不戰一士, 八夷大國之民莫不賓服, 效其貢職. 及周之衰也, 分而爲兩, 天下莫朝, 周不能制也. 非其德薄也, 而形勢弱也. 今陛下起豐沛, 收卒三千人, 以之徑往而卷蜀漢, 定三秦, 與項羽戰滎陽, 爭成皐之口, 大戰七十, 小戰四十, 使天下之民肝腦塗地, 父子暴骨中野, 不可勝數, 哭泣之聲未絶, 傷痍者未起, 而欲比隆於成康之時, 臣竊以爲不侔也. 且夫秦地被山帶河, 四塞以爲固, 卒然有急, 百萬之衆可具也. 因秦之故, 資甚美膏腴之地, 此所謂天府者也. 陛下入關而都之, 山東雖亂, 秦之故

地可全而有也. 夫與人鬭, 不搤其亢, 拊其背, 未能全其勝也. 今陛下入關而都, 案秦之故地, 此亦搤天下之亢而拊其背也.」高帝問羣臣, 羣臣皆山東人, 爭言周王數百年, 秦二世卽亡, 不如都周. 上疑未能決. 及留侯明言入關便, 卽日車駕西都關中. 於是上曰:「本言都秦地者婁敬, '婁'者乃'劉'也.」賜姓劉氏, 拜爲郎中, 號爲奉春君. 漢七年, 韓王信反, 高帝自往擊之. 至晉陽, 聞信與匈奴欲共擊漢, 上大怒, 使人使匈奴. 匈奴匿其壯士肥牛馬, 但見老弱及羸畜. 使者十輩來, 皆言匈奴可擊. 上使劉敬復往使匈奴, 還報曰:「兩國相擊, 此宜夸矜見所長. 今臣往, 徒見羸瘠老弱, 此必欲見短, 伏奇兵以爭利. 愚以爲匈奴不可擊也.」是時漢兵已踰句注, 二十餘萬兵已業行. 上怒, 罵劉敬曰:「齊虜! 以口舌得官, 今迺妄言沮吾軍.」械繫敬廣武. 遂往, 至平城, 匈奴果出奇兵圍高帝白登, 七日然後得解. 高帝至廣武, 赦敬, 曰:「吾不用公言, 以困平城. 吾皆已斬前使十輩言可擊者矣.」迺封敬二千戶, 爲關內侯, 號爲建信侯. 高帝罷平城歸, 韓王信亡入胡. 當是時, 冒頓爲單于, 兵彊, 控弦三十萬, 數苦北邊. 上患之, 問劉敬. 劉敬曰:「天下初定, 士卒罷於兵, 未可以武服也. 冒頓殺父代立, 妻羣母, 以力爲威, 未可以仁義說也. 獨可以計久遠子孫爲臣耳, 然恐陛下不能爲.」上曰:「誠可, 何爲不能! 顧爲柰何?」劉敬對曰:「陛下誠能以適長公主妻之, 厚奉遺之, 彼知漢適女送厚, 蠻夷必慕以爲閼氏, 生子必爲太子, 代單于. 何者? 貪漢重幣. 陛下以歲時漢所餘彼所鮮數問遺, 因使辯士風諭以禮節. 冒頓在, 固爲子婿; 死, 則外孫爲單于. 豈嘗聞外孫敢與大父抗禮者哉? 兵可無戰以漸臣也. 若陛下不能遣長公主, 而令宗室及後宮詐稱公主, 彼亦知, 不肯貴近, 無益也.」高帝曰:「善.」欲遣長公主. 呂后日夜泣, 曰:「妾唯太子‧一女, 柰何弃之匈奴!」上竟不能遣長公主, 而取家人子名爲長公主, 妻單于. 使劉敬往結和親約.

2.《漢書》婁敬

婁敬, 齊人也. 漢五年, 戍隴西, 過雒陽, 高帝在焉. 敬脫輓輅, 見齊人虞將軍曰:「臣願見上言便宜.」虞將軍欲與鮮衣, 敬曰:「臣衣帛, 衣帛見, 衣褐, 衣褐見, 不敢易衣.」虞將軍入言上, 上召見, 賜食. 已而問敬, 敬說曰:「陛下都雒陽, 豈欲與周室比隆哉?」上曰:「然.」敬曰:「陛下取天下與周異. 周之先自后稷, 堯封之邰, 積德絫善十餘世. 公劉避桀居豳. 大王以狄伐故, 去豳, 杖馬箠去居岐, 國人爭歸之. 及文王爲西伯, 斷虞芮訟, 始受命, 呂望‧伯夷自海濱來歸之, 武王伐紂, 不期而會孟津上八百諸侯, 遂滅殷. 成王卽位, 周公之屬傅相焉, 乃營成周都雒, 以爲此天下中, 諸侯四方納貢職, 道里鈞矣, 有德則易以王, 無德則易以亡. 凡居此者, 欲令務以德致人, 不欲阻險, 令後世驕奢以虐民也. 及周之衰,

分而爲二, 天下莫朝周, 周不能制. 非德薄, 形勢弱也. 今陛下起豐沛, 收卒三千人, 以之徑往, 卷蜀漢, 定三秦, 與項籍戰滎陽, 大戰七十, 小戰四十, 使天下之民肝腦塗地, 父子暴骸中野, 不可勝數, 哭泣之聲不絕, 傷夷者未起, 而欲比隆成康之時, 臣竊以爲不侔矣. 且夫秦地被山帶河, 四塞以爲固, 卒然有急, 百萬之衆可具. 因秦之故, 資甚美膏腴之地, 此所謂天府. 陛下入關而都之, 山東雖亂, 秦故地可全而有也. 夫與人鬬, 不搤其亢, 拊其背, 未能全勝. 今陛下入關而都, 按秦之故, 此亦搤天下之亢而拊其背也.」高帝問羣臣, 羣臣皆山東人, 爭言周王數百年, 秦二世則亡, 不如都周. 上疑未能決. 及留侯明言入關便, 卽日駕西都關中. 於是上曰:「本言都秦地者婁敬, 婁者劉也.」賜姓劉氏, 拜爲郞中, 號曰奉春君. 漢七年, 韓王信反, 高帝自往擊. 至晉陽, 聞信與匈奴欲擊漢, 上大怒, 使人使匈奴. 匈奴匿其壯士肥牛馬, 徒見其老弱及羸畜. 使者十輩來, 皆言匈奴易擊. 上使劉敬復往使匈奴, 還報曰:「兩國相擊, 此宜夸矜見所長. 今臣往, 徒見羸胔老弱, 此必欲見短, 伏奇兵以爭利. 愚以爲匈奴不可擊也.」是時漢兵以踰句注, 三十餘萬衆, 兵已業行. 上怒, 罵敬曰:「齊虜! 以舌得官, 乃今妄言沮吾軍.」械繫敬廣武. 遂往, 至平城, 匈奴果出奇兵圍高帝白登, 七日然後得解. 高帝至廣武, 赦敬, 曰:「吾不用公言, 以困平城. 吾斬先使十輩言可擊者矣.」乃封敬二千戶, 爲關內侯, 號建信侯. 高帝罷平城歸, 韓王信亡入胡. 當是時, 冒頓單于兵彊, 控弦四十萬騎, 數苦北邊. 上患之, 問敬. 敬曰:「天下初定, 士卒罷於兵革, 未可以武服也. 冒頓殺父代立, 妻羣母, 以力爲威, 未可以仁義說也. 獨可以計久遠子孫爲臣耳, 然陛下恐不能爲.」上曰:「誠可, 何爲不能! 顧爲柰何?」敬曰:「陛下誠能以適長公主妻單于, 厚奉遺之, 彼知漢女送厚, 蠻夷必慕, 以爲閼氏, 生子必爲太子, 代單于. 何者? 貪漢重幣. 陛下以歲時漢所餘彼所鮮數問遺, 使辯士風諭以禮節. 冒頓在, 固爲子壻; 死, 外孫爲單于. 豈曾聞(外)孫敢與大父亢禮哉? 可毋戰以漸臣也. 若陛下不能遣長公主, 而(今)[令]宗室及後宮詐稱公主, 彼亦知不肯貴近, 無益也.」高帝曰:「善.」欲遣長公主. 呂后泣曰:「妾唯以一太子·一女, 柰何棄之匈奴!」上竟不能遣長公主, 而取家人子爲公主, 妻單于. 使敬往結和親約. 敬從匈奴來, 因言「匈奴河南白羊·樓煩王, 去長安近者七百里, 輕騎一日一夕可以至. 秦中新破, 少民, 地肥饒, 可益實. 夫諸侯初起時, 非齊諸田, 楚昭·屈·景莫與. 今陛下雖都關中, 實少人. 北近胡寇, 東有六國彊族, 一日有變, 陛下亦未得安枕而臥也. 臣願陛下徙齊諸田, 楚昭·屈·景, 燕·趙·韓·魏後, 及豪傑名家, 且實關中. 無事, 可以備胡; 諸侯有變, 亦足率以東伐. 此彊本弱末之術也.」上曰:「善.」乃使劉敬徙所言關中十餘萬口.

3.《新序》善謀(下)

高皇帝五年, 齊人婁敬戍隴西, 過雒陽, 脫輅輓, 見齊人虞將軍曰:「臣願見上, 言便宜事.」虞將軍欲以鮮衣. 婁敬曰:「臣衣帛, 衣帛見; 衣褐, 衣褐見, 不敢易.」虞將軍入言上, 上召見, 賜食, 已而問, 敬對曰:「陛下都雒陽, 豈欲與周室比隆哉?」上曰:「然.」敬曰:「陛下取天下, 與周室異. 周之先自后稷, 堯封之邰, 積德累善十餘世, 公劉避桀居邠, 大王以狄伐去邠, 杖馬策居岐, 國人爭歸之. 及文王爲西伯, 斷虞芮訟, 始受命, 呂望·伯夷自海濱來歸之. 武王伐紂, 不期而會孟津上八百諸侯, 滅殷. 成王卽位, 周公之屬傅相, 乃營成周雒邑, 以爲天下中, 諸侯四方, 納貢職, 道里均矣. 有德則易以王, 無德則易以亡. 凡居此者, 欲令周務德以致人, 不欲恃險阻, 令後世驕奢以虐民. 及周之衰, 分爲兩, 天下莫朝, 周不能制, 非德薄, 形勢弱也. 今陛下起豐擊沛, 收卒三千人, 以之徑往, 卷蜀漢, 定三秦, 與項羽大戰七十, 小戰四十, 使天下民肝腦塗地, 父子暴骨中野, 不可勝數. 哭泣之聲未絶, 傷夷者未起, 而欲比隆成康周公之時, 臣竊以爲不侔矣. 且夫秦地被山帶河, 四塞以爲固, 卒然有急, 百萬之衆可具. 因秦之故, 資甚美膏腴之地, 此謂天府. 陛下入關而都, 山東雖亂, 秦故地可全而有也. 夫與人鬭, 而不搤其亢, 拊其背, 未全勝也.」高皇帝疑, 問左右大臣, 皆山東人, 多勸上都雒陽, 東有成皋, 西有殽澠, 倍河海, 嚮伊洛, 其固亦足恃. 且周王數百年, 秦二世而亡, 不如都周. 留侯張子房曰:「雒陽雖有此固, 國中小, 不過數百里, 田地狹, 四面受敵, 此非用武之國. 夫關中, 左殽函, 右隴蜀, 沃野千里, 南有巴蜀之饒, 北有胡宛之利, 阻三面, 守一隅, 東向制諸侯, 諸侯安定. 河渭漕輓天下, 西給京師. 諸侯有變, 順流而下, 足以委輸. 此所謂金城千里, 天府之國也. 婁敬說是也.」於是高皇帝卽日駕, 西都關中. 由是國家安寧. 雖彭越·陳豨·盧綰之謀, 九江燕代之兵, 及吳楚之難, 關東之兵, 雖百萬之師, 猶不能爲害者, 由保仁德之惠, 守關中之固也. 國以永安, 婁敬·張子房之謀也. 上曰:「言本都秦地者, 婁敬也. 婁者乃劉也.」賜姓劉氏, 拜爲郎中, 號曰奉春君, 後卒爲建信侯.

4.《十八史略》(2)

齊人婁敬說上曰:「洛陽天下之中, 有德易以興, 無德易以亡. 秦地被山帶河, 四塞以爲固, 陛下案秦之故, 此搤天下之亢, 而拊其背也.」上問張良, 良曰:「洛陽四面受敵, 非用武之國. 關中左殽函, 右隴蜀, 阻三面而守, 敬說是也.」上卽日西都關中.

5.《十八史略》(2)

九年, 遣劉敬使匈奴和親, 取家人子, 名公主, 妻單于.

267-② 白起坑降
항복한 군사를 구덩이에 묻은 백기

《사기史記》에 실려 있다.

백기白起는 미郿 땅 사람으로 용병에 뛰어나 진秦 소왕昭王을 섬겨 호를 무안군武安君이라 하였다. 진秦나라가 조趙나라를 공격하여 보루를 쌓은 채 자주 도전을 해 왔지만 조나라 장수 염파廉頗는 성벽만 굳게 지킬 뿐 나서서 맞서려 하지 않는 것이었다. 이에 진나라는 사람을 시켜 이러한 반간계反間計를 퍼뜨렸다.

"진나라는 오직 마복군馬服君 조사趙奢의 아들 조괄趙括이 장수로 바뀔까 걱정할 뿐이다. 염파 따위는 쉬운 상대이다."

조나라 왕이 이윽고 염파가 자주 실패하고 있다고 노하던 터에, 다시 그 반간계까지 듣게 되자 그 계략에 걸려들고 말았다. 그리하여 조괄을 염파 대신 기용하였다. 진나라는 이에 백기를 상장군上將軍으로 삼았다. 그러자 조괄이 공격하여 진나라 군사에게 이르렀다. 진나라 군대는 거짓으로 패하여 도망하는 것처럼 하다가, 두 가지의 기병술奇兵術을 펼쳐 조괄의 군대를 위협하였다. 조나라 군사는 둘로 나뉘었고, 식량 보급로도 끊어지고 말았다. 이때 진나라에서는 하내河內에 나이 열다섯 이상의 백성을 징집하여 모두 장평長平 전투에 보내어, 조나라의 구원병과 식량 보급로를 차단하여 끊어 버렸다. 조나라 병졸들은 46일이나 먹지 못하여 모두가 안으로 몰래 서로 사람을 잡아먹으며 견디고 있었다. 그리하여 진나라 군대가 보루로 공격해 왔을 때는 나가 싸울 수가 없었다. 조괄은 이에 정예 병사를 내보내 육박전을 벌였지만, 진나라 군사는 조괄을 사살하였고 마침내 그의 군사는 패배하고 말았다. 그리하여 조나라 군사 40만이 백기에게 항복하고 말았다.

백기는 이렇게 생각하였다.

"조나라 병졸은 약속을 곧잘 번복하는 자들이니 모두 죽여 없애지 않았다가는 다시 난을 일으킬까 두렵다."

이에 거짓으로 그들을 끌고 가서 모두 구덩이에 묻어 죽여 버렸다. 앞뒤 머리를 잘린 자와 포로까지 합하면 모두 45만 명이었다. 조나라는 이로써 크게 뒤흔들렸다.

《史記》: 白起郿人. 善用兵. 事秦昭王, 號武安君. 秦攻趙壘, 數挑戰. 趙將廉頗堅壁不出.

秦使人爲反間曰:「秦獨畏馬服子趙括將耳, 廉頗易與.」

趙王旣怒頗數敗, 復聞反間之言, 因使括代頗. 秦使起爲上將軍. 括至擊秦軍.

秦軍佯敗走, 張二奇兵以劫之. 趙軍分而爲二, 糧道絶. 秦發河內民年十五以上, 悉詣長平, 遮絶趙救及糧食. 趙卒不得食四十六日, 皆內陰相殺食, 來攻秦壘, 不能出. 括出銳卒自搏戰, 秦軍射殺括. 括軍敗, 卒四萬人降起.

起以爲:「趙卒反覆, 非盡殺之, 恐爲亂.」

乃挾詐盡坑殺之, 前後斬首虜四十五萬人, 趙人大震.

【白起】 전국 말 秦나라 때의 유명한 장군.《史記》白起王翦列傳 참조.
【廉頗】 전국시대 趙나라 장수.《史記》廉頗藺相如列傳 참조. '廉頗負荊'[261] 참조.
【馬服】 趙奢. 馬服君에 봉해짐. 趙나라의 명장. 趙括은 그의 아들로서 불초하고 능력이 없었음.
【上將軍】 上將. 높은 지위의 장군.
【奇兵】 '正兵'에 상대되는 용어. 고대 병법에서 奇正은 가장 중요하며 자주 거론되는 상대적 대립 개념으로 모략과 전법 등에 널리 쓰이는 용어. 즉 일반적이며 상식적인 것을 일러 '正'이라 하며, 특수하고 기이한 방법, 의외의 작전 등을 '奇'라 함.《孫臏兵法》奇正篇에 "奇發而爲正, 其未爲發者, 奇也"라

하였으며, 《唐太宗李衛公問對》에는 "太宗曰: 吾之正, 使敵視以爲奇; 吾之奇, 使敵視以爲正, 斯所謂形人者歟? 以奇爲正, 以正爲奇, 變化莫測, 斯所謂無形者歟?"라 함.

【長平】 지명. 전국시대 진나라와 조나라 사이에 전투를 벌였던 곳. 이 長平之戰은 전국시대 가장 큰 싸움이었으며, 조나라가 패하여 군사 45만 명이 생매장당함.

참고 및 관련 자료

1. 《史記》 白起王翦列傳

白起者, 郿人也. 善用兵, 事秦昭王. 昭王十三年, 而白起爲左庶長, 將而擊韓之新城. 是歲, 穰侯相秦, 擧任鄙以爲漢中守. 其明年, 白起爲左更, 攻韓·魏於伊闕, 斬首二十四萬, 又虜其將公孫喜, 拔五城. 起遷爲國尉. 涉河取韓安邑以東, 到乾河. 明年, 白起爲大良造. 攻魏, 拔之, 取城小大六十一. 明年, 起與客卿錯攻垣城, 拔之. 後五年, 白起攻趙, 拔光狼城. 後七年, 白起攻楚, 拔鄢·鄧五城. 其明年, 攻楚, 拔郢, 燒夷陵, 遂東至竟陵. 楚王亡去郢, 東走徙陳. 秦以郢爲南郡. 白起遷爲武安君. 武安君因取楚, 定巫·黔中郡. 昭王三十四年, 白起攻魏, 拔華陽, 走芒卯, 而虜三晉將, 斬首十三萬. 與趙將賈偃戰, 沈其卒二萬人於河中. 昭王四十三年, 白起攻韓陘城, 拔五城, 斬首五萬. 四十四年, 白起攻南陽太行道, 絶之. 四十五年, 伐韓之野王. 野王降秦, 上黨道絶. 其守馮亭與民謀曰: 「鄭道已絶, 韓必不可得爲民. 秦兵日進, 韓不能應, 不如以上黨歸趙. 趙若受我, 秦怒, 必攻趙. 趙被兵, 必親韓. 韓趙爲一, 則可以當秦.」 因使人報趙. 趙孝成王與平陽君·平原君計之. 平陽君曰: 「不如勿受. 受之, 禍大於所得.」 平原君曰: 「無故得一郡, 受之便.」 趙受之, 因封馮亭爲華陽君. 四十六年, 秦攻韓緱氏·藺, 拔之. 四十七年, 秦使左庶長王齕攻韓, 取上黨. 上黨民走趙. 趙軍長平, 以按據上黨民. 四月, 齕因攻趙. 趙使廉頗將. 趙軍士卒犯秦斥兵, 秦斥兵斬趙裨將茄六月, 陷趙軍, 取二鄣四尉. 七月, 趙軍築壘壁而守之. 秦又攻其壘, 取二尉, 敗其陣, 奪西壘壁. 廉頗堅壁以待秦, 秦數挑戰, 趙兵不出. 趙王數以爲讓. 而秦相應侯又使人行千金於趙爲反間, 曰: 「秦之所惡, 獨畏馬服子趙括將耳, 廉頗易與, 且降矣.」 趙王旣怒廉頗軍多失亡, 軍數敗, 又反堅壁不敢戰, 而又聞秦反間之言, 因使趙括代廉頗將以擊秦. 秦聞馬服子將, 乃陰使武安君白起爲上將軍, 而王

齕爲尉裨將, 令軍中有敢泄武安君將者斬. 趙括至, 則出兵擊秦軍. 秦軍詳敗而走, 張二奇兵以劫之. 趙軍逐勝, 追造秦壁. 壁堅拒不得入, 而秦奇兵二萬五千人絕趙軍後, 又一軍五千騎絕趙壁間, 趙軍分而爲二, 糧道絕. 而秦出輕兵擊之. 趙戰不利, 因築壁堅守, 以待救至. 秦王聞趙食道絕, 王自之河內, 賜民爵各一級, 發年十五以上悉詣長平, 遮絕趙救及糧食. 至九月, 趙卒不得食四十六日, 皆內陰相殺食. 來攻秦壘, 欲出. 爲四隊, 四五復之, 不能出. 其將軍趙括出銳卒自搏戰, 秦軍射殺趙括. 括軍敗, 卒四十萬人降武安君. 武安君計曰:「前秦已拔上黨, 上黨民不樂爲秦而歸趙. 趙卒反覆, 非盡殺之, 恐爲亂.」及挾詐而盡阬殺之, 遺其小者二百四十人歸趙. 前後斬首虜四十五萬人. 趙人大震.

2.《十八史略》(1)

惠文王子孝成王立, 秦伐韓, 韓上黨降於趙. 秦攻趙, 廉頗軍長平, 堅壁不出, 秦人行千金爲反間, 曰:「秦獨畏馬服君趙奢之子括爲將耳.」王使括代頗, 相如曰:「王以名使括, 若膠柱鼓瑟耳. 括徒能讀其父書, 不知合變也.」王不聽. 括少學兵法, 以天下莫能當. 與父奢言, 不能難. 然不以爲然, 括母問故, 奢曰:「兵死地也, 而括易言之. 趙若將括, 必破趙軍.」及括將行, 其母上書言:「括不可使.」括至軍, 果爲秦將白起所射殺. 卒四十萬皆降, 坑於長平.

268. 簫史鳳臺, 宋宗鷄窓

268-① 簫史鳳臺
봉대에 함께 살다 신선이 된 소사 부부

《열선전列仙傳》에 실려 있다.
 소사簫史는 진秦 목공穆公 때의 인물이다. 통소를 잘 불어 능히 공작, 백학을 불러들일 수 있을 정도였다. 몇 년이 지난 뒤 봉황의 울음소리와 비슷해지자, 봉황이 찾아와 그의 집에 머물게 되어 봉대鳳臺를 만들었다. 소사의 부부가 함께 그곳에 머물며 몇 년을 내려오지 않고 살다가 어느 날 부부도 함께 봉황을 따라 날아가 버렸다. 그리하여 진나라 사람들은 옹궁雍宮에 봉녀사鳳女祠를 지어 주었더니 때때로 통소소리가 울려 퍼졌다.

《列仙傳》: 簫史者, 秦穆公時人. 善吹簫, 能致孔雀·白鶴. 居數年, 吹似鳳聲, 鳳凰來止其屋上, 作鳳臺, 夫婦止其上, 不下數年. 一日, 皆隨鳳凰飛去.
 故秦人作鳳女祠雍宮中, 時有簫聲.

【秦穆公】춘추시대 秦나라 임금. B.C.659~B.C.621년까지 39년간 재위함.
【簫史】《列仙傳》에는 簫史로 되어 있음. 簫史는 통소 연주의 대가라는 뜻임. 簫는 통소의 일종으로 24管과 16管 두 종류가 있다 함.
【作鳳臺】목공이 만들었으며, 鳳女臺라고도 함.
【弄玉】목공의 딸이며 소사의 아내.
【雍宮】'雍'은 지명. '雝'과 같음. 다른 판본에는 '離宮'으로 되어 있음. 진나라 옹(雍) 땅에 있는 궁궐. 五祀의 사당을 지어 제사를 지내던 곳.

> 참고 및 관련 자료

1.《列仙傳》(上)

蕭父者, 秦穆公時人也. 善吹蕭, 能致孔雀白鶴於庭. 穆公有女, 字弄玉, 好之. 公遂以女妻焉. 日敎弄玉作鳳鳴, 居數年, 吹似鳳聲, 鳳凰來止其玉. 公爲作鳳臺, 夫婦止其上, 不下數年. 一旦, 皆隨鳳凰飛去. 故秦人爲昨鳳女祠於雍宮中, 時有簫聲而已. 蕭史妙吹, 鳳雀舞庭. 嬴氏好合, 乃習鳳聲. 遂攀鳳翼, 參翥高冥. 女祠寄想, 遺音載淸.

268-② 宋宗鷄窓
창가에 닭을 키운 송처종

《유명록幽冥錄》에 실려 있다.

진晉나라 때 연주자사兗州刺史 패국沛國 출신 송처종宋處宗이 일찍이 잘 우는 닭 한 마리를 사서 아주 아끼고 사랑하며 이를 기르고 있었다. 그리하여 항상 창가에 두었는데, 뒤에 이 닭은 사람의 말을 알아들을 수 있게 되어 송처종과 담론을 벌일 정도였다. 지극히 현묘한 내용까지 날이 저물도록 대화가 끊이지 않았다. 송처종은 이로 인해 많은 것을 얻어 공을 세워 벼슬길에 크게 진달하였다.

《幽冥錄》: 晉, 兗州刺史沛國宋處宗, 嘗買一長鳴鷄, 愛養甚至. 常籠著窓間, 後鷄作人語, 與處宗談論. 極有玄致, 終日不輟. 處宗因此, 功業大進.

【幽冥錄】 남조 宋나라의 劉義慶이 지었다는 책.《幽明錄》이라고도 함.
【宋處宗】 진나라 때 사람으로 닭을 매우 좋아하였던 인물.

269. 王陽囊衣, 馬援薏苡

269-① 王陽囊衣
왕양의 옷보따리

전한前漢의 왕길王吉은 자가 자양子陽이며, 아들 왕준王駿과 손자 왕숭王崇 모두 어사대부御史大夫에 이른 집안이다. 왕숭은 평제平帝 때 대사공大司空이 되었다. 왕길로부터 왕숭에 이르기까지 대대로 청렴하기로 이름이 났다. 그러나 재능과 도량, 명성과 칭찬은 각기 그 아버지에 미치지 못하였으나, 봉록과 작위는 갈수록 높아갔다. 모두가 좋은 수레와 말, 의복으로 치장하여 자신을 가꾸기에는 지극히 분명하였지만, 대신 금은이나 비단 따위는 쌓아두는 법이 없었다. 벼슬이 바뀌어 떠나 다니며 거처를 옮겨 살 때에도 그가 싣고 가는 재물이란 그저 주머니에 담을 옷가지에 불과하였고, 남은 재물은 축적하지 않았다. 벼슬을 버리고 집 안에 살 때에도 역시 베옷과 거친 음식으로 생활하였다. 천하 사람들은 그의 청렴함에 탄복하면서 그의 사치스러운 생활을 괴이히 여겼다. 그 때문에 세상에서는 "왕양은 능히 황금을 만들기 때문에 그토록 사치스럽게 살 수 있었던 것"이라 전해 오고 있다.

前漢, 王吉字子陽, 子駿孫崇並至御史大夫. 崇平帝時爲大司空. 自吉至崇, 世名淸廉, 然材器名稱稍不能及父, 而祿位彌隆. 皆好車馬衣服, 其自奉養極爲鮮明, 而亡金銀錦繡之物. 及遷徙去處, 所載不過囊衣, 不蓄積餘財. 去位家居, 亦布衣疏食. 天下服其廉而怪其奢, 故俗傳:「王陽能作黃金.」

【王吉】자는 子陽. 한나라 때 인물.《漢書》에 전이 있음.
【平帝】西漢 제11대 황제. 元帝와 馮昭儀 사이에 난 劉興의 아들이며 이름은 劉衎. A.D.1년~5년 재위함.
【能作黃金】《漢書》의 주에 "以其無所求取, 不營產業, 而車服鮮明, 故謂自作 黃金以給用"이라 함.

참고 및 관련 자료

1.《漢書》王貢兩龔鮑傳
王吉字子陽, 琅邪皐虞人也. 少時[好]學明經, 以郡吏擧孝廉爲郞, 補若盧右丞, 遷雲陽令. 擧賢良爲昌邑中尉, 而王好遊獵, 驅馳國中, 動作亡節, 吉上疏諫. ……自吉至崇, 世名淸廉, 然材器名稱稍不能及父, 而祿位彌隆. 皆好車馬衣服, 其自奉養極爲鮮明, 而亡金銀錦繡之物. 及遷徙去處, 所載不過囊衣, 不畜積 餘財. 去位家居, 亦布衣疏食. 天下服其廉而怪其奢, 故俗傳「王陽能作黃金」.

269-② 馬援薏苡
마원이 가지고 온 율무

후한後漢의 마원馬援이 교지交趾에 있을 때 항상 율무를 먹어 능히 몸이 가벼워지고 식욕을 줄여 그곳 풍토병을 이겨낼 수 있었다. 남방의 율무는 그 열매가 커서 마원은 이를 가져다 심고자 군대가 귀환할 때, 수레 하나에 실었다. 당시 사람들은 남방에는 진기하고 괴이한 물건이 난다고 여겨 권세가나 귀척들이 이를 자신들에게 나누어 주기를 바라고 있었다. 마원은 당시 총애를 받고 있던 터라, 그 까닭으로 임금에게는 마원의 이러한 일이 보고되지 않았다. 뒤에 어떤 사람이 글을 올려 마원을 이렇게 참훼하는 자가 있었다.

"지난번 마원이 수레에 싣고 온 것은, 모두가 명주와 무늬 있는 물소뿔이었습니다."

〈오우전吳祐傳〉에 의하면 오회吳恢가 남해태수南海太守가 되었을 때, 그 아들 오우는 나이가 12살이었는데 아버지를 따라 임지로 갔다. 오회가 대나무를 베어 살청殺青하여 죽간을 만들어 경서經書를 베끼고자 하였다. 그러자 아들 오우가 이렇게 간하였다.

"아버님께서 오령五嶺을 넘어 이 먼 남쪽 바닷가에 이르셨는데 이곳 풍속이 진실로 누추합니다. 그러나 이곳에는 예로부터 진괴한 물건이 많습니다. 이곳에 왔다가 돌아갈 때 무언가를 가지고 간다면, 위로 나라의 의심을 받게 될 것이요, 아래로 권세가들로부터 무언가 가져다 주기를 바라게 될 것입니다. 이 경서 베끼는 글이 만약 완성되면 수레 두 대의 양은 될 것입니다. 옛날 마원은 율무를 가져왔다가 비방을 받았지만, 왕양王陽은 옷만 한 자루에 담아 돌아감으로써 명예를 얻었습니다. 혐의를 받을 일에 대해서는 옛 현인들은 삼갔던 것입니다."

그리하여 오회는 하려던 계획을 멈추고 아들의 머리를 쓰다듬으며 이렇게 말하였다.

"우리 오씨 집안에 대대로 연릉계자延陵季子 같은 청렴한 인물이 끊이지 않고 있구나."

後漢, 馬援在交趾, 常餌薏苡實, 能輕身省慾, 以勝瘴氣. 南方薏苡實大, 援欲以爲種, 軍還載之一車. 時人以爲南土珍怪, 權貴皆望之. 援時方有寵, 故莫以聞.

卒後有人上書譖之者, 以爲:「前所載還, 皆明珠文犀.」

〈吳祐傳〉: 吳恢爲南海太守. 其子祐年十二, 隨到官. 恢欲殺青簡以寫經書.

祐諫曰:「大人踰越五嶺, 遠在海濱. 其俗誠陋. 然舊多珍怪. 上爲國家所疑, 下爲權威所望. 此書若成, 則載之兼兩. 昔馬援以薏苡

興謗, 王陽以囊衣徵名. 嫌疑之間, 先賢所愼.」

恢乃止, 撫其首曰:「吳氏世不乏季子矣.」

【馬援】자는 文淵(B.C.14~A.D.49). 新莽 말기에 劉秀를 옹위하여 光武帝로 세우고 隴西太守가 되어 伏波將軍을 배수받음. "才夫爲志, 窮當益堅, 老當益壯", "男兒要當死於邊野, 以馬革裹尸還"이란 말을 남김.《後漢書》(54)에 전이 있음. '伏波標柱'[009] 참조.《東觀漢記》에 "馬援字文淵, 茂陵人. 從公孫述, 隗囂遊. 後見光武曰:「天下反覆, 盜名字者不可勝數; 今見陸下寥廓大度, 同符高祖, 乃知帝王自有眞也.」帝甚壯之."라 함.
【薏苡】율무. 物名을 나타내는 雙聲連綿語.
【瘴氣】열대지방에서 발생하는 말라리아와 같은 풍토병.
【大人】아버지를 부르는 호칭.
【五嶺】始安, 臨賀, 桂陽, 大庾, 揭陽의 다섯 고개. 호남과 광동 사이를 잇는 고개.
【王陽】王吉을 가리킴. 자는 子陽. 서한 시대 인물로 諫大夫에 오름.《漢書》(42)에 전이 있음. 자가 子陽이어서 王陽으로 부른 것. '王陽囊衣'[269] 참조.
【先賢所愼】《文選》에 실려 있는 古樂府〈君子行〉에 "君子防未然, 不處嫌疑間, 瓜田不納履, 李下不整冠"이라 함.
【季子】延陵季子. 季札. 춘추시대 吳나라 왕자이며 현인. '季札挂劒'[204] 참조.

> 참고 및 관련 자료

1.《後漢書》馬援傳

初, 援在交阯, 常餌薏苡實, 用能輕身省慾, 以勝瘴氣. 南方薏苡實大, 援欲以爲種, 軍還, 載之一車. 時人以爲南土珍怪, 權貴皆望之. 援時方有寵, 故莫以聞. 及卒後, 有上書譖之者, 以爲前所載還, 皆明珠文犀. 馬武與於陵侯侯昱等皆以章言其狀, 帝益怒. 援妻孥惶懼, 不敢以喪還舊塋, 裁買城西數畝地槀葬而已. 賓客故人莫敢弔會. 嚴與援妻子草索相連, 詣闕請罪. 帝乃出松書以示之, 方知所坐, 上書訴冤, 前後六上, 辭甚哀切, 然後得葬.

2.《後漢書》吳祐傳

吳祐字季英, 陳留長垣人也. 父恢, 爲南海太守. 祐年十二, 隨從到官. 恢欲殺

青簡以寫經書,祐諫曰:「今大人踰越五領,遠在海濱,其俗誠陋,然舊多珍怪,上爲國家所疑,下爲權戚所望.此書若成,則載之兼兩.昔馬援以薏苡興謗,王陽以衣囊徼名.嫌疑之閒,誠先賢所慎也.」恢乃止,撫其首曰:「吳氏世不乏季子矣.」及年二十,喪父,居無檐石,而不受贍遺.常牧豕於長垣澤中,行吟經書.遇父故人,謂曰:「卿二千石子而自業賤事,縱子無恥,柰先君何?」祐辭謝而已,守志如初.後舉孝廉,將行,郡中爲祖道,祐越壇共小史雍丘黃眞歡語移時,與結友而別.功曹以祐倨,請黜之.太守曰:「吳季英有知人之明,卿且勿言.」眞後亦舉孝廉,除新蔡長,世稱其清節.時公沙穆來遊太學,無資糧,乃變服客傭,爲祐賃舂.祐與語大驚,遂共定交於杵臼之閒.祐以光祿四行遷膠東侯相.時濟北戴宏父爲縣丞,宏年十六,從在丞舍.祐每行園,常聞諷誦之音,奇而厚之,亦與爲友,卒成儒宗,知名東夏,官至酒泉太守.祐政唯仁簡,以身率物.民有爭訴者,輒閉閣自責,然後斷其訟,以道譬之.或身到閭里,重相和解.自是之後,爭隙省息,吏人懷而不欺.嗇夫孫性私賦民錢,市衣以進其父,父得而怒曰:「有君如是,何忍欺之!」促歸伏罪.性惶懼,詣閣持衣自首.祐屏左右問其故,性具談父言.祐曰:「掾以親故,受污穢之名,所謂『觀過斯知人矣』.」使歸謝其父,還以衣遺之.又安丘男子毋丘長與母俱行市,道遇醉客辱其母,長殺之而亡,安丘追蹤於膠東得之.祐呼長謂曰:「子母見辱,人情所恥.然孝子忿必慮難,動不累親.今若背親逞怒,白日殺人,赦若非義,刑若不忍,將如之何?」長以械自繫,曰:「國家制法,囚身犯之.明府雖加哀矜,恩無所施.」祐問長有妻子乎?對曰:「有妻未有子也.」即移安丘逮長妻,妻到,解其桎梏,使同宿獄中,妻遂懷孕.至冬盡行刑,長泣謂母曰:「負母應死,當何以報吳君乎?」乃齧指而吞之.含血言曰:「妻若生子,名之『吳生』,言我臨死吞指爲誓,屬兒以報吳君.」因投繯而死.祐在膠東九年,遷齊相,大將軍梁冀表爲長史.及冀誣奏太尉李固,祐聞而請見,與冀爭之,不聽.時扶風馬融在坐,爲冀章草,祐因謂融曰:「李公之罪,成於卿手.李公卽誅,卿何面目見天下之人乎?」冀怒而起入室,祐亦徑去.冀遂出祐爲河閒相,因自免歸家,不復仕,躬灌園蔬,以經書教授.年九十八卒.長子鳳,官至樂浪太守;少子愷,新息令;鳳子馮,鮦陽侯相,皆有名於世.

3.《十八史略》(3)

援前在交趾,常餌薏苡,以輕身勝瘴氣.軍還載之一車.後有追譖之者,以爲明珠文犀.上益怒,得朱勃上書訟其冤,乃稍解.

270. 劉整交質, 五倫十起

270-① 劉整交質
조카의 밥값으로 담보를 교환해 간 유정

《남사南史》에 실려 있다.

유정劉整은 양梁나라에 벼슬하여 중군참군中軍參軍을 제수받았다.

당초 유정의 형 유인劉寅이 서양내사西陽內史로 있었는데 죽고 말았다. 유인의 아들이 삼촌 유정의 별장에 찾아와 12일을 머물렀던 적이 있었다. 유정은 형이 죽고 나자, 형수 범씨范氏에게 찾아가 조카가 머물렀던 기간의 숙박비를 쌀로 갚을 것을 요구하였다. 범씨가 이를 갚지 않자 유정은 화를 내며 이에 스스로 나서서 범씨의 수레 휘장을 뜯어 이를 담보로 가져가 버렸다. 범씨는 관가에 가서 이에 소송을 제기하였다. 당시 어사중승御史中丞 임방任昉이 이렇게 논하였다.

"옛사람들은 친족간에 화목하여 의복도 따로 주인이 없이 나누어 입었다. 그런데 유정이 조카를 보살펴야 함에도 변변찮은 식사로 홀대하였다. 몇십 말斗의 곡식을 주기로 한 계약서라도 능히 찢어 버려야 할 판에 그렇게 하지는 못할 망정 어찌 수레 휘장을 뜯어와 담보로 삼을 수 있다는 것인가? 사람으로서 정이 없음이 어찌 한결같이 이 지경에 이르렀는가? 실로 교화와 도의로 보아 용납할 수 없으며, 신면紳冕의 관리로서 누구나 배척해야 할 대상이라 여긴다. 신은 청하건대 그에게 새롭게 내린 관직에서 파면하고 정위廷尉에게 송부하여 그 죄를 다스리기를 바란다."

《南史》: 劉整仕梁除中軍參軍. 初整兄寅爲西陽內史卒. 其子往整墅, 停住十二日. 整就兄妻范求米, 范未還. 整怒仍自取范車帷

爲質, 范詣臺訴.

御史中丞任昉論曰:「昔人睦親, 衣無常主. 整之撫姪, 食有故人. 何其不能折契鍾庾, 而襜帷交質? 人之無情, 一何至此? 實敎義所不容, 紳冕所共棄. 臣請免整新除官, 付廷尉治罪」

【劉整】 남조 梁나라 때의 인물. 中軍參軍을 지냄.《文選》주에 "沈約《齊紀》曰: 整, 宋吳興太守兄子也. 歷位持節都督交·廣·越三州也"라 함.
【梁】 남조의 조대 이름. 502~557년까지. 武帝 蕭衍으로부터 敬帝 蕭方智까지 이어졌으며 陳(557~589)에게 망함.
【墅】 별채. 별장.
【任昉】 자는 彦昇(460~508). 남조 梁나라 때의 文學家. 樂安 博昌(지금의 山東省 壽光縣) 출신. 16세 때 秀才로 천거되어 太學博士에 올랐으며「竟陵八友」의 하나. 梁 武帝 때는 黃門侍郎을 지냈으며 다시 義興新安太守를 역임함. 詩외에 散文에도 능했으며,「沈詩任筆」이란 말이 생겨남.《南史》(59)와《梁書》(14)에 傳이 있으며 明, 張溥가 집일한《任彦昇集》이 있음. 본문의 글은《文選》(40)〈任彦昇奏彈劉整文〉으로 실려 있음.
【衣無常主】 氾毓의 고사. '氾毓字孤'[291] 참조.
【食有故人】 前漢의 公孫弘이 비천한 신분에서 丞相이 되어 옛날에 친구 高賀가 그에게 몸을 의탁하자 脫粟飯과 布衣 등 변변치 않은 옷과 음식으로 박대하였음. 이에 형편없는 대접을 의미함.
【紳冕】 '신'은 의관을 갖출 때 장식으로 하는 큰 허리띠. '면'은 冠의 일종. 官吏를 뜻함.

참고 및 관련 자료

1.《文選》(40)〈任彦昇奏彈劉整文〉
御史中丞臣任昉稽首言: 臣聞馬援奉嫂, 不冠不入; 氾毓字孤, 家無常子. 臣昉頓首頓首, 死罪死罪. 謹案齊故西陽內史劉寅妻范, 詣臺訴列稱: 出適劉氏, 二十許年. 劉氏喪亡, 撫養孤弱, 叔郎整, 常欲傷害侵奪. 分前奴敎子·當伯, 幷已

入衆. 又以錢婢姊妹弟溫, 仍留奴自使伯; 又奪寅息逡婢綠草, 私貨得錢, 幷不分逡. 寅第二庶息師利, 去歲十月往整田上經十二日, 整便責范米六斗哺食. 米未展送, 忽至戶前, 隔箔攘拳大罵, 突進房中, 屛風上取車帷準米去. 二月九日夜, 婢采音偸車欄夾杖龍牽, 范問失物之意, 整便打息逡. 整及母幷奴婢等六人來至范屋中, 高聲大罵, 婢采音擧手査范臂. 求攝檢, 如訴狀. 輒攝整亡父舊使奴海蛤到臺辯問, 列稱: 整亡父興道, 先爲零陵郡, 得奴婢四人. 分財, 以奴敎子乞大息寅. 亡寅後, 第二弟整仍奪敎子, 云應入衆, 整便留自使, 婢姊及弟各准錢五千文, 不分逡. 其奴當伯, 先是衆奴. 整兄弟未分財之前, 整兄寅以當伯貼錢七千, 共衆作田. 寅罷西陽郡還, 雖未別火食, 寅以私錢七千贖當伯, 仍使上廣州去. 後寅喪亡, 整兄弟後分奴婢, 唯餘婢綠草入衆. 整復云寅未分財贖當伯, 又應屬衆. 整意貪得當伯, 推綠草與逡. 整規當伯還, 擬欲自取, 當伯遂經七年不返. 整疑已死亡不迴, 更奪取婢綠草, 貨得錢七千. 整兄弟及姊共分此錢, 又不分逡. 寅妻范云, 當伯是亡夫私贖, 應屬息逡. 當伯天監二年六月從廣州還至, 整復奪取, 云應充衆, 准雇借上廣州四年夫直, 今在整處使. 進責整婢采音, 劉整兄寅第二息師利, 去年十月十二日忽往整墅停住十二日, 整就兄妻范求米六斗哺食. 范未得還, 整怒, 仍自進范所住, 屛風上取車帷爲質. 范送米六斗, 整卽納受. 范今年二月九日夜, 失車欄子夾杖龍牽等, 范及息逡道是采音所偸. 整聞聲, 仍打逡. 范喚問何意打我兒? 整母子爾時便同出中庭, 隔箔與范相罵. 婢采音及奴敎子·楚玉·法志等四人, 于時在整母子左右. 整語采音: 其道汝偸車校具, 汝何不進裏罵之? 旣進爭口, 擧手誤査范臂. 車欄夾杖龍牽, 實非采音所偸. 進責寅妻范奴苟奴, 列孃去二月九日夜, 失車欄夾杖龍牽, 疑是整婢采音所偸. 苟奴與郎逡往津陽門糴米, 遇見采音在津陽門賣車欄龍牽, 苟奴登時欲捉取, 逡語苟奴已爾不須復取. 苟奴隱僻少時, 伺視人買龍牽, 售五千錢. 苟奴仍隨逡歸宅, 不見度錢. 幷如采音·苟奴等列狀, 粗與范訴相應. 重覆當伯·敎子, 列孃被奪, 今在整處使, 悉與海蛤列不異. 以事訴法, 令史潘僧尙議: 整若輒略兄子逡分前婢貨賣, 及奴敎子等私使, 若無官令, 輒收付近獄測治. 諸所連逮絓應洗之源, 委之獄官, 悉以法制從事. 如法所稱, 整卽主. 昭明刪此文大略, 故詳引之, 令與彈相應也. 臣謹案: 新除中軍參軍臣劉整, 閭閻闒茸, 名敎所絶. 直以前代外戚, 仕因紈袴, 惡積釁稔, 親舊側目. 理絶通問, 而妄肆醜辭; 終夕不寐, 而謬加大杖. 薛包分財, 取其羸弱; 高鳳自穢, 爭訟寡嫂. 未見孟嘗之深心, 唯斅文通之僞跡. 昔人睦親, 衣無常主; 整之撫姪, 食有故人. 何其不能折契鍾庾, 而襜帷交質, 人之無情, 一何至此! 實敎義所不容, 紳冕所共棄. 臣等參議,

請以見事免整所除官, 輒勒外收付廷尉法獄治罪. 諸所連逮應洗之源, 委之獄官, 悉以法制從事. 婢采音不款偸車龍牽, 請付獄測實. 其宗長及地界職司, 初無糾擧, 及諸連逮, 請不足申盡. 臣昉云云, 誠惶誠恐以聞.

270-② 五倫十起
조카의 병에 자다가 열 번이나 일어난 제오륜

후한後漢의 제오륜第五倫은 자가 백어伯魚이며 경조京兆 장릉長陵 사람이다. 경조의 주전鑄錢을 감독하는 속관이 되어 장안長安의 시장을 관할하게 되었다. 당시 주전은 간교하게 위조하는 이들이 많아 제오륜은 이를 정확히 재어 평균을 내어 두곡斗斛의 물건값을 바르게 하였다. 이로 인해 시장에는 속임이 없어졌고 백성들도 즐겁게 복종하였다.

그는 매번 임금이 내린 조서詔書를 읽을 때마다 항상 이렇게 탄식하곤 하였다.

"이는 성스러운 군주이시다. 내 한 번만 알현하면 천하 일을 결정해 드릴 수 있을 텐데."

그러자 같은 동료들이 이렇게 비웃었다.

"너는 네가 거느리는 자들도 제대로 설득시키지 못하는데 어찌 만승의 천자를 움직일 수 있다는 것이냐?"

제오륜은 이렇게 말하였다.

"아직 지기知己를 만나지 못하였고, 지향하는 도가 같지 않기 때문이었을 뿐이다."

건무建武, 영평永平 연간에 그는 회계會稽와 촉군蜀郡의 태수를 역임하였다.

숙종肅宗이 등극하여 그를 사공司空으로 발탁하였다. 제오륜은 공무를 받들고 절조를 다하여 자주 임금에게 상서하여 당시의 일을 거론하였는데, 남을 의지하거나 위배함이 없었다. 성격은 질박하고 성실하였으며, 문장도 꾸밈이 없어 그가 재위하는 동안 결백하고 곧은 사람이었다고 칭송을 받았다. 그리하여 당시 사람들은 그를 공우貢禹에 빗대어 높이 여겼다. 그러나 온자蘊藉함이 적고 위의威儀를 갖추지 않아 역시 이 때문에 경박하다는 평을 받았다. 어떤 사람이 그에게 물었다.

"그대는 사사로움을 품은 적은 없습니까?"

그는 이렇게 대답하였다.

"옛날 어떤 사람이 나에게 천리마를 주었지요. 내 비록 받지는 않았지만, 매번 삼공三公을 추천할 때면 마음속에 그를 잊지 않았습니다. 그러나 끝내 그를 등용하지도 않았습니다. 그리고 내 조카가 병이 났을 때 하룻밤에도 10차례나 가서 살펴본 다음 돌아와 편히 잠을 잘 수 있었습니다. 그러나 내 아들이 병이 났을 때에는 비록 제대로 살펴보지는 않았지만 밤새 잠을 이루지는 못하였습니다. 이와 같이 하고서 어찌 사사로움이 없다 하겠습니까?"

그가 병으로 관직에서 물러나자, 나라에서는 2천 석으로써 그의 여생을 편안히 보낼 수 있도록 해 주었다.

後漢, 第五倫字伯魚, 京兆長陵人. 爲京兆督鑄錢掾, 領長安市. 時鑄錢多姦巧, 倫平銓衡, 正斗斛. 市無阿枉, 百姓悅服.

每讀詔書, 常歎息曰:「此聖主也, 一見決矣」

等輩笑之曰:「爾說將尙未下, 安能動萬乘乎?」

倫曰:「未遇知己, 道不同故耳」

建武·永平間, 爲會稽·蜀郡太守.

肅宗初立, 擢司空. 倫奉公盡節, 數上書言事, 無所依違. 性質愨少文采, 在位以貞白稱, 時人方之貢禹. 然少蘊藉, 不修威儀, 亦以此見輕.

或問倫:「有私乎?」

對曰:「昔人有與吾千里馬者. 吾雖不受, 每三公有所選擧, 心亦不能忘, 而亦終不用. 吾兄子病, 一夜十起往, 退而安寢. 吾子有疾, 雖不省視, 而竟夕不眠. 若是者, 豈可謂無私乎?」

病乞罷, 以二千石俸終其身.

【第五倫】자는 伯魚. 후한 때의 인물. 《後漢書》에 전이 있음.
【銓衡】權衡. 輕重을 재는 기구. 관리를 뽑는 일을 말함.
【建武】東漢 光武帝 劉秀의 첫 연호. A.D.25~55년까지 31년간.
【永平】동한 明帝 劉莊 때의 연호. 58~75년까지 18년간.
【肅宗】章帝 劉炟. 후한의 제3대 황제. 明帝 劉莊의 아들. 76~88년까지 재위함.
【設將尚不下】蓋延이라는 사람이 馮翊太守로 법을 어기는 일이 많아 제오륜이 간언을 자주하자, 오히려 앙심을 품고 그를 중용하지 않았던 사실을 말함.
【貢禹】자는 少翁. 서한 시대 인물로 王吉과의 우정으로 널리 알려진 인물. 《漢書》(42)에 기록이 전함. '王貢彈冠'[145] 참조.

참고 및 관련 자료

1. 《後漢書》第五倫
第五倫字伯魚, 京兆長陵人也. 其先齊諸田, 諸田徙園陵者多, 故以次第爲氏. 倫少介然有義行. 王莽末, 盜賊起, 宗族閭里爭往附之. 倫乃依險固築營壁, 有賊, 輒奮厲其衆, 引彊持滿以拒之, 銅馬·赤眉之屬前後數十輩, 皆不能下. 倫始以營長詣郡尹鮮于褒, 褒見而異之, 署爲吏. 後褒坐事左轉高唐令, 臨去, 握倫臂訣曰:「恨相知晚.」倫後爲鄕嗇夫, 平徭賦, 理怨結, 得人歡心. 自以爲久宦不達, 遂將家屬客河東, 變名姓, 自稱王伯齊, 載鹽往來太原·上黨, 所過輒爲糞除而去,

陌上號爲道士, 親友故人莫知其處. 數年, 鮮于褒薦之於京兆尹閻興, 興卽召倫爲主簿. 時長安鑄錢多姦巧, 乃署倫爲督鑄錢掾, 領長安市. 倫平銓衡, 正斗斛, 市無阿枉, 百姓悅服. 每讀詔書, 常歎息曰:「此聖主也, 一見決矣.」等輩笑之曰:「爾說將尙不下, 安能動萬乘乎?」倫曰:「未遇知己, 道不同故耳.」建武二十七年, 擧孝廉, 補淮陽國醫工長, 隨王之國. 光武召見, 甚異之. 二十九年, 從王朝京師, 隨官屬得會見, 帝問以政事, 倫因此酬對政道, 帝大悅. 明日, 復特召入, 與語至夕. 帝戲謂倫曰:「聞卿爲吏篣婦公, 不過從兄飯, 寧有之邪?」倫對曰:「臣三娶妻皆無父. 少遭飢亂, 實不敢妄過人食.」帝大笑. 倫出, 有詔以爲扶夷長, 未到官, 追拜會稽太守. 雖爲二千石, 躬自斬芻養馬, 妻執炊爨. 受俸裁留一月糧, 餘皆賤貿與民之貧羸者. 會稽俗多淫祀, 好卜筮. 民常以牛祭神, 百姓財産以之困匱, 其自食牛肉而不以薦祠者, 發病且死先爲牛鳴, 前後郡將莫敢禁. 倫到官, 移書屬縣, 曉告百姓. 其巫祝有依託鬼神詐怖愚民, 皆案論之. 有妄屠牛者, 吏輒行罰. 民初頗恐懼, 或祝詛妄言, 倫案之愈急, 後遂斷絶, 百姓以安. 永平五年, 坐法徵, 老小攀車叩馬, 號呼相隨, 日裁行數里, 不得前. 倫乃僞止亭舍, 陰乘船去. 衆知, 復追之. 及詣廷尉, 吏民上書守闕者千餘人. 是時顯宗方案梁松事, 亦多爲松訟者. 帝患之, 詔公車諸爲梁氏及會稽太守上書者勿復受. 會帝幸廷尉錄囚徒, 得免歸田里. 身自耕種, 不交通人物. 數歲, 拜爲宕渠令, 顯拔鄕佐玄賀, 賀後爲九江·沛二郡守, 以清絜稱, 所在化行, 終於大司農. 倫在職四年, 遷蜀郡太守. 蜀地肥饒, 人吏富實, 掾史家貲多至千萬, 皆鮮車怒馬, 以財貨自達. 倫悉簡其豐贍者遣還之, 更選孤貧志行之人以處曹任, 於是爭賕抑絶, 文職修理. 所擧吏多至九卿·二千石, 時以爲知人. 視事七歲, 肅宗初立, 擢自遠郡, 代牟融爲司空. 帝以明德太后故, 尊崇舅氏馬廖, 兄弟並居職任. 廖等傾身交結, 冠蓋之士爭赴趣之. 倫以后族過盛, 欲令朝廷抑損其權, 上疏曰:「臣聞忠不隱諱, 直不避害. 不勝愚狷, 昧死自表.《書》曰『臣無作威作福, 其害于而家, 凶于而國.』傳曰『大夫無境外之交, 束脩之饋.』近代光烈皇后, 雖友愛天至, 而卒使陰就歸國, 徙廢陰興賓客; 其後梁·竇之家, 互有非法, 明帝卽位, 竟多誅之. 自是洛中無復權戚, 書記請託一皆斷絶. 又譬諸外戚曰『苦身待士, 不如爲國, 戴盆望天, 事不兩施.』臣常刻著五臟, 書諸紳帶. 而今之議者, 復以馬氏爲言. 竊聞衛尉廖以布三千匹, 城門校尉防以錢三百萬, 私贍三輔衣冠, 知與不知, 莫不畢給. 又聞臘日亦遺其在洛中者錢各五千, 越騎校尉光, 臘用羊三百頭, 米四百斛, 肉五千斤. 臣愚以爲不應經義, 惶恐不敢不以聞. 陛下情欲厚之, 亦宜所以安之. 臣今言此, 誠欲上忠陛下, 下全后家, 裁蒙省察.」及馬防爲車騎將軍, 當出征西羌, 倫又上疏曰:

「臣愚以爲貴戚可封侯以富之,不當職事以任之.何者?繩以法則傷恩,私以親則違憲.伏聞馬防今當西征,臣以太后恩仁,陛下至孝,恐卒有纖介,難爲意愛.聞防請杜篤爲從事中郎,多賜財帛.篤爲鄉里所廢,客居美陽,女弟爲馬氏妻,恃此交通,在所縣令苦其不法,收繫論之.今來防所,議者咸致疑怪,況乃以爲從事,將恐議及朝廷.今宜爲選賢能以輔助之,不可復令防自請人,有損事望.苟有所懷,敢不自聞.」並不見省用.倫雖峭直,然常疾俗吏苛刻.及爲三公,值帝長者,屢有善政,乃上疏襃稱盛美,因以勸成風德,曰:「陛下卽位,躬天然之德,體晏晏之姿,以寬弘臨下,出入四年,前歲誅刺史·二千石貪殘者六人.斯皆明聖所鑒,非羣下所及.然詔書每下寬和而政急不解,務存節儉而奢侈不止者,咎在俗敝,羣下不稱故也.光武承王莽之餘,頗以嚴猛爲政,後代因之,遂成風化.郡國所舉,類多辨職俗吏,殊未有寬博之選以應上求者也.陳留令劉豫,冠軍令駟協,並以刻薄之姿,臨人宰邑,專念掠殺,務爲嚴苦,吏民愁怨,莫不疾之,而今之議者反以爲能,違天心,失經義,誠不可不慎也.非徒應坐豫·協,亦當宜譴舉者.務進仁賢以任時政,不過數人,則風俗自化矣.臣嘗讀書記,知秦以酷急亡國,又目見王莽亦以苛法自滅,故勤勤懇懇,實在於此.又聞諸王主貴戚,驕奢踰制,京師尚然,何以示遠?故曰『其身不正,雖令不(行)[從].』以身教者從,以言教者訟.夫陰陽和歲乃豐,君臣同心化乃成也.其刺史·太守以下,拜除京師及道出洛陽者,宜皆召見,可因博問四方,兼以觀察其人.諸上書言事有不合者,可但報歸田里,不宜過加喜怒,以明在寬.臣愚不足採.」及諸馬得罪歸國,而竇氏始貴,倫復上疏曰:「臣得以空虛之質,當輔弼之任.素性駑怯,位尊爵重,拘迫大義,思自策厲,雖遭百死,不敢擇地,又況親遇危言之世哉!今承百王之敝,人尚文巧,咸趨邪路,莫能守正.伏見虎賁中郎將竇憲,椒房之親,典司禁兵,出入省闥,年盛志美,卑謙樂善,此誠其好士交結之方.然諸出入貴戚者,類多瑕釁禁錮之人,尤少守約安貧之節,士大夫無志之徒更相販賣,雲集其門.衆煦飄山,聚蚊成雷,蓋驕佚所從生也.三輔論議者,至云以貴戚廢錮,當復以貴戚浣濯之,猶解酲當以酒也.詖險趣埶之徒,誠不可親近.臣愚願陛下中宮嚴勅憲等閉門自守,無妄交通士大夫,防其未萌,慮於無形,令憲永保福祿,君臣交歡,無纖介之隙.此臣之至所願也.」倫奉公盡節,言事無所依違.諸子或時諫止,輒叱遣之,吏人奏記及便宜者,亦幷封上,其無私若此.性質慤,少文采,在位以貞白稱,時人方之前朝貢禹.然少蘊藉,不修威儀,亦以此見輕.或問倫曰:「公有私乎?」對曰:「昔人有與吾千里馬者,吾雖不受,每三公有所選舉,心不能忘,而亦終不用也.吾兄子常病,一夜十往,退而安寢;吾子有疾,雖不省視

而竟夕不眠. 若是者, 豈可謂無私乎?」連以老病上疏乞身, 元和三年, 賜策罷, 以二千石奉終其身, 加賜錢五十萬, 公宅一區. 後數年卒, 時年八十餘, 詔賜秘器·衣衾·錢布.

271. 張敞畵眉, 謝鯤折齒

271-① 張敞畵眉
아내의 눈썹을 그려준 장창

전한前漢의 장창張敞은 자가 자고子高이며 평양平陽 사람으로 두릉杜陵으로 옮겨와 살고 있었다. 그가 경조윤京兆尹이 되었을 때 장안長安 시중의 도적들이 점점 많아지고 있었다. 장창은 정사를 잘 살펴 범죄자를 끝까지 다스려 모두 법에 따라 처벌하였다. 그에 따라 범죄가 일어났을 때 두드리는 북소리가 점차 드물게 울리게 되었고, 시중에는 도둑질이나 범죄가 사라지고 말았다.

장창은 본래 《춘추春秋》에 밝아 경술經術로써 자신의 보조를 삼고 있었다. 그의 행정은 자못 유가儒家의 아름다운 덕목을 섞었으며, 어질고 선한 자를 표창하고 드러내었으며, 처벌을 중시하지는 않았다. 이로써 그는 능히 자신을 온전히 보존할 수 있었던 것이다. 그러나 위의威儀는 없었다. 조회가 끝나고 말을 타고 장대章臺의 거리로 달리면서 어사御史로 하여금 몰게 하면서 자신도 곁에서 말에게 채찍을 가하는 식이었다. 또 자신의 부인에게 눈썹을 그려주기도 하였는데, 장안에서는 "경조윤 장창의 마누라 눈썹 그려 달래기"라는 말이 전해질 정도였다. 유사有司가 이러한 일을 임금에게 알리자 선제宣帝가 물었다. 그러자 장창은 이렇게 대답하였다.

"제가 듣기로 규방 안에서 일어나는 일은 부부 사이의 사사로운 것입니다. 따라서 규방에서는 눈썹을 그려주는 일보다 더한 일도 있습니다."

임금은 그가 능히 대답하는 것을 훌륭히 여겨 더 이상 문책하지 않았다. 뒤에 그가 기주자사冀州刺史가 되자 도적이 사라졌으며, 태원太原 군수가 되자 태원군이 맑아졌다.

前漢, 張敞字子高, 平陽人, 徙杜陵. 爲京兆尹, 長安市偸盜尤多. 敞視事, 窮治所犯, 盡行法罰. 枹鼓稀鳴, 市無偸盜. 敞本治春秋, 以經術自輔, 其政頗雜儒雅, 表賢顯善, 不醇用誅罰. 以此能自全. 然無威儀. 罷朝會, 走馬章臺街, 使御史驅, 自以便面拊馬, 又爲婦畫眉. 長安中傳『張京兆眉憮.』

有司以奏, 宣帝問之, 對曰:「臣聞閨房之內夫婦之私, 有過於畫眉者」

上愛其能, 弗備責也. 後爲冀州刺史, 盜賊禁止. 守太原, 太原郡淸.

【張敞】전한 때 인물로 자는 子高. 아내를 지극히 사랑한 고사를 남김.《漢書》에 전이 있음.
【宣帝】西漢 7대 황제. 이름은 劉詢. B.C.73~B.C.49년 재위함. 武帝의 증손자. 衛太子의 손자.
【章臺街】'장대'는 전국시대 陳나라의 咸陽에 세워진 궁전의 이름.
【便面】顔師古의 주에 '위가 넓고 아래가 둥근 부채의 일종으로 얼굴을 가리는 것'이라 함. 屛面이라고도 함.

참고 및 관련 자료

1.《漢書》趙尹韓張兩王傳(張敞)
張敞字子高, 本河東平陽人也. 祖父孺爲上谷太守, 徙茂陵. 敞父福事孝武帝, 官至光祿大夫. 敞後隨宣帝徙杜陵. 敞本以鄕有秩補太守卒史, 察廉爲甘泉倉長, 稍遷太僕丞, 杜延年甚奇之. 會昌邑王徵卽位, 動作不由法度, 敞上書諫曰:「孝昭皇帝蚤崩無嗣, 大臣憂懼, 選賢聖承宗廟, 東迎之日, 唯恐屬車之行遲. 今天子以盛年初卽位, 天下莫不拭目傾耳, 觀化聽風. 國輔大臣未襃, 而昌邑小輦先遷, 此過之大者也.」後十餘日王賀廢, 敞以切諫顯名, 擢爲豫州刺史. 以數上事有忠言, 宣帝徵敞爲太中大夫, 與于定國並平尙書事. 以正違忤大將軍霍光,

而使主兵車出軍省減用度, 復出爲函谷關都尉. 宣帝初卽位, 廢王賀在昌邑, 上心憚之, 徙敞爲山陽太守. 京兆典京師, 長安中浩穰, 於三輔尤爲劇. 郡國二千石以高弟入守, 及爲眞, 久者不過二三年, 近者數月一歲, 輒毁傷失名, 以罪過罷. 唯廣漢及敞爲久任職. 敞爲京兆, 朝廷每有大議, 引古今, 處便宜, 公卿皆服, 天子數從之. 然敞無威儀, 時罷朝會, 過走馬章臺街, 使御吏驅, 自以便面拊馬. 又爲婦畫眉, 長安中傳張京兆眉憮. 有司以奏敞. 上問之, 對曰:「臣聞閨房之內, 夫婦之私, 有過於畫眉者.」上愛其能, 弗備責也. 然終不得大位.

2. 《十八史略》(2)
甘露元年, 公卿奏:「京兆尹張敞渾(惲)之黨友, 不宜處位.」上惜敞材, 寢其奏, 敞使掾絮舜有所案驗, 舜私歸曰:「五日京兆耳, 安能復案事?」敞聞舜語, 卽收繫獄, 竟致其死. 後爲舜家所告, 敞上書從闕下亡命歲餘, 京師枹鼓數警, 上思敞能, 復召用之.

271-② 謝鯤折齒
이웃집 처녀를 희롱하다가 이가 부러진 사곤

《진서晉書》에 실려 있다.
　사곤謝鯤은 자가 유여幼輿이며 진국陳國 양하陽夏 사람이다. 어려서 이미 이름이 알려졌으며 화통하고 간약簡約하여 높은 식견을 가지고 있었고, 위의威儀 따위는 중시하지도 않았다. 동해왕東海王 사마월司馬越이 그를 불러 연掾으로 삼았다. 그러나 방임과 광달을 일삼다가 죄에 걸려 제명되었다. 사곤은 맑은 노래와 거문고 연주에 뛰어났으며, 자질구레한 일에는 신경도 쓰지 않았다. 마침 이웃 고씨高氏 집에 예쁜 딸이 있었다. 사곤이 한 번을 그녀를 집적거리자, 그녀는 베 짜던 북을 집어던져 사곤의 이빨 두 개를 부러뜨리고 말았다. 당시 사람들은 이를 두고 이렇게 말하였다.

"제멋대로 굴기에 끝이 없더니 사곤은 그만 이가 부러지고 말았네."

사곤은 이를 듣고 오연히 길게 휘파람을 불며 말하였다.

"그래도 나의 휘파람 소리를 그만 둘 수 없도다."

뒤에 왕돈王敦의 장사가 되었다. 그가 심부름으로 도읍에 이르렀을 때 그때 명제明帝는 태자 신분으로 동궁東宮에 있어 그곳에서 접견하게 되었는데 서로 심히 중시하였다. 태자가 그에게 물었다.

"논자들은 그대를 유량庾亮에 비교하던데 그대 스스로는 어떻게 여기시오?"

그러자 사곤은 이렇게 대답하였다.

"현단玄端이 위모委帽를 갖추고 묘당廟堂에 나간다면, 백료百寮들로 하여금 법칙을 지키도록 하는 일이라면 제가 유량만 못하지요. 그러나 구학溝壑에 묻혀 자연을 벗삼는 일이라면 제가 그보다 낫지요."

뒤에 그는 예장태수豫章太守 직위로 삶을 마쳤다.

《晉書》: 謝鯤字幼輿, 陳國陽夏人. 少知名, 通簡有高識, 不修威儀. 東海王越辟爲掾. 任達不拘, 坐除名. 鯤淸歌鼓琴, 不以屑意. 隣家高氏女有美色, 鯤嘗挑之, 女投梭, 折其兩齒.

時人爲之語曰:「任達不已, 幼輿折齒.」

鯤聞之, 傲然長嘯曰:「猶不廢我嘯歌.」

後爲王敦長史. 嘗使至都, 明帝在東宮見之, 甚相親重. 問曰:「論者以君方庾亮, 自謂何如?」

答曰:「端委廟堂, 使百寮準則, 鯤不如亮. 一丘一壑, 自謂過之.」

終豫章太守.

【謝鯤】謝琨으로도 표기함. 자는 幼輿(280~322). 謝衡의 아들이며 謝尙의 아버지. 老莊과 《易》에 밝았으며 豫章太守를 지냄. 東海王(司馬越)에게 발탁되어 掾을 거쳐 參軍을 지냄. 뒤에 다시 王敦에게 발탁되었으며 왕돈이 난을 일으키자 이를 극구 간언하였음. 《晉書》(49)에 전이 있음. '謝鯤折齒'[271] 참조.

【司馬越】진나라 八王 중의 東海王 司馬越. 《八王故事》에 "司馬越字元超, 高密王泰次子. 少尙布衣之操, 爲中外所歸. 累遷司空, 太傅"라 함.

【投梭】'梭'는 베틀의 북. 씨올을 넣는 실꾸리.

【王敦】자는 處仲(266~324). 어릴 때는 阿黑이라 부름. 王舍의 아우이며 王導의 종제로 八王之亂 때 공을 세워 散騎常侍, 侍中, 靑州刺史, 鎭東大將軍 등을 지냄. 西晉이 망하자 司馬睿를 옹립하여 황제로 삼음. 뒤에 明帝 때 난을 일으켰다가 軍中에서 죽음. 《晉書》(98)에 전이 있음. '王敦傾室'[152] 참조.

【明帝】晉 明帝. 東晉의 2대 황제. 司馬紹. 元帝 司馬睿의 아들. 323~326년 재위함.

【庾亮】자는 元規(289~340). 蘇峻, 祖約의 난을 평정하였으며 명제 때 王導를 이어 中書監이 됨. 征西大將軍, 荊州刺史 등을 지냄. 청담을 좋아하였으며 老莊에 밝았음. 죽은 후 太尉에 추증되었고 시호는 文康. 《晉書》(73)에 전이 있음.

【端委】禮裝. '端'은 玄端으로 검은색의 예복, '委'는 委貌로 周나라 때 쓰던 冠의 이름.

참고 및 관련 자료

1. 《晉書》(49) 謝鯤傳

謝鯤字幼輿, 陳國陽夏人也. 祖纘, 典農中郞將. 父衡, 以儒素顯, 仕至國子祭酒. 鯤少知名, 通簡有高識, 不修威儀, 好〈老易〉, 能歌善鼓琴, 王衍·嵇紹並奇之. ……太傅東海王越聞其名, 辟爲掾. 任達不拘, 尋坐家僮取官稻除名. ……鯤聞之, 方淸歌鼓琴, 不以屑意, 莫不服其遠暢, 而恬於榮辱. 鄰家高氏女有美色, 鯤嘗挑之, 女投梭, 折其兩齒. 時人爲之語曰:「任達不已, 幼輿折齒」鯤聞之, 傲然長嘯曰:「猶不廢我嘯歌」……左將軍王敦引爲長史, 以討杜弢功封咸亭侯. 母憂

去職, 服闋, 遷敦大將軍長史. ……嘗使至都, 明帝在東宮見之, 甚相親重. 問曰: 「論者以君方庾亮, 自謂何如?」答曰: 「端委廟堂, 使百寮準則, 鯤不如亮. 一丘一壑, 自謂過之.」……尋卒官, 時年四十三. 敦死後, 追贈太常, 諡曰康.

2.《世說新語》賞譽篇

明帝問謝鯤:「君自謂何如庾亮?」答曰:「端委廟堂, 使百僚準則, 臣不如亮; 一丘一壑, 自謂過之.」

3.《晉陽秋》

鯤隨王敦下, 入朝, 見太子於東宮, 語及夕, 太子從容問鯤曰:「論者以君方庾亮, 自謂孰愈?」對曰:「宗廟之美, 百官之富, 臣不如亮; 縱意丘壑, 自謂過之.」

4.《晉紀》鄧粲

鯤與王澄之徒, 慕竹林諸人, 散首披髮, 裸袒箕踞, 謂之八達. 故鄰家之女, 折其兩齒. 世爲謠曰:「任達不已, 幼輿折齒.」鯤有勝情遠槩, 爲朝廷之望, 故時以庾亮方焉.

272. 盛彦感蠐, 姜詩躍鯉

272-① 盛彦感蠐
굼벵이로 인한 효성의 감응을 받은 성언

《진서晉書》에 실려 있다.

성언盛彦은 자가 옹자翁子이며 광릉廣陵 사람이다. 어머니가 병으로 인해 실명하고 말았다. 그러자 성언은 관가의 부름에 응하지 않은 채, 몸소 어머니를 모셔 어머니의 식사는 반드시 스스로 맛을 보고 바쳐 드렸다. 어머니의 병이 오래가면서 비녀婢女들이 자주 매질을 당하였다. 비녀는 분함을 견디지 못하여 성언이 잠시 외출하기를 엿보고는 이에 굼벵이를 잡아 이를 구워 그에게 드렸다. 어머니는 이를 맛보고는 맛이 있다고 여기면서도 한편으로는 이상한 물건이라 의심을 품어 몰래 이를 숨겨두었다가 아들 성언에게 보였다. 성언은 이를 보고 어머니를 껴안고 통곡하였다. 그가 절도한 뒤에 다시 깨어났더니 어머니의 눈이 활연豁然하게 다시 뜨인 것이었다.

그는 오吳나라에 벼슬하여 중서시랑中書侍郎이 되었으며, 진나라가 오나라를 평정한 뒤에는 소중정小中正이 되었다.

《晉書》: 盛彦字翁子, 廣陵人. 母因疾失明. 彦不應辟召, 躬自侍養, 母食必自哺之. 母疾久, 婢使數見捶撻, 婢忿恨, 伺彦暫行, 取蠐蟲炙飴之. 母食以爲美, 然疑其異物, 密藏以示彦. 彦見之, 抱母慟哭, 絶而復蘇, 母目豁然卽開.

仕吳中書侍郎, 吳平爲小中正.

【盛彦】晉나라 때의 효자. 자는 翁子.《晉書》및《搜神記》에 그 일화가 전함.
【蠐螬】굼벵이. 풍뎅이의 애벌레.
【小中正】'中正'은 지방의 인재를 가려내어 천거하는 관리. 大小로 구분되어 있었음.

참고 및 관련 자료

1.《晉書》(88) 孝友傳(盛彦)

盛彦字翁子, 廣陵人也. 少有異才. 年八歲, 詣吳太尉戴昌, 昌贈詩以觀之, 彦於坐答之, 辭甚慷慨. 母王氏因疾失明. 彦每言及, 未嘗不流涕. 於是不應辟召, 躬自侍養, 母食必自哺之. 母旣疾久, 至于婢使數見捶撻. 婢忿恨. 伺彦暫行, 取蠐螬炙飴之. 母食以爲美, 然疑是異物, 密藏以示彦. 彦見之, 抱母慟哭, 絶而復蘇. 母目豁然卽開, 於此遂愈. 母仕吳, 至中書侍郎, 吳平, 陸雲薦之於刺史周浚, 本邑大中正劉頌又擧彦爲小中正, 太康中卒.

2.《搜神記》(11)

盛彦字翁子, 廣陵人. 母王氏, 因疾失明. 彦躬自侍養. 母食, 必自哺之. 母疾旣久, 至於婢使, 數見捶撻. 婢忿恨, 聞彦暫行, 取蠐螬炙飴之. 母食, 以爲美, 然疑是異物, 密藏以示彦. 彦見之, 抱母慟哭, 絶而復蘇. 母目豁然卽開, 於此遂愈.

3. 기타 참고자료

祖台之《志怪》.

272-② 姜詩躍鯉
잉어가 뛰어올라 감응한 강시의 효성

후한後漢의 강시姜詩는 광한廣漢 사람이다. 어머니를 지극히 효성스럽게 모셨으며, 그의 처 방씨龐氏는 더욱 유순하고 돈독하게 받들었다. 그의 어머니는 강수江水 마시기를 좋아하였다. 그 물은 집에서 6, 7리 정도에 있었는데, 그의 처는 항상 물을 거슬러 떠서 길어왔다. 그러던 어느 날 마침 바람을 만나 아내가 제 시간에 돌아오지 않자 어머니는 목이 말라 하였다. 강시는 이 일로 아내를 질책하여 그를 내쫓아 버렸다. 그의 아내는 우선 이웃집에 기거하며, 밤낮으로 길쌈을 하여 그 값으로 진기한 반찬을 사서, 자신이 기식하고 있는 그 이웃집 노모로 하여금 이를 그 노모 자신의 뜻인 양 꾸며, 시어머니에게 갖다 드리도록 하였다. 오래도록 이처럼 하자, 시어머니는 괴이히 여겨 이웃집 노모에게 물었다. 그 노모가 사실대로 모든 것을 일러주자, 시어머니는 감동하면서 한편 부끄럽게 여기며 그를 다시 불러들였다. 이리하여 시어머니의 은정과 며느리의 봉양은 갈수록 깊어갔다.

그런데 이 부부의 아들이 뒤에 멀리 물을 길으러 갔다가 그만 물에 빠져 죽고 말았다. 아내는 시어머니가 애통해할 것을 걱정하여 감히 말을 하지 않고 아들이 멀리 공부를 하러가서 집안에 없는 것이라 둘러대고 말았다.

어머니가 이번에는 잉어회를 좋아하였으며 혼자서 식사를 할 수가 없었다. 이에 부부는 항상 열심히 일하여 함께 잉어회를 마련해 드리면서, 이웃집 노모를 불러 어머니와 함께 식사를 하도록 하였다.

그런데 그 집 곁에 갑자기 샘물이 용솟음쳐 생겨났다. 맛을 보았더니 강수의 물맛과 같았다. 그리고 매일 아침이면 문득 잉어 두 마리가 샘에서 나왔다. 이에 항상 두 노모에게 회를 만들어 올릴 수 있었다.

뒤에 적미병赤眉兵이 흩어져 돌아다니면서 강시가 사는 마을을 지나갈 때에 그들은, 무기를 풀어 아무런 위협도 하지 아니하고 통과하였다.

그러면서 이렇게 말하는 것이었다.

"큰 효도를 가진 자를 놀라게 하면 틀림없이 귀신에게 부딪치는 일을 당하게 될 것이다."

당시 마침 흉년이 들어 적미병 도적들이 강시에게 쌀과 고기를 주었지만, 강시는 이를 받아 땅에 묻어 버리고 말았다. 그 이웃 부락도 강시의 덕을 입어 안전함을 얻을 수 있었다.

영평永平 초에 그는 효렴과孝廉科로 천거되어 낭중郎中을 거처 강양령江陽令에 임명되었다.

後漢, 姜詩廣漢人. 事母至孝, 妻龐奉順尤篤. 母好飲江水, 水去舍六七里, 妻常泝流而汲.

後値風, 不時得還, 母渴. 詩責而遣之. 妻寄止隣舍, 晝夜紡績, 市珍羞, 使隣母以意自遺其姑. 如是者久之, 姑怪問隣母. 隣母具對, 姑感慙呼還, 恩養愈謹.

其子後因遠汲溺死, 妻恐姑哀傷, 不敢言. 而託以行學不在.

姑嗜魚鱠, 又不能獨食, 夫婦常力作供鱠, 呼隣母共之. 舍側忽有湧泉, 味如江水, 每旦輒出雙鯉魚, 常以供二母之膳.

赤眉散賊經詩里, 弛兵而過. 曰:「驚大孝, 必觸鬼神」

時歲荒, 賊乃遺詩米肉, 受而埋之, 比落蒙其安全.

永平初擧孝廉, 拜郎中, 除江陽令.

【姜詩】 후한 때의 인물. 《後漢書》 列女傳 姜詩妻를 볼 것.

【妻龐】 龐盛의 딸.

【泝流】 본문에는 '泝流'로 되어 있으나 이는 '溯流'가 맞음. 흐르는 물을 마주하여 가장 맑은 부분을 뜬다는 뜻. 《韓詩外傳》(1) 「孔子南遊」에 "迎流而挹之"라 하여 흐르는 물을 거꾸로 맞아 긷는 것을 말함.

【赤眉】동한 말 山東 琅琊의 樊崇이 굶주린 백성을 일으켜 泰山 일대에서 난을 일으켰으며, 자신들의 표지로 눈썹을 붉은색을 칠하도록 하여 적미군이라 불렀음.
【比落】'比'는 '근(近)', '落'은 촌락. 이웃 마을들을 말함.
【永平】동한 明帝 劉莊 때의 연호. 58~75년까지 18년간.

참고 및 관련 자료

1. 《後漢書》 列女傳(姜詩妻)
廣漢姜詩妻者, 同郡龐盛之女也. 詩事母至孝, 妻龐奉順尤篤. 母好飮江水, 水去舍六七里. 妻常泝流而汲. 後値風, 不時得還, 母渴. 詩責而遣之. 妻乃寄止隣舍, 晝夜紡績, 市珍羞, 使隣母以意自遺其姑. 如是者久之, 姑怪問隣母. 隣母具對, 姑感慙呼還, 恩養愈謹. 其子後因遠汲溺死, 妻恐姑哀傷, 不敢言. 而託以行學不在. 姑嗜魚鱠, 又不能獨食, 夫婦常力作供鱠, 呼隣母共之. 舍側忽有湧泉, 味如江水, 每旦輒出雙鯉魚, 常以供二母之膳. 赤眉散賊經詩里, 弛兵而過. 曰:「驚大孝, 必觸鬼神」時歲荒, 賊乃遺詩米肉, 受而埋之, 比落蒙其安全. 永平三年, 察孝廉, 顯宗詔曰:「大孝入朝, 凡諸擧者一聽平之.」由是皆拜郞中. 詩尋除江陽令, 卒于家. 所居治, 鄕人爲立祠.

2. 《二十四孝》 湧泉躍鯉
漢, 姜詩, 事母至孝. 妻龐氏, 奉姑尤謹. 母性好飮江水, 妻出汲而奉母. 又嗜魚膾, 夫婦常作之, 召鄰母供食之. 後舍側忽有湧泉, 味如江水. 日躍雙鯉, 時時取以供母. 有詩爲頌. 詩曰:『舍側甘泉出, 朝朝雙鯉漁. 子能恆孝母, 婦亦孝其姑.』

273. 宗資主諾, 成瑨坐嘯

허락을 위주로 하는 종자와
앉아서 휘파람만 부는 성진

후한後漢의 환제桓帝는 감릉甘陵의 주복周福에게 학문을 배웠다. 환제가 즉위하자 주복을 상서尙書로 발탁하였다. 당시 주복과 같은 군 출신의 하남河南 사람 방식房植이 조정에서 명성을 높이고 있었다. 그리하여 고향 사람들은 이들을 위하여 이렇게 노래를 불렀다.

"천하의 바른 잣대 방백무房伯武요, 스승이었다 하여 관직을 얻은 주중진周仲進이로다."

그런데 두 사람의 빈객들은 서로 경쟁이 붙어 상대를 기롱하고 헐뜯었으며, 각기 붕당을 세워 그 틈이 점점 벌어지게 되고 말았다. 이로 말미암아 감릉 땅은 남북으로 편이 갈리고 말았다. 당인黨人에 대한 논의는 이것이 시작이다. 그 뒤 여남태수汝南太守 종자宗資가 공조功曹 범방范滂을 신임하였고, 남양태수南陽太守 성진成瑨 역시 자신의 업무를 공조 잠질岑晊에게 맡기자, 여남과 하남의 두 군에서는 이렇게 동요가 퍼졌다.

"여남태수는 범맹박, 남양의 종자는 그림만 그리면서 뭐든지 허락하네. 남양태수는 잠공효, 홍농 성진은 앉아서 휘파람만 부네."

무릇 붕당 사건은 감릉의 주복, 여남의 종자에서 시작하여 이응李膺과 장검張儉에서 일이 터졌으며, 해내가 그로 인해 도탄에 빠지기를 20여 년, 여러 곳에 그 영향이 만연하였다. 그로 인해 피해를 입은 자들은 모두가 훌륭한 선비들이었다.

본문에서 무백과 중진은 방식과 주복의 자이다.

구본舊本에는 종자宗資를 송자宋資로 표기하였는데 이는 오기이다.

後漢, 桓帝受學於甘陵周福. 及卽位, 擢爲尙書.

時同郡河南房植有名當朝, 鄕人爲之謠曰:『天下規矩房伯武, 因師獲印周仲進.』

二家賓客互相譏揣, 各樹朋徒, 尤隙漸成, 由是甘陵有南北部. 黨人之議自此始矣.

後汝南太守宗資任功曹范滂, 南陽太守成瑨亦委功曹岑晊.

二郡又爲謠曰:『汝南太守范孟博, 南陽宗資主畫諾; 南陽太守岑公孝, 弘農成瑨但坐嘯.』

凡黨事始自甘陵周福·汝南宗資 成於李膺·張儉, 海內塗炭二十餘年, 諸所蔓衍, 皆天下善士.

伯武·仲進皆字也.

舊本: 宗誤作宋.

【桓帝】東漢 제11대 황제. 劉志. 劉翼의 아들이며 147~167년 재위함.
【甘陵】桓帝 때 淸河國을 '감릉'으로 고쳤음.
【周福】자는 仲進. 桓帝의 스승이며 尙書에 오름.
【房植】자는 伯武. 주복과 동향인으로 함께 환제에게 벼슬하고 있었음.
【規矩】'規'는 둥근 원형을 그리는 곱자. '矩'는 방형을 그리는 곱자. '규구'는 方圓을 정확히 그리는 기구라는 뜻에서 法度·規範이라는 뜻이 됨.
【獲印】尙書의 지위에 해당하는 印綬를 차게 되었음을 말함.
【宗資】당시의 汝南太守.
【范滂】자는 孟博(137~069). 동한 汝南人. 효렴으로 천거되어 청조사가 되었으며 워낙 강직하여 그가 군에 들어서면 관리들이 피할 정도였다 함.《後漢書》(67)에 전이 있음. '宗資主諾'[273] 및 '成瑨坐嘯'[273] 참조. 당시 八顧(郭泰·宗慈·巴肅·夏馥·范滂·尹勳·蔡衍·羊陟)의 하나로 黨錮 사건의 주된 인물.
【岑公孝】'공효'는 岑晊(岑映)의 字.
【弘農成瑨】'성진'은 홍농 지방 출신이었음.

【李膺】字는 元禮(110~169). 인물 품평에 가장 뛰어났던 사람. 孔融과의 '小時了了', 그리고 본장의 '登龍門' 등의 고사를 남김. 뒤에 당쟁에 얽혀 자결함. 《後漢書》(67)에 전이 있음. '元禮模楷'[063] 참조.
【張儉】岑晊과 더불어 당시 팔급(八及: 張儉·岑晊·劉表·陳翔·孔昱·范康·檀敷·翟超)의 하나로 불렸음.
【塗炭】'塗'는 泥塗, '炭'은 炭火. 진흙이나 불 속에 있어서 구할 수 없는 상황을 말하며 雙聲疊韻語임.

참고 및 관련 자료

1. 《後漢書》黨錮傳
初, 桓帝爲蠡吾侯, 受學於甘陵周福, 及卽帝位, 擢福爲尙書. 時同郡河南尹房植有名當朝, 鄕人爲之謠曰:「天下規矩房伯武, 因師獲印周仲進.」二家賓客, 互相譏揣, 遂各樹朋徒, 漸成尤隙, 由是甘陵有南北部, 黨人之議, 自此始矣. 後汝南太守宗資任功曹范滂, 南陽太守成瑨亦委功曹岑晊, 二郡又爲謠曰:「汝南太守范孟博, 南陽宗資主畫諾. 南陽太守岑公孝, 弘農成瑨但坐嘯.」因此流言轉入太學, 諸生三萬餘人, 郭林宗·賈偉節爲其冠, 並與李膺·陳蕃·王暢更相襃重. 學中語曰:「天下模楷李元禮, 不畏强禦陳仲擧, 天下俊秀王叔茂.」又渤海公族進階·扶風魏齊卿, 並危言深論, 不隱豪强. 自公卿以下, 莫不畏其貶議, 屣履到門.

2. 《十八史略》(3)
初上爲侯時, 受學於甘陵周福. 及卽位, 擢爲尙書. 時同郡房植有名. 鄕人謠曰:「天下規矩房伯武. 因師獲印周仲進.」二家賓客, 互相譏揣成隙. 由是有甘陵南北部, 黨人之議始此. 汝南太守宗資, 以范滂爲功曹; 南陽太守成瑨, 以岑晊爲功曹, 皆襃善糾違. 滂尤剛勁, 疾惡如讐. 二郡謠曰:「汝南太守孟博, 南陽宗資主畫諾. 南陽太守岑公孝, 弘農成瑨但坐嘯.」

3. 《後漢書》桓帝紀 參照

274. 伯成辭耕, 嚴陵去釣

274-① 伯成辭耕
천하를 사양하고 밭갈이에 열중한 백성자고

《장자莊子》에 실려 있다.
요堯임금이 천하를 다스리면서 백성자고伯成子高를 제후로 삼았다. 요임금이 천하를 순舜에게 주었고, 순임금이 다시 우禹에게 넘기자, 백성자고는 제후의 지위를 사양하고 물러나 농사를 지으며 살았다.

《莊子》曰: 堯治天下, 伯成子高立爲諸侯. 堯授舜, 舜授禹. 伯成子高, 辭爲諸侯而耕.

【堯】고대 五帝의 하나로 唐 땅에 도읍을 정한 부락의 수령.
【伯成】고대 현인. 세상의 맑은 기운이 점차 사라진다고 여겨 제후의 벼슬을 사퇴한 것임.
【舜】虞舜氏. 고대 五帝의 하나이며 虞부락의 수령.
【禹】중국 고대 첫 왕조인 夏나라를 세운 임금.

참고 및 관련 자료

1. 《莊子》天地篇
堯治天下, 伯成子高立爲諸侯. 堯授舜, 舜授禹, 伯成子高辭爲諸侯而耕, 禹往見之. 則耕在野. 禹趨就下風, 立而問焉, 曰:「昔堯治天下, 吾子立爲諸侯. 堯授舜, 舜授予, 而吾子辭爲諸侯而耕, 敢問, 其故何也?」子高曰:「昔堯治天下,

不賞而民勸, 不罰而民畏. 今子賞罰而民且不仁, 德自此衰, 刑自此立, 後世之亂自此始矣. 夫子闔行邪? 无落吾事!」挹挹乎耕而不顧.

2. 《列子》楊朱篇

楊朱曰:「伯成子高不以一毫利物, 舍國而隱耕. 大禹不以一身自利, 一體偏枯. 古之人損一毫利天下不與也, 悉天下奉一身不取也. 人人不損一毫, 人人不利天下, 天下治矣.」禽子問楊朱曰:「去子體之一毛以濟一世, 汝爲之乎?」楊子曰:「世固非一毛之所濟.」禽子曰:「假濟, 爲之乎?」楊子弗應. 禽子出語孟孫陽. 孟孫陽曰:「子不達夫子之心, 吾請言之. 有侵若肌膚獲萬金者, 若爲之乎?」曰:「爲之.」孟孫陽曰:「有斷若一節得一國, 子爲之乎?」禽子默然有閒. 孟孫陽曰:「一毛微於肌膚, 肌膚微於一節, 省矣. 然則積一毛以成肌膚, 積肌膚以成一節. 一毛固一體萬分中之一物, 奈何輕之乎?」禽子曰:「吾不能所以答子. 然則以子之言問老聃關尹, 則子言當矣; 以吾言問大禹墨翟, 則吾言當矣.」孟孫陽因顧與其徒說他事.

3. 《新序》節士篇

堯治天下, 伯成子高爲諸侯焉. 堯授舜, 舜授禹, 伯成子高辭爲諸侯而耕. 禹往見之, 則耕在野, 禹趨就下位而問焉, 曰:「昔者, 堯治天下, 吾子立爲諸侯焉, 堯授舜, 吾子猶存焉. 及吾在位, 子辭諸侯而耕, 何故?」伯成子高曰:「昔堯之治天下, 舉天下而傳之他人, 至無欲也, 擇賢而與之其位, 至公也. 以至無欲至公之行示天下, 故不賞而民勸, 不罰而民畏. 舜亦猶然. 今君賞罰而民欲且多私, 是君之所懷者私也. 百姓知之, 貪爭之端, 自此始矣. 德自此衰, 刑自此繁矣. 吾不忍見, 以是處野也. 今君又何求而見我? 君行矣, 無留吾事.」耕而不顧. 書曰:「旁施象刑維明.」及禹不能. 春秋曰:「五帝不告誓.」信厚也.

4. 《呂氏春秋》長利

堯治天下, 伯成子高立爲諸侯. 堯授舜, 舜授禹, 伯成子高辭諸侯而耕. 禹往見之, 則耕在野. 禹趨就下風而問曰:「堯理天下, 吾子立爲諸侯, 今至於我而辭之, 故何也?」伯成子高曰:「當堯之時, 未賞而民勸, 未罰而民畏, 民不知怨, 不知說, 愉愉其如赤子. 今賞罰甚數, 而民爭利且不服, 德自此衰, 利自此作, 後世之亂自此始. 夫子盍行乎? 無慮吾農事」協而耰, 遂不顧. 夫爲諸侯, 名顯榮, 實佚樂, 繼嗣皆得其澤, 伯成子高不待問而知之, 然而辭爲諸侯者, 以禁後世之亂也.

274-② 嚴陵去釣
황제의 친구로서 멀리 떠나
낚시에만 마음 쏟은 엄릉

후한後漢의 엄광嚴光은 자가 자릉子陵이며 회계會稽 여요餘姚 사람으로 어릴 때 광무제光武帝 유수劉秀와 함께 공부한 인물이다. 광무제가 즉위하자 그는 성명을 바꾸고 은거하여 나타나지 않았다. 광무제는 그의 어짊을 생각하고 각지를 훑어 그를 찾아내도록 하였다. 뒤에 제齊나라에서 이러한 보고가 올라왔다.

"어떤 남자가 있는데 양가죽 외투를 걸치고 못에서 낚시를 하고 있습니다."

광무제는 그가 엄광일 것으로 여겨 이에 안거安車와 현훈玄纁을 갖추어 그를 초빙해 오도록 하였다. 그러나 사신이 세 번을 되돌아오고 나서야 그는 부름에 응하여 궁궐로 왔다. 그리하여 그에게 북군北軍의 관사에 머물도록 하고 침대와 요를 마련해 주고, 태관太官으로 하여금 식사를 올리도록 하였다. 황제가 수레를 타고 그 관사에 행차하자 엄광은 누운 채 일어나지도 않는 것이었다. 황제가 그가 누워 있는 방으로 들어가 엄광의 배를 어루만지자 한참 뒤에 엄광은 눈을 뜨고 뚫어지게 보더니 이렇게 말하는 것이었다.

"옛날 당요唐堯는 덕으로 이름을 날렸소. 그가 천하를 물려주려 하자, 소보巢父는 귀를 씻었다 하오. 선비란 자신의 뜻을 가지고 있으면 그뿐, 어찌 이토록 못살게 구는 거요?"

광무제는 탄식하며 나갔다. 그리고 다시 들어가 옛날 친구로서의 정을 이야기하자, 엄광은 그제야 상대해 주며 여러 날을 함께 보내게 되었다. 그리하여 함께 자게 되었을 때, 엄광이 다리를 황제의 배 위에 올려놓았다. 그러자 이튿날 태사太史가 이렇게 상주하였다.

"객성客星이 임금의 자리를 심히 급하게 덮쳤습니다."

광무제는 웃으며 이렇게 말하였다.

"짐이 옛 친구 자릉子陵과 함께 잠잤을 뿐이라오."

그에게 간의대부諫議大夫를 맡아주기를 청하였지만, 그는 이를 거절하고 부춘산富春山으로 들어가 농사를 지으며 살았다. 뒷사람들은 그가 낚시를 하던 곳을 엄릉뢰嚴陵瀨라 불렀다.

後漢, 嚴光字子陵, 會稽餘姚人, 少與光武同遊學.
光武卽位, 乃變名姓, 隱身不見. 帝思其賢, 乃令以物色訪之.
後齊國上言:「有一男子, 披羊裘釣澤中」
帝疑其光, 乃備安車玄纁聘之, 三反而後至. 舍於北軍, 給牀褥, 太官進膳, 車駕幸其館, 光臥不起, 帝卽臥所, 撫光腹.
良久乃張目, 熟視曰:「昔唐堯著德, 巢父洗耳. 士故有志. 何至相迫乎?」
帝歎息而去. 復引入, 論道舊故, 相對累日.
因共偃臥, 光以足加帝腹上.
明日太史奏:「客星犯帝坐甚急.」
帝笑曰:「朕故人子陵共臥耳.」
除諫議大夫不屈. 乃耕於富春山. 後人名其釣處爲嚴陵瀨焉.

【嚴光】後漢 光武帝 劉秀의 어릴 때 친구. 자는 子陵.《後漢書》逸民傳에 실려 있음.
【光武帝】世祖光武皇帝. 光武帝. A.D.25~57년 재위. 東漢(後漢)의 첫 황제. 劉秀. 자는 文叔. 長沙 定王 劉發의 후손. 漢 景帝가 유발을 낳고, 유발이 春陵節侯 劉買를 낳았으며 뒤에 封地가 南陽 白水鄕으로 옮겨져 그곳을 春陵이라 하고 가문을 이루었음. 그리고 유매의 막내아들이 劉外였으며 그가 劉回를 낳았고, 유회가 南頓令 劉欽을 낳았으며 유흠이 劉秀를 낳았음. 유수는 백수향에 낳아 白水眞人이라 불렸음. 이가 동한을 일으켜 낙양에 도읍하여 유씨 왕조를 이은 것이며 이를 東漢(後漢)이라 부름.

【安車】앉아서 편안하게 탈 수 있는 수레.
【玄纁】검은색과 분홍빛 비단.
【巢父洗耳】許由와 巢父의 고사를 말함.
【客星】보통 때는 나타나지 않는 별, 떠돌이 별로 遊星이나 별똥별.
【帝座】天帝의 운명이 머물러 있다고 여겨진 별. 北極星.
【富春山】杭州 富陽縣에 있음.
【嚴陵瀨】本傳의 주에 "顧野王《輿地志》曰: 七星瀨在桐陽江下, 與嚴陵瀨相接. 有嚴山, 桐廬縣南有嚴子陵漁釣處. 今山邊有石, 平可坐十人, 臨水, 名爲嚴陵釣壇也"라 함.

참고 및 관련 자료

1.《後漢書》逸民傳 嚴光

嚴光字子陵, 一名遵, 會稽餘姚人也. 少有高名, 與光武同遊學. 及光武卽位, 乃變名姓, 隱身不見. 帝思其賢, 乃令以物色訪之. 後齊國上言:「有一男子, 披羊裘釣澤中」帝疑其光, 乃備安車玄纁, 遣使聘之, 三反而後至. 舍於北軍, 給牀褥, 太官朝夕進膳. 司徒侯霸與光素舊, 遣使奉書. 使人因謂光曰:「公聞先生至, 區區欲卽詣造, 迫於典司, 是以不獲. 願因日暮, 自屈語言」光不答, 乃投札與之, 口授曰:「君房足下: 位至鼎足, 甚善. 懷仁輔義天下悅, 阿諛順旨要領絶.」霸得書, 奉奏之. 帝笑曰:「狂奴故態也」車駕卽日幸其館, 光臥不起, 帝卽其臥所, 撫光腹曰:「咄咄子陵, 不可相助爲理邪?」光又眠不應, 良久, 乃張目熟視曰:「昔唐堯著德, 巢父洗耳. 士故有志. 何至相迫乎?」帝曰:「子陵, 我竟不能下汝邪?」於是乘輿歎息而去. 復引光入, 論道舊故, 相對累日. 帝從容問光曰:「朕何如昔時?」對曰:「陛下差增於往」因共偃臥, 光以足加帝腹上. 明日, 太史奏:「客星犯帝坐甚急.」帝笑曰:「朕故人子陵共臥耳.」除諫議大夫, 不屈. 乃耕於富春山. 後人名其釣處爲嚴陵瀨焉. 建武十七年, 復特徵, 不至. 年八十, 終於家. 帝傷惜之, 詔下郡縣賜錢百萬·穀千斛.

2.《十八史略》(3)

處士嚴光, 與上嘗同游學, 物色得之齊國, 披羊裘釣澤中. 徵至, 亦不屈. 上與光同臥, 以足加帝腹. 明日太史奏:「客星犯御座甚急.」上曰:「朕與故人嚴子陵共臥耳.」拜諫議大夫不肯受, 去耕釣, 隱富春山中終. 漢世多淸節士子此始.

275. 董遇三餘, 譙周獨笑

275-① 董遇三餘
세 가지 여유 시간을 가르친 동우

《위략魏略》에 실려 있다.
동우董遇는 자가 계직季直이다. 성품은 바탕이 어눌하나 학문을 좋아하여 형 계중季中과 함께 농사를 짓고 봇짐장수를 하였다. 그러면서도 항상 경서經書를 끼고 한가한 틈을 이용하여 익히고 읽고 하여 명제明帝 때 관직이 대사농大司農에 이르렀다.
처음 동우는 《노자훈주老子訓注》를 지었으며, 또한 《좌씨전左氏傳》에도 능통하였고, 다시 《주묵별이朱墨別異》를 지었다. 사람들이 그를 따라 배우고자 하면 동우는 가르쳐 주기를 거부한 채 이렇게 말하였다.
"반드시 먼저 백 번을 읽어야 한다."
이는 글을 백 번 반복해 읽으면 그 뜻이 저절로 드러남을 말한 것이다. 그러자 그를 따라 배우던 사람은 이렇게 핑계를 대었다.
"괴롭고 더위를 먹어 읽을 시간이 없습니다."
그러자 동우는 이렇게 말하였다.
"의당 삼여三餘를 활용하라. 겨울은 그 해의 남는 시간이며, 밤은 낮의 남는 시간이며, 비 오는 날은 밝은 날의 남는 시간이다."

《魏略》: 董遇字季直. 性質訥好學, 與兄季中耒耜負販. 常挾持經書, 投閑習讀. 明帝時官至大司農.
初遇作《老子訓注》, 又善《左氏傳》, 更爲作《朱墨別異》.

人有從學者, 遇不肯敎云:「必當先讀百遍.」
言讀書百遍而義自見, 從學者云:「苦渴無日.」
遇言:「當以三餘. 冬者歲之餘, 夜者日之餘, 陰雨者時之餘.」

【董遇】자는 季直. 삼국 魏나라 明帝 때 大司農에 오름.《魏志》王肅傳의 주에 실린《魏略》에서 인용한 것임. 한편《文選》(36)〈任彦昇天監三年策秀才文三首〉에 "雖一日萬機, 早朝晏罷, 聽覽之暇, 三餘靡失"라 하여《위략》을 인용하고 있음.

【明帝】魏 明帝 曹叡(206~239). 魏文帝(曹丕)와 甄后 사이에 남. 227년 문제를 이어 제위에 올랐음. 재위 13년(227~239). 시호는 明皇帝.《三國志》(3)에 紀가 있음.

【訓注】읽는 방법과 註解.

【讀書百遍而義自見】"글을 백 번 반복해서 읽으면 뜻이 저절로 드러난다"는 의미임.

【苦渴無日】〈四庫全書〉에는 '苦喝無日'로 되어 있음.

【三餘】본문에서 말한 세 가지 여유. 책을 읽을 수 있는 한가한 때.

참고 및 관련 자료

1.《三國志》(13) 魏書 王肅傳(董遇) 注
《魏略》曰: 遇字季直, 性質訥而好學. 興平中, 關中擾亂, 與兄季仲依將軍段煨. 采穭負販, 而常挾持經書, 投閒習讀. 其兄笑之而遇不改. 及建安初, 王綱小設, 郡擧孝廉, 稍遷黃門侍郎. 是時, 漢帝委政太祖, 遇旦夕侍講, 爲天子所愛信. 至二十二年, 許中百官矯制, 遇雖不與謀, 猶被錄詣鄴, 轉爲冗散. 常從太祖西征, 道由孟津, 過弘農王冢. 太祖疑欲謁, 顧問左右, 左右莫對, 遇乃越第進曰:「春秋之義, 國君即位未踰年而卒, 未成爲君. 弘農王即阼既淺, 又爲暴臣所制, 降在藩國, 不應謁.」太祖乃過. 黃初中, 出爲郡守. 明帝時, 入爲侍中·大司農. 數年, 病亡. 初, 遇善治《老子》, 爲《老子》作訓注. 又善《左氏傳》, 更爲作朱墨別異. 人有從學者, 遇不肯敎, 而云「必當先讀百徧」. 言「讀書百徧而義自見」.

從學者云:「苦渴無日」遇言「當以三餘」. 或問三餘之意, 遇言「冬者歲之餘, 夜者日之餘, 陰雨者時之餘也」. 由是諸生少從遇學, 無傳其朱墨者.

2.《幼學瓊林》(118)

月有三浣: 初旬十日爲上浣, 中旬十日爲中浣, 下旬十日爲下浣; 學足三餘: 夜者日之餘, 冬者歲之餘, 雨者晴之餘.

3.《文選》(36)〈任彥昇天監三年策秀才文三首〉「三餘靡失」注

《魏略》曰: 董遇, 字季眞, 善《左氏傳》. 從學者云:「若渴無日」遇言:「當以三餘.」 或問三餘之意, 遇言:「冬者歲之餘, 夜與陰者日之餘, 雨者月之餘.」

275-② 譙周獨笑
홀로 미소지은 초주

《촉지蜀志》에 실려 있다.

초주譙周는 자가 윤남允南이며 파서巴西 서충국西充國 사람이다. 고전을 탐독하여 독실한 학문을 이루었다. 집이 가난하였지만 일찍이 집안 살림에 대해서는 물어본 적도 없었다. 전적을 외우고 읽으며 흔연히 홀로 웃으면서 잠도 식사도 잊을 정도였다. 육경六經을 깊이 연구하였으며, 특히 편지글에 뛰어난 솜씨를 보였고, 자못 천문에도 밝았다. 광록대부光祿大夫에 올랐는데 그 지위의 구경九卿에 버금가는 위치였다. 위魏나라 대장군大將軍 등애鄧艾가 음평陰平으로 밀고 들어오자, 촉蜀의 후주後主 유선劉禪은 여러 신하들과 하여금 대책을 논의토록 하였으나, 좋은 계책을 내어놓지 못하는 것이었다. 혹자는 "촉은 오吳나라와 본래 화친을 맺고 있으니 오나라로 도망함이 마땅하다"고 여겼고, 혹자는 "남쪽의 7개 군은 지형이 험하고 막혀 외부와 끊어져 있어 쉽게 지켜낼 수 있으니 의당 남쪽으로 피신하여야 한다"고도 하였다. 그러나 초주만은 "자고로 다른 나라에 몸을 기탁하고 천자가 된 자는 없다"고 여겨 이에 글을 올려 간언하였다. 그리하여 드디어 초주의 책략을 써서 유씨劉氏는 근심이 없게 되었으며, 온 나라가 초주의 모책에 의해 안전함을 얻을 수 있었던 것이다.

당시 진문왕晉文王 사마소司馬昭가 위나라 상국相國이었는데, 초주가 나라를 안전하게 지켜낸 공이 있다고 여겨 그를 양성정후陽城亭侯에 봉하였다. 그리고 진나라가 드디어 천자의 지위를 이어받게 되자, 그를 산기상시除散騎常侍로 발탁하였으나 그는 이를 수락하지 않았다.

《蜀志》: 譙周字允南, 巴西西充國人. 耽古篤學, 家貧未嘗問產業, 誦讀典籍, 欣然獨笑, 以忘寢食. 研精六經, 尤善書札, 頗曉天文, 遷光祿大夫, 位亞九列. 及魏大將軍鄧艾入陰平, 後主使群臣會議, 計無所出.

或以爲:「蜀與吳本爲和國, 宜可奔吳」; 或以爲:「南中七郡阻險斗絕, 易以自守, 宜可奔南」唯周以爲:「自古無寄他國爲天子者」乃上疏諫, 遂從周策.

劉氏無虞, 一邦蒙賴周之謀也.

時晉文王爲魏相國, 以爲周有全國之功, 封陽城亭侯. 晉室踐祚, 除散騎常侍, 不拜.

【譙周】 삼국시대 蜀나라 사람으로 자는 允南. 經學에 밝았으며 後主 劉禪을 보필함.
【六經】《詩》·《書》·《禮》·《樂》·《易經》·《春秋》. 후에 《樂》이 없어져 한나라 때는 '五經'이라 하였음.

【書札】다른 판본에는 '書禮'라고 되어 있으며 이 경우《書經》과《禮記》를 줄여서 합하여 칭한 것.

【鄧艾】자는 士載(197~264). 삼국시대 魏人. 鎭西將軍. 鄧侯에 봉해졌으며 蜀을 벌할 때 成都에 들어가 劉禪을 항복시킴. 뒤에 鍾會의 무고로 衛瓘에게 살해됨.《三國志》(28)에 전이 있음. '鄧艾大志'[109] 참조.

【後主】劉禪. 삼국 蜀의 제2대 황제. 後主라 칭함. 劉備의 아들이며 諸葛亮의 도움을 받았으나 나라가 망하고 말았음. 223~263년 재위함.

【七郡】蒼梧·鬱林·合浦·文趾·九眞·南海·日南.

【劉氏】蜀나라 왕실인 劉氏.

【晉文王】司馬昭. 晉文王, 晉文帝. 晉宣帝의 둘째 아들이며 이름은 昭, 자는 子上. 晉武帝 司馬炎이 진나라를 세우고 나서 文帝로 추존함.《晉書》(2)에 紀가 있음.

참고 및 관련 자료

1.《三國志》(42) 蜀書 譙周傳

譙周字允南, 巴西西充國人也. ……周幼孤, 與母兄同居. 旣長, 耽古篤學, 家貧未嘗問產業, 誦讀典籍, 欣然獨笑, 以忘寢食. 研精六經, 尤善書札, 頗曉天文, 而不以留意. ……遷光祿大夫, 位亞九列. 周雖不與政事, 以儒行見禮, 時訪大議, 輒據經以對, 而後生好事者亦咨問所疑焉. 六年秋, 爲散騎常侍, 疾篤不拜, 至冬卒.

276. 將閭仰天, 王淩呼廟

276-① 將閭仰天
하늘을 우러러 울음을 터뜨린 장려

《사기史記》에 실려 있다.

진秦 공자公子 장려將閭는 형제가 셋이었다. 이세二世 호해胡亥는 조고趙高의 모략을 믿고, 이들을 내궁內宮에 가두고 그들의 죄를 논하면서 사람을 장려에게 보내어 이렇게 말하도록 하였다.

"너희 공자들은 신하의 임무를 다하지 아니하니, 그 죄는 사형에 해당한다. 관리가 법대로 집행할 것이다."

그러자 장려가 물었다.

"대궐에서 지켜야 할 예를 우리는 감히 빈찬賓贊의 지시를 따르지 않은 적이 없다. 그런가 하면 낭묘廊廟에서의 위계도 우리는 감히 그 예절을 잃은 적이 없다. 명령을 받으면 그에 맞게 응하여 일찍이 단 한 번 말에 실수를 저지른 적도 없다. 그런데 무엇을 일러 신하의 도리를 다하지 아니하였다는 것이냐? 원하건대 무슨 죄인지 알고나 죽자."

심부름 온 자가 말하였다.

"저는 그러한 논의에 참여하는 자가 아니며, 그저 조서를 받들고 시키는 대로 할 뿐입니다."

장려는 하늘을 우러러 세 번 울부짖었다.

"하늘이시여! 우리는 죄가 없습니다."

형제 세 사람은 모두 눈물을 흘리면서 칼을 뽑아 자살하고 말았다.

《史記》: 秦公子將閭昆弟三人. 二世胡亥信趙高之謀, 囚於內宮, 議其罪使使令將閭曰:「公子不臣, 罪當死, 吏致法焉.」

將閭曰:「闕廷之禮, 吾未嘗敢不從賓贊也. 廊廟之位, 吾未嘗敢失節也. 受命應對, 吾未嘗敢失辭也. 何謂不臣? 願聞罪而死.」

使者曰:「臣不得與謀, 奉書從事.」

將閭仰天大呼天者三. 曰:「天乎! 吾無罪.」

昆弟三人, 皆流涕, 拔劍自殺.

【將閭】秦나라의 공자.《史記》始皇本紀 참조.
【胡亥】秦始皇의 둘째 아들로 형 扶蘇가 趙高의 책략에 의해 자결하자 제위에 올랐으며 帝號를 二世로 함. B.C.209~B.C.207년 재위함. 진나라가 망해 가자 조고는 이세를 자살토록 하고 부소의 아들 子嬰을 세웠으나, 劉邦이 咸陽에 입성하자 자영은 조고를 죽인 다음, 흰 수레를 타고 항복하여 진나라가 망함.
【趙高】秦나라의 宦官. 진시황이 죽자 조서를 날조하여 부소를 죽음에 몰아넣고 二世 胡亥를 세워 승상이 됨. 이세에게 사슴을 바쳐 말이라고 하여 指鹿爲馬의 고사를 남겼으며, 劉邦의 군대가 關中으로 들어오자 胡亥를 죽이고 子嬰을 세웠으나 결국 자영에게 죽음을 당하고 말았음.

참고 및 관련 자료

1.《史記》始皇本紀
於是二世乃遵用趙高, 申法令. 乃陰與趙高謀曰:「大臣不服, 官吏尙彊, 及諸公子必與我爭, 爲之奈何?」高曰:「臣固願言而未敢也. 先帝之大臣, 皆天下累世名貴人也, 積功勞世以相傳久矣. 今高素小賤, 陛下幸稱擧, 令在上位, 管中事. 大臣鞅鞅, 特以貌從臣, 其心實不服. 今上出, 不因此時案郡縣守尉有罪者誅之, 上以振威天下, 下以除去上生平所不可者. 今時不師文而決於武力, 願陛下遂從時毋疑, 卽群臣不及謀. 明主收擧餘民, 賤者貴之, 貧者富之, 遠者近之, 則上下集而國安矣.」二世曰:「善.」乃行誅大臣及諸公子, 以罪過連逮少近官三郎,

無得立者, 而六公子戮死於杜. 公子將閭昆弟三人囚於內宮, 議其罪獨後. 二世使使令將閭曰:「公子不臣, 罪當死, 吏致法焉.」將閭曰:「闕廷之禮, 吾未嘗敢不從賓贊也; 廊廟之位, 吾未嘗敢失節也; 受命應對, 吾未嘗敢失辭也. 何謂不臣? 願聞罪而死.」使者曰:「臣不得與謀, 奉書從事.」將閭乃仰天大呼天者三, 曰:「天乎! 吾無罪!」昆弟三人皆流涕拔劍自殺. 宗室振恐. 群臣諫者以爲誹謗, 大吏持祿取容, 黔首振恐.

276-② 王凌呼廟
사당을 향해 울부짖은 왕릉

《위지魏志》에 실려 있다.

왕릉王凌은 자가 언운彥雲이며 태원太原 기현祁玄 사람이다. 정동장군征東將軍, 도독양주제군사都督揚州諸軍事를 역임하였으며, 여러 관직을 거쳐 태위太尉에 올라 부절符節과 부월斧鉞을 받아 임금 대신 권력을 휘둘렀다. 그는 제왕齊王 조방曹芳을 폐위하고, 초왕楚王 조표曹彪를 옹립하는 모의를 획책하였다. 그리하여 가평嘉平 3년 왕릉은 거짓말을 꾸며 이렇게 말하였다.

"오吳나라 군사가 도수涂水를 막고 있으니 청컨대 군사를 일으켜 이를 토벌해야 합니다."

그러자 사마선왕司馬宣王이 그의 계략을 알아차리고 허락하지 아니한 채, 스스로 중군中軍을 인솔하고 배를 띄워 감성甘城에 도착하여 임금을 호위하였다. 왕릉은 계책을 세우지 못한 채 무구武丘에서 이들을 맞아 사마선왕에게, 자신의 손을 뒤로 묶고 얼굴을 내민 채 물가에 이르러 이렇게 말하였다.

"나 왕릉에게 죄가 있다면 공께서는 그저 편지 하나 꺾어 부르시면 되었을 텐데 어찌 수고롭게 스스로 이곳까지 오셨습니까?"

그러자 사마선왕은 이렇게 말하였다.

"그대는 편지 한 통 꺾어서 부를 수 있는 손님이 아니기 때문일 뿐이다."

그리고 즉시 왕릉을 수도로 압송하였다. 가는 길에 가규賈逵의 사당을 지나게 되자, 왕릉은 사당을 향해 이렇게 소리질렀다.

"가량도賈梁道여! 왕릉은 위대한 위나라의 충신임을 오직 그대만은 신령이 있다면 알아주실 것이다."

그리하여 항項 땅에 이르렀을 때 짐독鴆毒을 받아 하늘을 쳐다보며 죽었다. 그 해 6월 사마선왕이 병이 들었다. 그런데 꿈에 왕릉과 가규를 본 것이 빌미가 되어 그만 죽음을 맞이하고 말았다.

《魏志》: 王凌字彦雲, 太原祁人. 爲征東將軍·都督揚州諸軍事. 累遷太尉假節鉞, 謀廢齊王立楚王彪.

嘉平三年凌詐言, 吳人塞涂水, 請發兵以討之.

司馬宣王知其計不聽. 自帥中軍, 汎舟到甘城.

凌計無所出, 乃迎于武丘, 面縛水次曰:「凌若有罪, 公當折簡召凌, 何苦自來邪?」

宣王曰:「以君非折簡之客故耳.」

卽以凌歸于京師. 道經賈逵廟, 凌呼曰:「賈梁道! 王凌是大魏忠臣, 唯爾有神知之.」

至項仰鴆而死. 六月宣王疾, 夢凌·逵爲祟, 遂薨.

【王凌】삼국시대 위나라 인물. 자는 彦陵.
【都督】州郡의 軍政을 통솔하는 장관.

【假節鉞】적군 토벌에 나아갈 때 천자가 장군에게 주는 도끼. '假'는 천자의 권위를 위임받아 대신하여 전권을 행사함을 말함.

【曹芳】魏 明帝(曹叡)의 養子이며 위나라 제3대 임금. 폐위되어 廟號가 없이 '齊王'으로 불렸으며 240~254년 재위함.

【嘉平三年】《魏志》에 "三年春, 吳賊塞涂水. 凌欲因比發, 大嚴者軍, 表求討賊. 詔報不聽. 凌陰謀滋甚, 遣將軍楊弘以廢立之事, 告兗州刺史黃華. 華弘連名以白太傅司馬宣王. 宣王將中軍, 乖水道討凌"이라 함.

【晉宣皇帝】宣帝 司馬懿(179~251). 자는 仲達. 溫縣人. 司馬師와 司馬昭의 아버지이며 司馬炎(西晉의 첫 황제 晉武帝. 265~290 재위)의 할아버지. 曹操가 승상이 되자 그의 掾이 되었다가 능력을 인정받아 尚書를 거쳐 撫軍에 올라 蜀漢을 막음. 뒤에 大將軍 曹爽과 함께 漢나라 정권을 휘둘렀으며 諡號는 文으로 하였다가 다시 宣文이라 하였으며 魏 元帝(陳留王) 때 宣王으로 부름. 司馬炎이 魏나라를 이어받고 황제가 되어 宣帝라 추존하였음. 《晉書》(1)에 紀가 있음.

【面縛】양손을 뒤로 돌려 묶고 얼굴을 앞으로 보임.

【折簡】半簡. 竹札의 반. 한 통의 편지라는 뜻.

【賈逵】한말의 학자이며 행정가. 字는 景伯. 魏나라에 이르러 정치에 참여하기도 하였음. 운하를 만들어 水利를 도모하고, 吳나라에 대하여 방비를 엄하게 한 인물. 그의 아들 賈充의 딸은 晉 惠帝의 皇后가 되었음.

【祟】재앙이나 죽음의 빌미. 불행이 닥칠 때 그 원인이 되는 금기 사항.

참고 및 관련 자료

1. 《三國志》(28) 魏書 王凌傳

王凌字彦雲, 太原祁人也. ……正始初, 爲征東將軍, 加節都督揚州諸軍事. ……三年春, 吳賊塞涂水. 凌欲因此發, 大嚴諸軍, 表求討賊; 詔報不聽. ……軍到丘頭, 凌面縛水次. 宣王承詔遣主簿解縛反服, 見凌, 慰勞之, 還印綬節鉞, 遣步騎六百人送還京都. 凌至項, 飲藥死.

277. 二疏散金, 陸賈分橐

277-① 二疏散金
하사금을 모두 흩어 써버린 소광과 소수

　전한前漢의 소광疏廣은 자가 중옹仲翁이며 동해東海 난릉蘭陵 사람이다. 그의 형의 아들, 즉 조카 소수疏受는 자를 공자公子라 하였다. 선제宣帝 때 소광은 태자태부太子太傅가 되었고, 조카 소수는 태자소부太子少傅가 되었다. 태자가 매번 조회에 나갈 때면 그들을 함께 모시고 임금을 알현하였는데 태부가 앞서고 소부가 그 뒤를 따랐다. 이렇게 숙부와 조카가 함께 태자의 사부師傅가 되어 조정에서는 이를 영예로운 일로 여겼다. 뒤에 소광이 소수에게 이렇게 말하였다.
　"내 듣기로 족함을 알면 치욕이 없고, 그칠 줄을 알면 위험함이 없으니 공이 이루어지면 몸이 물러나야 하는 것은 하늘의 도라 하였다. 어찌 지금쯤 늙었음을 이유로 고향에 돌아가 천수의 수명을 마치지 않으랴?"
　숙부와 조카는 드디어 사직을 요청하였고 허락을 얻어내었다. 그리하여 황제는 황금 20근을 하사하였고, 태자는 50근을 증송하였다. 그리고 공경대부公卿大夫들과 친구들, 고향 사람들은 그를 위해 환송의 조도祖道를 설치하여 동도문東都門 밖에 장막을 치고 송별연을 열었으며, 환송하러 나온 수레가 수백 량에 이르렀다. 이윽고 고향으로 돌아오자 그는 날마다 술과 음식을 마련하여 친척과 옛 친구들을 빈객으로 초청하여 서로 즐거움을 나누었으며, 그때마다 문득 임금과 태자로부터 받은 금을 팔아 그 비용을 충당하였다. 혹자가 전택을 사서 자손에게 물려줄 것을 권하자 소광은 이렇게 말하였다.
　"내 보기로 이미 전답과 집은 있으니 자손들로 하여금 그 속에서 부지런히 힘쓰도록 권하면 의식은 족히 해결할 수 있을 것이라 여기오. 이 금은 성주

聖主께서 이 늙은 몸을 보양하도록 은혜를 내린 것이오. 그러므로 향당의 종족과 함께 그 내려주신 것을 즐겨 쓰면서 내 남은 생애를 다하면 그뿐이오."
  친족들은 모두 즐거워하며 감복하였고, 두 사람 모두 천수를 누리고 삶을 마쳤다.

  前漢, 疏廣字仲翁, 東海蘭陵人, 兄子受字公子. 宣帝時, 廣爲太子太傅, 受爲少傅, 太子每朝, 因進見. 太傅在前, 少傅在後. 父子並爲師傅, 朝廷以爲榮.
  後廣謂受曰:「吾聞知足不辱, 知止不殆, 功成身退天之道也. 豈如歸老故鄕, 以壽命終?」
  父子遂乞骸骨, 許之, 上賜黃金二十斤, 太子贈五十斤. 公卿大夫故人邑子設祖道, 供張東都門外, 送者車數百兩. 旣歸鄕里, 日具酒食, 請族人故舊賓客, 相與娛樂, 輒賣金以供具.
  或勸買田宅, 廣曰:「吾顧自有舊田廬. 令子孫勤力其中, 足以供衣食. 此金聖主所以惠養老臣也. 故樂與鄕黨宗族共饗其賜, 以盡吾餘日.」
  族人悅服, 皆以壽終.

【二疏】疏廣(疎廣)과 疏受(疎受). 삼촌과 조카 사이임.
【宣帝】西漢 7대 황제. 이름은 劉詢. B.C.73~B.C.49년 재위함. 武帝의 증손자. 戾太子의 손자.
【父子】숙부와 조카의 사이는 부자와 같기 때문에 이렇게 기록한 것임.
【祖道】道祖神에게 제사를 지냄. 祖餞과 같음. 餞別式. 고대 黃帝의 아들 유조(纍祖)가 먼 길을 떠나 도중에 죽자 사람들이 그를 '路神'으로 여겨 길 떠나는 자를 보호해 달라는 뜻으로 제를 올리기 시작한 것에서 유래되었다 함. (《四民月令》)
【賣金】황금을 달아서 팔아 돈으로 바꿈.
【饗】'享'과 같음. '享受하다, 삶을 누리다'의 뜻.

> 참고 및 관련 자료

1. 《漢書》雋疏于薛平彭傳(疏廣)

疏廣字仲翁, 東海蘭陵人也. 少好學, 明《春秋》, 家居教授, 學者自遠方至. 徵爲博士太中大夫. 地節三年, 立皇太子, 選丙吉爲太傅, 廣爲少傅. 數月, 吉遷御史大夫, 廣徙爲太傅, 廣兄子受字公子, 亦以賢良擧爲太子家令. 受好禮恭謹, 敏而有辭. 宣帝幸太子宮, 受迎謁應對, 及置酒宴, 奉觴上壽, 辭禮閑雅, 上甚讙說. 頃之, 拜受爲少傅. 太子外祖父特進平恩侯許伯以爲太子少, 白使其弟中郞將舜監護太子家. 上以問廣, 廣對曰:「太子國儲副君, 師友必於天下英俊, 不宜獨親外家許氏. 且太子自有太傅少傅, 官屬已備, 今復使舜護太子家, 視陋, 非所以廣太子德於天下也.」上善其言, 以語丞相魏相, 相免冠謝曰:「此非臣等所能及.」廣繇是見器重, 數受賞賜. 太子每朝, 因進見, 太傅在前, 少傅在後. 父子並爲師傅, 朝廷以爲榮. 在位五歲, 皇太子年十二, 通《論語》·《孝經》. 廣謂受曰:「吾聞『知足不辱, 知止不殆』, 『功遂身退, 天之道』也. 今仕(宦)[官]至二千石, 宦成名立, 如此不去, 懼有後悔, 豈如父子相隨出關, 歸我故鄕, 以壽命終, 不亦善乎?」受叩頭曰:「從大人議.」卽日父子俱移病. 滿三月賜告, 廣遂稱篤, 上疏乞骸骨. 上以其年篤老, 皆許之, 加賜黃金二十斤, 皇太子贈以五十斤. 公卿大夫故人邑子設祖道, 供張東都門外, 送者車數百兩, 辭決而去. 及道路觀者皆曰:「賢哉二大夫!」或歎息爲之下泣. 廣旣歸鄕里, 日令家共具設酒食, 請族人故舊賓客, 與相娛樂. 數問其家金餘尙有幾所, 趣賣以共具. 居歲餘, 廣子孫竊謂其昆弟老人廣所信愛者曰:「子孫幾及君時頗立産業基阯, 今日飮食(廢)[費]且盡. 宜從丈人所, 勸說君買田宅.」老人卽以閒暇時爲廣言此計, 廣曰:「吾豈老悖不念子孫哉? 顧自有舊田廬, 令子孫勤力其中, 足以共衣食, 與凡人齊. 今復增益之以爲贏餘, 但敎子孫怠惰耳. 賢而多財, 則損其志; 愚而多財, 則益其過. 且夫富者, 衆人之怨也; 吾旣亡以敎化子孫, 不欲益其過而生怨. 又此金者, 聖主所以惠養老臣也, 故樂與鄕黨宗族共饗其賜, 以盡吾餘日, 不亦可乎!」於是族人說服. 皆以壽終.

2. 《陶淵明集》集聖賢羣輔錄(上)

太子太傅疏廣字重翁. 太子少傅疏受字公子. 右二疏, 東海人. 宣帝時並爲太子師傅; 每朝, 太傅在前, 少傅在後. 朝廷以爲榮. 授太子論語·孝經, 各以老疾告退. 時人謂之二疏. 見《漢書》.

3. 《小學》善行篇「實明倫」

疏廣爲太子太傅, 上疏乞骸骨, 加賜黃金二千斤, 太子贈五十斤. 歸鄕里, 日令家

供具設酒食, 請族人故舊賓客, 相與娛樂, 數問其家, 金餘, 尙有幾斤, 趣賣以供具. 居歲餘, 廣子孫, 竊謂其昆弟老人, 廣所信愛者, 曰:「子孫冀及君時, 頗立産業基址, 今日飮食費且盡, 宜從丈人所, 勸說君, 置田宅.」老人卽以閑暇時, 爲廣言此計. 廣曰:「吾豈老悖, 不念子孫哉! 顧自有舊田廬, 令子孫勤力其中, 足以共衣食, 與凡人齊. 今復增益之, 以爲贏餘, 但敎子孫怠惰耳. 賢而多財則損其志, 愚而多財則益其過. 且夫富者, 衆之怨也. 吾旣無以敎化子孫, 不欲益其過而生怨. 又此金者, 聖主所以惠養老臣也. 故樂與鄕黨宗親, 共享其賜, 以盡吾餘日, 不亦可乎?」

4. 《十八史略》(2)

三年, 太子太傅疏廣, 與兄子太子少傅疏受, 上疏乞骸骨. 許之, 加賜黃金. 公卿故人, 設祖道, 供張東門外. 送者車數百兩, 道路觀者皆曰:「賢哉! 二大夫.」旣歸, 日賣金共具, 請族人故舊賓客, 相與娛樂, 不爲子孫立産業, 曰:「賢而多財, 則損其志; 愚而多財, 則益其過. 且夫富者, 衆之怨也. 吾不欲益其過而生怨.」

5. 《老子》44장

知足不辱, 知止不殆, 可以長久.

277-② 陸賈分橐
천금의 주머니를 아들에게 나누어 준 육가

전한前漢의 육가陸賈는 초楚나라 사람으로 구변이 좋았다. 당시 중국이 비로소 안정을 찾았는데 위타尉佗가 남월南越을 평정하고 자신이 왕이 되었다. 고조高祖 유방이 위타를 남월왕南越王으로 인정하는 도장을 가지고 육가를 사신으로 보냈다. 육가가 남월에 이르자, 위타는 머리에 상투를 틀고 거만하게 걸터앉아 육가를 맞이하는 것이었다. 육가가 위타를 설득하자 위타는 벌떡 일어나 육가에게 사죄하고는 그를 몇 달 동안 머물게 하면서 술로써 대접하고 자루에 천금에 해당하는 예물을 담아 내려주었으며, 그 외에도 천금을 따로 보내 주었다. 육가는 위타로 하여금 한나라에게 신하를 칭하겠다는 약속을 하도록 하고 돌아와 보고하였다.

고조는 크게 즐거워하며 그를 태중대부太中大夫로 삼았다.

그는 효혜제孝惠帝 때 병으로 사직을 하였다. 그는 호치현好時縣의 좋은 전지를 구입하여 그리로 이사하였다. 그에게는 아들이 다섯 있었다. 이에 옛날 자루에 담아온 천금의 예물을 팔아 아들에게 나누어 주었는데 각기 2백금씩이었으며 자신은 생업에 종사하지 않았다.

그는 항상 네 필 말이 끄는 안거安車를 타고 노래와 음악, 거문고를 타는 시종 열 명을 데리고 다녔다. 그에게는 1백금의 값이 나가는 보검寶劍이 하나 있었다. 그는 아들들에게 이렇게 말하였다.

"너희들과 약속한다. 너희들 사는 집을 들르게 되면 너희들은 내가 데리고 간 말과 사람들에게 술과 음식을 마련하라. 길어야 열흘씩 머물다가 다른 아들집으로 갈 것이다. 그렇게 돌다가 내가 죽는 집에 이 보검을 주겠다."

뒤에 그는 진평陳平을 위해 몇 가지 일을 기획해 주었다. 진평은 그의 계책을 사용하고 그 고마움으로 노비 백 명과 거마 50승, 그리고 5백만 전을 육가에게 주어 음식비로 사용토록 하였다. 육가는 이 돈으로 한나라 조정의 공경들 사이를 다니며 놀아 그 명성이 자자하였다. 여씨呂氏 일족을 주살하고 효문제孝文帝를 옹립할 때도 육가의 힘은 자못 컸다. 그는 천수를 다하고 생을 마쳤다.

前漢, 陸賈楚人, 有口辯. 時中國初定, 尉佗平南越, 因王之. 高祖使賈賜佗印爲南越王. 賈至, 尉佗魋結箕踞見賈. 賈因說佗, 佗蹶然起謝賈, 留與飮數月, 賜賈橐中裝直千金, 他送亦千金. 賈令佗稱臣奉漢約, 歸報. 高帝大說, 拜太中大夫.

孝惠時病免. 以好時田地善往家焉. 有五男, 乃出橐中裝賣千金, 分其子. 子二百金, 不爲生產. 賈常乘安車駟馬, 從歌鼓琴侍者十人.

寶劍直百金, 謂其子曰:「與女約. 過女, 女給人馬酒食. 極欲十日而更, 所死家得寶劍.」

後爲陳平畫數事. 平用其計, 乃以奴婢百人, 車馬五十乘, 錢五百萬遺賈, 爲食飮費. 賈以此遊漢廷公卿間, 名聲藉甚. 及誅呂氏立孝文, 賈頗有力, 以壽終.

【陸賈】 漢初의 政論家이며 辭賦家. 楚 땅 출신. 남월을 평정하여 太中大夫에 올랐으며 賦 3편은 전하지 않고 《新語》 24篇이 전함. 《史記》 및 《漢書》에 전이 있음.
【尉佗】 南越의 尉官인 趙佗.
【南越】 지금의 廣東과 廣西에 있던 漢나라 때의 나라 이름.
【孝惠帝】 西漢 제2대 황제. 유방의 아들이며 이름은 劉盈. B.C.194~B.C.188년 재위함.
【魋結】 '結'은 '髻'와 같음. 머리털을 끌어올려서 정수리에 감아 맨 것. 상투.
【箕踞】 두 다리를 쭉 뻗고 앉는 것. 雙聲連綿語.
【陳平】 '陳平多轍'[084] 참조. 惠帝가 죽은 후 呂后 자신이 정권을 잡은 뒤 자신의 일족을 요직에 등용시켜 高祖의 혈통을 끊으려고 하자, 丞相 진평이 이를 걱정하여 육가와 논의했던 것임.
【孝文】 孝文帝. 전한 제3대 황제 文帝 劉恒. 太宗孝文皇帝. 高祖 劉邦의 庶子로서 薄太后의 아들. B.C.179~B.C.157년 재위함. 한나라 초기 文景之治를 이루어 제국의 기틀을 다짐.

참고 및 관련 자료

1. 《史記列傳》 酈生陸賈列傳

陸賈者, 楚人也. 以客從高祖定天下, 名爲有口辯士, 居左右, 常使諸侯. 及高祖時, 中國初定, 尉他平南越, 因王之. 高祖使陸賈賜尉他印爲南越王. 陸生至,

尉他魋結箕倨見陸生. 陸生因進說他曰:「足下中國人, 親戚昆弟墳墓在眞定. 今足下反天性, 弃冠帶, 欲以區區之越與天子抗衡爲敵國, 禍且及身矣. 且夫秦失其政, 諸侯豪桀並起, 唯漢王先入關, 據咸陽. 項羽倍約, 自立爲西楚霸王, 諸侯皆屬, 可謂至彊. 然漢王起巴蜀, 鞭笞天下, 劫略諸侯, 遂誅項羽滅之. 五年之間, 海內平定, 此非人力, 天之所建也. 天子聞君王王南越, 不助天下誅暴逆, 將相欲移兵而誅王, 天子憐百姓新勞苦, 故且休之, 遣臣授君王印, 剖符通使. 君王宜郊迎, 北面稱臣, 迺欲以新造未集之越, 屈彊於此. 漢誠聞之, 掘燒王先人冢, 夷滅宗族, 使一偏將將十萬衆臨越, 則越殺王降漢, 如反覆手耳.」於是尉他迺蹶然起坐, 謝陸生曰:「居蠻夷中久, 殊失禮義.」因問陸生曰:「我孰與蕭何·曹參·漢信賢?」陸生曰:「王似賢」復曰:「我孰與皇帝賢?」陸生曰:「皇帝起豐沛, 討暴秦, 誅彊楚, 爲天下興利除害, 繼五帝三王之業, 統理中國. 中國之人以億計, 地方萬里, 居天下之膏腴, 人衆車轝, 萬物殷富, 政由一家, 自天地剖泮未始有也. 今王衆不過數十萬, 皆蠻夷, 崎嶇山海閒, 譬若漢一郡, 王何乃比於漢!」尉他大笑曰:「吾不起中國, 故王此. 使我居中國, 何渠不若漢?」迺大說陸生, 留與飲數月. 曰:「越中無足與語, 至生來, 令我日聞所不聞.」賜陸生橐中裝直千金, 他送亦千金. 陸生卒拜尉他爲南越王, 令稱臣奉漢約. 歸報, 高祖大悅, 拜賈爲太中大夫. 陸生時時前說稱《詩書》. 高帝罵之曰:「迺公居馬上而得之, 安事《詩書》!」陸生曰:「居馬上得之, 寧可以馬上治之乎? 且湯武逆取而以順守之, 文武並用, 長久之術也. 昔者吳王夫差·智伯極武而亡; 秦任刑法不變, 卒滅趙氏. 鄉使秦已幷天下, 行仁義, 法先聖, 陛下安得而有之?」高帝不懌而有慙色, 迺謂陸生曰:「試爲我著秦所以失天下, 吾所以得之者何, 及古成敗之國.」陸生迺粗述存亡之徵, 凡著十二篇. 每奏一篇, 高帝未嘗不稱善, 左右呼萬歲, 號其書曰《新語》. 孝惠帝時, 呂太后用事, 欲王諸呂, 畏大臣有口者, 陸生自度不能爭之, 迺病免家居. 以好畤田地善, 可以家焉. 有五男, 迺出所使越得橐中裝賣千金, 分其子, 子二百金, 令爲生産. 陸生常安車駟馬, 從歌舞鼓琴瑟侍者十人, 寶劍直百金, 謂其子曰:「與汝約: 過汝, 汝給吾人馬酒食, 極欲, 十日而更. 所死家, 得寶劍車騎侍從者. 一歲中往來過他客, 率不過再三過, 數見不鮮, 無久慁公爲也.」……陸生竟以壽終.

2. 《漢書》酈陸朱劉叔孫傳(陸賈)

陸賈, 楚人也. 以客從高祖定天下, 名有口辯, 居左右, 常使諸侯. 時中國初定, 尉佗平南越, 因王之. 高祖使賈賜佗印爲南越王. 賈至, 尉佗魋結箕踞見賈. 賈因說佗曰:「足下中國人, 親戚昆弟墳墓在眞定. 今足下反天性, 棄冠帶, 欲以區區

之越與天子抗衡爲敵國, 禍且及身矣. 夫秦失其正, 諸侯豪桀並起, 唯漢王先入關, 據咸陽. 項籍背約, 自立爲西楚霸王, 諸侯皆屬, 可謂至彊矣. 然漢王起巴蜀, 鞭笞天下, 劫諸侯, 遂誅項羽. 五年之間, 海內平定, 此非人力, 天之所建也. 天子聞君王王南越, 而不助天下誅暴逆, 將相欲移兵而誅王, 天子憐百姓新勞苦, 且休之, 遣臣授君王印, 剖符通使. 君王宜郊迎, 北面稱臣, 乃欲以新造未集之越屈強於此. 漢誠聞之, 掘燒君王先人冢墓, 夷種宗族, 使一偏將將十萬衆臨越, 卽越殺王降漢, 如反覆手耳.」於是佗乃蹶然起坐, 謝賈曰:「居蠻夷中久, 殊失禮義.」因問賈曰:「我孰與蕭何・曹參・韓信賢?」賈曰:「王似賢也.」復問曰:「我孰與皇帝賢?」賈曰:「皇帝起豐沛, 討暴秦, 誅彊楚, 爲天下興利除害, 繼五帝三王之業, 統天下, 理中國. 中國之人以億計, 地方萬里, 居天下之膏腴, 人衆車輿, 萬物殷富, 政由一家, 自天地剖判未始有也. 今王衆不過數萬, 皆蠻夷, 崎嶇山海間, 譬如漢一郡, 王何乃比於漢!」佗大笑曰:「吾不起中國, 故王此. 使我居中國, 何遽不若漢?」乃大說賈, 留與飲數月. 曰:「越中無足與語, 至生來, 令我日聞所不聞.」賜賈橐中裝直千金, 它送亦千金. 賈卒拜佗爲南越王, 令稱臣奉漢約. 歸報, 高帝大說, 拜賈爲太中大夫. 賈時時前說稱詩書. 高帝罵之曰:「乃公居馬上得之, 安事詩書!」賈曰:「馬上得之, 寧可以馬上治乎? 且湯武逆取而以順守之, 文武並用, 長久之術也. 昔者吳王夫差・智伯極武而亡; 秦任刑法不變, 卒滅趙氏. 鄉使秦以幷天下, 行仁義, 法先聖, 陛下安得而有之?」高帝不懌, 有慙色, 謂賈曰:「試爲我著秦所以失天下, 吾所以得之者, 及古成敗之國.」賈凡著十二篇. 每奏一篇, 高帝未嘗不稱善, 左右呼萬歲, 稱其書曰《新語》. 孝惠時, 呂太后用事, 欲王諸呂, 畏大臣及有口者. 賈自度不能爭之, 乃病免. 以好畤田地善, 往家焉. 有五男, 乃出所使越橐中裝, 賣千金, 分其子, 子二百金, 令爲生產. 賈常乘安車駟馬, 從歌鼓瑟侍者十人, 寶劍直百金, 謂其子曰:「與女約: 過女, 女給人馬酒食極欲, 十日而更. 所死家, 得寶劍車騎侍從者. 一歲中以來過它客, 率不過再過, 數擊鮮, 毋久溷女爲也.」呂太后時, 王諸呂, 諸呂擅權, 欲劫少主, 危劉氏. 右丞相陳平患之, 力不能爭, 恐禍及己. 平(甞)[常]燕居深念. 賈往, 不請, 直入坐, 陳平方念, 不見賈. 賈曰:「何念深也?」平曰:「生揣我何念?」賈曰:「足下位爲上相, 食三萬戶侯, 可謂極富貴無欲矣. 然有憂念, 不過患諸呂・少主耳.」陳平曰:「然. 爲之奈何?」賈曰:「天下安, 注意相; 天下危, 注意將. 將相和, 則士豫附; 士豫附, 天下雖有變, 則權不分. 權不分, 爲社稷計, 在兩君掌握耳. 臣常欲謂太尉絳侯, 絳侯與我戲, 易吾言. 君何不交驩太尉, 深相結?」爲陳平畫呂氏數事. 平用其計, 乃以五百金爲絳侯壽, 厚具樂飲太尉, 太尉亦報如之. 兩人深相結,

呂氏謀益壞. 陳平乃以奴婢百人, 車馬五十乘, 錢五百萬, 遺賈爲食飮-費. 賈以此游漢廷公卿間, 名聲籍甚. 及誅呂氏, 立孝文, 賈頗有力. 孝文卽位, 欲使人之南越, 丞相平乃言賈爲太中大夫, 往使尉佗, 去黃屋稱制, 令比諸侯, 皆如意指. 語在南越傳. 陸生竟以壽終.

3. 《十八史略》(2)

遣陸賈立南海尉佗, 爲南粵王. 佗稱臣奉漢約. 賈歸報, 拜太中大夫. 賈時前說詩書, 帝罵之曰:「乃公馬上得天下, 安事詩書?」賈曰:「陛下以馬上得之, 寧可以馬上治之乎? 文武並用, 長久之術也, 使秦幷天下, 行仁義, 法先聖, 陛下安得有之.」帝曰:「試爲我著書, 秦所以失, 吾所以得, 及故成敗.」賈著書十二篇, 每奏稱善, 號曰《新語》.

278. 慈明八龍, 禰衡一鶚

278-① 慈明八龍
순자명의 팔룡

후한後漢의 순상荀爽은 자가 자명慈明이며 영천潁川 영음潁陰 사람이다. 그의 아버지 순숙荀淑은 자가 계화季和로 현량방정과賢良方正科에 천거되어 대책문을 써서 낭릉후상朗陵侯相에 보임되었다. 그의 사무 처리는 명확하고 이치에 맞다하여 그를 신군神君이라 불렀다. 그에게는 아들 여덟이 있었다. 순검荀儉, 순곤荀緄, 순정荀靖, 순도荀燾, 순왕荀汪, 순상, 순숙荀肅, 순부荀旉로서 모두가 명성과 칭찬을 받아 당시 이들을 팔룡八龍이라 불렀다. 순상은 어려서부터 배움을 좋아하여 열두 살에 《춘추春秋》와 《논어論語》를 통달하였다. 태위太尉 두교杜喬가 그를 보고 이렇게 칭찬하였다.

"가히 남의 스승이 될 수 있다."

순상은 경서經書를 탐독하고 깊이 사고하였으며 남의 경조사慶弔事에는 가지도 않았으며 부름이 있어도 이에 응하지 않았다.

영천 지역에서는 이렇게 말하였다.

"순씨 집안의 여덟 용 가운데 순자명은 쌍을 이룰 자가 없다."

헌제獻帝가 즉위하자 동탁董卓이 정치를 보좌하며 그를 불렀다. 그러자 순상은 은둔하고자 하였지만 여의치 않아 평원상平原相에 취임하였다. 그가 완릉宛陵에 이르자 조정에서 다시 그를 뒤쫓아 광록훈光祿勳으로 삼았다. 그리고 일을 맡은 지 사흘 만에 사공司空으로 발탁되었다. 그가 명령을 받고 태사台司에 오르기까지 95일밖에 걸리지 않은 것이다. 그때 마침 도읍을 장안長安으로 옮기게 되었다. 순상은 동탁이 잔인하고 포악하여 틀림없이 사직을 위험하게 할 것임을 알고, 재략才略이 있는 선비들을 불러

모으고 천거하여 장차 함께 동탁을 제거할 거사를 준비하였지만, 마침 병이 들어 죽고 말았다.

後漢, 荀爽字慈明, 潁川潁陰人. 父淑字季和, 擧賢良方正對策, 補朗陵侯相. 蒞事明理, 稱爲『神君』. 有子八人. 儉·緄·靖·燾·汪·爽·肅·旉竝有名稱, 時人謂『八龍』.

爽幼好學, 十二通《春秋》·《論語》.

太尉杜喬見而稱之曰:「可爲人師」

爽耽思經書, 慶弔不行, 徵命不應. 潁川爲之語曰:「荀氏八龍, 慈明無雙」

獻帝卽位, 董卓輔政徵之. 爽欲遁不得, 就拜平原相. 行至宛陵, 追爲光祿勳. 視事三日拜司空. 自被命, 及登台司九十五日. 因從遷都長安. 爽見卓忍暴必危社稷, 辟擧才略之士, 將共圖之, 會病薨.

【荀爽】자는 慈明(128~190). 일명 諝. 荀淑의 여섯째 아들. 당시 사람들이 "荀氏八龍, 慈明無雙"이라 할 정도로 12세에 이미 《春秋》·《論語》에 밝았음. 司空을 지냈음.《後漢書》(62)에 전이 있음.

【荀淑】자는 季和(83~149). 荀爽의 아버지이며 당시 李固, 李賢 등이 그를 스승으로 모셨음. 그의 아들 여덟(儉·緄·靖·燾·汪·爽·肅·旉)이 모두 훌륭하여 '八龍'이라 불렸음.《後漢書》(62)에 전이 있음.

【杜喬】후한 말의 학자이며 정치가.

【獻帝】동한 마지막 황제 劉協. 189~220년 재위함. 曹氏 부자에게 휘둘려 제대로 皇權을 행사하지 못하였으며 결국 220년 曹丕(魏 文帝)에게 제위를 선양하여 漢나라가 종말을 고함.

【董卓】東漢 말 隴西 臨洮 출신으로 자는 仲穎. 어릴 때 羌族과 어울려 凉州의 실력자가 되었으며 靈帝 때 東中郎將이 되어 盧植을 대신하여 黃巾賊을 물리치기도 함. 少帝 때 군사를 이끌고 洛陽에 입성, 소제를 폐하고 獻帝를

옹립한 다음 정권을 농단함. 이에 袁紹 등이 동탁을 성토하여 군사를 일으키자 낙양 궁궐을 불태우고 헌제를 협박, 長安으로 수도를 옮겼으나 王允의 모략에 빠져 자신의 부장 呂布에게 살해되었음. '黃琬對日'[057] 및 '王允千里'[253] 참조.
【遷都長安】동탁이 袁紹 등 연합군의 공격을 피해 도읍 장안으로 옮김.

참고 및 관련 자료

1.《後漢書》荀爽

爽字慈明, 一名諝. 幼而好學, 年十二, 能通《春秋》·《論語》. 太尉杜喬見而稱之, 曰:「可爲人師」爽遂耽思經書, 慶弔不行, 徵命不應. 潁川爲之語曰:「荀氏八龍, 慈明無雙」延熹九年, 太常趙典擧爽至孝, 拜郎中. 後遭黨錮, 隱於海上, 又南遁漢濱, 積十餘年, 以著述爲事, 遂稱爲碩儒. 黨禁解, 五府並辟, 司空袁逢擧有道, 不應. 及逢卒, 爽制服三年, 當世往往化以爲俗. 時人多不行妻服, 雖在親憂猶有弔問喪疾者, 又私諡其君父及諸名士, 爽皆引據大義, 正之經典, 雖不悉變, 亦頗有改. 後公車徵爲大將軍何進從事中郎. 進恐其不至, 迎薦爲侍中, 及進敗而詔命中絶. 獻帝卽位, 董卓輔政, 復徵之. 爽欲遁命, 吏持之急, 不得去, 因復就拜平原相. 行至宛陵, 復追爲光祿勳. 視事三日, 進拜司空. 爽自被徵命及登台司, 九十五日. 因從遷都長安. 爽見董卓忍暴滋甚, 必危社稷, 其所辟擧皆取才略之士, 將共圖之, 亦與司徒王允及卓長史何顒等爲內謀. 會病薨, 年六十三. 著《禮》·《易傳》·《詩傳》·《尙書正經》·《春秋條例》, 又集漢事成敗可爲鑒戒者, 謂之《漢語》. 又作《公羊問》及《辯讖》, 幷它所論敍, 題爲《新書》. 凡百餘篇, 今多所亡缺.

2.《逸士傳》

靖字叔慈, 潁川人. 有雋才, 以孝箸名. 兄弟八人, 號『八龍』. 隱身修學, 勤止合禮. 弟爽, 亦有才學, 顯名當世. 或問汝南許章:「爽與靖孰賢?」章曰:「二人皆玉也. 慈明外朗, 叔慈內潤」太尉辟不就. 年五十終, 時人惜之, 號玄行先生.

3.《世說新語》品藻篇

正始中, 人士比論, 以五荀方五陳: 荀淑方陳寔, 荀靖方陳諶, 荀爽方陳紀, 荀彧方陳群, 荀顗方陳泰. 又以八裴方八王: 裴徽方王祥, 裴楷方王夷甫, 裴康方王綏, 裴綽方王澄, 裴瓚方王敦, 裴遐方王導, 裴頠方王戎, 裴邈方王玄.

4.《十八史略》(3)

前朗陵侯相潁川荀淑, 少博學, 有高行. 李固·李膺等, 皆師宗之. 相朗陵, 治稱神君, 子八人, 時人稱爲八龍. 其六曰爽, 字慈明. 人言:「荀氏八龍, 慈明無雙.」縣令命其里, 曰高陽里. 爽嘗謁李膺, 因爲之御, 旣還喜曰:「今日乃得御李君矣.」

278-② 禰衡一鶚
한결같이 악악대는 예형

 후한後漢의 예형禰衡은 자가 정평正平이며 평원平原 반현般縣 사람이다. 어려서 재능과 언변이 있었으며, 의기를 숭상하고 강퍅하며 오만하였다. 그리하여 곧잘 세속을 비뚤게 보고 사물에 대하여 거만하게 굴었다. 그가 영천潁川으로 나들이 갔을 때 몰래 명함 한 장을 가지고 갔으나 이윽고 도착해 보니 찾아갈 만한 사람이 없었다. 그리하여 명함의 글씨가 퍼지고 마멸될 정도였다. 당시 허도許都가 새롭게 건설되고 있었던 때로써 현사와 대부들이 사방에서 모여들었다. 어떤 이가 예형에게 물었다.
 "어찌 진장문陳長文이나 사마백달司馬伯達을 따르지 않습니까?"
 그러자 예형은 이렇게 대답하였다.
 "내 어찌 백정이나 장사꾼 아들을 따르겠는가?"
 다시 물었다.
 "그렇다면 순문약荀文若이나 조치장趙稚長은 어떻소?"
 예형이 말하였다.
 "순문약이라면 그러한 얼굴을 빌려 남에게 문상하기에 좋을 것이며,

조치장은 주방을 맡겨 손님을 대접하는 일을 시키기에는 좋을 것이다."

그는 오직 공융孔融과 양수楊脩만을 훌륭하다 할 뿐이었다. 그리하여 늘 이렇게 말하였다.

"큰 아이 공문거孔文擧, 작은 아이 양덕조楊德祖. 그 나머지는 녹록碌碌하여 숫자에 채워 넣기에도 부족하다."

공융 역시 그의 재능을 깊이 인정하였다.

예형이 비로소 약관의 나이가 되었을 때 공융은 이미 마흔이었지만 두 사람은 친구로 사귀었다. 공융이 글을 올려 그를 추천한 문장에 이렇게 말하였다.

"매 백 마리라 해도 물수리 한 마리만 못한 법입니다."

공융이 자주 조조曹操에게 예형을 칭찬하는 말을 하였지만 조조는 그가 패역悖逆스러운 말을 했다하여 그를 유표劉表에게 보내 버렸다. 유표도 그를 수용하지 못하여 강하태수江夏太守 황조黃祖에게 보냈다. 황조는 성격이 급하였고 예형은 말투가 불손하여 드디어 그를 죽여 버렸다. 그때 그는 나이 스물여섯이었다.

後漢, 禰衡字正平, 平原般人. 少有才辯. 尙氣剛傲, 好矯時慢物. 遊潁川乃陰懷一刺. 旣而無所之, 至於刺字漫滅. 時許都新建, 賢士大夫四方來集.

或問衡曰:「盍從陳長文·司馬伯達乎?」

對曰:「吾安能從屠沽兒邪?」

又問:「荀文若·趙稚長云何?」

衡曰:「文若可借面弔喪, 稚長可使監廚請客.」

唯善孔融·楊脩.

常稱曰:「大兒孔文擧, 小兒楊德祖. 餘子碌碌莫足數.」

融亦深愛其才. 衡始冠, 而融四十, 遂爲交友.

上書薦之, 有云:「鷙鳥累百, 不如一鶚.」

融數稱述於曹操. 操以其言悖逆, 送與劉表. 表不能容, 送與江夏太守黃祖. 祖性急, 衡言不遜, 遂殺之, 年二十六.

【禰衡】자는 正平(173~198). 孔融이 武帝(曹操)에게 추천하였으나 끝까지 出仕하지 않다가 무제의 노여움을 사서 붙들려 악관으로 폄훼됨.《文選》(13)에〈鸚鵡賦〉가 전하며《後漢書》(110, 下)에 전이 있음. '禰'는 음이 '녜'(ni)임. 그러나《世說新語辭典》에 '미'(mi)로 읽도록 되어 있음.
【許都】建安 원년(196년)에 曹操는 후한의 獻帝를 '허도'로 옮겼음.
【陳長文】陳群. 자는 長文. 진식의 손자이며 陳紀의 아들. 뒤에 曹操를 도와 司空掾이 되었으며 尙書로서 九品官人法을 제정함. 曹丕가 한나라를 이어받자 鎭東大將軍, 錄尙書事가 되었으며 明帝 때 潁陰侯에 봉해짐.《後漢書》(62)와《三國志》(22)에 전이 있음. '陳群蹙容'[106] 참조.
【司馬伯達】司馬朗.
【屠沽兒】개를 도살하거나 고기를 파는 사람으로, 천한 직업에 종사하는 사람.
【荀文若】荀彧. 자는 文若(163~212). 後漢 인물. 荀淑의 손자이며 荀粲의 아버지.《後漢書》(70)·《三國志》(10)에 전이 있음.
【趙稚長】魏나라의 蕩寇將軍.
【監廚請客】배가 대단히 큰 사람이었기 때문에 이렇게 말한 것임. '감주'가 되면 남은 고기를 얻을 수 있고, '청객'이 되면 끼니를 얻을 수 있다는 뜻.
【孔融】자는 文擧(153~208). 建安七子 중의 하나. 東漢 魯國人. 孔子의 20세손. 문장에 능하였고 기지가 있었음. 뒤에 曹操의 미움을 받아 가족이 모두 피살됨. 아버지 孔宙는 泰山都尉를 지냄.《後漢書》(70)에 전이 있음. '孔融坐滿'[248] 및 '孔融讓果'[238] 등 참조.
【曹操】자는 孟德(155~220). 어릴 때는 阿瞞으로 불렸음. 沛國 출신으로 기지와 변화는 물론 문장에도 뛰어났으며 曹丕의 아버지로 한말 세력을 키워 魏나라를 건립하는 기초를 세움. 아들 조비가 獻帝로부터 선양을 받아 武帝로 추존함.《孫子略解》,《兵書接要》,《曹操集》 등이 있음.《三國志》(1)에 紀가 있음.
【楊脩】자는 德祖(175~219). 혹 楊修로도 표기함. 楊彪의 아들이며 楊準의 조부. 민첩하고 재능이 있어 曹操(武帝)를 도와 많은 책략을 세워 丞相까지

올랐으나 뒤에 미움을 받아 주살됨.《後漢書》(44)에 전이 있음. '楊脩捷對' [110] 참조. 이 편지는《文選》(42)에 〈曹子建與楊德祖書〉라는 제목으로 실려 있음. '楊脩捷對'[110]의 주를 볼 것.
【贄鳥累百, 不如一鶚】 어리석은 사람이 많은 것보다는 현명한 사람 하나가 낫다는 뜻.
【劉表】 자는 景升. 三國時代 인물. 이름은 表. 鎭南將軍과 荊州刺史를 지냄.
【黃祖】 당시 江夏太守. 성격이 급하였으며 예형을 미워하여 죽여 버림.

참고 및 관련 자료

1.《後漢書》文苑傳(禰衡)

禰衡字正平, 平原般人也. 少有才辯. 尙氣剛傲, 好矯時慢物. 興平中, 避難荊州. 建安初, 來遊許下. 始達穎川, 乃陰懷一刺, 旣而無所之適, 至於刺字漫滅. 時許都新建, 賢士大夫四方來集. 或問衡曰:「盍從陳長文·司馬伯達乎?」對曰:「吾焉能從屠沽兒邪?」又問:「荀文若·趙稚長云何?」衡曰:「文若可借面弔喪, 稚長可使監廚請客.」唯善孔融及弘農楊脩. 常稱曰:「大兒孔文擧, 小兒楊德祖. 餘子碌碌莫足數也.」融亦深愛其才. 衡始弱冠, 而融四十, 遂與爲交友. 上書薦之曰:「……鷙鳥累百, 不如一鶚. ……」融旣愛衡才, 數稱述於曹操. 操欲見之, 而衡素相輕疾, 自稱狂病, 不肯往, 而數有恣言. 操懷忿, 而以其才名, 不欲殺之. …… 後黃祖在蒙衝船上, 大會賓客, 而衡言不遜順, 祖慙, 乃詞之, 衡更熟視曰:「死公! 云等道?」祖大怒, 令五百將出, 欲加箠, 衡方大罵, 祖恚, 遂令殺之. 祖主簿素疾衡, 卽時殺焉. 射徒跣來救, 不及. 祖亦悔之, 乃厚加棺斂. 衡是年二十六, 其文章多亡云.

2.《世說新語》言語篇

禰衡被魏武謫爲鼓吏, 正月半試鼓, 衡揚枹爲漁陽參撾, 淵淵有金石聲, 四座爲之改容. 孔融曰:「禰衡罪同胥靡, 不能發明王之夢!」魏武慙而赦之.

279. 不占殞車, 子雲投閣

279-① 不占殞車
전투 소리에 수레에서 떨어져 죽은 진부점

《신서新序》에 실려 있다.

제齊나라 최저崔杼가 장공莊公을 시해하였다. 진부점陳不占이라는 자가 있었는데, 임금이 난을 당하였다는 소식을 듣고 달려가 구제하겠다고 나섰다. 그러나 날짜가 다가오자 밥 먹을 때는 숟가락을 놓치고, 수레에 올라서는 손잡이 식軾을 놓치는 것이었다. 마부가 이를 보고 물었다.

"이렇게 겁을 먹고서야 찾아간들 도움이 되겠습니까?"

그러자 진부점은 이렇게 말하였다.

"임금을 위해 죽는 것은 의로운 일이며, 용기가 없는 것은 내 사사로운 일이다. 사사로움 때문에 공公을 해칠 수는 없다."

그러고는 찾아가 전투 소리를 듣고는 그만 놀라 까무러쳐 죽고 말았다.

사람들은 이렇게 평하였다.

"진부점은 어진 자로서의 용기를 가졌다 할 수 있으리라."

《新序》曰: 齊崔杼弑莊公. 有陳不占者, 聞君難, 將赴之. 比去, 餐則失匕, 上車失軾.

御者曰:「怯如是, 去有益乎?」

曰:「死君義也, 無勇私也. 不以私害公.」

遂往, 聞戰鬪之聲, 恐駭而死.

人曰:「不占可謂仁者之勇也」

【新序】漢나라 劉向이 지은 일화집.
【崔杼】춘추시대 齊나라의 대부. 장공이 그의 아내와 간통을 저질러 최저는 장공에게 원한을 품고 환관과 함께 자기 집에 온 장공을 죽여버린 것임.
【莊公】春秋 후기 齊나라 君主. 재위 6년(B.C.553~548). 성은 姜, 이름은 光. 靈公의 아들이며 재위 기간 동안 무도하였음. 특히 崔杼의 아내와 私通하다가 崔杼에 의해 弑害당하고 말았으며 한편 晏子의 生存 시기 전후의 齊나라 임금은 頃公(B.C.598~582)·靈公(B.C.581~554)·莊公(B.C.553~548)·景公(B.C.547~490)·晏孺子(B.C.489)·悼公(B.C.488~485) 등으로 이어짐.
【陳不占】東菀의 어부.《孟子》趙岐 註에는 '陳不贍'으로 되어 있음.

참고 및 관련 자료

1. 《新序》(8) 義勇篇
齊崔杼弑莊公也, 有陳不占者, 聞君難, 將赴之, 比去, 餐則失匕, 上車失軾. 御者曰:「怯如是, 去有益乎?」不占曰:「死君, 義也; 無勇, 私也. 不以私害公」遂往, 聞戰鬪之聲, 恐駭而死, 人曰:「不占可謂仁者之勇也.」

279-② 子雲投閣
천록각에서 뛰어내린 양웅

전한前漢의 양웅揚雄은 자가 자운子雲이다. 나이 마흔에 촉蜀으로부터 수도로 유학을 오자, 대사마大司馬 왕음王音이 그의 풍치가 있고 아담함을 기이하게 여기고 그를 불러 문하사門下史로 삼아 왕망王莽, 유흠劉歆과 자리를 함께하게 되었다. 애제哀帝 초에는 다시 동현董賢과 같은 직위가 되었다. 성제成帝, 애제, 평제平帝 사이에 왕망과 동현이 모두 삼공三公이 되어 그 권세가 임금을 압도할 정도였으며, 그들이 추천하는 이들은 발탁되지 않는 이가 없을 정도였다. 그러나 양웅은 세 임금을 거치면서 벼슬이 그 자리에 머물렀다.

결국 왕망이 제위를 찬탈하자 말하기 좋아하는 선비들이 부명符命을 이용하여 왕망의 공덕을 칭송하여 봉토나 작위를 획득한 자가 심히 많았지만 양웅은 역시 작위를 받지 못하였고, 기로耆老라는 이유로 오랫동안 대부大夫의 직위로 겉돌았다. 그는 세력이나 이익에 초연함이 이와 같았던 것이다.

왕망이 견풍甄豐 부자를 주살할 때 유흠의 아들 유분劉棻을 사예四裔 밖으로 내쫓았는데 그 사건 때 진술에 따라 연루된 자들은 곧바로 수감되어 청원할 기회도 얻을 수 없었다. 당시 양웅은 천록각天祿閣에서 문서를 교정하고 있었다. 감옥을 다스리는 사자가 와서 양웅을 체포하려 하자, 양웅은 더 이상 면할 길이 없다고 여겨 그만 그 천록각에서 아래로 뛰어내려 거의 죽음에 이르게 되었다. 유분은 일찍이 양웅에게 고문자古文字 중 기자奇字를 배운 적이 있었던 것이 빌미가 된 것이었다. 왕망은 양웅이 평소 이 일에 관여하지 않았다는 이유로 조서를 내려 그는 심문하지 말도록 하였다. 그러나 경사京師에는 사람들이 이를 두고 이렇게 말하였다.

"오직 적막寂寞하게 제 홀로 뛰어내린 양웅, 이에 청정淸靜하게 부명을 지었다네."

이는 양웅이 지은 〈해조解嘲〉라는 글을 두고 그를 비난한 것이다.

양웅은 집은 가난하나 술을 좋아하였다. 그의 집을 찾아오는 사람이 적었으나 때때로 호사자好事者가 술과 안주를 싣고 찾아와 그에게 배우는 자가 있었다. 그 중 후파侯芭는 항상 양웅의 집에 와서 따르며 양웅의 저술 《태현경太玄經》,《법언法言》을 전수받았다.

유흠은 양웅의 저술 《태현경》을 이렇게 비판하였다.

"지금 학자들은 봉록과 이익을 위하면서 《역易》에 대해서도 제대로 알지 못하는데 《태현경》의 심오함을 어찌 알겠는가? 내 보기에 후인들은 이 책의 종이를 그저 장독대나 덮는 데에 사용하지나 않을까 한다."

양웅은 이 말을 듣고 웃으면서 아무런 대꾸도 하지 않았다.
양웅은 나이 일흔둘에 죽었으며 후파가 무덤을 만들어 주었다.

前漢, 揚雄字子雲. 年四十餘, 自蜀來遊京師, 大司馬王音奇其文雅, 召爲門下史, 與王莽·劉歆並.

哀帝之初, 又與董賢同官. 當成·哀·平間, 莽·賢皆爲三公, 權傾人主, 所薦莫不拔擢. 而雄三世不徙官. 莽簒位, 談說之士, 用符命稱功德, 獲封爵甚衆. 雄復不侯, 以耆老久次轉大夫. 恬於埶利如是. 及莽誅甄豐父子, 投劉歆子棻四裔, 辭所連及, 便收不請. 時雄校書天祿閣上. 治獄使者欲收雄, 雄恐不能自免, 迺從閣自投下, 幾死. 棻嘗從雄學奇字. 莽以雄素不與事, 有詔勿問.

然京師爲之語曰:「惟寂寞自投閣, 爰淸靜作符命.」

蓋以雄〈解嘲〉之言譏之也.

雄家貧嗜酒. 人希至其門, 時有好事者載酒肴, 從遊學. 而侯芭常從雄居, 受《太玄》·《法言》焉.

劉歆謂曰:「今學者祿利, 尙不能明易. 又如玄何? 吾恐後人用覆醬瓿也!」

雄笑而不應. 年七十二卒, 侯芭爲起墳.

【揚雄】 자는 子雲(B.C.53~A.D.18). '楊雄'으로도 쓰며 蜀郡 成都 사람. 西漢때 賦家, 哲學家. 〈甘泉賦〉, 〈羽獵賦〉 등과 《太玄經》, 《方言》 등의 저술이 있음. 《漢書》 揚雄傳 참조. '揚雄草玄'[058] 참조.
【埶利】 '埶'는 '勢'와 같음.
【王莽】 字는 巨君(B.C.45~23). 漢 元皇后의 조카. 어려서 고아가 되어 독서 끝에 성망을 얻었음. 뒤에 太傅가 되어 安漢公에 봉해졌으며 平帝가 죽은 후 겨우 두 살인 孺子 嬰을 옹립하고 자신은 攝皇帝가 되었다가 初始

元年(A.D.8) 정권을 찬탈, '新'을 세워 '西漢'의 종말을 고함. 그러나 천하의 혼란이 일어나 地皇 4년(23)에 劉玄・赤眉軍・綠林軍에게 살해되고 말았음. 《漢書》(99)에 그 傳이 있음.

【劉歆】 西漢 말의 경학가. 학술사학자이며 목록학자. 자는 子駿(?~A.D.23). 한나라 종실. 당대 최고의 학자였던 劉向의 셋째 아들. 아버지의 업을 이어 秘府의 장서를 정리하여 《七略》을 지음. 그의 傳은 姚之駰 輯本의 《東觀漢記》(권10)에 실려 있음. 《漢書》 楚元王傳 참조.

【哀帝】 西漢 제10대 황제. 이름은 劉欣. 元帝(劉奭)의 둘째 아들 劉康의 아들로 제위에 오름. B.C.32~B.C.1년 재위함.

【董賢】 서한 馮翊 사람으로 자는 聖卿(B.C.23년~B.C.1). 애제 때 황문랑이 되어 미모로 총애를 입음. 哀帝와 기거와 출입을 함께 할 정도였으며 낮잠을 잘 때 애제의 옷깃을 베고 자자 차마 깨우지 못하고 그 소매를 끊고 일어섰다 함. 息夫躬이 東平王 劉雲의 誣告의 謀反을 고발한 사건을 동현에게 공을 돌려 萬安侯에 봉하기도 하였음. 元壽 원년에는 大司馬, 衛將軍, 給事中에 올라 尚書의 일을 총괄하기에 이르렀음. 애제가 죽자 王莽이 太后의 조칙을 들어 파관하려 하자 자살함. 《漢書》 佞幸傳 참조.

【成帝】 西漢의 제9대 황제 劉驁. 孝成皇帝. 元帝 劉奭의 아들. B.C.32~B.C.7년 재위. 趙飛燕과의 연애 고사로 유명함.

【平帝】 西漢 제11대 황제. 元帝와 馮昭儀 사이에 난 劉興의 아들이며 이름은 劉衎. A.D.1년~5년 재위함.

【四裔】 네 경계 밖의 변두리. '예'는 궁벽한 시골이나 국경을 말함.

【天祿閣】 漢나라 때의 전각으로 서적을 비치한 곳. 劉向이나 揚雄 등이 이곳에서 글을 교정하고 정리하였음.

【解嘲之言】 '해조'는 양웅 자신이 지은 《太玄》에 대한 비난에 대해 답변한 해명의 글. "爰清爰靜, 游神之廷. 惟寂惟寞, 守德之宅"이라 함. '揚雄草玄' [058]을 참조할 것.

【太玄】 《太玄經》. 《周易》을 모방하여 편찬한 것.

【法言】 《揚子法言》이라고도 하며 《論語》를 모방하여 편찬한 것. 聖人을 존중하고 王道를 주장한 내용임.

【如玄何】 《太玄》의 玄. 玄妙하고 奧妙한 이치.

【覆醬瓿】 된장이나 간장 단지(항아리)를 덮음. 저서가 세상에 쓰이지 않고 방치되어 그저 항아리 덮은 데에나 사용됨을 말함. 혹 자신의 시문을 겸손

하게 말하는 것으로도 쓰임.
【侯芭】양웅을 추종하여 그의 학문을 전수받은 인물.

참고 및 관련 자료

1. 《漢書》揚雄傳

揚雄字子雲, 蜀郡成都人也. 其先出自有周伯僑者, 以支庶初食采於晉之(楊)[揚], 因氏焉, 不知伯僑周何別也. 揚在河·汾之間, 周衰而揚氏或稱侯, 號曰揚侯. 會晉六卿爭權, 韓·魏·趙興而范中行·知伯弊. 當是時, 偪揚侯, 揚侯逃於楚巫山, 因家焉. 楚漢之興也, 揚氏遡江上, 處巴江州. 而揚季官至廬江太守. 漢元鼎間避仇復遡江上, 處岷山之陽曰郫, 有田一廛, 有宅一區, 世世以農桑爲業. 自季至雄, 五世而傳一子, 故雄亡它揚於蜀. 雄少而好學, 不爲章句, 訓詁通而已, 博覽無所不見. 爲人簡易佚蕩, 口吃不能劇談, 默而好深湛之思, 淸靜亡爲, 少耆欲, 不汲汲於富貴, 不戚戚於貧賤, 不修廉隅以徼名當世. 家産不過十金, 乏無儋石之儲, 晏如也. 自有大度, 非聖哲之書不好也; 非其意, 雖富貴不事也. 顧嘗好辭賦.

2. 《十八史略》(2)

五年, 大夫揚雄死. 雄字子雲, 成帝之世, 以奏賦爲郎. 給事黃門, 三世不徙官. 及莽篡, 以耆老久次, 轉爲大夫. 嘗作太玄·法言, 卒章稱莽功德, 比尹周. 後又作「劇秦美新」之文, 以頌莽. 劉棻嘗從雄學奇字, 棻坐事誅, 辭連及雄. 時雄校書天祿閣上, 使者來欲收之. 雄從閣上自投下, 莽詔勿問, 至是死.

280. 魏舒堂堂, 周舍鄂鄂

280-① 魏舒堂堂
당당한 위서

《진서晉書》에 실려 있다.

위서魏舒는 자가 양원陽元이며 임성任城 번현樊縣 사람이다. 어려서 고아가 되어 외가 영씨甯氏 집안에서 자랐다. 영씨가 집을 지을 때 관상을 보는 이가 이렇게 말하였다.

"마땅히 뒤에 귀한 생질이 나올 것입니다."

외조모는 자신의 성씨盛氏 집안 조카가 어렸지만 총명하다고 여겨 마음 속에 그가 이에 해당한다고 여겼다. 그러자 위서가 이렇게 말하였다.

"의당 외성인 제가 이 집터의 관상에 해당하는 일을 이룰 것입니다."

위서는 자태가 우뚝하고 컸으며 술은 한 섬을 넘게 마셨다. 그러나 지둔遲鈍하고 질박하여 향리나 친족들에게 중시받지 못하였다. 그러나 그는 보통사람의 절도는 닦지 않았고 깨끗하고 지독한 일은 하지 않았다. 매번 재주가 뛰어나고 훌륭한 인물을 포용하고자 하였으며, 남의 단점은 끝까지 드러내지 않았다. 나이 마흔 남짓에 과거의 대책문對策文을 써서 급제하여 상서랑尙書郎에 올랐다. 당시 낭관郎官이 너무 많아 이들을 도태시키고자 재능이 모자란 자는 파직시키고 있었다. 이에 위서는 이렇게 나섰다.

"그러한 사람이라면 바로 나올시다."

그러고는 옷가지를 들고 나와 버렸다. 뒤에 그는 다시 상국참군相國參軍이 되었다. 문제文帝는 그의 도량을 중시하여 매번 조회 때마다 이렇게 그에게 눈길을 보내 주었다.

"위서의 당당함은 남의 영수가 될 수 있다."

산도山濤가 죽자 그는 사도司徒의 업무를 이어받았다. 진류陳留의 주진周震이 여러 차례 여러 부서에서 부름을 받고 있었다. 추천장이 이윽고 그에게 내려갔을 때 산도가 마침 죽었던 것이다. 그러자 많은 이들은 주진을 두고 '살공연殺公掾'이라 불러 평판이 아주 좋지 않았다. 그러나 위서는 그를 등용하여 썼고 끝내 그에게는 아무런 변고가 일어나지 않았다. 식자들은 위서를 두고 천명에 통달한 사람이라 하였다. 나이가 들어 벼슬자리에서 물러나자, 조정에서는 그에게 궤장几杖, 안거安車, 사마駟馬를 내렸고, 그의 문에 행마行馬의 목책을 설치해 주었다. 당시에 논자들은 진晉나라가 흥한 이래 삼공三公의 영화를 사양하고 온전히 그 여생을 마친 사람은 이 사람 외에는 없었다고 평하였다.

《晉書》: 魏舒字陽元, 任城樊人. 少孤, 爲外家甯氏所養.

甯氏起宅, 相者云: 「當出貴甥.」

外祖母以盛氏甥小而慧, 意謂應之.

舒曰: 「當爲外氏成此宅相.」

舒姿望秀偉, 飮酒石餘. 遲鈍質朴, 不爲鄉親所重. 不修常人之節, 不爲皎厲之事, 每欲容才長物, 終不顯人之短. 年四十餘, 對策升第, 遷尙書郎.

時欲沙汰郎官, 非才者罷之, 舒曰: 「吾卽其人也.」

襆被而出. 轉相國參軍.

文帝深器重之, 每朝會罷目送之曰: 「魏舒堂堂, 人之領袖也.」

及山濤薨, 領司徒. 陳留周震累爲諸府所辟, 辟書旣下, 公輒喪亡. 僉號震爲殺公掾. 舒命之, 竟無患, 識者稱其達命. 年老遜位, 賜几杖·安車·駟馬, 門施行馬. 時論以爲晉興以來, 三公能辭榮善終, 未之有.

【魏舒】 자는 陽元(209~290). 冀州刺史·侍中·司徒 등을 지냄.《晉書》(41)에 전이 있음. '魏舒堂堂'[280] 참조.
【外家·外氏】 어머니의 친정.
【沙汰】 쌀을 씻어 돌을 골라냄. 사람 또는 물건을 가려서 뽑는다는 뜻.
【殺公掾】 '자신의 상관을 죽인 그의 속관'이라는 뜻. '상사를 잡아먹는 부하'라는 칭호.
【山濤】 자는 巨源(205~283). 老莊에 심취하였으며 술을 좋아하였음. 嵇康, 阮籍, 呂安 등과 친하였으며 竹林七賢의 하나. 〈任誕〉편 참조.《晉書》(43)에 전이 있음. '山濤識量'[041] 참조.
【行馬】 나무를 엮어 문 밖에 설치하여 말이 들어오거나 달아나지 못하게 쳐놓은 것. 晉나라 때 고관으로 관직에서 물러난 사람의 집 문 앞에 설치함.

참고 및 관련 자료

1.《晉書》(41) 魏舒傳

魏舒字陽元, 任城樊人也. 少孤, 爲外家寗氏所養. 寗氏起宅, 相宅者云:「當出貴甥」外祖母以盛氏甥小而慧, 意謂應之. 舒曰:「當爲外氏成此宅相」久乃別居. 身長八尺二, 姿望秀偉, 飮酒石餘, 而遲鈍質朴, 不爲鄕親所重. 從叔父吏部郞衡, 有名當世, 亦不之知, 使守水碓, 每歎曰:「舒堪數百戶長, 我願畢矣!」舒亦不以介意. 不修常人之節, 不爲皎厲之事, 每欲容才長物, 終不顯人之短. ……年四十餘, 郡上計掾察孝廉. 宗黨以舒無學業, 勸令不就, 可以爲高耳. 舒曰:「若試而不中, 其負在我, 安可虛竊不就之高以爲己榮乎!」於是自課, 百日習一經, 因而對策升第. 除澠池長, 遷浚儀令, 入爲遷尙書郞. 時欲沙汰郞官, 非其才者罷之, 舒曰:「吾卽其人也.」襆被而出. 同僚素無淸論者咸有愧色, 談者稱之. ……轉相國參軍, 封劇陽子. 府朝碎務, 未嘗見是非; 至於廢興大事, 衆人莫能斷者, 舒徐爲籌之, 多出衆意之表. 文帝深器重之, 每朝會坐罷, 目送之曰:「魏舒堂堂, 人之領袖也.」……及山濤薨, 以舒領司徒, 有頃卽眞. 舒有威重德望, 祿賜散之九族, 家無餘財. 陳留周震累爲諸府所辟, 辟書旣下, 公輒喪亡. 僉號震爲殺公掾, 莫有辟者. 舒乃命之, 而竟無患, 識者稱其達命. 以年老, 每稱疾遜位, 賜几杖·安車·駟馬, 門施行馬. ……太熙元年薨, 時年八十二. 帝甚傷悼, 贈賻優厚, 諡曰康.

280-② 周舍鄂鄂
악악대며 간쟁하던 주사

《사기史記》에 실려 있다.

진晉나라 대부 조간자趙簡子에게는 주사周舍라고 하는 신하가 있어 직간直諫 하기를 좋아하였다. 주사가 죽고 나자 간자는 매번 조회를 들으면서 항상 만족하지 않는 모습을 짓는 것이었다. 대부들이 자신들의 잘못 때문이라 여겨 죄를 청하였다. 그러자 간자는 이렇게 말하였다.

"대부들에게는 아무런 죄가 없소. 내 듣기로 '양 천 마리의 가죽이 여우 한 마리 겨드랑이 털만 못하다'라 하였소. 여러 대부들은 조회 때마다 내 말이라면 그저 '예, 예'하고 동의만 할 뿐, 주사처럼 악악鄂鄂대는 소리를 들을 수 없소. 이 때문에 내가 근심하는 것이오."

구본舊本에는 악鄂자를 악諤자로 표기하였다.

《史記》: 晉大夫趙簡子, 有臣曰周舍. 好直諫. 周舍死, 簡子每聽朝常不悅, 大夫請罪.

簡子曰:「大夫無罪. 吾聞『千羊之皮, 不如一狐之腋』」諸大夫朝徒聞『唯唯』, 不聞周舍之『鄂鄂』. 是以憂也.」

舊本: 鄂作諤.

【趙簡子】춘추시대 趙나라 대부. 그 후손이 뒤에 전국시대의 趙나라를 세움.
【周舍】조간자의 신하.
【千羊之皮, 不如一狐之腋】'禰衡一鶚'의 "鷙鳥累百, 不如一鶚"도 같은 뜻임.

참고 및 관련 자료

1. 《史記》 趙世家
趙簡子有臣曰周舍, 好直諫. 周舍死, 簡子每聽朝, 常不悅, 大夫請罪. 簡子曰:「大夫無罪. 吾聞千羊之皮不如一狐之腋. 諸大夫朝, 徒聞唯唯, 不聞周舍之鄂鄂, 是以憂也.」簡子由此能附趙邑而懷晉人.

2. 《史記》 趙世家 集解
韓詩外傳曰: 周舍立於門下三日三夜, 簡子使問之曰:「子欲見寡人何事?」對曰:「願爲諤諤之臣, 擧筆操牘, 從君之過, 而日有所記, 月有所成, 歲有所效也.」

3. 《新序》 雜事(一)
昔者, 周舍事趙簡子, 立趙簡子之門, 三日三夜. 簡子使人出問之曰:「夫子將何以令我?」周舍曰:「願爲諤諤之臣, 墨筆操牘, 隨君之後, 君之過而書之, 日有記也, 月有效也, 歲有得也.」簡子悅之, 與處, 居無幾何而周舍死, 簡子厚葬之. 三年之後, 與諸大夫飮, 酒酣, 簡子泣, 諸大夫起而出曰:「臣有死罪而不自知也.」簡子曰:「大夫反無罪. 昔者, 吾友周舍有言曰:『百羊之皮, 不如一狐之腋. 衆人之唯唯, 不如周舍之諤諤. 昔紂昏昏而亡, 武王諤諤而昌.』自周舍之死後, 吾未嘗聞吾過也. 故人君不聞其非, 及聞而不改者亡, 吾國其幾於亡矣, 是以泣也.」

4. 《韓詩外傳》(7)
趙簡子有臣曰周舍, 立於門下, 三日三夜. 簡子使問之, 曰:「子欲見寡人何事?」周舍對曰:「願爲諤諤之臣, 墨筆操牘, 從君之過, 而日有記也, 月有成也, 歲有效也.」簡子居, 則與之居; 出, 則與之出. 居無幾何, 而周舍死, 簡子如喪子. 後與諸大夫飮於洪波之臺, 酒酣, 簡子涕泣, 諸大夫皆出走, 曰:「臣有罪而不自知.」簡子曰:「大夫皆無罪. 昔者, 吾有周舍有言曰:『千羊之皮, 不若一狐之腋; 衆人諾諾, 不若一士之諤諤. 昔者, 商紂黙黙而亡, 武王諤諤而昌.』今自周舍之死, 吾未嘗聞吾過也, 吾亡無日矣, 是以寡人泣也.」

5. 《藝文類聚》(58)
韓詩外傳曰: 簡子有臣曰周舍, 立於門下三日三夜, 簡子問其故, 對曰:「願爲諤諤之臣, 墨筆執牘, 從君之後, 伺君之過而書之.」

6. 《十八史略》(1)
文子生景叔, 景叔生簡子鞅, 簡子有臣曰周舍, 死, 簡子每聽朝, 不悅曰:「千羊之皮, 不如一狐之腋. 諸大夫朝, 徒聞唯唯, 不聞周舍之鄂鄂也.」

281. 無鹽如漆, 姑射若氷

281-① 無鹽如漆
살결이 검기가 칠흑 같은 무염녀 종리춘

《고열녀전古列女傳》에 실려 있다.

종리춘鍾離春이란 자는 제齊나라 무염읍無鹽邑의 여자이며 선왕宣王의 정후正后이다. 지극히 추하게 생기기가 세상에 더 없을 정도였다. 절구 같은 머리에 깊이 팬 눈, 긴 손가락에 큰 골격, 들창코에 목구멍이 붙어 있었으며 살이 쪄 굵은 목에 머리카락조차 성글었으며 부러질 듯한 허리에 툭 튀어 나온 가슴이며, 피부는 옻칠을 한 것처럼 검었다. 그리하여 나이 마흔이 되도록 받아주는 이가 없이 사방을 다니며 중매를 서도 팔리지 않았다. 이에 그는 단갈短褐의 옷을 털고 스스로 선왕을 찾아가 자신을 후궁의 청소하는 임무로 채워줄 것을 원하였다. 그때 선왕은 마침 점대漸臺에서 술잔치를 벌이고 있었는데 좌우가 그 말을 듣고 입을 가리고 크게 웃는 것이었다. 왕이 그를 불러 만나보자, 무염녀는 화근 네 가지 일의 발단을 진술하였다. 왕은 이에 즉시 점대의 연회를 그만두고 여악女樂을 파하고 주위에 아첨하는 자들을 물러나게 하였으며, 조탁의 화려한 꾸밈을 없애 버리고, 직언을 하는 자를 등용시키며, 천한 신분에 숨어 있는 자를 끌어 내며, 태자를 세우고 무염녀를 왕후로 삼았다. 그리하여 제나라는 크게 안정을 찾게 되었다.

《古列女傳》: 鍾離春者齊無鹽邑之女, 宣王正后也. 爲人極醜無雙, 臼頭深目, 長指大節, 昂鼻結喉, 肥項少髮, 折腰出胸, 皮膚若漆. 年四十無所容入, 衒嫁不售. 乃拂拭短褐, 自詣宣王, 願備

後宮之掃除. 宣王方置酒於漸臺, 左右聞之, 掩口大笑. 王召見之, 無鹽爲陳四殆. 王於是立折漸臺, 罷女樂退諂諛, 去彫琢, 進直言, 延側陋, 立太子, 拜無鹽爲后, 而齊國大安.

【鍾離春】無鹽女. 無鹽 땅의 여자.
【宣王】齊宣王. 전국시대 齊나라 군주. B.C.319~B.C.301년까지 19년간 재위함.
【衒嫁】스스로 중매를 내세워 시집가고자 함을 말함.
【四殆】네 가지 위태로움. 참고란을 볼 것.
【側陋】신분이 미천한 것. 또는 그러한 사람.

참고 및 관련 자료

1.《列女傳》辯通傳 齊鍾離春

鍾離春者, 齊無鹽邑之女, 宣王之正后也. 其爲人極醜無雙, 臼頭深目·長壯大節·卬鼻結喉·肥項少髮·折腰出胸·皮膚若漆, 行年四十, 無所容入, 衒嫁不讎, 流棄莫執. 於是乃拂拭短褐, 自詣宣王. 謂謁者曰:「妾, 齊之不讎女也. 聞君王之聖德, 願備後宮之埽除, 頓首司馬門外, 唯王幸許之.」謁者以聞, 宣王方置酒於漸臺, 左右聞之, 莫不掩口大笑曰:「此天下强顔女子也! 豈不異哉?」於是宣王乃召見之, 謂曰:「昔者, 先王爲寡人娶妃匹, 皆已備有列位矣. 今夫人不容於鄕里布衣, 而欲干萬乘之主, 亦有何奇能哉?」鍾離春對曰:「無有. 特竊慕大王之美義耳!」王曰:「雖然, 何善?」良久, 曰:「竊嘗善隱.」宣王曰:「隱, 固寡人之所願也, 試一行之.」言未卒, 忽然不見. 宣王大驚, 立發《隱書》而讀之, 退而推之, 又未能得. 明日又更召而問之, 不以隱對, 但揚目銜齒, 擧手拊膝曰:「殆哉! 殆哉!」如此者四, 宣王曰:「願遂聞命.」鍾離春對曰:「今大王之君國也, 西有衡秦之患, 南有强楚之讎, 外有二國之難, 內聚姦臣, 衆人不附; 春秋四十, 壯男不立, 不務衆子, 而務衆婦, 尊所好, 忽所恃; 一旦山陵崩弛, 社稷不定; 此一殆也. 漸臺五重, 黃金白玉, 琅玕籠疏, 翡翠珠璣, 幕絡連飾, 萬民罷極; 此二殆也. 賢者匿於山林, 諂諛强於左右, 邪僞立於本朝, 諫者不得通入; 此三殆也. 飮酒沈湎, 以夜繼晝, 女樂俳優, 縱橫大笑, 外不脩諸侯之禮, 內不秉國家之治; 此四殆也. 故曰:『殆哉! 殆哉!』」於是宣王喟然而嘆曰:「痛乎無鹽君之言, 乃今一聞!」

於是拆漸臺, 罷女樂, 退諂諛, 去彫琢, 選兵馬, 實府庫, 四辟公門, 招進直言, 延及側陋. 卜擇吉日, 立太子, 進慈母, 拜無鹽君爲后. 而齊國大安者, 醜女之力也. 君子謂:「鍾離春正而有辭」詩云:『既見君子, 我心則喜.』此之謂也. 頌曰:『無鹽之女, 干說齊宣. 分別四殆, 稱國亂煩. 宣王從之, 四辟公門. 遂立太子, 拜無鹽君.』

2.《新序》雜事(二)

齊有婦人, 極醜無雙, 號曰『無鹽女』. 其爲人也, 臼頭深目, 長壯大節, 昂鼻結喉, 肥項少髮, 折腰出胸, 皮膚若漆. 行年三十, 無所容入, 衒嫁不售, 流棄莫執. 於是乃拂拭短褐, 自詣宣王, 願一見, 謂謁者曰:「妾, 齊之不售女也, 聞君王之聖德, 願備後宮之掃除, 頓首司馬門外, 唯王幸許之.」謁者以聞, 宣王方置酒於漸臺, 左右聞之, 莫不掩口而大笑. 曰:「此天下強顏女子也.」於是宣王乃召見之, 謂曰:「昔先王爲寡人取妃匹, 皆已備有列位矣. 寡人今日聽鄭衛之聲嘔吟感傷, 揚激楚之遺風. 今夫人不容鄉里, 布衣而欲干萬乘之主, 亦有奇能乎?」無鹽女對曰:「無有. 直竊慕大王之美義耳.」王曰:「雖然, 何喜?」良久曰:「竊嘗喜隱.」王曰:「隱, 固寡人之所願也. 試一行之.」言未卒, 忽然不見矣. 宣王大驚, 立發隱書而讀之, 退而惟之, 又不能得. 明日, 復更召而問之, 又不以隱對, 但揚目銜齒, 舉手拊肘曰:「殆哉! 殆哉!」如此者四. 宣王曰:「願遂聞命.」無鹽女曰:「今大王之君國也, 西有衡秦之患, 南有強楚之讐, 外有三國之難, 內聚姦臣, 衆人不附. 春秋四十, 壯男不立, 不務衆子, 而務衆歸, 尊所好而忽所恃, 一旦山陵崩弛, 社稷不定, 此一殆也. 漸臺五重, 黃金白玉, 琅玕龍疏, 翡翠珠璣, 幕落連飾, 萬民罷極, 此二殆也. 賢者伏匿於山林, 諂諛強於左右, 邪僞立於本朝, 諫者不得通入, 此三殆也. 酒漿流湎, 以夜續朝, 女樂俳優, 縱橫大笑, 外不修諸侯之禮, 內不秉國家之治, 此四殆也. 故曰:『殆哉! 殆哉!』」於是宣王掩然無聲, 意入黃泉, 忽然而昂, 喟然而嘆曰:「痛乎! 無鹽君之言, 吾今乃一聞寡人之殆, 寡人之殆幾不全.」於是立停漸臺, 罷女樂, 退諂諛, 去彫琢, 選兵馬, 實府庫, 四闢公門, 招進直言, 延及側陋, 擇吉日. 立太子, 進慈母, 顯隱女, 拜無鹽君爲王后, 而國大安者, 醜女之力也.

3.《幼學瓊林》女子篇

東施效顰而可厭, 無鹽刻畫以難堪, 此女之醜者.

4.《文選》(11)〈景福殿賦〉注

列女傳曰: 鍾離春者, 齊無鹽邑之女也, 爲人極醜, 自詣宣王, 願乞一見. 宣王召見之, 乃舉手拊膝曰:「殆哉! 殆哉!」宣王曰:「願聞命」對曰:「今西有橫秦之患, 南有強楚之讐, 春秋四十, 壯勇不立, 此一殆也. 漸臺五層, 萬民疲困, 此二殆也.

賢者伏匿山林, 諂諛強於左右, 此三殆也. 酒漿沉湎, 以夜繼日, 女樂俳優, 縱橫大笑, 此四殆也.」宣王喟然而歎: 寡人之殆幾不全. 拜無鹽君以爲王后.

5.《太平御覽》(382)

齊鍾離春者, 齊無鹽邑之女. 其爲人極醜無雙, 臼頭深目・長壯大節・卬鼻結喉・頂上少髮・折腰出胸・皮膚若漆, 行年三十, 無所容入, 行嫁不售, 流棄莫執, 於是乃拂拭短褐, 自詣宣王. 遠乞一見, 謁者曰:「晏齊之不售女也. 聞大王之聖, 願備後宮之掃除, 頓首司馬門外.」謁者以聞, 宣王方置酒於漸臺, 左右聞之, 莫不掩口而笑王曰:「此天下強顏女子也!」乃召見之, 謂曰:「昔先王爲寡人娶妃疋, 皆以備有列位者. 今夫人不容鄕里布衣, 而欲干萬乘之主, 有何異乎?」鍾離春曰:「竊慕大王之美義耳!」王曰:「然, 何善?」曰:「嘗隱善」王曰:「試一行之」言未卒, 忽不見. 王大驚, 立發《隱書》而讀之, 久不能解. 明日復召之. 但揚目銜齒, 舉手拊膝曰:「殆哉!」如此者四矣. 王曰:「願聞命」對曰:「今大王之國, 西有橫秦之患, 南有強楚之讎, 外有二國之難, 內聚姦臣, 衆人不附; 春秋四十年, 壯男不立, 故不務粲子, 而務衆婦, 尊所好, 而忽所恃; 一旦山陵崩墜, 社稷不定; 此一殆也. 漸臺五層, 黃金白玉, 琅玕翡翠, 萬人疲極; 此二殆也. 賢者匿於山林, 諂諛强行於左右, 邪僞立於本朝, 不得通入; 此三殆也. 酒漿流湎, 以夜繼晝, 女樂俳優, 縱橫大咲, 外不脩諸侯之禮, 內不康國家之理; 此四殆也.」王闇然無聲, 喟然而歎曰:「痛乎無鹽君之言!」於是立壞漸臺, 罷女樂, 退諂諛, 去彫琢, 選兵馬, 實府庫, 闢四門, 招進直言, 卜擇吉日, 立太子, 拜無鹽君爲后. 齊國大安, 皆醜女之力也.

281-② 姑射若氷
얼음같이 흰 피부의 막고야산 신선들

《장자莊子》에 실려 있다.

막고야산藐姑射山에 신인神人이 살고 있다. 살결과 피부는 마치 얼음과 눈처럼 희고 **빼어난** 모습은 마치 처녀 같다. 오곡은 먹지 않으며 바람을 호흡하고 이슬을 마시며, 운기를 타고 돌아다니며 용을 부려 사해四海 밖 먼 곳까지 유람한다.

《莊子》曰: 藐姑射之山有神人居焉. 肌膚若冰雪, 綽約若處子. 不食五穀吸風飮露, 乘雲氣, 御飛龍而遊乎四海之外.

【藐姑射】北海의 가운데에 있어서 仙人들이 사는 상상 속의 산 이름.
【五穀】쌀·보리·조·기장·콩을 가리킴. 사람이 살아가는 데 필수적인 곡물.

참고 및 관련 자료

1. 《莊子》逍遙遊
藐姑射之山, 有神人居焉, 肌膚若冰雪, 綽約若處子; 不食五穀, 吸風飮露; 乘雲氣, 御飛龍, 而遊乎四海之外. 其神凝, 使物不疵癘而年穀熟.』吾以是狂而不信也.

2. 《列子》黃帝篇
列姑射山在海河洲中, 山上有神人焉, 吸風飮露, 不食五穀; 心如淵泉, 形如處女; 不偎不愛, 仙聖爲之臣; 不畏不怒, 愿慤爲之使; 不施不惠, 而物自足; 不聚不斂, 而己無愆. 陰陽常調, 日月常明, 四時常若, 風雨常均, 字育常時, 年穀常豐; 而土無札傷, 人無夭惡, 物無疵厲, 鬼無靈響焉.

282. 邾子投火, 王思怒蠅

282-① 邾子投火
불구덩이에 떨어진 죽은 주자 장공

《좌씨전左氏傳》에 실려 있다.
주자邾子 장공莊公이 궁문의 대臺에서 조정을 내려다보고 있었는데, 문지기가 항아리의 물을 조정에 뿌리고 있는 것이었다. 주자가 멀리서 이를 보고 노하여 화를 내자, 문지기는 이렇게 말하는 것이었다.
"이야고夷射姑가 소변을 보는 것입니다."
주자는 명을 내려 이야고를 잡아들이라 하였지만 잡지 못하였다. 이에 더욱 화가 난 주자는 직접 침상에서 뛰어내리다가 그만 잘못하여 숯불이 타는 화로로 떨어져 살이 짓물러 끝내 죽고 말았다. 장공(주자)은 성격이 이처럼 급하였고 결벽증까지 있어 그 때문에 이러한 지경에 이른 것이다.
장공은 바로 주자의 시호이며 선旋은 소변을 뜻하며, 폐廢는 '떨어지다' 라는 뜻이다.

《左氏傳》: 邾子在門臺臨廷. 閽以缾水沃廷, 邾子望見之怒.
閽曰:「夷射姑旋焉.」
命執之弗得, 滋怒, 自投於床, 廢於鑪炭, 爛, 遂卒. 莊公下急而好潔, 故及是.
莊公卽邾子諡, 旋小便, 廢墮也.

【邾子】邾나라 군주라는 뜻. 子는 公侯伯子男의 작위임. 구체적으로는 邾나라 莊公을 말함.
【廷】조정. 백관이 군주를 배알하는 곳. 外廷을 말함.
【缾水】'병'은 항아리. 독.
【夷射姑】이 일이 있기 1년 전에 연회에서 소변을 보러 나온 이야고에게 문지기가 고기를 달라고 하였지만, 이야고는 화를 내며 문지기를 꾸짖었음. 이때 당했던 음식에 대한 앙심이 있었던 것으로 이야고를 무고한 것임.
【卞急】성격이 매우 급함을 말함.

참고 및 관련 자료

1. 《左傳》定公 3년
三年春二月辛卯, 邾子在門臺, 臨廷. 閽以缾水沃廷, 邾子望見之, 怒. 閽曰: 「夷射姑旋焉.」 命執之. 弗得, 滋怒, 自投于牀, 廢于鑪炭, 爛, 遂卒. 先葬以車五乘, 殉五人. 莊公卞急而好潔, 故及是.

2. 《左傳》定公 2년
邾莊公與夷射姑飮酒, 私出. 閽乞肉焉, 奪之杖以敲之.

282-② 王思怒蠅
붓에 달려드는 파리를 두고 화를 낸 왕사

《위지魏志》에 실려 있다.

왕사王思는 제음濟陰 사람으로 예주자사豫州刺史를 맡고 있었다. 왕사는 업무 처리에는 뛰어났지만 성격이 자질구레한 일에 가혹하고 대범한 도량은 없었다. 관직은 구경九卿에 올랐고 열후列侯에 봉해졌다.

《위략魏略》에는 이렇게 말하였다.

왕사는 성격이 급하였다. 일찍이 붓을 들어 문서를 작성하고 있을 때 파리가 붓끝에 모여들어 이를 쫓았지만 다시 모여드는 것이었다. 이와 같이 하기를 두세 번, 왕사는 성이 나서 벌떡 일어나 파리를 쫓았지만 그래도 잡지 못하자 그만 붓을 땅에 내던지고는 발로 밟아 짓이겨 버렸다.

《魏志》: 王思濟陰人. 領豫州刺史, 思能吏. 然苛碎無大體. 官至九卿, 封列侯.

《魏略》曰: 思性急. 嘗執筆作書, 蠅集筆端, 驅去復來. 如是再三, 思恚怒, 自起逐蠅不能得. 還取筆擲地, 蹋壞之.

【王思】 삼국 魏나라 때의 인물. 《藝文類聚》(58)와 〈幼學指南鈔〉에 《魏略》을 출전으로 하여 실려 있음.

【蹋】 '踏'와 같음, 발로 박자를 맞추는 것.

> 참고 및 관련 자료

1. 《藝文類聚》(58) 筆

魏略曰: 王思爲大司徒. 性急, 嘗執筆作書, 蠅集筆端, 驅去復來. 如是再三, 思怒, 自起逐蠅, 不能去. 還取筆擲地, 蹋壞之.

283. 苻朗皂白, 易牙淄澠

283-① 苻朗皂白
요리된 오리의 색을 알아내는 부랑

《진서晉書》에 실려 있다.

부랑苻朗은 자가 원달元達이며 약양略陽 임위臨渭의 저족氐族 사람으로 부견苻堅 종형의 아들이다. 청주자사青州刺史가 되었다가 진晉나라에 항복하여 원외산기시랑員外散騎侍郎의 직함을 겸하게 되었다. 이윽고 그가 양주揚州에 이르자, 풍류는 한 시대를 풍미하면서 초연히 자득하며 세월을 보내었다. 음식 맛에 대하여 감별이 뛰어나 짠맛, 신맛 및 고기맛을 모두 그 유래를 알아낼 정도였다.

회계왕會稽王 사마도자司馬道子가 성찬을 준비하였는데, 강좌江左의 좋은 음식은 모두 갖추었다. 그리고 식사를 마치자 회계왕이 이렇게 물었다.

"관중關中의 음식에 어느 것이 이와 같습니까?"

그러자 부랑은 이렇게 대답하였다.

"모두가 좋습니다. 다만 오늘 요리는 짠맛이 조금 덜 나는군요."

이윽고 재부宰夫에게 물었더니 모두가 그와 같았던 것이다. 어떤 사람이 닭을 잡아 그에게 대접하여 이윽고 상에 오르자 부랑은 이렇게 말하였다.

"이 닭은 기르면서 반은 항상 노천에서 길렀군요."

이를 알아보았더니 역시 모든 것이 그의 말과 같았다.

또 한 번은 오리고기를 먹으면서 그 오리의 색깔이 검은 것이었는지 흰 것이었는지를 알아내는 것이었다.

사람들이 믿지 못하고 오리의 색깔을 기억해 두었다가 시험해 보았더니 전혀 틀림이 없는 것이었다. 당시 사람들은 모두가 그는 맛을 잘 감별한다고 여겼다.

《晉書》: 苻朗字元達, 略陽臨渭氐人, 堅從兄子. 拜靑州刺史, 降晉, 加員外散騎侍郞. 旣至揚州, 風流邁於一時, 超然自得. 善識味, 鹹酢及肉, 皆別所由.

會稽王爲設盛饌, 極江左精餚. 食訖, 問曰:「關中之食孰若此?」

答曰:「皆好. 惟鹽味小生耳.」

旣問宰夫, 皆如其言.

或人殺雞以食之, 旣進, 朗曰:「此雞棲常半露.」

檢之, 皆驗. 又食鵝肉, 知皂白之色處, 人不信, 記而試之, 無差. 時人咸以爲知味.

【苻郞】前秦 왕 苻堅의 조카.

【苻堅】자는 永固(338~385). 혹은 文玉. 晉나라 때 五胡 중에 제일 강하였던 前秦의 군주. 苻健이 秦을 세우고 아들 苻生에게 물려주자 부건이 부생을 죽이고 자립함. 이어 차례로 前燕과 前凉, 代 등을 취하여 강해지자 晉나라를 공략하여 淝水에서 謝玄 등과 결전을 벌여 대패함. 이에 鮮卑, 羌 등이 이반하여 국세가 약해졌으며 결국 姚萇(羌族)이 그와 태자 苻宏을 살해하고 後秦을 세움. 《晉書》(113)에 전이 있음.

【司馬道子】司馬太傅. 자는 道子(364~402). 흔히 司馬孝文王으로 불림. 簡文帝의 다섯째 아들. 文孝王으로도 불림. 10세에 琅琊王에 봉해졌다가 다시 會稽王에 봉해졌음. 孝武帝 때 司徒·揚州刺史·太子太傅를 역임하였으며, 安帝 때 侍中, 太傅, 丞相을 역임함. 그러나 그 아들과 정권을 농단하며 소인을 믿다가 王恭과 孫恩, 桓玄의 공격을 받아 주살당함. 《晉書》(64)에 전이 있음.

참고 및 관련 자료

1. 《晉書》(114) 苻堅傳(苻朗)

苻朗字元達, 堅之從兄子也. 性宏達, 神氣爽邁, 幼懷遠操, 不屑時榮. 堅嘗目

之曰:「吾家千里駒也.」徵拜鎭東將軍·靑州刺史, 封樂安男. 不得已起而就官.
……後晉遣淮陰太守高素伐靑州, 朗遣使詣謝玄於彭城求降, 玄表朗許之, 詔加
員外散騎侍郎. 旣至揚州, 風流邁於一時, 超然自得. ……又善識味, 鹹酢及肉,
皆別所由. 會稽王司馬道子爲朗設盛饌, 極江左精餚. 食訖, 問曰:「關中之食
孰若此?」答曰:「皆好. 惟鹽味小生耳.」旣問宰夫, 皆如其言. 或人殺雞以食之,
旣進, 朗曰:「此雞栖恒半露.」檢之, 皆驗. 又食鵝肉, 知黑白之處, 人不信, 記而
試之, 無豪釐之差. 時人咸以爲知味.

283-② 易牙淄澠
치수와 민수의 물맛을 구별해 내는 역아

《열자列子》에 공자孔子의 말을 인용하여 이렇게 말하였다.
"치수淄水와 민수澠水의 물을 합해 놓아도 역아易牙는 이를 구별해 낸다."
역아는 제齊나라 대부로서 맛을 변별해 내는 능력이 뛰어나 치수와 민수 두 물을 구별하면서 단지 그 물맛만 보고도 알아내었던 것이다.

《列子》引孔子曰:「淄澠之合, 易牙識之.」
易牙齊大夫, 善聞味. 辨淄·澠二水, 但嘗而知之也.」

【淄·澠】齊나라 땅을 흐르는 두 물 이름. 그 물맛이 각기 달랐다 함.
【易牙】'易牙'는 雍 사람. 이름은 巫, '牙'는 자. 齊 桓公의 주방장으로 음식 맛에 대하여 잘 알았다 함. 제 환공이 죽은 뒤 난을 일으키기도 함.《史記》 齊太公世家 참조.

참고 및 관련 자료

1.《列子》說符篇

白公問孔子曰:「人可與微言乎?」孔子不應. 白公問曰:「若以石投水, 何如?」孔子曰:「吳之善沒者能取之.」曰:「若以水投水, 何如?」孔子曰:「淄澠之合, 易牙嘗而知之.」

2.《淮南子》道應訓

白公問於孔子曰:「人可以微言?」孔子不應. 白公曰:「若以石投水中何如?」曰:「吳越之善沒者, 能取之矣.」曰:「若以水投水何如?」孔子曰:「菑‧澠之水合, 易牙嘗而知之.」白公曰:「然則人固不可與微言乎?」孔子曰:「何謂不可! 誰知言之謂者乎! 夫知言之謂者, 不以言言也. 爭魚者濡, 逐獸者趍, 非樂之者也. 故至言去言, 至爲無爲. 夫淺知之所爭者末矣.」白公不得也, 故死於浴室. 故老子曰:「言有宗, 事有君, 夫唯無知, 是以不吾知也.」白公之謂也.

284. 周勃織薄, 灌嬰販繒

284-① 周勃織薄
박곡 짜는 일을 생업으로 하던 주발

전한前漢의 주발周勃은 그 선조가 권현卷縣 사람이었으나 패현沛縣으로 옮겨와서 누에고치 틀인 박곡薄曲 짜는 일로 생업을 삼고 있었다. 그는 항상 초상집에 가서 통소를 불어주는 일을 하고 있었으며, 타고 난 힘은 능히 큰 활을 잡아당길 정도였다.

고조高祖 유방劉邦이 병사를 일으키자 주발은 중연中涓이라는 직책을 맡아 따라다니며 공격의 전투에 나서 그 공으로써 강후絳侯에 봉해졌다. 주발은 사람됨이 목눌木訥하고 강강彊强하며 돈후하여 고조는 가히 큰일을 맡길 만한 인물이라 여겼다. 주발은 문학은 좋아하지 않아, 매번 제생諸生을 불러 사건 해결을 위해 이야기를 나눌 때면, 동쪽을 향해 앉아서는 이렇게 책임을 물었다.

"어서 나에게 알기 쉽게 설명하라!"

그의 거칠고 우둔하며 문아文雅함의 부족함이 이와 같았던 것이다.

구본舊本에는 박薄자를 비畚자로 썼는데 오류이다.

前漢, 周勃, 其先卷人. 徙沛, 以織薄曲爲生. 常以吹簫給喪事. 材官引强. 高祖起, 勃以中涓從攻戰, 以功封絳侯. 勃爲人木彊敦厚, 高帝以爲可屬大事.

勃不好文學, 每召諸生說事, 東鄕坐責之:「趣爲我語!」

其椎魯少文如此.

舊本: '薄'作'畚'非.

【周勃】漢 高祖 劉邦을 도와 천하를 평정하였던 인물.《史記》와《漢書》에 전이 있음.

【薄曲】누에가 자리를 잡고 고치가 되도록 하는 틀로 갈대나 부들을 짜서 만든 양잠 기구. 남방은 薄, 북방은 曲이라 하며 이를 묶어 하나의 단어로 삼은 것. 다른 〈四庫全書〉본에는 '薄曲'으로 잘못 표기되어 있음.

【材官引彊】강한 弓官을 잡아당길 힘을 말함.《史記》集解에《漢書音義》를 인용하여 "能引彊弓官, 如今挽彊司馬也"라 하였고, 〈索隱〉에는 "晉灼云: 「申屠嘉爲材官蹶張.」"이라 함.

【高祖】漢 高祖 劉邦. 자는 季. 沛郡 豐邑 출신으로 秦나라 말 義兵을 일으켜 項羽와 결전 끝에 漢 帝國을 설립함. 太祖高皇帝. 漢 帝國을 세운 임금. B.C.202~B.C.195년 재위.《史記》高祖本紀 참조.

【中涓】궁중의 청소부.

【高帝】漢 高祖 劉邦. 자는 季. 沛郡 豐邑 출신으로 秦나라 말 義兵을 일으켜 項羽와 결전 끝에 漢 帝國을 설립함. 太祖高皇帝. 漢 帝國을 세운 임금. B.C.202년~B.C.195년 재위.《史記》高祖本紀 참조.

【東鄕】'향'은 '嚮.' 손님은 동쪽을 향하고, 주인은 서쪽을 향하는 예법. 周勃은 그것을 따르지 않았음을 말함.

참고 및 관련 자료

1.《史記》(57) 絳侯周勃世家

絳侯周勃者, 沛人也. 其先卷人, 徙沛. 勃以織薄曲爲生, 常爲人吹簫給喪事, 材官引彊. 高祖之爲沛公初起, 勃以中涓從攻胡陵, 下方與. 方與反, 與戰, 卻適. 攻豐. 擊秦軍碭東. 還軍留及蕭. 復攻碭, 破之. 下下邑, 先登. 賜爵五大夫. 攻蒙·虞, 取之. 擊章邯車騎, 殿. 定魏地. 攻爰戚·東緡, 以往至栗, 取之. 攻齧桑, 先登. 擊秦軍阿下, 破之. 追至濮陽, 下甄城. 攻都關·定陶, 襲取宛朐, 得單父令. 夜襲取臨濟, 攻張, 以前至卷, 破之. 擊李由軍雍丘下. 攻開封, 先至城下爲多. 後章邯破殺項梁, 沛公與項羽引兵東如碭. 自初起沛還至碭, 一歲二月. 楚懷王封沛公號安武侯, 爲碭郡長. 沛公拜勃爲虎賁令, 以令從沛公定魏地. 攻東郡尉於城武, 破之. 擊王離軍, 破之. 攻長社, 先登. 攻潁陽·緱氏, 絶河津. 擊趙賁軍尸北. 南攻南陽守齮, 破武關·嶢關. 破秦軍於藍田, 至咸陽, 滅秦. ……以將軍從高帝

反者燕王臧荼, 破之昜下. 所將卒當馳道爲多. 賜爵列侯, 剖符世世勿絶. 食絳八千一百八十戶, 號絳侯. ……勃爲人木彊敦厚, 高帝以爲可屬大事. 勃不好文學, 每召諸生說士, 東鄉坐而責之:「趣爲我語.」其椎少文如此.(下略)

2.《漢書》張陳王周傳(周勃傳)

周勃, 沛人. 其先卷人也, 徙沛. 勃以織薄曲爲生, 常以吹簫給喪事, 材官引强. 高祖爲沛公初起, 勃以中涓從攻胡陵, 下方與. 方與反, 與戰, 卻敵. 攻豐. 擊秦軍碭東. 還軍留及蕭. 復攻碭, 破之. ……勃爲人木强敦厚, 高帝以爲可屬大事. 勃不好文學, 每召諸生說士, 東鄉坐責之:「趣爲我語.」其椎少文如此.(下略)

284-② 灌嬰販繒
비단 장수 관영

　　전한前漢의 관영灌嬰은 수양睢陽에서 비단을 팔던 장사꾼이었다. 중연中涓이라는 낮은 직책으로 고조高祖 유방劉邦을 따라나섰다. 항적項籍이 해하垓下에서 패배하자, 관영은 어사대부御史大夫가 되어 수레와 기병을 거느리고 따로 동성東城까지 항적을 추격하여 이들을 깨뜨렸으며, 그때 따라나섰던 장졸將卒 다섯 명과 함께 항우의 목을 베어 그 공으로써 영음후爵穎陰侯의 작위를 하사받았다.

　　문제文帝 때에는 승상丞相에까지 올랐다.

前漢, 灌嬰睢陽販繒者也. 以中涓從高祖. 及項籍敗垓下, 嬰以御史大夫將軍車騎, 別追至東城破之. 所將卒五人共斬籍, 以功賜爵穎陰侯. 文帝時爲丞相.

【灌嬰】한 고조를 도와 천하를 평정하였던 인물.《史記》와《漢書》에 전이 있음.

【高祖】漢 高祖 劉邦. 자는 季. 沛郡 豐邑 출신으로 秦나라 말 義兵을 일으켜 項羽와 결전 끝에 漢 帝國을 설립함. 太祖高皇帝. 漢 帝國을 세운 임금. B.C.202~B.C.195년 재위.《史記》高祖本紀 참조.

【項籍】項羽의 이름. 秦末 24살에 봉기하여 천하를 호령한 霸王.《史記》項羽本紀에 "項籍者, 下相人也. 字羽. 初起時, 年二十四"라 하였음. 그는 楚 義帝를 假王으로 세워 놓고, 자신이 天下를 휘어잡자 스스로를 西楚霸王이라 하였음.《史記》項羽本紀 참조.

【垓下】항우가 劉邦에게 마지막 패하여 망한 곳으로 虞美人과 사별한 곳.

【文帝】孝文帝. 전한 제3대 황제 劉恒. 太宗孝文皇帝. 高祖 劉邦의 庶子로서 薄太后의 아들. B.C.179~B.C.157년 재위함. 한나라 초기 文景之治를 이루어 제국의 기틀을 다짐.

참고 및 관련 자료

1.《史記》樊酈滕灌列傳

潁陰侯灌嬰者, 睢陽販繒者也. 高祖之爲沛公, 略地至雍丘下, 章邯敗殺項梁, 而沛公還軍於碭, 嬰初以中涓從擊破東郡尉於成武及秦軍於扛里, 疾鬪, 賜爵七大夫. 從攻秦軍亳南·開封·曲遇, 戰疾力, 賜爵執帛, 號宣陵君. 從攻陽武以西至雒陽, 破秦軍尸北, 北絶河津, 南破南陽守齮陽城東, 遂定南陽郡. 西入武關, 戰於藍田, 疾力, 至霸上, 賜爵執珪, 號昌文君.

2.《漢書》樊酈滕灌傳靳周傳(灌嬰)

灌嬰, 睢陽販繒者也. 高祖爲沛公, 略地至雍丘, 章邯殺項梁, 而沛公還軍於碭, 嬰以中涓從, 擊破東郡尉於成武及秦軍於杠里, 疾鬪, 賜爵七大夫. 又從攻秦軍亳南·開封·曲遇, 戰疾力, 賜爵執帛, 號宣陵君. 從攻陽武以西至雒陽, 破秦軍尸北. 北絶河津, 南破南陽守齮陽城東, 遂定南陽郡. 西入武關, 戰於藍田, 疾力, 至霸上, 賜爵執圭, 號昌文君. 沛公爲漢王, 拜嬰爲郎中, 從入漢中, 十月, 拜爲中謁者. 從還定三秦, 下櫟陽, 降塞王. 還圍章邯廢丘, 未拔. 從東出臨晉關, 擊降殷王, 定其地. 擊項羽將龍且·魏相項佗軍定陶南, 疾戰, 破之. 賜嬰爵列侯, 號昌文侯, 食杜平鄉. 復以中謁者從降下碭, 以北至彭城. 項羽擊破漢王, 漢王遁而西,

嬰從還,軍於雍丘.王武·魏公申徒反,從擊破之.攻下外黃,西收軍於滎陽.楚騎來衆,漢王乃擇軍中可爲騎將者,皆推故秦騎士重泉人李必·駱甲習騎兵,今爲校尉,可爲騎將.漢王欲拜之,必·甲曰:「臣故秦民,恐軍不信臣,臣願得大王左右善騎者傅之.」嬰雖少,然數力戰,乃拜嬰爲中大夫,令李必·駱甲爲左右校尉,將郎中騎兵擊楚騎於滎陽東,大破之.受詔別擊楚軍後,絕其饟道,起陽武至襄邑.擊項羽之將項冠於魯下,破之,所將卒斬右司馬·騎將各一人.擊破柘公王武軍燕西,所將卒斬樓煩將五人,連尹一人.擊王武別將桓嬰白馬下,破之,所將卒斬都尉一人.以騎度河南,送漢王到雒陽,從北迎相國韓信軍於邯鄲.還至敖倉,嬰遷爲御史大夫.三年,以列侯食邑杜平鄉.受詔將郎中騎兵東屬相國韓信,擊破齊軍於歷下,所將卒虜(單)[車]騎將(軍)華毋傷及將吏四十六人.降下臨淄,得相田光.追齊相田橫至嬴·博,擊破其騎,所將卒斬騎將一人,生得騎將四人.攻下嬴·博,破齊將軍田吸於千乘,斬之.東從韓信攻龍且·留公於假密,卒斬龍且,生得右司馬·連尹各一人,樓煩將十人,身生得亞將周蘭.齊地已定,韓信自立爲齊王,使嬰別將擊楚將公杲於魯北,破之.轉南,破薛郡長,身虜騎將(入)[一人].攻(博)[傅]陽,前至下相以東南僮·取慮·徐.度淮,盡降其城邑,至廣陵.項羽使項聲·薛公·郯公復定淮北,嬰度淮擊破項聲·郯公下邳,斬薛公,下下邳·壽春.擊破楚騎平陽,遂降彭城.虜柱國項佗,降留·薛·沛·酇·蕭·相.攻苦·譙.復得亞將.與漢王會頤鄉.從擊項籍軍陳下,破之.所將卒斬樓煩將二人,虜將八人.賜益食邑二千五百戶.項籍敗垓下去也,嬰以御史大夫將車騎別追項籍至東城,破之.所將卒五人共斬項籍,皆賜爵列侯.降左右司馬各一人,卒萬二千人,盡得其軍將吏.下東城·歷陽.度江,破吳郡長吳下,得吳守,遂定吳·豫章·會稽郡.還定淮北,凡五十二縣.漢王卽帝位,賜益嬰邑三千戶.以車騎將軍從擊燕王茶.明年,從至陳,取楚王信.還,剖符,世世勿絕,食潁陰二千五百戶.從擊(漢)[韓]王信於代,至馬邑,別降樓煩以北六縣,斬代左將,破胡騎將於武泉北.復從擊信胡騎晉陽下,所將卒斬胡白題將一人又受詔幷將燕·趙·齊·梁·楚車騎,擊破胡騎於硰石.至平城,爲胡所困.從擊陳豨,別攻豨丞相侯敞軍曲逆下,破之,卒斬敞及特將五人.降曲逆·盧奴·上曲陽·安國·安平.攻下東垣.黥布反,以車騎將軍先出,攻布別將於相,破之,斬亞將樓煩將三人.又進擊破布上柱國及大司馬軍.又進破布別將肥銖.嬰身生得左司馬一人,所將卒斬其小將十人,追北至淮上.益食邑二千五百戶.布已破,高帝歸,定令嬰食潁陰五千戶,除前所食邑.凡從所得二千石二人,別破軍十六,降城四十六,定國一,郡二,縣五十二,得將軍二人,柱國·相各一人,二千石十人.嬰自破布歸,高帝崩,

以列侯事惠帝及呂后. 呂后崩, 呂祿等欲爲亂. 齊哀王聞之, 擧兵西, 呂祿等以嬰爲大將軍往擊之. 嬰至滎陽, 乃與絳侯等謀, 因屯兵滎陽, 風齊王以誅呂氏事, 齊兵止不前. 絳侯等旣誅諸呂, 齊王罷兵歸. 嬰自滎陽還, 與絳侯·陳平共立文帝. 於是益封嬰三千戶, 賜金千斤, 爲太尉. 三歲, 絳侯勃免相, 嬰爲丞相, 罷太尉官. 是歲, 匈奴大入北地, 上令丞相嬰將騎八萬五千擊匈奴. 匈奴去, 濟北王反. 詔罷嬰兵. 後歲餘, 以丞相薨, 謚曰懿侯. 傳至孫(疆)[彊], 有罪, 絶. 武帝復封嬰孫賢爲臨汝侯, 奉嬰後, 後有罪, 國除.

285. 馬良白眉, 阮籍靑眼

285-① 馬良白眉
마량의 흰 눈썹

《촉지蜀志》에 실려 있다.
　마량馬良은 자가 계상季常이며 양양襄陽 의성宜城 사람이다. 형제가 다섯이었으며 모두가 재능으로 이름을 날렸다. 그 향리에서는 "마씨 집안 다섯 형제 중에 마량은 흰 눈썹으로 가장 똑똑하다"라는 말이 속담처럼 퍼졌는데, 마량의 눈썹에는 흰 털이 있어 그 때문에 그렇게 칭한 것이다.
　선주先主 유비劉備가 제호帝號를 칭하고 나서 마량을 시중侍中으로 삼았다. 선주는 동쪽 오吳나라 정벌에 나서면서, 마량을 무릉武陵으로 파견하여 그곳의 오계五溪 만이蠻夷를 우군으로 끌어들이도록 임무를 맡겼다. 만이의 오랑캐 거수渠帥들은 모두가 그의 말을 듣고 선주가 내려주는 도장과 칭호를 받아 함께 선주의 뜻을 따라 주었다.

《蜀志》: 馬良字季常, 襄陽宜城人. 兄弟五人, 竝有才名.
鄕里爲之諺曰:「馬氏五常, 白眉最良.」
良眉中有白毛, 故以稱之.
先主稱尊號, 以良爲侍中. 及東征吳, 遣良入武陵, 招納五溪蠻夷. 蠻夷渠帥皆受印號, 咸如意指.

【馬良】자는 季常(187~222). 삼국시대 蜀漢의 인물. 그는 미간에 흰 눈썹이 있었으며, 형제 다섯이 모두 뛰어났으나, 그 중 특히 출중하여 '白眉'라는 고사를 남김.《三國志》蜀志 馬良傳 참조.

【五常】마량은 季常, 마량의 동생 馬謖(泣斬馬謖의 고사를 낳은 인물)은 幼常이라고 하여 형제 다섯 사람 모두 字에 '常'자가 있어 이렇게 부른 것임.
【稱尊號】帝位에 즉위하는 것.
【五溪】雄溪, 即溪, 酉溪, 潕溪, 辰溪 등 다섯 냇물을 말함.

참고 및 관련 자료

1. 《三國志》(39) 蜀書 馬良傳
馬良字季常, 襄陽宜城人也. 兄弟五人, 並有才名, 鄕里爲之諺曰:「馬氏五常, 白眉最良.」良眉中有白毛, 故以稱之. ……先主稱尊號, 以良爲侍中. 及東征吳, 遣良入武陵, 招納五溪蠻夷. 蠻夷渠帥皆受印號, 咸如意指. 會先主敗績於夷陵, 良亦遇害. 先主拜良子秉爲騎都尉.

285-② 阮籍靑眼
완적의 푸른 눈동자

《진서晉書》에 실려 있다.
　완적阮籍은 자가 사종嗣宗이며 진류陳留 울씨尉氏 땅 사람이다. 산기상시散騎常侍가 되었다가 종사중랑從事中郞으로 옮겨갔다. 그는 보병의 주방에 술을 잘 빚는 사람이 있어 그곳에 술을 3백 곡斛이나 저장하고 있다는 사실을 듣고 그는 보병교위步兵校尉 자리를 달라고 하였다.
　완적은 예교禮敎에 얽매이지 않았으며, 능히 눈동자의 푸른 부위와 흰 부위를 마음대로 할 수 있었다. 그리하여 고리타분하게 예속禮俗을 주장하는 선비를 보면 백안白眼으로 그를 대하였다. 혜희嵇喜가 완적의 어머니 상에 조문을 왔을 때, 완적이 자신에게 백안을 뜨자 혜희는 불쾌히 여기며 물러나 버렸다. 혜희의 아우 혜강嵇康이 이를 듣고 술을 싣고 거문고를 가지고 찾아갔다. 그러자 완적은 크게 기뻐하며 푸른 눈을 뜨는 것이었다. 이로 인해 예법을 중시하는 선비들은 그를 질시하기를 마치 원수처럼 여겼다.

완적은 마음 내키는 대로 수레를 홀로 타고 돌아다니되 지름길로 가지 않고 마구 다니다가 수레의 흔적이 끊어진 곳에 이르면 문득 통곡을 하고 되돌아오곤 하였다.

《晉書》: 阮籍字嗣宗, 陳留尉氏人. 爲散騎常侍, 轉從事中郞. 聞步兵廚營人善釀, 有貯酒三百斛, 乃求爲步兵校尉. 籍不拘禮敎, 能爲靑白眼. 見禮俗之士, 以白眼對之.

及嵇喜來弔籍作白眼, 喜不懌而退. 喜弟康聞之, 乃齎酒挾琴造焉. 籍大悅, 乃見靑眼. 由是禮法之士, 疾之若讐. 籍時率意獨駕, 不由徑路, 車迹所窮, 輒慟哭而反.

【阮籍】자는 嗣宗(210~263). 陳留의 尉氏人. 阮瑀의 아들. 老莊에 밝았으며 거문고, 바둑, 시문 등에 능하였음. 步兵校尉를 역임하여 흔히 阮步兵이라 불림. '竹林七賢' 중의 하나. 〈豪傑詩〉, 〈詠懷詩〉, 〈達莊論〉, 〈大人先生傳〉 등이 있으며 《三國志》(21), 《晉書》(49)에 전이 있음.
【營人】음식을 만드는 사람, 요리사, 혹 군영을 관리하는 사람.
【靑白眼】'백안'은 '白眼視'와 같음. '청안'과 상대됨.《世說新語》주에 "能爲靑白眼. 見凡俗之士, 以白眼對之, 見異才之人, 以靑眼對之"라 함.
【嵇喜】자는 公穆. 揚州刺史를 지냈음. 嵇康의 형.
【嵇康】자는 叔夜(223~262). 어릴 때 고아였으며 奇才가 있었음. 老莊에 심취하였으며 시문에 능하였고 '竹林七賢'의 하나임. 뒤에 鍾會의 모함을 입어 司馬昭에게 죽음을 당함. 本姓은 奚氏였으나 뒤에 銍縣 嵇山 곁에 옮겨 살아 성을 嵇氏로 바꾸었다 함. 〈廣陵散曲〉, 〈琴賦〉, 〈養生論〉, 〈聲無哀樂論〉, 〈與山巨源絶交書〉 등이 유명함. 《晉書》(49)에 전이 있음.

참고 및 관련 자료

1.《三國志》(21) 魏書 阮籍傳
瑀子籍, 才藻豔逸, 而倜儻放蕩, 行己寡欲, 以莊周爲模則, 官至步兵校尉.

2.《晉書》(49) 阮籍傳
阮籍字嗣宗, 陳留尉氏人也. 父瑀, 魏丞相掾, 知名於世. 籍容貌瓌傑, 志氣宏放, 傲然獨得, 任性不羈, 以喜怒不形於色. 或閉戶視書, 累月不出; 或登臨山水, 經月忘歸. 博覽羣籍, 尤好〈莊老〉, 嗜酒能嘯, 善彈琴. 當其得意, 忽忘形骸. 時人多謂之癡. 惟族兄文業每歎服之, 以爲勝己, 由是咸共稱異. ……籍聞步兵廚營人善釀, 有貯酒三百斛, 乃求爲步兵校尉. 遺落世事, 雖去佐職, 恒游府內, 朝宴必與焉. ……又能爲靑白眼. 見禮俗之士, 以白眼對之. 及嵇喜來弔籍作白眼, 喜不懌而退. 喜弟康聞之, 乃齎酒挾琴造焉. 籍大悅, 乃見靑眼. 由是禮法之士, 疾之若讐, 而帝每保護之. ……時率意獨駕, 不由徑路, 車迹所窮, 輒慟哭而反. 嘗登廣武, 觀楚漢戰處, 嘆曰:「時無英雄, 使豎子成名!」登武牢山, 望京邑而嘆, 於是賦〈豪傑詩〉, 景元四年冬卒, 時年五十四.

3.《晉百官名》
嵇喜字公穆, 歷揚州刺史, 康兄也. 阮籍遭喪, 往弔之. 籍能爲靑白眼, 見凡俗之士, 以白眼對之. 及喜往, 籍不哭, 見其白眼, 喜不懌而退. 康聞之, 乃齎酒挾琴而造之, 遂相與善.

4.《世說新語》任誕篇
步兵校尉缺, 廚中有貯酒數百斛; 阮籍乃求爲步兵校尉.

286. 黥布開關, 張良燒棧

286-① 黥布開關
함곡관을 열어 밀고 들어간 경포

전한前漢의 경포黥布는 육현六縣 사람으로 성이 본래 영씨英氏였다. 어렸을 때 어떤 객이 그의 관상을 보더니 마땅히 형벌을 거쳐야 왕이 될 것이라 하였다. 그가 어른이 되어 법에 걸려 경형黥刑을 받게 되자, 그는 흔연히 웃으며 이렇게 말하였다.

"나의 관상을 본 사람이 형벌을 거쳐야 왕이 된다 하였으니 이제 그 길로 들어서는 것이렷다!"

이를 들은 자들이 비웃었다. 경포는 죄를 논의한 끝에 여산驪山으로 실려가 노역에 종사하게 되었다. 여산의 공사에 동원된 무리는 수십 만 명이었는데 경포는 그 무리들 중에 호걸들과 사귀고 통하여 이에 그 무리들을 이끌고 장강長江 일대로 도망하여 도적떼가 되었는데 그때 모여든 무리가 수천 명에 달하였다. 뒤에 그는 자신의 무리를 항량項梁의 군대에 귀속시켰으며, 이렇게 이루어진 초楚나라 병력은 언제나 승리를 거두었고, 그 공이 제후들 중에 으뜸이었다. 각지의 병사들이 모두 초나라에 복속한 것은, 바로 경포의 적은 숫자로 많은 무리를 패배시켰기 때문이었다. 항적(項籍, 項羽)이 병사를 이끌고 서쪽으로 진격하여 함곡관函谷關에 이르렀으나, 더 이상 뚫고 들어갈 수가 없었다. 이에 다시 경포 등으로 하여금 먼저 샛길로 들어가 함곡관을 깨뜨리고 군대를 항복시키도록 하여, 드디어 밀고 들어가 함양咸陽에 이를 수가 있었다. 경포가 그때 선봉장이었다. 항우는 여러 장수들을 봉할 때 경포를 구강왕九江王으로 봉하였다. 뒤에 그는 다시 한漢나라에 귀의하여 유방에 의해 회남왕淮南王에 봉해졌다.

前漢, 黥布六人, 姓英氏. 少時客相之, 當刑而王, 及壯坐法黥, 欣然笑曰:「人相我, 當刑而王, 幾是乎!」

聞者笑之. 布以論輸驪山. 驪山之徒數十萬人, 布與其徒長豪傑交通. 乃率其曹耦, 亡之江中, 爲群盜, 衆數千人. 後以兵屬項梁, 楚兵常勝, 功冠諸侯. 兵皆服屬楚者, 以布數以少敗衆也.

項籍引兵西至關, 不得入. 又使布等先從間道破關下軍, 遂得入至咸陽. 布爲前鋒. 項羽封諸將, 立布爲九江王. 歸漢封淮南王.

【黥布】英布. 黥刑을 받고 나서 이름을 '黥布'로 바꿈. 처음에 항량에게 귀속되었다가 유방에게 옮겨 공을 세워 淮南王에 봉해짐.《史記》및《漢書》에 전이 있음.
【項梁】項羽의 숙부. 항우와 함께 秦나라를 토벌하는 군사를 일으킴.
【項羽】項籍. 秦末 24세에 봉기하여 천하를 호령한 霸王.《史記》項羽本紀에 "項籍者, 下相人也. 字羽. 初起時, 年二十四"라 하였음. 그는 楚 義帝를 假王으로 세워 놓고, 자신이 天下를 휘어잡자 스스로를 西楚霸王이라 하였음. 《史記》項羽本紀 참조.
【咸陽】지금의 陝西 西安. 秦나라가 도읍으로 삼았던 곳.
【楚兵】항우의 군사.
【淮南】九江은 漢나라 이후 淮南國으로 고쳐 불렀음.

참고 및 관련 자료

1.《史記》黥布列傳
黥布者, 六人也, 姓英氏. 秦時爲布衣. 少年, 有客相之曰:「當刑而王.」及壯, 坐法黥. 布欣然笑曰:「人相我當刑而王, 幾是乎?」人有聞者, 共俳笑之. 布已論輸麗山, 麗山之徒數十萬人, 布皆與其徒長豪桀交通, 迺率其曹偶, 亡之江中爲羣盜. ……項籍之引兵西至新安, 又使布等夜擊阬章邯秦卒二十餘萬人. 至關, 不得入, 又使布等先從閒道破關下軍, 遂得入, 至咸陽. 布常爲軍鋒. 項王封諸將, 立布爲九江王, 都六. ……淮南王至, 上方踞牀洗, 召布入見, 布(甚)大怒, 悔來,

欲自殺. 出就舍, 帳御飮食從官如漢王居, 布又大喜過望. 於是迺使人入九江. 楚已使項伯收九江兵, 盡殺布妻子. 布使者頗得故人幸臣, 將衆數千人歸漢. 漢益分布兵而與俱北, 收兵至成皐. 四年七月, 立布爲淮南王, 與擊項籍. 漢五年, 布使人入九江, 得數縣. 六年, 布與劉賈入九江, 誘大司馬周殷, 周殷反楚, 遂擧九江兵與漢擊楚, 破之垓下.

2.《漢書》韓彭英盧吳傳(黥布)

黥布, 六人也, 姓英氏. 少時客相之, 當刑而王. 及壯, 坐法黥, 布欣然笑曰: 「人相我當刑而王, 幾是乎?」 人有聞者, 共戲笑之. 布以論輸驪山, 驪山之徒數十萬人, 布皆與其徒長豪桀交通, 乃率其曹耦, 亡之江中爲羣盜. 陳勝之起也, 布乃見番君, 其衆數千人. 番君以女妻之. 章邯之滅陳勝, 破呂臣軍, 布引兵北擊秦左右校, 破之靑波, 引兵而東. 聞項梁定會稽, 西度淮, 布以兵屬梁. 梁西擊景駒·秦嘉等, 布常冠軍. 項梁聞陳涉死, 立楚懷王, 以布爲當陽君. 項梁敗死, 懷王與布及諸將皆聚彭城. 當是時, 秦急圍趙, 趙數使人請救懷王. 懷王使宋義爲上將[軍], 項籍與布皆屬之, 北救趙. 及籍殺宋義河上, 自立爲上將軍, 使布先涉河, 擊秦軍, 數有利. 籍乃悉引兵從之, 遂破秦軍, 降章邯等. 楚兵常勝, 功冠諸侯. 諸侯兵皆服屬楚者, 以布數以少敗衆也.(下略)

3.《十八史略》(2)

漢立黥布爲淮南王.

286-② 張良燒棧
촉의 잔도를 태워버린 장량

전한前漢의 항우項羽가 자립하여 서초패왕西楚霸王으로 올라 자신은 옛 양梁나라, 초楚나라 땅을 차지하여 왕 노릇을 하고 패공沛公 유방을 한왕漢王으로 삼아 파촉巴蜀과 한중漢中 땅에서 왕 노릇을 하도록 하였다.

한왕 유방이 그 한중 땅으로 가게 되자, 장량張良도 임무를 끝내고 자신의 고향 한韓나라로 돌아가게 되었다. 한왕은 그를 포중褒中이라는 곳까지 배웅하였다. 그때 장량은 한왕에게 이렇게 말하였다.

"한중으로 들어가면서 검각劍閣의 잔도棧道를 태워 길을 끊어 제후들의 침입을 대비할 뿐만 아니라 아울러 자신이 동쪽으로 나올 뜻이 없음을 항우에게 보여 주십시오."

이에 장량을 되돌아오도록 하여 그 잔도를 불태워 끊어 버렸다.

前漢, 項羽自立爲西楚霸王, 王梁楚地. 更立沛公爲漢王, 王巴蜀漢中. 漢王就國, 張良辭歸韓.

漢王送至褒中, 因說漢王:「燒絶棧道, 以備諸侯盜兵, 亦示羽無東意.」

迺使良還行燒絶棧道.

【項羽】項籍. 秦末 24살에 봉기하여 천하를 호령한 霸王.《史記》項羽本紀에 "項籍者, 下相人也. 字羽. 初起時, 年二十四"라 하였음. 그는 楚 義帝를 假王으로 세워 놓고, 자신이 天下를 휘어잡자 스스로를 西楚霸王이라 하였음. 《史記》項羽本紀 참조.
【西楚】淮水 이북의 땅으로, 沛·陳·汝南의 남쪽 지방을 말함. 항우가 스스로 西楚霸王을 자처하였음.
【霸王】원래 천하를 제패하여 제후가 된 자. 항우를 부르는 호칭.
【沛公】漢 高祖 劉邦. 沛邑의 長이었을 때에 의병을 일으켰으므로 '패공'이라 부른 것.
【張良】漢興三傑의 하나. 字는 子房. 원래 韓나라 출신으로 韓나라가 秦始皇에게 망하자 복수를 결심하고 始皇을 博浪沙에서 저격, 실패로 끝나자 下邳로 도망갔다가 黃石公을 만났고, 다시 劉邦에게 합류하여 項羽를 멸하였음. 留侯에 봉해짐.《史記》留侯世家 참조. '子房取履'[264] 참조.
【棧道】산과 계곡 사이의 험준한 곳에 설치한 구름다리.

> 참고 및 관련 자료

1. 《史記》高祖本紀

四月, 兵罷戲下, 諸侯各就國. 漢王之國, 項王使卒三萬人從, 楚與諸侯之慕從者數萬人, 從杜南入蝕中. 去輒燒絶棧道, 以備諸侯盜兵襲之, 亦示項羽無東意. 至南鄭, 諸將及士卒多道亡歸, 士卒皆歌思東歸. 韓信說漢王曰:「項羽王諸將之有功者, 而王獨居南鄭, 是遷也. 軍吏士卒皆山東之人也, 日夜跂而望歸, 及其鋒而用之, 可以有大功. 天下已定, 人皆自寧, 不可復用. 不如決策東鄉, 爭權天下.」

2. 《史記》留侯世家

漢元年正月, 沛公爲漢王, 王巴蜀. 漢王賜良金百溢, 珠二斗, 良具以獻項伯. 漢王亦因令良厚遺項伯, 使請漢中地. 項王乃許之, 遂得漢中地. 漢王之國, 良送至褒中, 遣良歸韓. 良因說漢王曰:「王何不燒絶所過棧道, 示天下無還心, 以固項王意.」乃使良還. 行, 燒絶棧道. 良至韓, 韓王成以良從漢王故, 項王不遣成之國, 從與俱東. 良說項王曰:「漢王燒絶棧道, 無還心矣.」乃以齊王田榮反書告項王. 項王以此無西憂漢心, 而發兵北擊齊.

3. 《漢書》張陳王周傳

漢元年, 沛公爲漢王, 王巴蜀, 賜良金百溢, 珠二斗, 良具以獻項伯. 漢王亦因令良厚遺項伯, 使請漢中地. 項王許之. 漢王之國, 良送至褒中, 遣良歸韓. 良因說漢王燒絶棧道, 示天下無還心, 以固項王意. 乃使良還. 行, 燒絶棧道. 良歸至韓, 聞項羽以良從漢王故, 不遣韓王成之國, 與俱東, 至彭城殺之. 時漢王還定三秦, 良乃遺項羽書曰:「漢王失職, 欲得關中, 如約卽止, 不敢復東.」又以齊反書遺羽, 曰:「齊與趙欲幷滅楚.」項羽以故北擊齊.

4. 《十八史略》(2)

羽使人致命懷王, 王曰:「如約.」羽怒曰:「懷王吾家所立耳, 非有功伐, 何得專主約?」乃陽尊爲義帝, 徙江南, 都郴. 分天下王諸將, 羽自立爲西楚霸王.

287. 陳遺飯感, 陶侃酒限

287-① 陳遺飯感
어머니께 누룽지를 가져다 드린 진유

《남사南史》에 실려 있다.
송宋나라 초기 오군吳郡의 진유陳遺는 어린 나이에 군郡의 관리가 되었다. 그의 어머니는 솥 밑에 생기는 누룽지를 좋아하였다. 진유는 공무를 보면서 항상 주머니를 가지고 다니면서 매번 밥지을 때마다 문득 그 누룽지를 모아 어머니께 가져다 드리곤 하였다.

뒤에 손은孫恩의 난이 일어났을 때 그는 몇 되의 누룽지를 모아 항상 이를 지닌 채 전투에 따라 다녔다. 그런데 전투에서 패하여 숨어 지내게 되었을 때 많은 이들이 굶어 죽었지만 진유만은 누룽지 덕분에 살아날 수 있었다. 어머니는 아들 안부에 밤낮으로 울다가 그만 눈은 멀게 되었고, 귀는 들을 수 없게 되었다. 진유가 집에 돌아와 재배하고 부르며 목을 놓아 울자 갑자기 어머니의 눈이 뜨이고 귀가 트여, 밝고 환하게 보고들을 수 있었다.

《南史》: 宋初吳郡陳遺, 少爲郡吏. 母好食鐺底焦飯. 遺在役, 常帶囊, 每煮食, 輒儲其焦以貽母.
後孫恩亂, 聚得數升, 常帶自隨. 及敗逃竄, 多有餓死, 遺以此得活. 母晝夜泣涕, 目爲失明, 耳無所聞. 遺還入戶, 再拜號咽. 母豁然卽明.

【陳遺】晉 安帝 때의 인물. 郡吏의 낮은 벼슬을 지냈으며 어머니에게 지극한 효도를 다하였음.《南史》(73)에 전이 있음.

【孫恩】자는 靈秀(?~402). 琅邪人. 五斗米道를 신봉했으며 그 영수가 되어 호를 '長生人'이라 하고 스스로 征東將軍이라 칭하여 동남 연해와 도서지역을 점거하였다가 誅殺당함.《晉書》(100)에 전이 있음.

참고 및 관련 자료

1.《南史》(73) 孝義傳(陳遺)

宋初吳郡人陳遺, 少爲郡吏, 母好食鍋底飯. 遺在役, 恆帶一囊, 每煮食, 輒錄其焦以貽母. 後孫恩亂, 聚得數升, 恆帶自隨. 及財逃竄, 多有餓死, 遺以此得活. 母晝夜泣涕, 目爲失明, 耳無所聞. 遺還, 入戶再拜, 號咽, 母豁然卽明.

2.《世說新語》德行篇

吳郡陳遺, 家至孝, 母好食鐺底焦飯. 遺作郡主簿, 恆裝一囊, 每煮食, 輒貯錄焦飯, 歸以遺母. 後値孫恩賊出吳郡, 袁府君卽日便征, 遺以聚斂得數斗焦飯, 未展歸家, 遂帶以從軍; 戰於滬瀆, 敗, 軍人潰散, 逃走山澤, 皆多餓死, 遺獨以焦飯得活. 時人以爲純孝之報也.

3.《晉書》安帝紀

孫恩一名靈秀, 琅邪人. 叔父泰, 事五斗米道, 以謀反誅. 恩逸逃於海上, 聚衆十萬人, 攻沒郡縣, 後爲臨海太守辛昺斬首, 送之京師.

4.《續晉陽秋》

山松, 陳郡人, 歷祕書監, 吳國內史, 孫恩作亂, 見害.

287-② 陶侃酒限
한계를 지어 술을 마신 도간

《진서晉書》에 실려 있다.
　도간陶侃은 자가 사행士行이며 파양鄱陽 사람이다. 심양潯陽으로 옮겨 살았으며 일찍 아버지를 잃고 고아로서 현縣의 관리가 되었다. 당시 효렴과 孝廉科에 천거된 범규范逵가 도간의 집을 들르게 되었다. 창졸지간이라 그를 빈객으로 모실 준비가 되어 있지 않았다. 이에 그의 어머니가 머리카락을 잘라 두 개의 가발을 만들어 이로써 술과 안주를 바꾸어 왔다. 친구와 즐겁게 술을 마시며 흔쾌히 여겼고, 범규를 따라온 종들도 역시 기대보다 더한 대접을 받았다.
　도간은 뒤에 태위太尉, 형주荊州와 강주江州의 제군사諸軍事, 장사군공長沙郡公 등의 직위와 직함을 역임하였다.
　도간은 매번 술을 마실 때에는 그 정해진 양이 없었으나, 항상 즐겁되 여유가 있을 때쯤이면 한계를 정해 거기에서 그쳤다. 좌사佐史 은호殷浩 등이 조금 더 마시기를 권하면 그는 이렇게 대답하였다.
　"젊을 때 일찍이 술로 실수를 한 적이 있다. 돌아가신 어머니와 약속한 것이 있다. 그 때문에 감히 도를 넘어설 수 없다."
　도간은 일찍이 어머니 상을 당하였을 때, 정란丁蘭이 어머니를 모시듯이 온갖 고통을 자처하며 무덤 곁에 움막을 짓고 시묘하고 있었다. 그때 두 손님이 찾아와 조문을 하였다. 그런데 두 사람의 의표와 복장이 깨끗하고 특이하여 사람을 보내어 간 곳을 찾아보게 하였더니, 단지 두 마리의 학이 하늘을 가로질러 사라지더라는 것이었다.

《晉書》: 陶侃字士行, 鄱陽人. 徙潯陽, 早孤貧, 爲縣吏. 孝廉范逵嘗過侃, 時倉卒無以待賓客, 其母乃截髮, 得雙髲, 以易酒肴.

樂飮極歡, 雖僕從亦過所望. 侃至太尉·都督荊江等諸軍事·長沙郡公.

侃每飮酒有定限, 常歡有餘而限已竭.

佐史殷浩等勸更少進, 侃曰:「年少曾有酒失, 亡親見約, 故不敢踰.」

侃嘗丁母憂, 艱辛在幕下, 二客來弔. 儀服鮮異, 遣人尋之, 但有雙鶴飛冲天而去.

【陶侃】자는 士行, 혹은 士衡(259~334). 진나라 內亂을 안정시킨 공로로 각 곳의 刺史·侍中·太尉·都督 등을 지냈으며 長沙郡公에 봉해짐.《晉書》(66)에 전이 있음. 陶潛의 증조부.
【范逵】도간의 친구이며 孝廉科에 급제한 인물.
【髮】가발. 머리의 모양을 아름답게 만들기 위해 쓰는 장식용 가발.
【都督荊江等諸軍事】荊州나 江陵 일대의 군대를 감독하는 관리.
【殷浩】자는 淵源(?~356). 殷羨(洪喬)의 아들이며 弱冠에 이미 이름이 났으며 玄言에 뛰어나 당시 풍류 재자의 숭앙을 받음. 정사에도 뛰어나 사람들은 그를 管仲이나 諸葛孔明에 비유할 정도였음. 建武將軍, 揚州刺史를 역임하였으며 北征에 나섰다가 姚襄에게 패배하여 서인으로 강등되기도 하였음. '咄咄怪事'의 고사를 남김.《晉書》(77)에 전이 있음.
【丁母憂】丁蘭이 어머니를 시묘한 일. '丁蘭刻木'[208] 참조.
【幕下】《世說新語》에는 '墓下'로 되어 있음.

참고 및 관련 자료

1.《晉書》(66) 陶侃傳
陶侃字士行, 本鄱陽人也. 吳平, 徙廬江之潯陽. 父丹, 吳揚武將軍. 侃早孤貧, 爲縣吏. 鄱陽孝廉范逵嘗過侃, 時倉卒無以待賓客, 其母乃截髮, 得雙髲, 以易酒肴, 樂飮極歡, 雖僕從亦過所望. 及逵去, 侃追送百餘里. 逵曰:「卿欲仕郡乎?」侃曰:「欲之, 困於無津耳!」逵過廬江太守張夔, 稱美之. 夔召爲督郵, 領樅陽令.

……侃旋江陵, 尋以爲侍中·太尉, 加羽葆鼓吹, 改封長沙郡公, 邑三千戶, 賜絹八千匹, 加都督交廣寧七州軍事. 以江陵偏遠, 移鎭巴陵. 遣諮議參軍張誕討五溪夷, 降之.

2.《世說新語》賢媛篇에 인용된《陶侃別傳》

母湛氏, 賢明有法訓. 侃在武昌, 與佐史從容飮燕, 飮常有限. 或勸猶可少進, 侃悽然良久曰:「昔年少, 曾有酒失, 二親見約, 故不敢踰限」及侃丁母憂, 在墓下, 忽有二客來弔, 不哭而退; 儀服鮮異, 知非常人. 遣隨視之, 但見雙鶴沖天而去.

3.《十八史略》(4)

以陶都督荊湘等州諸軍事. 侃少孤貧, 孝廉范逵過之. 侃母湛氏, 截髮賣爲酒食. 逵薦侃, 遂知名. 初爲荊州都督劉弘所用, 討義陽叛蠻張昌, 又討破江東叛將陳敏, 又擊破湘州劇賊杜弢. 自江夏太守, 爲荊州刺史.

288. 楚昭萍實, 束晳竹簡

288-① 楚昭萍實
초나라 소왕의 평실

《공자가어孔子家語》에 실려 있다.

초楚나라 소왕昭王이 강을 건너고 있는데, 강 중간에 어떤 물건이 떠 있는 것이었다. 크기는 말斗만 하였으며, 둥글고 붉었는데 이것이 왕이 타고 있는 배를 향해 밀려오는 것이었다.

사공이 이를 건져 올리자, 왕은 괴이히 여겨 여러 신하에게 물어 보았지만, 누구도 무슨 물건인지 알아내지 못하는 것이었다.

왕은 사신을 노魯나라에 사신으로 보내어 공자孔子에게 물어 보았다. 공자는 이렇게 설명해주었다.

"이는 평실萍實이라는 것으로 갈라서 먹을 수 있으며 길하고 상서로운 것이다. 오직 패자가 될 자만이 이를 얻을 수 있다."

왕이 이를 먹어 보았더니 맛이 아주 훌륭하였다. 한참 뒤 초나라 사신이 노나라에 와서 노나라 대부에게 그 사실을 일러 주었다. 그 대부가 자유子游를 통해 공자에게 물었다.

"선생님께서는 어떻게 하여 그렇다는 것을 아셨습니까?"

공자가 말하였다.

"내 일찍이 정鄭나라로 가는 길에 진陳나라 들녘을 지난 적이 있다. 그때 아이들이 이렇게 노래를 불렀다.

'초왕이 강을 건너다 평실을 얻으리라.
크기는 말만 하고 붉기는 해와 같도다.
갈라서 먹어보면 달기가 꿀과 같으리.'

이것이 초왕에게 응험이 된 것이며, 내 이로써 알게 된 것이다."

《家語》曰: 楚昭王渡江, 江中有物, 大如斗, 圓而赤, 直觸王舟. 舟人取之, 王怪問群臣, 莫能識. 使使聘魯, 問孔子.

孔子曰:「此萍實也, 可剖食之, 吉祥也, 惟霸者爲能獲焉.」

使者返, 王遂食之, 大美. 久之使來, 以告魯大夫.

大夫因子游問曰:「夫子何以知其然?」

曰:「吾昔之鄭, 過陳之野. 聞童謠曰:『楚王渡江得萍實, 大如斗 赤如日. 剖而食之, 甛如蜜.』此楚王之應, 吾是以知之.」

【家語】《孔子家語》. 魏나라 王肅이 여러 전적에서 공자의 사적을 모아 분류하여 편찬한 책.
【楚昭王】춘추 말 초나라 군주. B.C.515~B.C.489년까지 27년간 재위함.
【萍實】부평초. 그러나 萍蓬草의 열매라고 함. 睡蓮科의 다년생 수생식물이며 水粟이라고도 함. 열매가 열리며 조와 같은 알갱이가 있어 먹을 수 있다 함.
【子游】孔子의 제자. 言偃.

> 참고 및 관련 자료

1. 《孔子家語》致思篇
楚王渡江, 江中有物, 大如斗, 圓而赤, 直觸王舟, 舟人取之, 王大怪之, 遍問群臣, 莫之能識. 王使使聘于魯, 問於孔子, 子曰:「此所謂萍實者也, 可剖而食之, 吉祥也. 唯霸者爲能獲焉.」使者反, 王遂食之, 大美. 久之, 使來以告魯大夫, 大夫因子游問曰:「夫子何以知其然乎?」曰:「吾昔之鄭, 過乎陳之野, 聞童謠曰:『楚王渡江得萍實, 大如斗, 赤如日, 剖而食之甛如蜜.』此是楚王之應也, 吾是以知之.」

2. 《說苑》辨物篇
楚昭王渡江, 有物大如斗, 直觸王舟, 止於舟中; 昭王大怪之, 使聘問孔子. 孔子曰:「此名萍實.」令剖而食之:「惟霸者, 能獲之, 此吉祥也.」其後齊有飛鳥一足來下, 止于殿前, 舒翅而跳, 齊侯大怪之, 又使聘問孔子. 孔子曰:「此名商羊,

急告民趣治溝渠, 天將大雨.」於是如之, 天果大雨, 諸國皆水, 齊獨以安. 孔子歸, 弟子請問, 孔子曰:「異哉小兒謠曰:"楚王渡江, 得萍實, 大如拳, 赤如日, 剖而食之, 美如蜜.」此楚之應也. 兒又有兩兩相牽, 屈一足而跳者, 曰:『天將大雨, 商羊起舞.』今齊獲之, 亦其應也. 夫謠之後, 未嘗不有應隨者也.」故聖人非獨守道而已也, 睹物記也, 即得其應矣.

288-② 束晳竹簡
죽간을 해독한 속석

《진서晉書》에 실려 있다.

속석束晳은 자가 광미廣微이며 양평陽平 원성元城 사람이다. 한漢나라 때 소광疎廣의 후손인데, 소광의 증손이 난을 피하여 옮겨 살면서 소(疎, 疎)자에서 족足 변을 제거하고 속束자로 하여 드디어 성을 삼은 것이다.

속석은 박학다문하였다. 어려서 국학國學에 유학하였으며 뒤에 저작랑著作郎의 보좌관이 되었다. 당초 태강太康 2년 급군汲郡 사람이 위魏나라 양왕襄王의 무덤을 도굴하였는데, 혹 안희왕安釐王의 무덤이라고도 하였다. 그 무덤에서 죽서竹書 수십 수레 분이 나왔다. 무제武帝가 그 죽서를 비서秘書에 보내어 교감하고 차례를 맞추어 그 내용이 무엇인지를 알아낼 것이며 이를 당시 사용하던 금문今文의 문자로 베껴오도록 하였다. 속석은 저작랑의 관직에 있었으므로 그 죽서를 직접 볼 수 있었다. 이에 드디어 의심나는 부분을 차례에 따라 분석하면서 그 뜻을 모두 증명해 내었다. 그는 뒤에 상서랑尙書郎에 올랐다. 그때 어떤 사람이 숭고산嵩高山 아래에서 죽간 1매를 발견하였는데 그 위에 두 줄의 과두科斗 문자가 있었다. 이를 사람들에게 전하여 보여 주었지만 아는 자가 없었다. 사공司空 장화張華가 이를 속석에게 묻자 속석은 이렇게 풀이하였다.

"이는 한漢나라 명제明帝의 현절릉顯節陵 속에 넣었던 책문策文입니다."

점검해 보았더니 과연 그대로였다. 당시 사람들은 그의 박식함에 탄복하였다.

《晉書》: 束晳字廣微, 陽平元城人. 漢疎廣之後, 廣曾孫避難徙居. 因去疎之足, 遂改姓焉. 晳博學多聞, 少遊國學, 後爲佐著作郎.

初太康二年, 汲郡人盜發魏襄王墓, 或言安釐王冢. 得竹書數十車, 武帝以其書付秘書, 校綴次第, 尋考指歸, 而以今文寫之. 晳在著作, 得觀竹書, 隨疑分釋, 皆有義證. 遷尙書郞.

時有人於嵩高山下, 得竹簡一枚, 上兩行科斗書, 傳以相示, 莫有知者. 司空張華以問晳, 晳曰:「此漢明帝顯節陵中策文也.」

檢驗果然, 時人伏其博識.

【束晳】자는 廣徵(261?~300?). 魏襄王 묘에서 출토된 《竹書紀年》을 정리함. 박학다식하고 文字에 아주 밝았음. 저서로 《三魏人士傳》, 《七代通紀》, 《晉書紀》, 《晉書志》, 《五經通論》, 《發蒙記》, 〈補亡詩〉 등이 있음 《晉書》 (51)에 전이 있음.

【疎廣】疎受와 더불어 二疎로 이름난 한나라 때의 명인. '二疏散金'[277] 참조.

【疎之足】옛날에는 '足'은 '疋(疋)'이라고 썼음. 그 때문에 지금의 疎, 踈, 疏는 모두 異體字로 같은 뜻임.

【太康】晉 武帝 司馬炎의 연호. 280~289년까지 10년간이었으며 이때 太康文學이라 하여 三張·二陸·兩潘·一左 등의 이름난 문인들이 활동하던 시기였음. 2년은 281년.

【襄王】전국시대 魏나라 군주. B.C.318~B.C.296년까지 23년간 재위함.

【安釐王】역시 전국시대 魏나라 군주. 襄王의 손자. B.C.276~B.C.243년까지 43년간 재위함.
【竹書】지금 전하는 《竹書紀年》은 바로 이때 발굴된 것임.
【武帝】晉 武帝. 司馬炎. 西晉의 개국군주. 司馬昭의 長子. 자는 安世. 咸熙 2年(265)에 魏나라로부터 禪讓의 형식으로 나라를 이어받아 晉나라를 세우고 洛陽을 도읍으로 함. 재위 26년(265~290). 묘호는 世祖. 《晉書》(3)에 紀가 있음.
【今文】한나라 이후 당시 사용하던 隸書體의 글씨.
【國學】수도에 설치한 국립대학.
【科斗書】'科斗'는 '蝌蚪'로도 쓰며 올챙이를 뜻함. 옛날 글씨체인 篆書體의 이름. 옛날에 먹이나 종이가 없었을 때 대나무에 옻칠을 입혀서 썼기 때문에 문자를 시작하는 부분은 크고 마지막이 작아져 마치 올챙이와 모양이 비슷했기 때문에 붙여진 서체 이름.
【張華】자는 茂先(232~300). 詩, 書, 文章 등에 고루 능하였던 晉나라 때의 문호이며 학자. 司空을 지냈으며 趙王 司馬倫에게 해를 입음. 후인이 집일한 《張茂先集》이 있으며 저서로는 유명한 《博物志》가 전함. 《晉書》(36)에 전이 있음. '張華台圻'[231] 및 '士衡患多'[011], '雷煥送劍'[220] 등 참조.
【漢明帝】東漢 제2대 황제 劉莊. 光武帝의 아들. 顯宗孝明皇帝. 58~75년 재위함.
【策文】策命하기 위한 글. 책명은 작위나 봉토를 받을 때 천자로부터 신하에게 하사되는 辭令書.

참고 및 관련 자료

1. 《晉書》(51) 束晳傳

束晳字廣微, 陽平元城人. 漢太子太傅疎廣之後也. 王莽末, 廣曾孫孟達避難, 自東海徙居沙鹿山南, 因去疎之足, 遂改姓焉. 祖混, 隴西太守. 父龕, 馮翊太守, 並有名譽. 晳博學多聞, 與兄璆俱知名. 少遊國學, 或問博士曹志曰:「當今好學者誰乎?」志曰:「陽平束廣微好學不倦, 人莫及也.」還鄉里, 察孝廉, 擧茂才, 皆不就. ……後爲佐著作郎. ……初, 太康二年, 汲郡人不準盜發魏襄王墓, 或言安釐王冢. 得竹書數十車. ……武帝以其書付秘書, 校綴次第, 尋考指歸, 而以

今文寫之. 晳在著作, 得觀竹書, 隨疑分釋, 皆有義證. 遷尙書郞. ……時有人 於嵩高山下, 得竹簡一枚, 上兩行科斗書, 傳以相示, 莫有知者. 司空張華以問晳, 晳曰:「此漢明帝顯節陵中策文也.」檢驗果然, 時人伏其博識.

2.《世說新語》雅量篇에 인용된《文士傳》

晳字廣微, 陽平元城人, 漢太子太傅疎廣後也. 王莽末, 廣曾孫孟達自東海避難元城, 改姓, 去「疎」之足, 爲束氏. 晳博學多識, 問無不對. 元康中, 有人自嵩高山下, 得竹簡一枚, 上兩行科斗書, 司空張華以問晳: 晳曰:「此明帝顯節陵中策文也.」檢校果然. 曾爲餠賦諸文, 文甚俳諧. 四十歲卒, 元城爲之廢市.

3.《文士傳》

晳字廣微, 陽平元城人, 漢太子太傅疎廣後也. 王莽末, 廣曾孫孟達自東海避難元城, 改姓, 去「疎」之足, 爲束氏. 晳博學多識, 問無不對. 元康中, 有人自嵩高山下, 得竹簡一枚, 上兩行科斗書, 司空張華以問晳: 晳曰:「此明帝顯節陵中策文也.」檢校果然. 曾爲餠賦諸文, 文甚俳諧. 四十歲卒, 元城爲之廢市.

289. 曼倩三冬, 陳思七步

289-① 曼倩三冬
겨울 석 달 공부한 동방삭

전한前漢의 동방삭東方朔은 자가 만천曼倩이며 평원平原 염차厭次 사람이다. 무제武帝가 방정과方正科, 현량과賢良科, 문학과文學科, 재력과材力科 등으로 추천된 사람을 뽑고 나서 이들을 승진 차례에 어긋나게 지위를 주어 대접하였다. 그러자 사방을 선비들이 글을 올려 그 득실을 거론하면서 자신을 자랑하며 이름을 팔고자 나서는 자가 수천 명이나 되었다.

이에 동방삭이 이렇게 상소하였다.

"저는 어릴 때 부모를 잃어 형수의 손에 자라났습니다. 나이 열셋에 겨울 석 달 글을 배워 문장과 역사를 읽기에 충분하였습니다. 그리고 열다섯에 검술을 배웠고, 열여섯에 《시서詩書》를 배워 22만 언을 외웠으며, 열아홉에는 《손오병법孫吳兵法》의 전투에서 진을 치는 기구와 징과 북으로 지휘하는 법을 배웠습니다. 그리고 나이 스물둘에는 키가 9척 3촌이나 자랐고, 눈동자는 마치 구슬을 매달아 놓은 듯이 빛이 났으며, 이는 조개를 엮어 놓은 듯 가지런하였으며, 용감하기로는 맹분孟賁이나 하육夏育과 같아졌으며, 빠르기는 경기慶忌와 같았고 청렴하기는 포숙鮑叔과 같았으며, 미덥기는 미생尾生과 같았습니다. 이러한 것을 모두 갖추었다면 천자의 대신大臣이 되기에 충분할 것입니다."

동방삭의 문장과 말솜씨는 겸손하지 않았으며 스스로 높다고 칭찬하고 자랑하였다. 무제는 그 문장이 위대하다 여겨 그를 대조공거待詔公車의 지위를 맡겼다. 뒤에 그는 항상 낭관郎官의 신분이면서 매고枚皋와 곽사인郭舍人 등과 함께 임금의 좌우에서 해학과 조롱의 골계를 일삼을 뿐이었다.

前漢, 東方朔字曼倩, 平原厭次人. 武帝擧方正·賢良·文學·材力
之士, 待以不次之位. 四方士上書言得失, 自衒鬻者以千數.

朔上書曰:「臣少失父母, 長養兄嫂. 年十三學書三冬, 文史足用.
十五學擊劍, 十六學《詩書》, 誦二十二萬言. 十九學《孫吳兵法》戰陣
之具·鉦鼓之教, 亦誦二十二萬言. 又常服子路之言. 年二十二,
長九尺三寸, 目若懸珠, 齒若編貝, 勇若孟賁, 捷若慶忌, 廉若鮑叔,
信若尾生. 若此可以爲天子大臣矣.」

朔文辭不遜, 高自稱譽. 上偉之, 令待詔公車. 後常爲郞, 與枚皐·
郭舍人, 俱在左右, 詼啁而已.

【東方朔】자는 曼倩(B.C.154~B.C.93). 漢 武帝 때에 中郞을 지냈으며 골계가로
유명함. 〈答客難〉,〈非有先生論〉,〈七諫〉등 명문을 남김. 아울러 神仙 方士
에도 일화를 남겨 六朝 시대《神異經》,《海內十洲記》등은 그의 이름에
의탁하여 전해짐.《史記》(126),《漢書》(65)에 전이 있음.
【武帝】西漢 5대 황제 劉徹. 景帝(劉啓)의 아들이며 B.C.140~B.C.87년까지
54년간 재위함. 대내외적으로 학술, 강역, 문학 등 여러 방면에 걸쳐 많은
치적을 남겨 강력한 帝國을 건설함.
【三冬】겨울 3개월. 初冬·中冬·季冬. 가난한 집 아이들은 겨울철에만 학문을
배울 수 있었음.
【子路】孔子 제자. '子路負米'[029] 참조. 효성과 용기가 남달라 의로움을 보면
물불을 가리지 않고 나가 싸우기를 좋아하였다 함.
【慶忌】周나라 王子. 달리기에 뛰어났던 인물.
【鮑叔】鮑叔牙. 齊나라 大夫. 管仲과의 우정으로 유명하며 '管鮑之交'의
고사를 남김.
【尾生】여자와 다리 아래에서 만나기로 약속을 하였으나 물이 불어 다리를
붙잡고 기다리다가 익사하고 말았 함.《莊子》참조. 이를 '尾生之信'이라 함.
【待詔】천자로부터 나오는 관료의 임명에 관한 조서를 기다리는 일.
【公車】인재를 초빙하거나 奏文을 접수해 관리하는 관청.
【枚皐】자는 少孺, 淮陽 출신으로 서한시대의 유명한 賦家로 賦 백여 편이

있었다하나 지금은 전하지 않음. 枚乘의 아들.《漢書》에 전이 있음. '枚皐詣闕'[037] 참조.
【郭舍人】武帝에게 총애를 받았던 골계인.

참고 및 관련 자료

1.《漢書》東方朔傳
東方朔字曼倩, 平原厭次人也. 武帝初卽位, 徵天下擧方正賢良文學材力之士, 待以不次之位, 四方士多上書言得失, 自衒鬻者以千數, 其不足采者輒報聞罷. 朔初來, 上書曰:「臣朔少失父母, 長養兄嫂. 年十三學書, 三冬文史足用. 十五學擊劍. 十六學《詩書》, 誦二十二萬言. 十九學孫吳兵法, 戰陣之具, 鉦鼓之敎, 亦誦二十二萬言. 凡臣朔固已誦四十四萬言. 又常服子路之言. 臣朔年二十二, 長九尺三寸, 目若懸珠, 齒若編貝, 勇若孟賁, 捷若慶忌, 廉若鮑叔, 信若尾生. 若此, 可以爲天子大臣矣. 臣朔昧死再拜以聞」朔文辭不遜, 高自稱譽, 上偉之, 令待詔公車, 奉祿薄, 未得省見. 久之, 朔紿騶朱儒, 曰:「上以若曹無益於縣官, 耕田力作固不及人, 臨衆處官不能治民, 從軍擊虜不任兵事, 無益於國用, 徒索衣食, 今欲盡殺若曹.」朱儒大恐, 啼泣. 朔敎曰:「上卽過, 叩頭請罪.」居有頃, 聞上過, 朱儒皆號泣頓首. 上問:「何爲?」對曰:「東方朔言上欲盡誅臣等」上知朔多端, 召問朔:「何恐朱儒爲?」對曰:「臣朔生亦言, 死亦言. 朱儒長三尺餘, 奉一囊粟, 錢二百四十. 臣朔長九尺餘, 亦奉一囊粟, 錢二百四十. 朱儒飽欲死, 臣朔飢欲死. 臣言可用, 幸異其禮; 不可用, 罷之, 無令但索長安米.」上大笑, 因使待詔金馬門, 稍得親近.

2.《十八史略》(2)
上招選天下材智士, 俊異者寵用之. 莊助・朱買臣・吾丘壽王・司馬相如・東方朔・枚皐・終軍等, 在左右. 相如特以詞賦得幸, 朔・皐不根持論, 好詼諧. 上以俳優畜之, 朔嘗語上前侏儒, 以爲上欲殺之, 侏儒泣請命, 上問朔, 朔曰:「侏儒飽欲死, 臣朔饑欲死.」伏日賜肉晏, 朔先斫肉持歸, 上召問令自責, 朔曰:「受賜不待詔, 何無禮也. 拔劍斫肉, 何壯也? 斫之不多, 何廉也? 歸遺細君, 又何仁也?」然朔亦時直諫, 有所補益.

289-② 陳思七步
진사왕 조식의 〈칠보시〉

《세설신어世說新語》에 실려 있다.
위魏 문제文帝 조비曹丕가 아우 동아왕東阿王 조식曹植을 미워한 나머지 한번은 일곱 걸음 안에 시를 짓지 못하면 법대로 처리하겠다고 강요하였다. 이에 조식은 그 말이 떨어지기 무섭게 이렇게 읊었다.

"콩을 삶아 콩국을 끓이고자,   煮豆持作羹,
된장을 걸러 즙을 만드네.   漉豉以爲汁.
콩깍지는 솥 아래에서 타고 있는데,   萁在釜底然,
콩알은 솥 안에는 슬피 운다네.   豆在釜中泣.
본래 한 뿌리에서 나온 것이건마는   本是同根生,
서로 지지기가 어찌 이리 급한고?"   相煎何太急?

문제는 깊이 부끄러운 기색을 띠었다.
동아는 진사왕陳思王 조식曹植의 옛날 봉토이다.

《世說》曰: 魏文帝嘗令東阿王七步作詩, 不成當行法.
卽應聲爲詩曰:
『煮豆持作羹, 漉豉以爲汁.
萁在釜底然, 豆在釜中泣.
本是同根生, 相煎何太急?』
帝深有慙色.
東阿卽陳思王曹植舊封.

【魏文帝】曹丕. 자는 子桓(187~226). 曹操의 둘째 아들. 아버지 曹操가 죽고 魏王을 습봉하여 漢나라 丞相이 됨. 延康 元年(220)에 禪讓을 받아 황제가 되었으며 연호를 黃初로 바꾸고 국호를 魏나라로, 洛陽을 도읍으로 정함. 재위 7년에 졸하였으며 시호는 文皇帝. 문장에도 뛰어나《典論》을 지었으며 그 중〈論文〉은 문학 이론과 비평의 유명한 글로 평가받고 있음. 그 외에〈燕歌行〉은 현존 최초의 7언시로 알려짐.《三國志》(2)에 紀가 있음.《魏志》에 "帝諱丕. 字子桓, 受漢禪"이라 함. '魏儲南舘'[245] 참조.

【東阿王】曹植(192~232). 字는 子建. 曹操의 셋째 아들이며 曹丕의 아우. 문학과 시문에 뛰어났으며 형으로부터 심한 질투와 미움을 받음. 東阿王에 봉해졌었음. 시문 80여수를 남겼으며 죽은 뒤 陳王에 봉해졌고 시호를 思라 하여 흔히 陳思王으로도 불림.《曹子建集》10권이 전하며《三國志》(19)에 전이 있음.

【本自同根生】《文選》(60) 李善 주,《初學記》(10), 등에는 모두 '本是同根生'으로 되어 있음. "七步詩"의 원 출전임.《魏志》에 자세히 기록되어 있음.

【然】'燃'과 같음.

참고 및 관련 자료

1.《世說新語》文學篇
文帝嘗令東阿王七步作詩, 不成者行大法. 應聲便爲詩曰:「煮豆持作羹, 漉菽以爲汁; 萁在釜下燃, 豆在釜中泣. 本自同根生, 相煎何太急!」帝深有慙色.

2.《魏志》
陳思王植, 字子建, 文帝同母弟也. 年十餘歲, 誦詩論及辭賦數萬言. 善屬文, 太祖嘗視其文曰:「汝倩人耶?」植跪曰:「出言爲論, 下筆成章; 顧當面試, 奈何倩人?」時鄴銅雀臺新成, 太祖悉將諸子登之, 使各爲賦. 植援筆立成, 可觀. 性簡易, 不治威儀, 輿馬服飾, 不尙華麗. 每見難問, 應聲而答: 太祖寵愛之, 幾爲太子者數矣. 文帝卽位, 封鄄城侯, 後徙雍丘, 復封爲東阿. 植每求試, 不得, 而國巫遷易, 汲及無懽, 年四十一薨.

3.《文選》(60)〈齊竟陵文宣王行狀〉注
《世說》曰: 魏文帝令陳思王七步成詩, 詩曰:『萁在灶下然, 豆在釜中泣. 本是同根生, 相煎何太急!』

290. 劉寵一錢, 廉范五袴

290-① 劉寵一錢
부로들이 유총에게 바친 동전 한 닢

후한後漢의 유총劉寵은 자가 조영祖榮이며 동래東萊 모평牟平 사람이다. 회계태수會稽太守가 되었을 때, 그곳 산 속 사람들은 우직하고 순박하여 백발의 노인이 될 때까지 시장에 나와 보지 않은 자가 있었다. 그리하여 관리들은 이를 대단히 이해하기 어렵다고 여기고 있었다. 유총은 그곳에서 번거로운 것을 없애고 잘못된 법을 금지시켜 군 안이 크게 교화되었다.

그가 장작대장將作大匠에 발탁되어 떠나게 되자, 산음현山陰縣의 노인 대여섯 명이 찾아왔는데, 두툼한 눈썹에 백발을 한 채 약야산若邪山 골짜기에서 온 이들이었다. 그러면서 그들은 각기 백 전씩 가지고 와서 이를 유총에게 주는 것이었다. 유총은 이들을 위로하여 이렇게 말하였다.

"부로들께서는 어찌 그런 고생을 자초하십니까?"

그러자 노인들이 대답하였다.

"저희들은 산 속에 사는 비천한 이들로서 아직 군郡이나 조정이 있다는 사실을 알지 못하였습니다. 다른 사람이 이 고을의 태수가 되었을 때 관리를 파견하여 민간에서 물자를 요구하였는데, 밤늦도록 끊이지 않았습니다. 그런데 그대께서 수레에 내리신 이래로 개도 밤에 짖을 일이 없어졌고, 백성들은 관리를 구경할 수도 없습니다. 저희들은 이렇게 늙어서야 그대와 같은 성스러운 정치를 만나게 된 것입니다. 지금 듣자하니 그대로부터 버림을 받게 되었다니 그 때문에 스스로 서로 부축하여 이곳에 와서 돈을 바치게 된 것입니다."

그는 그들을 위해 각기 한 사람씩 큰 동전 하나씩만을 받았다.

유총은 뒤에 관직이 태위太尉에 올랐다.

유총은 전후로 두 군을 맡아 다스렸으며, 여러 차례 승진하여 경상卿相의 지위에까지 오르게 된 것이었다. 그는 청렴하고 간약하며 소박하여 집안에는 쌓아놓은 재물이 없었다. 일찍이 수도에 갈 일이 있어 집을 나서서 정亭의 막사에 쉬고자 하였더니 그곳 정리亭吏가 그를 알아보지 못한 채 가로막으며 이렇게 말하였다.

"막사를 정돈하고 청소를 한 다음 유공劉公을 기다리고 있는 중입니다. 들어갈 수 없습니다."

유총은 아무 말 없이 그곳을 떠났다. 당시 사람들은 그를 어른답다고 칭송하였다.

後漢, 劉寵字祖榮, 東萊牟平人. 拜會稽太守, 山民愿朴, 乃有白首不入市井者, 頗爲官吏所擾. 寵除煩苛, 禁察非法, 郡中大化. 徵爲將作大匠. 山陰縣有五六老叟, 厖眉皓髮, 自若邪山谷間出, 人齎百錢, 以送寵.

寵勞之曰:「父老何自苦?」

對曰:「山谷鄙生, 未嘗識郡朝. 它守時, 吏發求民間, 至夜不絶. 明府下車以來, 狗不夜吠, 民不見吏. 年老遭値聖明, 今聞當見棄去, 故自扶奉送.」

寵爲人選一大錢受之.

後官至太尉. 寵前後歷宰二郡, 累登卿相. 而淸約省素, 家無貨積.

嘗出京師, 欲息亭舍, 亭吏止之曰:「整頓洒掃, 以待劉公, 不可得也.」

寵無言而去, 時人稱其長者.

【劉寵】자는 祖榮. 동한 때 會稽太守를 지내며 선정을 베풀었던 인물.《後漢書》循吏傳에 전기가 실려 있음.

【將作大匠】宗廟·路寢(天子의 正殿)·宮室·陵園의 건축과 수리를 담당함.
【尨眉】'방'은 '雜'. 흰 털과 검을 털이 섞여 있는 눈썹.
【若邪山】회계(지금의 紹興) 동남쪽에 있는 산 이름.
【明府】州郡의 長에 대한 존칭.
【亭舍】10리마다 관리를 두고 치안을 살피는 것을 '亭'이라고 하고, 그 건물을 '정사'라 하며 亭吏가 관리함.

참고 및 관련 자료

1. 《後漢書》循吏傳 劉寵

劉寵字祖榮, 東萊牟平人. 齊悼惠王之後也. 悼惠王子孝王將閭, 將閭少子封牟平侯, 子孫家焉. 父丕, 博學, 號爲通儒. 寵少受父業, 以明經擧孝廉, 除東平陵令, 以仁惠爲吏民所愛. 母疾, 弃官去. 百姓將送塞道, 車不得進, 乃輕服遁歸. 後四遷爲豫章太守, 又三遷拜會稽太守, 山民愿朴, 乃有白首不入市井者, 頗爲官吏所擾. 寵簡除煩苛, 禁察非法, 郡中大化. 徵爲將作大匠. 山陰縣有五六老叟, 尨眉皓髮, 自若邪山谷間出, 人齎百錢, 以送寵. 寵勞之曰:「父老何自苦?」對曰:「山谷鄙生, 未嘗識郡朝. 它守時, 吏發求民閒, 至夜不絶, 或狗吠竟夕, 民不得安. 自明府下車以來, 狗不夜吠, 民不見吏. 年老遭値聖明, 今聞當見棄去, 故自扶奉送」寵曰:「吾政何能及公言邪? 勤苦父老!」爲人選一大錢受之. 轉爲宗正, 大鴻臚. 延熹四年, 代黃瓊爲司空, 以陰霧愆陽免. 頃之, 拜將作大匠, 復爲宗正. 建寧元年, 代王暢爲司空, 頻遷司徒·太尉. 二年, 以日食策免, 歸鄕里. 寵前後歷宰二郡, 累登卿相, 而淸約省素, 家無貨積. 嘗出京師, 欲息亭舍, 亭吏止之曰:「整頓洒掃, 以待劉公, 不可得也.」寵無言而去, 時人稱其長者. 以老病卒于家.

2. 《十八史略》(3)

自黃瓊以來, 三公如楊秉·劉寵, 皆人望. 寵嘗守會稽, 郡大治, 被徵. 有五六老叟, 自出谷閒出 人賫百錢送之曰:「明府下車以來, 狗不夜吠, 民不見吏. 今聞當見棄去, 故自扶奉送」寵曰:「吾政何能及公言邪? 勤苦父老」爲人選一大錢受之. 後入爲司空. 秉立朝正直. 爲河南尹, 時嘗以忤宦官得罪, 後爲太尉以卒.

290-② 廉范五袴
바지 다섯 벌을 입을 수 있게 한 염범

후한後漢의 염범廉范은 자가 숙도叔度이며 경조京兆 두릉杜陵 사람이다. 숙종肅宗 때 촉군태수蜀郡太守로서 백성을 순박하고 후덕하게 다스리고자 자신에게 엄격하였다. 성도成都는 백성과 물자가 풍부하였고, 읍의 집들이 서로 빽빽하게 이어져 있었다. 그리하여 옛날 제도에 화재를 예방하기 위하여 밤에 작업하는 것을 금하고 있었다. 그러나 백성들은 서로 몰래 불을 밝혀 일을 할 수밖에 없었고, 그 때문에 화재가 날로 이어졌.

염범은 이에 옛 법령을 폐기하되 다만 물을 저장해 둘 것을 엄격하게 정할 뿐이었다. 백성들은 이를 편하게 여겨 이렇게 노래 불렀다.

"염숙도가 오신 것이 어찌 이리 늦었나?
　백성들 불 밝히는 것을 금하지 아니하니 편히 일할 수 있도다.
　평생 속옷도 입지 못하고 살았는데
　지금은 바지가 다섯 벌이나 된다네."

그는 촉 땅에 수년을 재임하고는 벼슬을 사양하고 귀향하였다.

後漢廉范字叔度, 京兆杜陵人.
　肅宗時, 遷蜀郡太守, 属以淳厚. 成都民物豊盛, 邑宇逼側. 舊制禁民夜作, 以防火災. 而更相隱蔽, 燒者日屬. 范乃毀削先令, 但嚴使儲水而已.
　百姓爲便歌曰:『廉叔度來何暮? 不禁火民安作.
　平生無襦, 今五袴.』
　在蜀數年免歸.

【廉范】 동한 章帝 때의 인물. 자는 叔度. 그가 蜀郡太守였을 때 당시 화재를 방비한다는 이유로 밤에 불을 사용하지 못하게 하던 제도를 바꾸어, 대신 물을 준비하여 화재예방을 힘쓸 것을 제창함. 이로 인해 백성들이 "廉叔度, 來何暮. 不禁火, 民安作, 昔無襦, 今五袴"라 하여 밤에 다섯 겹의 바지를 입은 듯이 따뜻한 밤을 보낼 수 있게 되었다고 노래하였음.(《後漢書》廉范傳)

【肅宗】 章帝 劉炟. 후한의 제3대 황제. 明帝 劉莊의 아들. 76년~88년까지 재위함.

【成都】 지금의 四川省 成都. 蜀의 큰 도시이며 중심지.

【邑宇】 '읍'은 村里. '우'는 屋宇. 民家.

【安作】 '편안하게 생업에 임하다'의 뜻.

【五袴】 '袴'는 통이 좁은 바지.

참고 및 관련 자료

1. 《後漢書》廉范

廉范字叔度, 京兆杜陵人, 趙將廉頗之後也. 漢興, 以廉氏豪宗, 自苦陘徙焉. 世爲邊郡守, 或葬隴西襄武, 故因仕焉. 曾祖父褒, 成哀閒爲右將軍, 祖父丹, 王莽時爲大司馬庸部牧, 皆有名前世. 范父遭喪亂, 客死於蜀漢, 范遂流寓西州. 西州平, 歸鄕里. 年十五, 辭母西迎父喪. 蜀郡太守張穆, 丹之故吏, 乃重資送范, 范無所受, 與客步負喪歸葭萌. 載船觸石破沒, 范抱持棺柩, 遂俱沈溺. 衆傷其義, 鉤求得之, 療救僅免於死. 穆聞, 復馳遣使前資物追范, 范又固辭. 歸葬服竟, 詣京師受業, 事博士薛漢. 京兆·隴西二郡更請召, 皆不應. 永平初, 隴西太守鄧融備禮謁范爲功曹, 會融爲州所擧案, 范知事譴難解, 欲以權相濟, 乃託病求去, 融不達其意, 大恨之. 范於是東至洛陽, 變名姓, 求代廷尉獄卒. 居無幾, 融果徵下獄, 范遂得衛侍左右, 盡心勤勞. 融怪其貌類范而殊不意, 乃謂曰: 「卿何似我故功曹邪?」 范訶之曰: 「君困厄謷亂邪!」 語遂絶. 融繫出困病, 范隨而養視, 及死, 竟不言, 身自將車送喪致南陽, 葬畢乃去. 後辟公府, 會薛漢坐楚王事誅, 故人門生莫敢視, 范獨往收斂之. 吏以聞, 顯宗大怒, 召范入, 詰責曰: 「薛漢與楚王同謀, 交亂天下, 范公府掾, 不與朝廷同心, 而反收斂罪人, 何也?」 范叩頭曰: 「臣無狀愚戇, 以爲漢等皆已伏誅, 不勝師資之情, 罪當萬坐.」 帝怒稍解, 問范曰: 「卿廉頗後邪? 與右將軍褒, 大司馬丹有親屬乎?」 范對曰: 「褒, 臣

之曾祖; 丹, 臣之祖也.」帝曰:「怪卿志膽敢爾!」因貰之. 由是顯名. 舉茂才, 數月, 再遷爲雲中太守. 會匈奴大入塞, 烽火日通. 故事, 虜(人)[入]過五千人, 移書傍郡. 吏欲傳檄求救, 范不聽, 自率士卒拒之. 虜衆盛而范兵不敵. 會日暮, 令軍士各交縛兩炬, 三頭爇火, 營中星列. 虜遙望火多, 謂漢兵救至, 大驚. 待旦將退, 范乃令軍中蓐食, 晨往赴之, 斬首數百級, 虜自相轔藉, 死者千餘人, 由此不敢復向雲中. 後頻歷武威·武都二郡太守, 隨俗化導, 各得治宜. 建初中, 遷蜀郡太守, 其俗尚文辯, 好相持短長, 范每屬以淳厚, 不受偷薄之說. 成都民物豐盛, 邑宇逼側, 舊制禁民夜作, 以防火災, 而更相隱蔽, 燒者日屬. 范乃毀削先令, 但嚴使儲水而已. 百姓爲便, 乃歌之曰:「廉叔度, 來何暮? 不禁火, 民安作. 平生無襦今五絝.」在蜀數年, 坐法免歸鄉里. 范世在邊, 廣田地, 積財粟, 悉以賑宗族朋友. 肅宗崩, 范奔赴敬陵. 時廬江郡掾嚴麟奉章弔國, 俱會於路. 麟乘小車, 塗深馬死, 不能自進, 范見而愍然, 命從騎下馬與之, 不告而去. 麟事畢, 不知馬所歸, 乃緣蹤訪之. 或謂麟曰:「故蜀郡太守廉叔度, 好周人窮急, 今奔國喪, 獨當是耳.」麟亦素聞范名, 以爲然, 卽牽馬造門, 謝而歸之. 世伏其好義, 然依倚大將軍竇憲, 以此爲譏. 卒於家. 初, 范與洛陽慶鴻爲刎頸交, 時人稱曰:「前有管鮑, 後有慶廉.」鴻慷慨有義節, 位至琅邪·會稽二郡太守, 所在有異迹.

2.《十八史略》(3)

州郡得人, 如廉范在蜀郡, 弛禁以便民, 民歌之曰:「廉叔度來何暮? 不禁火民安作, 昔無襦今五絝.」當時皆以平徭簡賦. 忠恕長者爲政, 終上之世, 民賴其慶.

3.《幼學瓊林》(200)

廉范守蜀郡, 民歌五絝; 張堪守漁陽, 麥穗兩歧.

291. 氾毓字孤, 郗鑒吐哺

291-① 氾毓字孤
고아를 아들로 키운 범육

《진서晉書》에 실려 있다.

범육氾毓은 자가 치춘稚春으로 제북濟北 노盧 땅 사람이다. 대대로 유학을 바탕으로 삼아 빛내어 구족九族을 돈독히 하였다. 그가 청주靑州로 이사하여 살 때 범육은 그 가문의 7세에 해당하였다. 당시 사람들은 그 집을 이렇게 칭송하였다.

"아이들은 친아버지만 아버지라 여기지 않았고,
  옷은 서로 나누어 입어 일정한 주인이 없었다."

그는 어려서부터 높은 절조를 실천하였으며 가난을 편안함으로 여기면서도 학업에 높은 뜻을 두었다.
무제武帝가 여러 차례 그를 불렀지만 끝내 벼슬에 나가지 않았다.

《晉書》: 氾毓字稚春, 濟北盧人. 奕世儒素, 敦睦九族, 客居靑州, 逮毓七世, 時人號其家:「兒無常父, 衣無常主.」

少履高操, 安貧有志業.

武帝累召不就.

【氾毓】진나라 때 인물. 친족간에 우애가 깊었던 인물. 《晉書》에 전이 있음.
【九族】高祖父·曾祖父·祖父·父·己·子·孫·曾孫·玄孫에 걸친 9대의 親族을 말함.
【兒無常父】집안 아들들을 자신의 아들처럼 사랑하며 기르고 훈육한 것을 말함.
【武帝】晉 武帝. 司馬炎. 西晉의 개국군주. 司馬昭의 長子. 자는 安世. 咸熙 2年(265)에 魏나라로부터 禪讓의 형식으로 나라를 이어받아 晉나라를 세우고 洛陽을 도읍으로 함. 재위 26년(265~290). 묘호는 世祖.《晉書》(3)에 紀가 있음.

참고 및 관련 자료

1. 《晉書》(91) 儒林傳(氾毓)

氾毓字稚春, 濟北盧人也. 奕世儒素, 敦睦九族, 客居青州, 逮毓七世, 時人號其家「兒無常父, 衣無常主」. 毓少履高操, 安貧有志業. 父終, 居于墓所三十餘載, 至晦朔, 躬掃墳壟, 循行封樹, 還家則不出門庭. 或薦之武帝, 召補南陽王文學·祕書郎·太傅參軍, 並不就.

291-② 郗鑒吐哺
밥을 얻어 조카들을 키워낸 치감

《진서晉書》에 실려 있다.

치감郗鑒은 자가 도휘道徽이며 고평高平 금향金鄉 사람이다. 어려서 고아가 되어 가난하였지만 경적을 널리 읽었다. 몸소 밭에 나가 농사를 지으면서

시를 읊조리기를 게을리하지 않아 학문이 있고 단아하기로 이름이 드러났으며, 성제成帝 때에 태위太尉가 되었다.

이에 앞서 영가永嘉의 난을 만나 향리에서 심히 궁벽하고 굶기 일쑤였다. 마을 사람들이 치감의 명성과 덕을 아는지라 돌아가며 그에게 먹을 것을 공급하였다. 당시 조카 치매郗邁와 외조카 주익周翼을 함께 데리고 있었는데 둘 모두 아주 어렸다. 치감은 항상 이 두 조카를 붙잡고 다니면서 밥을 얻어 먹였다. 그러자 마을 사람들이 이렇게 말하였다.

"우리도 각자 주리고 곤핍합니다. 그러나 당신이 어질기 때문에 함께 그대를 구제하자고 나선 것입니다. 아마 데리고 다니는 두 조카까지 먹이기는 어려울 것 같습니다."

이에 치감은 홀로 나서서 다니면서 밥을 다 먹은 다음에는 밥을 양 볼에 차도록 입 안에 머금은 다음 돌아와 이를 토하여 두 아이에게 먹여 뒤에 둘 모두 살려낼 수 있었다. 이렇게 하여 남으로 강을 건너 피난할 수 있었다.

치매는 호군護軍이 되었고 주익은 섬현령剡縣令이 되었다. 치감이 죽자 주익은 자신을 길러준 은혜를 추모하여 직책에서 물러나 풀 자리를 깔고 3년의 심상心喪을 치렀다.

《晉書》: 郗鑒字道徽, 高平金鄕人. 少孤貧, 博覽經籍, 躬耕隴畝, 吟詩不倦, 以儒雅著名, 成帝時爲太尉.

初値永嘉喪亂, 在鄕里甚窮餧, 鄕人以鑒名德, 傳共飯之. 時兄子邁·外甥周翼竝小, 常攜之就食.

鄕人曰: 「各自飢困, 以君賢, 欲共相濟耳. 恐不能兼有所存.」

鑒於是獨往, 食訖, 以飯著兩頰邊, 還吐與二兒, 後竝得存, 同過江.

邁至護軍, 翼剡縣令. 鑒薨, 翼追撫育之恩, 解職席苫, 心喪三年.

【郗鑒】자는 道徽(269~339). 晉나라 때 인물. 高平金鄕人. 두 아들 郗愔과 郗曇 역시 뛰어난 인물이었음. 西晉이 망하자 가족과 마을 사람 천여 명을 데리고 남으로 피난하였으며 陶侃, 溫嶠 등과 함께 祖約, 蘇峻난을 평정함. 侍中을 역임하였으며 太尉에 오름. 《晉書》(67)에 전이 있음.

【永嘉之亂】永嘉는 晉 懷帝(司馬熾)의 年號. 영가 5년(311)에 劉淵이 稱帝하고 劉曜가 洛陽을 함락, 황제를 포로로 하여 잡아간 大亂. 이에 天下가 시끄럽고 기근이 들어 대혼란을 초래하였으며 결국 西晉은 망하고 남쪽 建康(南京)으로 옮겨 東晉 시대를 맞는 계기가 됨.

【外甥】자매의 아들.

【邁】郗邁. 자는 思遠. 郗鑒의 아들. 少府中護軍 벼슬을 지냄.

【周翼】字는 子卿. 陳郡人. 郗鑒의 조카로 뒤에 剡令, 靑州子思, 少府卿 등을 역임함.

【過江】동진의 元帝는 前趙의 劉聰에게 쫓겨 양자강을 건너 수도를 南京으로 옮겨 남천하였음.

【席苫】'苫'은 이엉이나 풀로 엮어 만든 움집. 상중에 기거하는 여막.

【心喪】직접 五服의 상복을 입을 관계가 아니지만 그에 해당하는 상복으로 여겨 상을 지키는 것. 흔히 은혜를 입은 대상이나 스승에게 지키는 상례.

> 참고 및 관련 자료

1. 《晉書》(67) 郗鑒傳

郗鑒字道徽, 高平金鄕人, 漢御史大夫慮之玄孫也. 少孤貧, 博覽經籍, 躬耕隴畝, 吟詩不倦, 以儒雅著名, 不應州命. ……時賊帥劉徵聚衆數千, 浮海抄東南諸縣. 鑒遂城京口, 加都督揚州之晉陵吳郡諸軍事, 率衆討平之. 進太尉. 初, 鑒值永嘉喪亂, 在鄕里甚窮餒, 鄕人以鑒名德, 傳共飯之. 時兄子邁·外甥周翼並小, 常攜之就食. 鄕人曰:「各自饑困, 以君賢, 欲共相濟耳. 恐不能兼有所存.」鑒於是獨往, 食訖, 以飯著兩頰邊, 還吐與二兒, 後並得存, 同過江. 邁至護軍, 翼剡縣令. 鑒之薨也, 翼追撫育之恩, 解職而歸, 席苫心喪三年.

2. 《世說新語》德行篇

郗公值永嘉喪亂, 在鄕里窮餒, 鄕人以公名德, 共飴之. 公常攜兄子邁及外生周翼二小兒往食. 鄕人曰:「各自饑困, 以君之賢, 欲共濟君耳; 恐不能兼有所存?」

公於是獨往食, 輒含飯着兩頰邊, 還吐與二兒. 後並得存, 同過江. 郗公亡, 翼爲剡縣解職歸, 席苫於公靈牀頭, 心喪終三年.

3.《郗鑒別傳》

鑒字道徽, 高平金鄉人, 漢御史大夫郗慮後也. 少有體正, 耽思徑籍, 以儒雅著名. 永嘉末, 天下大亂, 饑饉相望, 冠帶以下, 皆割己之資供鑒. 元皇徵爲領軍, 遷司空, 太尉.

4.《中興書》

鑒兄子邁, 字思遠. 有幹世才畧. 累遷少府, 中護軍.

5.《周氏譜》

翼字子卿, 陳郡人. 祖奕, 上谷太守. 父優, 車騎諮議. 歷剡令, 靑州刺史, 少府卿. 六十四卒.

292. 苟弟轉酷, 嚴母掃墓

292-① 苟弟轉酷
갈수록 더욱 잔혹하게 변해가는 구희의 아우

《진서晉書》에 실려 있다.
 구희苟晞는 자가 도장道將이며 하내河內 산양山陽 사람이다. 연주자사兗州刺史를 역임하였다. 구희는 관청의 일에 숙련되어 문서와 장부가 가득 차게 쌓여도 결재할 때는 물 흐르듯 쉽게 처리하여도 남이 감히 속이지 못하였다. 그의 집에는 이모가 한 분 의탁하고 살았는데 그는 그를 봉양함이 심히 두터웠다. 그런데 그 이모의 아들이 장교의 자리를 하나 부탁하자 구희는 이렇게 거절하였다.
 "나는 왕의 법을 남에게 꾸어줄 수 없다. 장차 후회가 없겠는가?"
 그런데 극구 요청을 하자 구희는 그에게 독호督護의 벼슬을 정해 주었다. 뒤에 그가 법을 범하자, 구희는 천자의 부절에 따라 그를 참수해 버렸다. 이모가 머리에 땅을 찧으며 구원을 요청하였지만, 그는 들어주지 않았다. 그러고 나서 그는 이윽고 소복을 입고 곡을 하면서 이렇게 울었다.
 "그대를 죽인 것은 연주자사이며 지금 아우를 위해 우는 자는 구도장이다."
 그가 법을 엄히 의지함이 이와 같았던 것이다.
 뒤에 그가 청주자사青州刺史가 되자, 많은 참좌參佐를 두게 되었다. 그리하여 수령을 돌아가며 교체하여 엄격하고 각박한 것으로써 공을 세워 하루에도 참수하고 육시를 하는 자의 피가 흘러 냇물을 이룰 정도였다. 이에 당시 사람들은 그를 '도살꾼 방백屠伯'이라 불렀다. 구희가 무염無鹽 땅으로 나가 주둔하고, 그의 아우 구순苟純이 대신 청주를 다스리러 왔는데 그의 형벌과 살육은 구희보다 더하였다. 이에 백성들은 이렇게 불렀다.
 "소구小苟의 참혹함은 대구보다 더하구나."

《晉書》: 苟晞字道將, 河內山陽人. 爲兗州刺史, 晞練於官事, 文簿盈積, 斷決如流, 人不敢欺. 其從母依之, 奉養甚厚.

其子求爲將, 晞距之曰:「吾不以王法貸人, 將無後悔?」

固欲之, 晞乃以爲督護. 後犯法, 晞仗節斬之. 從母扣頭請救, 不聽.

旣而素服哭之, 流涕曰:「殺卿者, 兗州刺史, 哭弟者, 苟道將.」

其仗法如此. 後領青州刺史, 多置參佐, 轉易守令, 以嚴刻立功, 日加斬戮, 流血成川. 號曰『屠伯』. 晞出屯無鹽, 以弟純領青州, 刑殺甚於晞.

百姓號:「小苟酷於大苟.」

【苟晞】자는 道將. 晉나라 때의 酷吏.《晉書》에 전이 있음.
【轉酷】'轉'은 傳과 같음. 잔혹함을 동생에게까지 전함.
【從母】어머니의 자매. 이모의 항렬.
【屠伯】사람을 죽이는 벼슬아치의 우두머리.
【小苟·大苟】'소구'는 동생 苟純, '대구'는 형 苟晞를 가리킴.

참고 및 관련 자료

1.《晉書》(61) 苟晞傳

苟晞字道將, 河內山陽人也. 少爲司隷部從事, 校尉石鑒深器之. ……及帝還洛陽, 晞奔范陽王虓, 虓承制用晞行兗州刺史. ……晞練於官事, 文簿盈, 積斷決如流, 人不敢欺. 其從母依之, 奉養甚厚. 從母子求爲將, 晞距之曰:「吾不以王法貸人, 將無後悔邪?」固欲之, 晞乃以爲督護. 後犯法, 晞仗節斬之. 從母扣頭請救, 不聽. 旣而素服哭之, 流涕曰:「殺卿者, 兗州刺史, 哭弟者, 苟道將.」其仗法如此. ……領青州刺史, 進爲郡公. 晞乃多置參佐, 轉易守令, 以嚴刻立功, 日加斬戮, 流血成川, 人不敢命, 號曰『屠伯』. 頓丘太守魏植爲流人所逼, 衆五六萬, 大掠兗州. 晞出屯無鹽, 以弟純領青州, 刑殺甚於晞. 百姓號:「小苟酷於大苟.」晞尋破植.

292-② 嚴母掃墓
돌아가 아들이 묻힐 묘지를 청소한 엄연년의 모친

전한前漢의 엄연년嚴延年은 자가 차경次卿이며 동해東海 하비下邳 사람이다. 그가 하남태수河南太守가 되자, 들에 도둑이 사라졌고, 위엄이 이웃 군에까지 진동하였다. 그의 통치 방법은 부호와 강한 자는 꺾어 버리고 가난하고 약한 자는 부조扶助해 주는 것이었다. 그리하여 빈약한 자가 비록 법에 빠지더라도 법문을 거꾸로 해석하면서까지 구출해 주고, 부강하고 걸출한 자가 약한 백성을 침노할 때면 법문대로 하여 그들을 잡아들였다. 그 때문에 많은 사람들은 마땅히 죽어야 할 자가 하루아침에 풀려나고, 마땅히 살아나야 할 자가 속임수에 의해 죽는다 하였다. 관리와 백성들로서는 그의 의도의 깊고 얕음을 알 길이 없다고 수군거렸다. 겨울철 관할 속현에 전문을 띄워 죄수들을 모두 하남부로 모아들인 다음 이들을 한꺼번에 죽여 그 흐르는 피가 몇 리를 흘렀다. 그리하여 하남에서는 그를 '사람백정 태수屠伯'라 불렀다.

그의 어머니가 고향 동해東海로부터 낙양에 이르러 죄수들이 보복당하는 것을 목격하고 크게 놀라, 도정都亭에 멈춘 채 하남부로 들어가지 않겠다고 하였다. 엄연년이 어머니에게 가서 뵈었지만 어머니는 문을 닫아건 채 만나주지 않았다. 엄연년은 모자를 벗고 그 문 아래에서 머리를 조아렸다. 한참 뒤에야 어머니는 그를 보며 이렇게 꾸짖었다.

"복에 겨워 너는 군수의 자리에 앉게 되었다. 그런데 인애로써 교화한다는 말은 들리지 않고, 어리석은 백성을 안전하게 한다는 명목하에 마구 형벌을 남용하여 사람을 죽여 그로써 권위를 세우고자 하고 있다. 하늘의 도는 신령스럽고 명확한 것이다. 사람이란 그토록 네 독단으로 마구 죽일 수 있는 것이 아니다. 나는 이렇게 늙어 다 큰 내 아들이 나중에 형륙을 당하게 될 것은 상상할 수도 없다. 나는 너를 떠나 동쪽 고향으로 돌아가 네가 묻힐 묘지나 청소해 두겠다."

그러고는 그만 떠나 버렸다.

한 해쯤 지나 엄연년은 죄에 걸려 기시棄市 형에 처해지고 말았다. 동해에서는 그 어머니를 똑똑한 여자라 하였다. 엄연년의 형제 다섯은 모두 큰 관직에 올라 동해에서는 그 어머니를 '만석군의 엄씨 모친'이라 불렀다.

前漢, 嚴延年字次卿, 東海下邳人. 遷河南太守, 野無行盜, 威震旁郡. 其治務催折豪强, 扶助貧弱. 貧弱雖陷法, 曲文以出之; 豪傑侵小民者, 以文內之. 衆謂當死者, 一朝出之; 謂當生者, 詭殺之. 吏民莫能測其意深淺. 冬月傳屬縣囚會論府上, 流血數里. 河南號曰『屠伯』.

其母從東海來, 到洛陽見報囚, 大驚止都亭, 不肯入府. 延年至謁, 母閉閤不見. 延年免冠頓首閤下.

良久乃見之, 因數責延年:「幸得備郡守, 不聞仁愛敎化, 以全安愚民顧多刑殺人, 欲以立威. 天道神明, 人不可獨殺. 我不意, 當老見壯子被刑戮. 行矣去女東歸, 掃除墓地耳」

遂去.

歲餘延年坐棄市. 東海賢其母. 延年兄弟五人至大官, 東海號曰『萬石嚴嫗』.

【嚴延年】漢나라 때의 유명한 혹리. 자는 次卿.《漢書》酷吏傳 참조.
【下邳】縣 이름. 지금의 江蘇省 睢寧縣.
【都亭】수도의 관할 안에 있는 亭의 숙소.
【壯子】장년의 남자. 다 큰 아들.
【掃除墓地】무덤 터를 청소하며 죽어서 상을 치르게 될 때를 기다림을 말함.
【萬石嚴嫗】형제 다섯이 각각 2천 석의 높은 봉록이었기 때문에 만석이 되어 그렇게 호칭을 삼은 것임.

> 참고 및 관련 자료

1. 《漢書》酷吏傳(嚴延年)

嚴延年字次卿, 東海下邳人也. 其父爲丞相掾, 延年少學法律丞相府, 歸爲郡吏. 以選除補御史掾, 擧侍御史. ……延年爲人短小精悍, 敏捷於事, 雖子貢·冉有通藝於政事, 不能絶也. 吏忠盡節者, 厚遇之如骨肉, 皆親鄕之, 出身不顧, 以是治下無隱情. 然疾惡泰甚, 中傷者多, 尤巧爲獄文, 善史書, 所欲誅殺, 奏成於手, 中主簿親近史不得聞知. 奏可論死, 奄忽如神. 冬月傳屬縣囚, 會論府上, 流血數里, 河南號曰「屠伯」. 令行禁止, 郡中正淸. 義愈益恐, 自筮得死卦, 忽忽不樂, 取告至長安, 上書言延年罪名十事. 已拜奏, 因飮藥自殺, 以明不欺. 事下御史丞按驗, 有此數事, 以結延年, 坐怨望非謗政治不道棄市. 初, 延年母從東海來, 欲從延年臘, 到雒陽, 適見報囚. 母大驚, 便止都亭, 不肯入府. 延年出至都亭謁母, 母閉閤不見. 延年免冠頓首閤下, 良久, 母乃見之, 因數責延年:「幸得備郡守, 專治千里, 不聞仁愛敎化, 有以全安愚民, 顧乘刑罰多刑殺人, 欲以立威, 豈爲民父母意哉!」延年服罪, 重頓首謝, 因自爲母御, 歸府舍. 母畢正臘, 謂延年: 「天道神明, 人不可獨殺. 我不意當老見壯子被刑戮也! 行矣! 去女東歸掃除墓地耳.」遂去. 歸郡, 見昆弟宗人, 復爲言之. 後歲餘, 果敗. 東海莫不賢知其母. 延年兄弟五人皆有吏材, 至大官, 東海號曰「萬石嚴嫗」. 次弟彭祖, 至太子太傅, 在《儒林傳》.

293. 洪喬擲水, 陳泰挂壁

293-① 洪喬擲水
편지를 모두 물에 던지고 떠난 은홍교

《진서晉書》에 실려 있다.
　은선殷羨은 자가 홍교洪喬이며 진군陳郡 장평長平 사람이다. 그가 예장태수豫章太守가 되자, 수도 인사들이 그를 통해 예장 사람에게 전달해 달라는 편지가 무려 백여 통에 이르렀다. 그는 임지로 부임하면서 석두石頭에 이르러 그 편지들을 모두 강물에 던지면서 이렇게 말하였다.
　"잠길 놈은 잠기고 떠내려갈 놈은 떠내려가거라. 나 은홍교는 이런 편지나 전달하는 그런 사람이 아니다!"
　그는 자품과 성격이 우뚝하고 곧기가 이와 같았다.

　《晉書》: 殷羨字洪喬, 陳郡長平人. 爲豫章太守, 都下人士, 因其致書者百餘函, 行次石頭, 皆投之水中, 曰:「沈者自沈, 浮者自浮, 殷洪喬不爲致書郵!」
　其資性介立如此.

【殷羨】자는 洪喬. 殷浩의 아버지. 殷融(洪遠)의 형. 陳郡 출신으로 豫章太守, 長沙太守 등을 지냈으며 貪嗇하기로 이름났음.
【函】편지·서간.
【石頭】南昌 章江 근처의 地名. 지금의 江西省 新建縣 서북.

참고 및 관련 자료

1. 《晉書》(77) 殷浩傳
殷浩字深源, 陳郡長平人也. 父羨字洪喬, 爲豫章太守, 都下人士, 因其致書者百餘函, 行次石頭, 皆投之水中, 曰:「沈者自沈, 浮者自浮, 殷洪喬不爲致書郵!」其資性介立如此. 終於光祿勳.

2. 《世說新語》任誕篇
殷洪喬作豫章郡, 臨去, 郡人因附百許函書. 旣至石頭, 悉擲水中, 因祝曰:「沈者自沈, 浮者自浮; 殷洪喬不能作致書郵!」

293-② 陳泰挂壁
뇌물을 모두 벽에 걸어둔 진태

《위지魏志》에 실려 있다.

진태陳泰는 자가 현백玄伯이며 사공司空 진군陳群의 아들로서 병주자사并州刺史에 진위장군振威將軍의 직함이 더해졌다. 사지절使持節로써 호흉노중랑장護匈奴中郞將이 되어 그곳 관리와 백성을 부드럽게 포용하였으며, 위엄과 은혜가 심히 깊었다. 경읍京邑의 귀인들이 그에게 많은 보화를 뇌물로 바치며 진태를 통해 노비를 구입해 줄 것을 부탁하자, 진태는 이들이 보내온 물건들을 모두 벽에다 걸어두고 단 하나도 풀어보지 않았다. 그가 상서尙書로 발탁되자 그는 그 물건들을 모두 되돌려 주었다.

《魏志》: 陳泰字玄伯, 司空群之子. 爲幷州刺史, 加振威將軍. 使持節, 護匈奴中郎將. 懷柔吏民, 甚有威惠. 京邑貴人多寄寶貨, 因泰市奴婢. 泰皆挂之於壁, 不發其封. 及徵爲尙書, 悉以還之.

【陳泰】字는 玄伯(?~260). 陳群의 아들. 征西將軍, 尙書左僕射, 侍中光祿大夫 등을 역임함. 高貴鄕公이 피살되자 피를 토하며 슬피 여기다가 죽음. 《三國志》(22)에 전이 있음.
【陳群】자는 長文. 陳寔의 손자이며 陳紀의 아들. 뒤에 曹操를 도와 司空掾이 되었으며 尙書로서 九品官人法을 제정함. 曹丕가 한나라를 이어받자 鎭東大將軍, 錄尙書事가 됨. 明帝 때 潁陰侯에 봉해짐. 《後漢書》(62)와 《三國志》(22)에 전이 있음. '陳群麤容'[106] 참조.
【使持節】부절을 지니고 전권을 행사할 수 있는 晉나라 때 총독의 호칭.
【護匈奴中郎將】흉노의 방어를 담당하는 임무를 맡은 장군.

참고 및 관련 자료

1. 《三國志》(22) 魏志 陳群傳
陳泰字玄伯, 靑龍中, 除散騎侍郎. 正始中, 徙遊擊將軍, 爲幷州刺史, 加振威將軍, 使持節, 護匈奴中郎將. 懷柔吏民, 甚有威惠. 京邑貴人多寄寶貨, 因泰市奴婢. 泰皆挂之於壁, 不發其封. 及徵爲尙書, 悉以還之. 嘉平初, 代郭淮爲雍州刺史, 加奮威將軍. 蜀大將軍姜維率衆依麴山築二城, 使牙門將句安·李歆等守之, 聚羌胡質任等寇逼諸郡.(하략)

2. 《魏氏春秋》
泰勸大將軍誅賈充. 大將軍曰:「卿更思其他.」泰曰:「豈可使泰復發後言?」遂嘔血死.

294. 王述忿狷, 荀粲惑溺

294-① 王述忿狷
분함을 참지 못하는 성격의 왕술

《진서晉書》에 실려 있다.

왕술王述은 자가 회조懷祖이며 동해태수東海太守 왕승王承의 아들이다. 가난함에 안주하며 검약함을 지키면서 명예가 드러나기를 구하지는 않았다. 성격이 조용하고 안정되어 나이 서른이 되도록 그 이름이 드러나지 않아, 혹 어떤 자는 그를 바보라 여기기도 하였다.

여러 관직을 거쳐 상서령尚書令에 올랐으며 여러 차례 주군州郡의 태수를 역임하기도 하였다. 청결함이 아주 뛰어나 봉록이나 하사품은 모두 친척이나 친구에게 흩어 주었다. 다만 성격이 급한 것이 흠이었다. 한번은 삶은 달걀을 먹는데 젓가락으로 이를 찔렀으나 꿰뚫지 못하자 크게 노하여 이를 땅에 던져 버렸다. 달걀이 데굴데굴 굴러가며 멈추지 않자, 곧바로 침상에서 내려와 나막신 뒷굽으로 밟아 버렸다. 그래도 제대로 밟히지 않자 이번에는 눈을 부릅뜨고 노려보다가 이를 주워 입 안에 넣고는 마구 씹은 다음 뱉어버렸다. 이윽고 그의 지위가 높아지자 그는 매번 유순함을 끝까지 지키는 것으로 자신을 억제하였다.

한편 사혁謝奕이라는 자도 성격이 거칠어 일찍이 왕술을 분노하게 하여 참을 수 없는 극언을 퍼부으며 그를 매도하였다. 왕술은 아무런 대응도 하지 않은 채 벽만 보고 있을 뿐이었다. 이렇게 반나절을 견디자 사혁은 돌아가고 말았다. 그때에야 왕술은 자리로 돌아와 앉는 것이었다. 사람들은 이를 두고 왕술의 참을성을 칭찬하였다.

구본舊本에는 술述자를 술術자로 잘못 표기하였다.

《晉書》: 王述字懷祖, 東海太守承之子. 安貧守約, 不求聞達. 性沈靜, 年三十尚未知名, 或人謂之癡. 累遷尙書令, 屢居州郡. 淸潔絶倫, 祿賜皆散之親故. 但性急爲累. 嘗食雞子, 以筯刺之不得, 大怒擲地. 雞子圓轉不止. 便下牀, 以屐齒踏之, 又不得. 瞋甚, 掇內口中, 齧破而吐之.

旣躋重任, 每以柔克爲用. 謝奕性麤, 嘗忿述, 極言罵之. 述無所應, 面壁而已. 居半日, 奕去, 始復坐. 人以此稱之.

舊本: 述誤作術.

【王述】자는 懷祖(303~368). 王承의 아들이며 王坦之의 아버지. 고아가 되어 어머니를 극진히 모심. 아버지를 이어 藍田侯에 봉해졌으며 宛陵令, 臨海太守, 建威將軍, 會稽內史, 揚州刺史, 征虜將軍 등을 역임함. 청렴하기로 이름이 널리 알려졌음. 《晉書》(75)에 전이 있음.
【忿狷】화를 내며 성질이 급한 것. 《世說新語》에 忿狷篇이 있음.
【太守承】王承(275~320). 자는 安期. 太原 晉陽人. 汝南太守 王湛의 아들이며 王述의 아버지. 東海太守가 되어 德政을 베풀었음. 王導, 衛玠, 周顗, 庾亮 등과 함께 東晉의 명사로 추앙됨. 《晉書》(75)에 전이 있음. '王承魚盜'[126] 참조.
【怒·瞋】화를 내며 눈을 부릅뜸.
【柔克】柔順함과 克己.
【謝奕】字는 無奕(?~358). 謝安의 형이며 謝玄의 아버지. 豫州刺史, 鎭西將軍 등을 지냄. 《晉書》(79)에 전이 있음. '謝安高潔'[004] 참조.

> 참고 및 관련 자료

1. 《晉書》(75) 王述傳
王述字懷祖, 少孤, 事母以孝聞. 安貧守約, 不求聞達. 性沈靜, 每坐客馳辨, 異端競起, 而述處之恬如也. 少襲父爵. 年三十, 尙未知名, 或人謂之癡. ……比後屢居州郡. 淸潔絶倫, 祿賜皆散之親故, 宅宇舊物不革於昔, 始爲當時所歎.

但性急爲累. 嘗食雞子, 以筋刺之, 不得, 便大怒擲地. 雞子圓轉不止. 便下牀, 以屐齒踏之, 又不得. 瞋甚, 掇內口中, 齧破而吐之. 旣躋重位, 每以柔克爲用. 謝奕性麤, 嘗忿述, 極言罵之. 述無所應, 面壁而已. 居半日, 奕去, 始復坐. 人以此稱之. ……述竟不起, 三年卒, 時年六十六. ……追贈侍中·驃騎將軍·開府, 諡曰穆, 以避穆帝, 改曰簡. 子坦之嗣.

2. 《世說新語》忿狷篇

王藍田性急, 嘗食雞子, 以筋刺之, 不得, 便大怒, 擧以擲地; 雞子於地圓轉未止, 仍下地以屐齒蹍之, 又不得, 瞋甚; 復於地取內口中, 齧破卽吐之. 王右軍聞而大笑曰:「使安期有此性, 猶當無一豪可論, 況藍田邪?」

294-② 荀粲惑溺
아내에게 폭 빠진 순찬

《순찬전荀粲傳》에 실려 있다.

순찬荀粲은 자가 봉천奉倩이다. 그는 항상 부인이 재능이 있다 해도 그것은 논의거리가 되지 못한다고 여자를 폄하하였다. 그리고 여자라면 의당 미모가 우선이라 여겼다. 당시 표기장군驃騎將軍 조홍曹洪의 딸이 미색이 뛰어나 순찬이 빙례를 거쳐 아내로 맞이하게 되었다. 그 여인은 용모와 복장, 집안의 휘장조차 아주 아름답게 꾸미는 여인이었다. 그리고 방 안에서도 아주 자신을 즐겁게 해 주었다. 이렇게 몇 년이 흐른 뒤 그만 그 부인이 병으로 죽고 말았다. 부하傅嘏가 찾아가 조문의 말을 건넸지만 순찬은 울지도 못한 채 신상이 상하여 말이 아니었다. 이에 부하가 이렇게 달랬다.

"여자로서 재능과 색을 함께 훌륭히 갖춘 자를 얻기란 실로 어렵다네. 그대는 재능은 버려도 좋으나 색은 갖추어야 한다고 하였으니, 그런 여자라면 쉽게 만날 수 있다네. 무얼 그토록 심히 애통해하는가?"

그러자 순찬은 이렇게 말하였다.

"가인佳人은 두 번 얻기 어렵다네. 죽은 아내를 돌아보면 경국지색傾國之色은 아니지만, 쉽게 얻을 수 있다고 말할 수는 없다네."

그리하여 애통과 애도를 그치지 못하다가 한 해만에 역시 죽고 말았다.

《세설신어世說新語》에는 이렇게 실려 있다.

순봉천은 그 아내와 사랑이 지극히 두터웠다. 겨울철 아내에게 열병이 나자, 그는 마당으로 나가 자신의 몸을 차갑게 한 다음 들어와 그 찬 몸으로 아내를 덮어 식혀 주었다. 그 아내가 죽자 순찬은 얼마 뒤 죽고 말았는데 이로써 세상 사람들의 놀림을 받았다. 〈혹닉편惑溺篇〉을 보라.

《荀粲傳》曰: 粲字奉倩. 常以婦人才智不足論, 自宜以色爲主. 驃騎將軍曹洪女有美色, 粲聘焉. 容服帷帳甚麗. 專房歡宴. 歷年後, 婦病亡. 傅嘏往唁, 粲不哭而神傷.

嘏問曰:「婦人才色竝茂爲難. 子遺才而好色, 此自易遇, 何哀之甚?」

粲曰:「佳人難再得. 顧逝者不能有傾國之色, 未可謂之易遇.」

痛悼不能已, 歲餘亦亡.

《世說》曰: 奉倩與婦至厚. 冬月婦病熱. 乃出中庭自取冷還, 以身慰之. 婦亡, 奉倩後少時亦卒, 以是獲譏於世. 見〈惑溺篇〉.

【荀粲傳】《世說新語》惑溺篇의 주〈荀粲別傳〉.

【荀粲】자는 奉倩. 삼국시대 위나라 인물. 荀彧의 막내아들. 《三國志》荀彧傳 참조.

【曹洪】魏나라 曹操의 사촌동생.
【傅嘏】자는 蘭石(蘭碩. 209~255). 泥陽人. 河南尙書를 지냄. 才性의 문제를 깊이 다루었던 인물.《三國志》(21)에 전이 있음. 삼국시대 위나라 사람. 毌丘儉을 평정한 후 陽鄕侯에 봉해짐.
【佳人難再得】李延年이 漢 武帝에게 누이 李夫人을 바칠 때의 노래 구절.
【傾國】역시 이연년의 노래 구절. "一顧傾人城, 再顧傾人國, 寧不知傾城與傾國"이라 함.

참고 및 관련 자료

1.《世說新語》惑溺篇
荀奉倩與婦至篤, 冬月婦病熱, 乃出中庭自取冷, 還, 以身熨之: 婦亡, 奉倩後少時亦卒. 以是獲譏於世. 奉倩曰:「婦人德不足稱, 當以色爲主.」裴令聞之曰:「此乃是興到之事, 非盛德之言, 冀後人未昧此語.」

2.《荀粲別傳》
粲字奉倩, 潁川潁陰人, 太尉彧少子也. 粲諸兄儒術論識名知名. 粲能言玄遠, 常以子貢稱夫子之言性與天道, 不可得而聞也; 然則六籍雖存, 固聖人之糠秕, 能言者不能屈.

3.《荀粲別傳》
粲常以婦人才智不足論, 自宜以色爲主. 驃騎將軍曹洪女有色, 粲於是聘焉. 容服帷帳甚麗, 專房燕婉 歷年後, 婦病亡. 未殯, 傅嘏往喭粲, 粲不哭而神傷. 嘏問曰:「婦人才色, 並茂爲難. 子之聘也, 遺才存色, 非難遇也. 何哀之甚?」粲曰:「佳人難再得! 顧逝者不能有傾城之異, 然未可易遇也.」痛悼不能已已. 歲餘亦亡, 時年二十九. 粲簡貴, 不與常人交接, 所交者一時俊傑: 至葬夕, 赴期者裁十餘人, 悉同年相知名士也; 哭之, 感慟路人. 粲雖褊隘, 以燕婉自喪, 然有識猶追惜其能言.

4.《荀粲別傳》
粲太和初到京邑, 與傅嘏談, 善名理;而粲尙玄遠, 宗致雖同, 倉卒時或格而不相得意. 裴徽通彼我之懷, 爲二家釋. 頃之. 粲與嘏善.

295. 宋女愈謹, 敬姜猶績

295-① 宋女愈謹
더욱 삼감을 다하는 송나라 포녀종

《고열녀전古列女傳》에 실려 있다.

송宋나라 포녀종鮑女宗은 포소鮑蘇의 아내이다. 시어머니를 아주 정성스레 모셨다. 포소가 멀리 위衛나라로 벼슬길을 떠나 3년이 되자 그곳에서 따로 외처外妻를 얻었다. 여종女宗은 왕래하는 자를 통해 남편의 안부를 묻기를 그치지 않았고, 심지어 그 외처에게 후한 물건을 보내주곤 하였다.

그러자 여종의 언니가 이렇게 말하였다.

"너는 다른 곳으로 시집가도 된다."

그러나 여종은 이렇게 말하였다.

"아내란 진실로 한 번 초례醮禮를 치르면 개가하지 않는 것입니다. 지아비가 죽더라도 재가하지 않는 것이 본분입니다. 언니는 나에게 집안에서 지켜야 할 아내의 예는 가르치지 아니하고 반대로 나로 하여금 의를 저버리는 행동을 하라 하시니, 장차 어찌 언니의 말을 들을 수 있겠습니까?"

끝내 그 말을 듣지 아니하고 시어머니 모시기에 더욱 정성을 쏟았다. 송공宋公이 이를 듣고 가상히 여겨 그 마을 어귀에 정려旌閭의 표목을 세우고 '여종'이라 하였다.

군자가 말하였다.

"여종은 겸손하면서 예를 알도다!"

《古列女傳》: 宋鮑女宗者, 鮑蘇妻也. 養姑甚謹. 蘇去仕衛, 三年而娶外妻. 女宗因往來者, 請問其夫不輟, 賂遺外妻甚厚.

女宗之姒曰:「可以去矣.」

女宗曰:「婦人固以一醮不改, 夫死不嫁爲分者也. 吾姒不敎吾以居室之禮, 而反欲使吾爲見棄之行, 將安用此?」

遂不聽, 事姑愈謹.

宋公聞而美之, 表其閭號曰『女宗』.

君子謂:「女宗謙而知禮!」

【鮑蘇】춘추시대 宋나라 사람.
【一醮】'초'는 혼례 때 선조의 묘당에서 술을 마시는 것. 혼례의 한 과정.
【女宗】여인으로서의 존경받을 모범임을 말함.

참고 및 관련 자료

1. 《列女傳》賢明傳 宋鮑女宗

女宗者, 宋鮑蘇之妻也. 養姑甚謹. 鮑蘇仕衛三年, 而娶外妻. 女宗養姑愈敬, 因往來者, 請問其夫, 賂遺外妻甚厚. 女宗姒謂曰:「可以去矣.」女宗曰:「何故?」姒曰:「夫人旣有所好, 子何留乎?」女宗曰:「婦人一醮不改, 夫死不嫁. 執麻枲, 治絲繭, 織紝組紃, 以供衣服, 以事夫室, 澈漠酒醴, 羞饋食以事舅姑. 以專一爲貞, 以善從爲順. 貞順, 婦人之至行也, 豈以專夫室之愛爲善哉? 若以其淫意爲心, 而扼夫室之好, 吾未知其善也. 夫禮: 天子十二, 諸侯九, 卿大夫三, 士二, 今吾夫誠士也, 有二, 不亦宜乎? 且婦人有七見去, 夫無一去義. 七去之道, 妒正爲首, 淫僻·竊盜·長舌·驕侮·無子·惡病, 皆在其後. 吾姒不敎吾以居室之禮, 而反欲使吾爲見棄之行, 將安所用此?」遂不聽, 事姑愈謹. 宋公聞之, 表其閭, 號曰「女宗」. 君子謂: 「女宗謙而知禮」詩云:『令儀令色, 小心翼翼, 故訓是式, 威儀是力.』此之謂也. 頌曰: 『宋鮑女宗, 好禮知理. 夫有外妻, 不爲變己. 稱引婦道, 不聽其姒. 宋公賢之, 表其閭里.』

2. 《文選》(49) 〈晉紀總論〉注

列女傳: 宋鮑女宗曰:「貞順, 婦人之至行也.」

3. 《文選》(59) 〈劉先生夫人墓誌〉注

列女傳: 鮑蘇妻曰:「如不敎吾以居室之行.」

295-② 敬姜猶績
베를 짜며 자식을 훈계한 경강

《고열녀전古列女傳》에 실려 있다.

노魯나라 계경강季敬姜은 거莒나라 출신으로 호를 대기戴己라 하였으며 노나라 대부 공보목백公父穆伯의 아내이자 공보문백公父文伯의 어머니이다. 예禮에 관하여 널리 알고 통달하였다. 문백이 조회에서 물러나 어머니 경강을 뵙자, 경강은 마침 길쌈을 하고 있었다. 이에 문백이 말하였다.

"우리歜 집안의 안주인으로서 그래도 길쌈을 하고 계시다니 계손자季孫子께서 화를 내실까 두렵습니다. 제가 어머님을 제대로 모시지 못하는 것입니까?"

경강은 이 말에 이렇게 탄식하였다.

"노나라가 망하려는가! 너 같은 어린아이를 궁궐 관직을 맡겨 숫자에 채우다니. 너는 듣지 못하였느냐? 옛날 성왕聖王이 백성에게 임하면서 남녀가 모두 열심을 다하여 길쌈하고 효과를 거두도록 하였다. 그렇게 하지 않으면 죽여 없앴으니 이것이 옛날 제도였다."

이 이야기는 《국어國語》 노어魯語에도 나온다.

《古列女傳》: 魯季敬姜莒女也, 號戴己. 魯大夫公父穆伯之妻, 文伯之母. 博達知禮.

文伯退朝, 朝敬姜, 敬姜方績, 文伯曰:「以歜之家而主猶績, 懼于季孫之怒. 其以歜爲不能事主乎?」

敬姜歎曰:「魯其亡乎! 使童子備官. 而未之聞邪? 昔聖王處民, 男女效績. 否則有辟, 古制也.」

又出〈魯語〉.

【魯】주초 周公 旦(姬旦)이 봉을 받았던 나라. 지금의 山東 曲阜를 도읍으로 하였으며 전국시대 楚나라에게 멸망함. 孔子가 태어났던 儒家의 고장.
【敬姜】莒나라 출신으로 호는 戴己. 魯나라 大夫 公父穆伯의 처이며 文伯의 어머니. 季康子의 從祖叔母. 어질기로 이름이 났음. '文伯羞鼈'[102] 참조.
【歜】文伯의 이름. 公父穆伯의 아들 公父歜. 魯나라 대부를 지냄
【主】公卿大夫 또는 大夫의 아내의 호칭
【季孫】康子. 季康子. 계손씨이며 이름은 肥. 노나라 正卿을 지냄. 文伯의 本家.
【魯語】《國語》의 편명. 《國語》는 左丘明이 지은 것으로 알려져 있으며 春秋時代 여덟 나라의 事績을 국가별로 기록한 책.

참고 및 관련 자료

1. 《列女傳》母儀篇 魯季敬姜
魯季敬姜者, 莒女也, 號戴己. 魯大夫公父穆伯之妻·文伯之母·季康子之從祖叔母也. 博達知禮. 穆伯先死, 敬姜守養. 文伯出學而還歸, 敬姜側目而盼之, 見其友上堂, 從後階降而卻行, 奉劍而正履, 若事父兄, 文伯自以爲成人矣. 敬姜召而數之曰:「昔者武王罷朝而結絲絑絕, 左右顧, 無可使結之者, 俯而自申之, 故能成王道. 桓公坐友三人, 諫臣五人, 日舉過者三十人, 故能成伯業. 周公一食而三吐哺, 一沐三握髮, 所執摯而見於窮閭隘巷者七十餘人, 故能存周室. 彼二聖一賢者, 皆霸王之君也, 而下人如此; 其所與遊者, 皆過己者也. 是以日益而不自知也. 今以子年之少而位之卑, 所與遊者, 皆爲服役, 子之不益, 亦以明矣.」文伯乃謝罪. 於是乃擇嚴師賢友而事之, 所與遊處者皆黃耉倪齒也, 文伯引袵攘捲而親饋之. 敬姜曰:「子成人矣!」君子謂:「敬姜備於教化.」

2. 《國語》魯語(下)
公父文伯飲南宮敬叔酒, 以露睹父爲客. 羞鼈焉, 小. 睹父怒, 相延食鼈, 辭曰:「將使鼈長而後食之.」遂出. 文伯之母聞之, 怒曰:「吾聞之先子曰:『祭養尸, 饗養上賓.』鼈於何有? 而使夫人怒也!」遂逐之. 五日, 魯大夫辭而復之. 公父文伯之母如季氏, 康子在其朝, 與之言, 弗應, 從之及寢門, 弗應而入. 康子辭於朝而入見, 曰:「肥也不得聞命, 無乃罪乎?」曰:「子弗聞乎? 天子及諸侯合民事於外朝, 合神事於內朝; 自卿以下, 合官職於外朝, 合家事於內朝; 寢門之內,

婦人治其業焉. 上下同之. 夫外朝, 子將業君之官職焉; 內朝, 子將庀季氏之政焉, 皆非吾所敢言也.」公父文伯退朝, 朝其母, 其母方績. 文伯曰:「以歜之家而主猶績, 懼忓季孫之怨也, 其以歜爲不能事主乎!」其母歎曰:「魯其亡乎! 使僮子備官而未之聞耶? 居, 吾語女. 昔聖王之處民也, 擇瘠土而處之, 勞其民而用之, 故長王天下. 夫民勞則思, 思則善心生; 逸則淫, 淫則忘善, 忘善則惡心生. 沃土之民不材, 逸也; 瘠土之民莫不嚮義, 勞也. 是故天子大采朝日, 與三公·九卿祖識地德; 日中考政, 與百官之政事, 師尹維旅·牧·相, 宣序民事; 少采夕月, 與大史·司載糾虔天刑; 日入監九御, 使潔奉禘·郊之粢盛, 而後卽安. 諸侯朝修天子之業命, 晝考其國職, 夕省其典刑, 夜儆百工, 使無慆淫, 而後卽安. 卿大夫朝考其職, 晝講其庶政, 夕序其業, 夜庀其家事, 而後卽安. 士朝受業, 晝而講貫, 夕而習復, 夜而計過無憾, 而後卽安. 自庶人以下, 明而動, 晦而休, 無日以怠. 王后親織玄紞, 公侯之夫人加之以紘·綖, 卿之內子爲大帶, 命婦成祭服, 列士之妻加之以朝服, 自庶士以下, 皆衣其夫. 社而賦事, 蒸而獻功, 男女效績, 愆則有辟, 古之制也. 君子勞心, 小人勞力, 先王之訓也. 自上以下, 誰敢淫心舍力? 今我, 寡也, 爾又在下位, 朝夕處事, 猶恐忘先人之業. 況有怠惰, 其何以避辟! 吾冀而朝夕修我曰:『必無廢先人.』爾今曰:『胡不自安.』以是承君之官, 余懼穆伯之絶嗣也.」仲尼聞之曰:「弟子志之, 季氏之婦不淫矣.」公父文伯之母, 季康子之從祖叔母也. 康子往焉, 闈門與之言, 皆不踰閾. 祭悼子, 康子與焉, 酢不受, 徹俎不宴, 宗不具不繹, 繹不盡飫則退. 仲尼聞之, 以爲別於男女之禮矣. 公父文伯之母欲室文伯, 饗其宗老, 而爲賦〈綠衣〉之三章. 老請守龜卜室之族. 師亥聞之曰:「善哉! 男女之饗, 不及宗臣; 宗室之謀, 不過宗人. 謀而不犯, 微而昭矣. 詩所以合意, 歌所以詠詩也. 今詩以合室, 歌以詠之, 度於法矣.」公父文伯卒, 其母戒其妾曰:「吾聞之: 好內, 女死之; 好外, 士死之. 今吾子夭死, 吾惡其以好內聞也. 二三婦之辱共先者祀, 請無瘠色, 無洵涕, 無搯膺, 無憂容, 有降服, 無加服. 從禮而靜, 是昭吾子也.」仲尼聞之曰:「女知莫若婦, 男知莫若夫. 公父氏之婦智也夫! 欲明其子之令德.」公父文伯之母朝哭穆伯, 而暮哭文伯. 仲尼聞之曰:「季氏之婦可謂知禮矣. 愛而無私, 上下有章.」

296. 鮑照篇翰, 陳琳書檄

296-① 鮑照篇翰
포조가 보낸 한 장의 편지

《남사南史》에 실려 있다.

포조鮑照는 자가 명원明遠이며 동해東海 사람이다. 문사文辭가 풍부하고 빼어났다. 일찍이 송宋나라 임천왕臨川王 유의경劉義慶을 알현하였지만 아직 자신이 알려지지 않았으므로 시詩를 바쳐 자신의 뜻을 말하고자 하였다.

그러자 다른 사람들이 말렸다.

"그대는 지위가 그래도 낮은데 경솔히 대왕의 뜻을 어그러뜨리지 않았으면 한다."

그러자 포조는 발연히 이렇게 말하였다.

"천 년을 두고 그 많은 영재, 기이한 선비들로서 침몰한 채 그 이름을 드러내지 못한 자를 어찌 가히 숫자로 셀 수 있겠는가! 대장부라면 어찌 자신의 재능을 드러내지 못한 채 녹록碌碌히 참새나 제비처럼 서로 남을 따르기만 하겠는가?"

이에 시를 바치자 유의경은 기이하게 여겨 그에게 비단 20필을 하사하고 얼마 뒤 국시랑國侍郎으로 발탁하였다. 그리고 다시 문제文帝가 그를 중서사인中書舍人으로 삼았는데, 문제는 문장文章을 좋아하여 누구도 자신을 따라올 수 없다고 자부하고 있었다. 포조는 문제의 그러한 자존심을 건드리지 않고자 문장을 쓸 때는 자주 비속어나 거듭된 구절을 넣었다. 모두가 포조를 두고 재능이 다한 것이라 말하였으나 실제로는 그렇지 않았던 것이다. 일찍이 그는 〈의고시擬古詩〉라는 작품을 지었는데, 거기에는 자신의 재능을 이렇게 읊었다.

| "열다섯에 《시서詩書》를 줄줄이 외웠지. | 十五諷詩書, |
| 그 어떤 글도 통하지 못함이 없었다네." | 篇翰靡不通. |

《문선文選》에는 조照자를 소昭자로 적고 있다.

《南史》: 鮑照字明遠, 東海人. 文辭贍逸. 嘗謁宋臨川王義慶, 未見知, 欲貢詩言志.

人止之曰:「卿位尚卑, 不可輕忤大王.」

照勃然曰:「千載上有英才異士, 沈沒而不聞者, 安可數哉! 大丈夫豈蘊知能, 碌碌與燕雀相隨乎?」

於是奏詩. 義慶奇之, 賜帛二十匹, 尋擢爲國侍郎. 文帝以爲中書舍人, 上好文章, 自謂人莫能及. 照悟其旨, 文章多鄙言累句. 咸謂照才盡, 實不然也. 嘗賦〈擬古詩〉云:『十五諷詩書, 篇翰靡不通.』

《文選》照作昭.

【鮑照】 자는 明遠(약 415~470, 혹 421~465). 東海(지금의 山東省 郯縣) 사람. 집이 가난했으며 臨川王 劉義慶의 侍郎을 역임하였음. 뒤에 宋 文帝가 中書舍人으로 승진시켰으며 다시 臨海王이 荊州를 진수할 때 前軍參軍이 되었음. 그러나 임해왕이 난을 일으키자 그에 휩쓸려 죽음을 당하였음. 그의 史跡은 그 때문에 따로 傳이 없고 《宋書》와 《南史》의 臨川烈武王道規傳에 부록으로 들어있음. 明, 張溥가 집일한 《鮑參軍集》이 있음.

【臨川王義慶】 南朝 宋나라 사람 劉義慶. 高祖의 동생인 長沙景王의 아들. 아버지 臨川王의 작위를 세습하여 임천왕이라 불림. 문학에 뛰어났으며 《世說新語》를 지음.

【燕雀】 秦末 陳勝이 친구에게 한 말. 《史記》 陳涉世家에 "陳勝者, 陽城人也, 字涉. 吳廣者, 陽夏人也, 字叔. 陳涉少時, 嘗與人傭耕, 輟耕之壟上, 悵恨久之,

曰:「苟富貴, 無相忘.」庸者笑而應曰:「若爲庸耕, 何富貴也?」陳涉太息曰: 「嗟乎, 燕雀安知鴻鵠之志哉!」라 함.
【文帝】宋 文帝. 남조 송나라의 제3대 임금. 이름은 劉義隆. 劉裕의 둘째 아들이며 少帝(劉義符)의 뒤를 이어 제위에 오름. 424부터 453년 재위.
【擬古詩】옛사람의 시체를 모방한 시.《文選》(31)에 鮑明遠의 〈의고시〉 3수가 있으며 이는 그 중 한 구절임.

참고 및 관련 자료

1.《宋書》(51) 宗室 臨川烈武王道規傳(鮑照)

鮑照字明遠, 東海人. 文辭贍逸. 嘗爲古樂府, 文甚遒麗. 元嘉中, 河濟俱淸, 當時以爲美瑞. 照爲〈河淸頌〉, 其序甚工. 其辭曰: ……世祖以照爲中書舍人, 上好爲文章, 自謂物莫能及. 照悟其旨, 文章多鄙言累句. 當時咸謂照才盡, 實不然也. 臨海王子頊爲荊州, 照爲前軍參軍, 掌書記之任. 子頊敗, 爲亂兵所殺.

2.《南史》(13) 臨川烈武王道規傳(鮑照)

鮑照字明遠, 東海人. 文辭贍逸. 嘗爲古樂府, 文甚遒麗. 元嘉中, 河濟俱淸, 當時以爲美瑞. 照爲〈河淸頌〉, 其序甚工. 照始嘗謁宋臨川王義慶, 未見知, 欲貢詩言志. 人止之曰:「卿位尙卑, 不可輕忤大王.」照勃然曰:「千載上有英才異士, 沉沒而不聞者, 安可數哉! 大丈夫豈可遂蘊知能, 使蘭艾不辨, 終日碌碌, 與燕雀相隨乎?」於是奏詩. 義慶奇之, 賜帛二十匹, 尋擢爲國侍郞, 甚見知賞. 薦秣陵令. 文帝以爲中書舍人, 上好爲文章, 自謂人莫能及. 照悟其旨, 文章多鄙言累句. 咸謂照才盡, 實不然也. 臨海王子頊爲荊州, 照爲前軍參軍, 掌書記之任. 子頊敗, 爲亂兵所殺.

3.《詩品》(中)

宋參軍鮑照詩, 其源出於二張. 善製形狀寫物之詞. 得景陽之諔詭; 含茂先之靡嫚. 骨節强於謝混; 驅邁疾於顔延. 總四家而擅美, 跨兩代而孤出. 嗟其人秀才微, 故取湮當代. 然貴尙巧似, 不避危仄, 頗傷淸雅之調. 故言險俗者多以附照.

4.《文選》(31) 鮑明遠〈擬古詩〉3수

(1)
幽幷重騎射, 少年好馳逐. 氈帶佩雙鞬, 象弧挿彫服.
獸肥春草短, 飛鞚越平陸. 朝遊鴈門上, 暮還樓煩宿.

石梁有餘勁, 驚雀無全目. 漢虜方未和, 邊城屢翻覆.
留我一白羽, 將以分虎竹.
(2)
魯客事楚王, 懷金襲丹素. 旣荷主人恩, 又蒙令尹顧.
日晏罷朝歸, 鞍馬塞衢路. 宗黨生光華, 賓僕遠傾慕.
富貴人所欲, 道德亦何懼? 南國有儒生, 迷方獨淪誤.
伐木靑江湄, 設罝守毚兔.
(3)
十五諷詩書, 篇翰靡不通. 弱冠參多士, 飛步遊秦宮.
側睹君子論, 預見古人風. 兩說窮舌端, 五車摧筆鋒.
羞當白璧貺, 恥受聊城功. 晚節從世務, 乘障遠和戎.
解佩襲犀渠, 卷袠奉盧弓. 始願力不及, 安知今所終?

296-② 陳琳書檄
격문에 뛰어난 진림

《위지魏志》에 실려 있다.

광릉廣陵의 진림陳琳은 자가 공장孔璋이며, 진류陳留의 완우阮瑀는 자가 원유元瑜였다. 진림이 기주冀州로 피난하자, 그곳의 원소袁紹가 그에게 문장을 담당하는 업무를 맡겼다. 그러다가 원소가 패하자 태조太祖 조조에게 귀의하였더니, 태조 역시 그의 재능을 아주 아꼈으며, 진림과 원우를 함께 사공司空, 군좨주軍祭酒로 삼아 기실記室을 관리하도록 하였다. 그리하여 군대와 나라의 문서, 격문檄文은 거의 진림과 완우가 작성하였다.

조비曹丕의 《전략典略》에는 이렇게 말하였다.

진림이 여러 문서와 격문을 작성하여 그 초고가 완성되어 이를 태조에게 바쳤다. 태조는 두통을 앓고 있던 터라 그날 마침 병이 도져 누운 채 진림이 지은 글을 읽고 있다가 홀연히 일어나며 이렇게 감탄하였다.

"이것이 내 병을 낫게 하는구나!"

그리하여 자주 후한 선물을 더하여 내렸다. 태조가 한번은 완우로 하여금 한수韓遂에게 보낼 편지를 작성하게 하였다. 그때 태조를 따라 외출하게 되었는데, 말 위에서 그는 문장을 작성하였다. 글이 이루어지자 이를 바쳤더니, 태조가 붓을 들고 고쳐 확정할 부분을 지적하고자 하였지만, 끝내 한 글자도 덜거나 보탤 것이 없었다.

위魏 문제文帝 조비의 〈오질에게 주는 편지與吳質書〉에는 이렇게 말하였다.

"공장(진림)의 장문章文과 표문表文은 특이하고 굳건하다. 그러나 변화하고 풍부한 맛이 없다. 원유(완우)의 서문書文과 기문記文은 시원하게 날개를 쳐서 족히 즐길 만하다."

《魏志》: 廣陵陳琳字孔璋, 陳留阮瑀字元瑜. 琳避難冀州, 袁紹使典文章. 袁氏敗, 歸太祖. 太祖愛其才, 竝以琳·瑀爲司空·軍祭酒, 管記室, 軍國書檄多琳·瑀所作.

《典略》曰: 琳作諸書及檄, 草成呈太祖. 太祖先苦頭風, 是日疾發, 臥讀琳所作, 翕然而起曰: 「此愈我病!」

數加厚賜. 太祖嘗使瑀作書與韓遂. 時從太祖出, 因於馬上具章. 書成呈之, 太祖攬筆欲有所定, 而竟不能增損.

魏文帝〈與吳質書〉曰: 「孔璋章表殊健, 微爲繁富; 元瑜書記翩翩, 致足樂也.」

【陳琳】 東漢말의 저명한 시인으로 孔融, 王粲, 陳琳, 阮瑀, 徐幹, 應瑒과 더불어 建安七子로 불림.

【阮瑀】 자는 元瑜(?~212). 陳留人. 蔡邕을 스승으로 모셨으며 建安 때 曹操의 軍謀祭酒를 거쳐 記室, 倉曹掾의 벼슬을 지냄. 五言詩 12首와 散句 일부가 전함. 建安七子의 하나.

【袁紹】 자는 本初(?~202). 한말의 인물. 영제(靈帝) 때 左軍校尉를 거쳐 司隸에 올랐으며 董卓을 끌어들여 환관을 제거하였으나, 이로 인해 京師에 대란이 일어나자 의견이 맞지 않아 冀州로 도망갔다가 河北을 점거함. 뒤에 曹操와의 결전에 패하자 분을 품고 죽음.《三國志》(6) 및《後漢書》(74)에 전이 있음.

【太祖】 魏나라 曹操(155~220). 자는 孟德. 어릴 때는 阿瞞으로 불렸음. 沛國 출신으로 기지와 변화는 물론 문장에도 뛰어났으며 曹丕의 아버지로 한말 세력을 키워 魏나라를 건립하는 기초를 세움. 아들 조비 獻帝로부터 선양을 받아 武帝로 추존함.《孫子略解》,《兵書接要》,《曹操集》 등이 있음.《三國志》(1)에 紀가 있음.

【曹丕】 魏文帝. 자는 子桓(187~226). 曹操의 둘째 아들. 아버지 曹操가 죽고 魏王을 습봉하여 漢나라 丞相이 됨. 延康 元年(220)에 禪讓을 받아 황제가 되었으며 연호를 黃初로 바꾸고 국호를 魏나라로, 洛陽을 도읍으로 정함. 재위 7년에 졸하였으며 시호는 文皇帝. 문장에도 뛰어나《典論》을 지었으며 그 중〈論文〉은 문학 이론과 비평의 유명한 글로 평가받고 있음. 그 외에〈燕歌行〉은 현존 최초의 7언시로 알려짐.《三國志》(2)에 紀가 있음.《魏志》에 "帝諱丕. 字子桓, 受漢禪"이라 함. '魏儲南館'[245] 참조.

【典略】 魏 文帝 曹丕가 지은 글. 그 중〈論文〉은 문학 이론에 대한 평론으로 높이 평가를 받고 있음.

【韓遂】 馬超 등과 함께 曹操에게 대립한 장군.

【與吳質書】《文選》(42)에 실려 있음. '魏儲南館'[245] 참조.

【章表】 신하가 임금에게 올리는 상소문.

참고 및 관련 자료

1.《三國志》(21) 魏書 王粲傳(陳琳)

廣陵陳琳字孔璋, 陳留阮瑀字元瑜. ……琳避難冀州, 袁紹使典文章. 袁氏敗, 琳歸太祖. 太祖謂曰:「卿昔爲本初移書, 但可罪狀孤而已, 惡惡止其身, 何乃

上及父祖邪?」琳謝罪, 太祖愛其才而不咎. 瑀少受學於蔡邕. 建安中都護曹洪欲使掌書記, 瑀終不爲屈. 太祖竝以琳·瑀爲司空·軍謀祭酒, 管記室, 軍國書檄多琳·瑀所作也. 琳徙門下督, 瑀爲倉曹掾屬.

297. 浩浩萬古, 不可備甄.

끝없이 오랜 세월의 모든 책을 다 갖추어
가려 읽을 수는 없다

나 이한李瀚은 이렇게 말한다.
《사기史記》로부터 진晉나라, 송宋나라에 이르기까지 자서子書와 사서史書는 천여 권에 이를 것이다. 하물며 《수신기搜神記》나 《열이전列異傳》까지 이르면 수없이 많고 많은 잡서雜書가 있어, 때맞추어 그러한 책을 다시 보는 것조차 쉬운 일은 아니다. 게다가 옛 사람들은 하나의 경經만 끝까지 연구하여 밝히는 것만으로도 머리가 하얗게 세도록 노력을 사양하지 않았음에랴! 이에 이처럼 수많은 내용을 온전하게 다 갖추어 선택해 내기란 어려운 일이로다.

李子言: 自《史記》至晉宋, 子史向千卷. 况《搜神》·《列異》, 浩浩雜書. 難可時復見錄, 且古人窮一經明, 猶辭皓首哉! 此甄擇恐難全備也.

【李子】 본《蒙求》를 저술한 李瀚 자신을 말함.
【晉宋】 魏晉의 晉나라와 南朝 劉宋.
【子書】 고대 經史子集의 도서 분류 중 諸子書를 말함. 흔히 先秦時代의 九流十家와 漢代 이후 사상과 철학을 다룬 내용들. 文史哲로 구분할 경우 哲學의 범주에 속함.
【史書】 역시 經史子集의 분류 중에 역사에 관한 기록과 저술들. 紀傳體, 編年體, 紀事本末體의 일체 도서 등을 말함. 흔히 正史로 二十五史를 들고 있음.

【搜神】晉나라 干寶가 편찬한 《搜神記》. 신기하고 괴이한 일을 모아놓은 책으로 모두 20권임.
【列異】《列異傳》. 혹은 그와 유사한 괴이한 일을 열거한 책들. 《幽明錄》·《齊諧記》·《述異記》,《列仙傳》,《博物志》 등을 말함.
【甄擇】가리고 뽑아 중요한 것을 찾아냄.

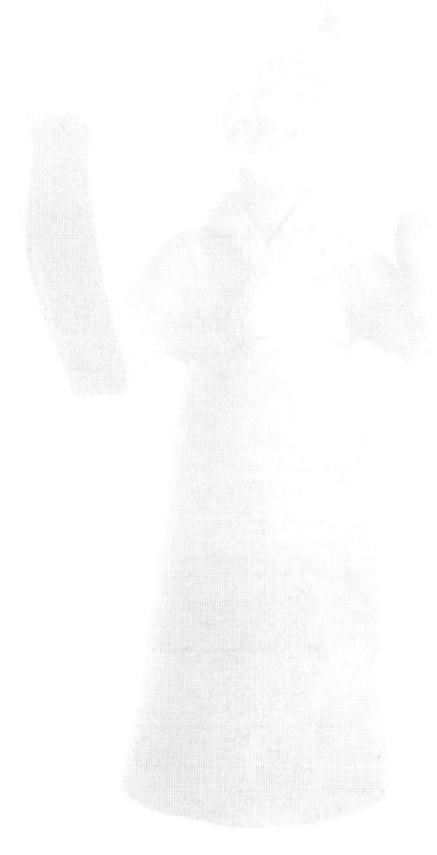

298. 芟煩擷華, 爾曹勉旃

번잡한 것은 잘라버리고 꽃다운 것만
주워 모았으니 너희들은 더욱 힘쓰기 바란다

지금 유한한 힘으로 끝이 없는 책을 읽어냄으로써 욕심조차 힘써 기억하고, 들은 것을 흡족히 알아내고자 한다면 마침내 결국 입술이 썩고 이빨이 빠지고 말 것이다. 그 때문에 번잡하고 쓸모없는 것은 제거하고, 그 중 정화精華만을 줍고 채집한 것이니, 바라건대 그대들이 이를 펴서 읽다가 조그만 이익이라도 얻는다면 그것이 바람일 뿐이다.

今以有限之力, 當讀無涯之書, 從欲强記洽聞. 終恐脣腐齒落. 所以芟除繁冗, 採擷精華. 冀爾曹披尋, 儻獲微益也.

【勉旃】勉은 '힘쓰다'의 뜻이며, 旃은 '之焉'의 合音字. '이에 힘쓸지어다'의 뜻.
【以有限之力, 當讀無涯書】《莊子》養生主에 "吾生也有涯, 而知也無涯. 以有涯隨無限, 殆已"라 함.
【芟除繁冗】'삼제번용'으로 읽으며 번거롭고 용렬한 것은 베어내어 없앰.
【儻】'만일·어쩌면·혹시'의 뜻.
【爾曹】이는 백화어의 '你'와 같으며 曹는 무리, 複數를 일컫는 조사. '너희들, 그대들'의 뜻.

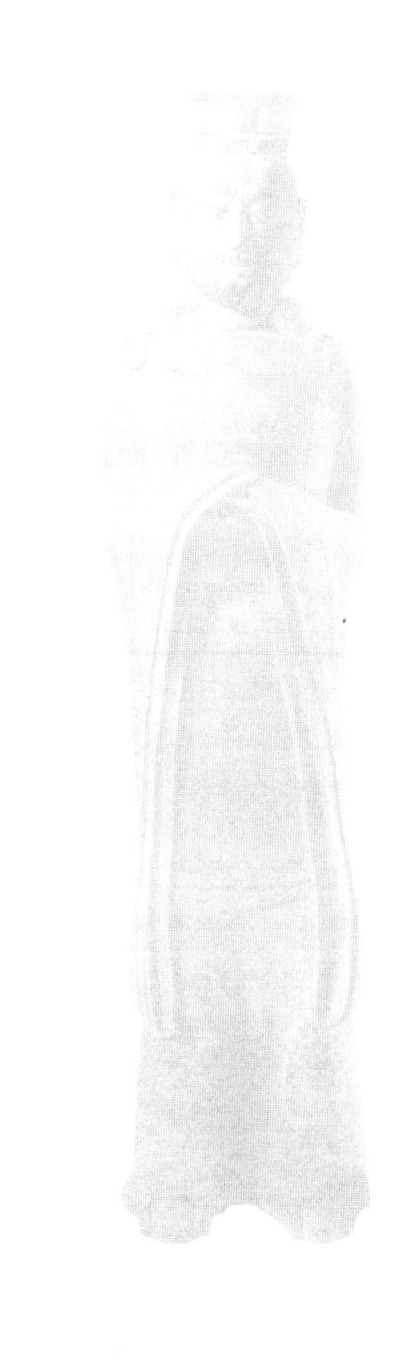

부록

1. 《蒙求》序 ·· (趙郡) 李華
2. 薦《蒙求》表 ··· (饒州刺史) 李良
3. 《蒙求補注》序 ··· 徐子光
4. 《蒙求集注》提要 ···················· 四庫全書 子部(11) 類書類
5. 《蒙求》······································· 〈四庫全書總目提要〉
6. 《蒙求》·《四庫韻對》辨證說 ······ (朝鮮) 李圭景《五洲衍文長箋稿》
7. 《補註蒙求國字解》序 ························ (日) 松正楨周之父(題)
8. 〈蒙求標疏例言〉 ································· (日) 佐佐木玷(題)
9. 〈蒙求箋註例引〉 ·· (日) 岡白駒
10. 《蒙求》······································· 《郡齋讀書志》宋 晁公武

1. 《蒙求》序 ······················· (趙郡) 李華

　安平李瀚, 著《蒙求》一篇, 列古人言行美惡, 參之聲律, 以授幼童, 隨而釋之. 比其終始, 則經史百家之要, 十得其四五矣. 推而引之, 源而流之. 易於諷誦, 形於章句. 不出卷知天下, 其《蒙求》哉!《周易》有「童蒙求我」之義. 李公子以其文碎, 不敢輕傳達識者, 所務訓蒙而已. 故以《蒙求》爲名, 題其首. 亦每行注兩句人名, 外傳中有別事可記者, 亦此附敍之. 雖不配上文, 所資廣博. 從切韻東字起, 每韻四字, 凡五百九十六句云爾.

2. 薦《蒙求》表 ······················ (饒州刺史) 李良

臣良言: 臣聞建官撰賢, 其來有素, 抗表薦士, 義或可稱. 爰自宗周逮玆炎漢, 競徵茂異, 咸重儒術. 竊見臣境內寄住客, 前信州司馬倉參軍李瀚, 學藝淹通, 理識精究. 撰古人狀跡, 編成音韻, 屬對類事, 無非典實, 名曰《蒙求》. 約三千言, 注下轉相敷演, 向萬餘事. 瀚家兒童三數歲者, 皆善諷誦, 談古策事, 無減鴻儒. 不素諳知, 謂疑神遇. 司封員外郎李華當代文宗, 名望夙著. 與作序云:「不出卷而知天下, 豈其蒙求哉!」漢朝王子淵製洞簫賦. 漢帝美其文, 令宮人誦習. 近代周興嗣撰《千字文》, 亦頒行天下, 豈若《蒙求》哉! 錯綜經史, 隨便訓釋, 童子則固多弘益, 老成亦頗覽起予. 臣屬忝宗枝, 職備藩扞, 每廣聽遠視, 採異訪奇, 未嘗遺一才, 蔽片善, 有可甄錄, 不敢不具狀聞奏. 陛下察臣丹誠, 廣達四聰之義, 令瀚志學開獎善之門, 伏願量授一職, 微示勸誡. 臣良誠惶誠恐頓首頓首謹言.

天寶五年八月一日, 饒州刺史李良上表.

(良令國子業陸善經爲表. 表未行而良授替, 事因寢.)

3. 《蒙求補注》序 ······················· 徐子光

　　前言往行, 載在經史, 炳若丹靑, 然簡編浩博, 未易硏究. 非眞積力久, 莫能撮其要. 唐李瀚搜羅載積, 采古人行事, 著爲《蒙求》, 揣議聲韻, 以類折偶, 剪剔煩蕪, 掊撮精英. 事跡粲然, 斑斑可攷. 其於屬辭備閱, 不爲無補矣. 然鮮究本根, 類多舛訛, 賢者病焉. 豈瀚之所載然歟? 抑亦後世傳襲之誤也. 予嘗嘉其用意, 而惜其未備. 於是漁獵史傳, 旁求百家, 窮本探源, 攄華食實. 大抵傳記無見, 而語淺謬妄者, 就加是正. 至於載籍之中, 間有故實可以槃擧者, 仍掇其一二大者附焉. 庶幾照然若日星之麗天, 煥然可觀. 命曰《補注》. 將以備遺忘而助討論. 不亦文範之捷徑歟! 時己酉仲冬之月辛卯吉日, 徐子光序.

4. 《蒙求集注》提要 ……… 四庫全書 子部(11) 類書類

　　臣等謹案《蒙求集注》二卷, 原本不著撰人, 案陳振孫《書錄解題》曰: 「補注蒙求八卷, 徐子光撰. 以李瀚《蒙求》爲之注, 本句之外兼及他人事, 所言與此書相合. 惟八卷之數, 與此本二卷不同. 然此本卷帙頗重, 蓋後人以八卷合併也.」其書以《蒙求》原文, 冠於卷首, 然後, 每二句爲一節, 各爲之詳, 注雖稍嫌冗漫, 而頗爲精核, 如「呂望非熊」句, 以《六韜》原文無'非熊'字, 則引崔駰〈達旨〉注, 始用'非熊'以明之;「周嵩狼抗」句, 以《晉書》〈嵩傳〉作'抗直', 則引《世說新語》本作'狼抗'以明之;「賈誼忌鵬」句, 以〈鵬賦〉無'忌'字, 則引孔臧〈鴞賦〉「賈生有識之士, 忌前鵬焉」以明之;「燕昭築臺」句, 以《史記》乃'築宮'非'築臺', 則引孔融〈與曹操書〉, 鮑昭〈樂府〉皆稱'築臺'以明之;「胡昭投簪」句, 以本傳無'投簪'字, 則引摯虞所作〈昭贊〉以明之. 如斯之類, 皆爲不苟, 凡其事未詳, 而舊注所說, 莫知何據者. 如「趙孟疵面」・「子建八斗」・「蘇章負笈」・「申屠斷鞅」・「龍逢板出」・「何謙焚祠」之類, 皆疑以傳疑, 亦不失詳, 愼其中, 偶爾失檢者, 朱翌猗《覺寮襍記》嘗摘毛寶・韓壽二事, 今考「紀瞻出妓」句, 事見《世說新語》, 舊注所引不誤而云『今本不載』.「江革忠孝」句, 事見《南史》, 乃以爲後漢之江革, 改'忠孝'爲'巨孝';「顏叔秉燭」句, 云事出毛公《詩傳》, 今《詩傳》實無此文, 皆不免小舛. 又如「劉悛傾釀」句, 乃誤讀《世說》, 以傾家之傾爲傾酒之傾, 亦失於糾正. 然大致淹通, 實初學之津筏也. 乾隆四十六年三月, 恭校上.
　　總纂官臣紀昀, 臣陸錫熊, 臣孫士毅, 總校官臣陸費墀.

5. 《蒙求》 〈四庫全書總目提要〉

晉李瀚撰. 瀚始末未詳. 詳考李匡乂《資暇集》, 稱宗人瀚作《蒙求》, 則亦李勉之族, 又《五代史》桑維翰傳, 稱「初李瀚爲翰林學士, 好飮而多酒過. 晉高祖以爲浮薄」, 當卽其人也. 其註不著撰人名氏. 案陳振孫《書錄解題》曰:「補註蒙求八卷, 徐子光撰. 以李瀚《蒙求》爲之註, 本句之外兼及他人事, 所言與此書相合. 惟八卷之數, 與此本二卷不同. 然此本卷帙頗重, 蓋後人以八卷合併也.」其書以《蒙求》原文, 冠於卷首, 後以每二句爲一節, 各爲之詳, 注雖稍嫌冗漫, 而頗爲精核, 如「呂望非熊」句, 以《六韜》原文無'非熊'字, 則引崔駰〈達旨〉註, 始用'非熊'以明之;「周嵩狼抗」句, 以《晉書》〈嵩傳〉作'抗直', 則引《世說新語》本作'狼抗'以明之;「賈誼忌鵩」句, 以〈鵩賦〉無'忌'字, 則引孔臧〈鴞賦〉「賈生有識之士, 忌前鵩焉」以明之;「燕昭築臺」句, 以《史記》乃'築宮'非'築臺', 則引孔融〈與曹操書〉, 鮑昭〈樂府〉皆稱'築臺'以明之;「胡昭投簪」句, 以本傳無'投簪'字, 則引摯虞所作〈昭贊〉以明之. 如斯之類, 皆爲不苟, 凡其事未詳, 而舊注所說, 莫知何據者. 如「趙孟疵面」·「子建八斗」·「蘇章負笈」·「申屠斷靮」·「龍逢版出」·「何謙焚祠」之類, 皆疑以傳疑, 亦不失詳愼. 其中偶爾失檢者, 朱翌猗《覺寮雜記》嘗摘毛寶・韓壽二事, 今考「紀瞻出妓」句, 事見《世說新語》, 舊注所引不誤, 而云『今本不載』.「江革忠孝」句, 事見《南史》, 乃以爲後漢之江革, 改'忠孝'爲'巨孝',「顏叔秉燭」句, 云事出毛公《詩傳》, 今《詩傳》實無此文, 皆不免小舛. 又如「劉惔傾釀」句, 乃誤讀《世說》, 以傾家之傾爲傾酒之傾, 亦失於糾正. 然大致淹通, 實初學之津筏也.

6.《蒙求》·《四庫韻對》辨證說 ……… (朝鮮) 李圭景《五洲衍文長箋稿》

《蒙求》與《四庫韻對》者, 非曰「童蒙求我, 而我求童蒙」者也. 唐李安平作《蒙求》, 撫採古人事跡, 類類相對, 文整韻諧, 可以粗識人物, 又便於記誦, 宜童蒙之求見也. 故名《蒙求》, 蓋謙之也. 使長者求之, 亦可也.

按元遺山《十七史蒙求序》, 安平李瀚, 撰《蒙求》二千餘言, 李華作序, 李良薦於朝. 蓋在當時, 已甚重之. 迄今數百年之間, 孩幼入學, 人挾此冊, 小長得遂講授之. 宋王逢源復有《十七史蒙求》, 與瀚幷傳. 及詩家以次韻, 相夸尙以《蒙求》韻語也. 故姑汾王琢, 又有《次韻蒙求》出焉.

支城吳君庭秀, 嘗以所撰《蒙求》見示. (按李瀚自謙文碎, 此持者抑之辭, 華謂可以「不出卷而知天下」, 是亦許與太過, 惟李良薦章, 謂其「錯綜經史, 隨便訓釋, 童子固多弘益, 而老成頗覺起矛」. 此爲切當耳, 如曰記事者, 必提其要. 吾知《蒙求》之外, 不復有加矣. 吳君博覽强記, 九經傳注, 率手自抄寫, 且諷誦不去口. 史書又其專門之學, 文賦華贍, 有聲場屋, 此其大槪也.)

我東則柳眉巖希春, 著《續蒙求》. (柳眉巖謫鍾城時, 作《續蒙求》, 仍自分注, 先儒議論, 亦多參附. 蓋李安平《蒙求》, 自上古至于南北朝; 若范景仁所撰《蒙求》, 則事盡于宋初. 此編自上古迄于皇明, 略及東方之事. 掇拾遺篇, 義又精明, 合四卷, 凡五百九十二事. 按: 眉巖字仁仲, 博覽强記, 無書部讀, 明廟乙巳, 爲正言, 謫鍾城. 蓋鄭順朋等, 入對忠順堂, 以丁未壁書餘黨, 大起士禍故也. 初竄濟州, 以其近鄕廬海南, 移配鍾城, 未年量移恩津. 宣廟朝, 累官階資憲, 舊例無以資憲除副提學者. 上曰:「柳某可合, 雖無例, 可除之.」後遂爲例. 上嘗敎曰:「予之進學, 資於希春者爲多.」及卒, 特贈贊成, 後配享鍾城書院.)

부록 2025

《四庫韻對》者, 按《宋史》孟蜀世家, 孟昶子玄玨, 方就學, 爲選起居舍人陳鄂, 爲教授, 鄂嘗倣唐李澣《蒙求》, 高測韻對, 爲《四庫韻對》, 四十卷以獻. 玄玨益賞之. 凡此二書, 爲長幼涉獵最繁且切, 而無人表章, 埋沒罕傳, 良可嘆惜!

余嘗欲倣此例, 編《十三經蒙求》, 與《續蒙求》相配, 則可爲的對, 而年晚志衰, 而有意莫遂, 自不勝加我數年之嘆矣云.

7.《補註蒙求國字解》序　……………………（日）松正楨周之父（題）

　　皆物有不可解而可解，可解而不可解．殊經傳微妙，文義意味，有以言不能解盡矣．然世以國字解經傳者頗多，豈以可得盡之乎？余常謂曰：「唯是《蒙求》，初學急務，宜以國字解之，爲亦可哉！」一日谷子懷《蒙求》國字解而來謁，仍閱之．其爲註解也．俚而便，約其博，尤使初學易獲，譬之如入山謀木，臨江問魚，匠漁父子，語其區別，不尚藻飾，唯求詳之焉．誠是應童蒙求我之解也矣．「是誰註解？」曰：「東湖淇園子也．請生校之．」余辭曰：「若以校之，則剪除增益，隨事爲不可點遏者也乎？夫人之性也，山水更好，蘭菊異愛，且於淇園子也．未傾蓋之知也．豈其爲刪訂之耶？」谷子曰：「不然，淇園子好益君子也．縱生校之，考覈其美實，或鎌枝葉，以培根核，必非以挾意者也．苟有益初學，固所其好也．且此舉也，庶欲使童學誦習標題三千之次，及萬數掌故，隨而開悟其蒙蔽焉．故自性字郡縣，悉傍註之，及官名文義，句下審之．若至有於略難通，則考諸本傳，而便譯其文，謄諸其間，以索理義允愜焉．是以一言一句以益之，亦不善乎？請莫辭之」余曰：「可也．」遂取筆硯，刪訂以授．谷子吾同門學生中嶽九皐氏之弟也．于時安永七戊戌年秋閏七月．

　　平安後學　松正楨周之父題．

8. 〈蒙求標疏例言〉 ·········· (日) 佐佐木玷(題)

一. 徐氏《蒙求補注》, 有一文例焉, 引史傳者, 必載其人鄉貫曰「某字某某人.」若前後標題中, 有收入其人父祖或孫子者, 則變本傳文略其鄉貫曰「某官某子」, 或孫或祖或父. 如'梁竦廟食'注曰:「安定烏底人.」其末曰:「追封褒親愍侯.」'梁冀跋扈'注乃曰:「褒親愍侯, 竦之曾孫.」'孫楚漱石'注曰:「大原中都人.」其末曰:「終馮翊太守.」'孫綽才冠'注乃曰:「馮翊太守楚之子.」類所以使一部補注有脉絡也. 故今揭示梁竦·孫楚等標題所在葉數, 以便搜索, 引《世說》等雜書者, 不在此例.

一. 標題中人名散出, 前後徐注, 少者再三, 多者三四十矣. 詳說之不憚煩, 每出必言其字及鄉貫, 新增本隨而抄之, 尤可厭也. 此類亦揭其人標題所在葉數耳.

一. 箋註疎漏, '王戎簡要', 徐注'目'字無解. 至於'許劭月旦', 徐注'目'字, 嵌註曰:「目, 題目也.」'士衡患多', 徐註'藻'字無解, 至於'岳湛連璧', 徐註'藻'字, 嵌註曰:「文辭曰藻.」如此之類, 不遑枚舉. 今皆疏於初出字頭, 而箋註存舊, 不必刪除.

一. '落下歷數'下所引律曆之文, 諸家無明解. 偶有所見, 附記以質大方君子.

一. 諸本異同詳略, 無關係於文義者, 大概不疏, 以龍洲例引曰据本書是正誤謬譌舛也.

佐佐木玷識.

9. 〈蒙求箋註例引〉 ……………………………… (日) 岡白駒

一. 李瀚《蒙求》, 纂古今人言行美惡, 蓋敍例其事實, 類者兩兩相比, 以韻語舉其標題, 使易諷誦而記. 徐子光〈補注〉, 補其所不詳, 舊本多誤謬, 近歲新刻本稱改正焉, 而十纔一二耳. 今据本書, 悉是正其誤謬字譌舛. 然經史子集正文, 非童蒙所易解也. 故爲之箋註, 以便童蒙.

一. 《史》・《漢》有各家注, 取其切乎事, 字義脗合者, 如《漢書》多取顔注, 是也.

一. 《蒙求》所纂, 有出於正史之外者, 如謝承《後漢書》, 王隱《晉書》, 其事多見于《世說》, 劉義慶注. 新刻本据《世說》注, 刪落舊本文, 殊不知《世說》取風肯於片言隻語. 故所引證亦掇其要, 簡省其事, 《蒙求》則事實詳爲主. 李良所謂注下敷演者, 卽是已. 豈可刪落哉! 今仍舊本補之, 以復其舊.

一. 新刻本考例云《文獻通考》藝文部載《蒙求》三卷, 按《文獻通考》無藝文部, 《經籍考》小學部載《蒙求》, 是目未睹其書, 而杜撰引證, 其所考亦可知已.

岡白駒識.

10.《蒙求》·······························《郡齋讀書志》宋 晁公武

《蒙求》三卷: 袁本後志卷二類書類第十五.
　右唐李瀚撰. 纂經傳善惡事實類者, 兩兩相比爲韻語, 取〈蒙卦〉「童蒙求我」之義名其書, 蓋以敎學童云.
　(注) 唐李瀚, 袁錄何校本何焯校語云:「此唐後人.」按〈四庫總目〉卷135有《蒙求集註》二卷, 題五代晉李瀚撰・宋徐子光注.《鄭堂讀書記》卷60・《第六弦溪文抄》卷三・《日本訪書志》卷11皆糾其誤, 謂撰人當唐人, 周中孚・黃廷鑑以爲卽李華宗人・撰〈張巡傳〉者. 此人傳記見《舊唐書》卷190下・《新唐書》卷203,《文苑英華》卷703有梁肅撰〈補闕李君前集序〉, 名皆作'翰', 無水傍. 然《崇文總目》卷3・《宋志》卷6及今存李良〈薦表〉・李華〈序〉亦作'李瀚', 故仍之.

임동석(茁浦 林東錫)

慶北 榮州 上茁에서 출생. 忠北 丹陽 德尙골에서 성장. 丹陽初中 졸업. 京東高 서울 敎大 國際大 建國大 대학원 졸업. 雨田 辛鎬烈 선생에게 漢學 배움. 臺灣 國立臺灣師範 大學 國文硏究所(大學院) 博士班 졸업. 中華民國 國家文學博士(1983). 建國大學校 敎授. 文科大學長 역임. 成均館大 延世大 高麗大 外國語大 서울대 등 大學院 강의. 韓國中國言語學會 中國語文學硏究會 韓國中語中文學會 會長 역임. 저서에《朝鮮 譯學考》(中文)《中國學術槪論》《中韓對比語文論》. 편역서에《수레를 밀기 위해 내린 사람들》《栗谷先生詩文選》. 역서에《漢語音韻學講義》《廣開土王碑硏究》《東北 民族源流》《龍鳳文化源流》《論語心得》〈漢語雙聲疊韻硏究〉등 학술 논문 50여 편.

임동석중국사상100

몽구 蒙求

李瀚 撰・徐子光 註 / 林東錫 譯註
1판 1쇄 발행/2010년 6월 1일
발행인 고정일
발행처 동서문화사
창업 1956. 12. 12. 등록 16-3799(윤)
서울강남구신사동540-22 ☎546-0331~6 (FAX)545-0331
www.epascal.co.kr
잘못 만들어진 책은 바꾸어 드립니다.

＊

이 책의 출판권은 동서문화사가 소유합니다.
의장권 제호권 편집권은 저작권 법에 의해 보호를 받는 출판물이므로 무단전재와 무단복제를 금합니다.
이 책의 일부 또는 전부 이용하려면 저자와 출판사의 서면허락을 받아야 합니다.

✝

사업자등록번호 211-87-75330
ISBN 978-89-497-0626-9 04080
ISBN 978-89-497-0542-2 (세트)